동서양 철학
산뜻한 정리

한 권으로 흐름을 꿰뚫는
생각의 역사

동서양 철학 신박한 정리

1판 1쇄 인쇄 2025. 4. 21.
1판 1쇄 발행 2025. 4. 28.

지은이 박영규

발행인 박강휘
편집 이한경 **디자인** 유향주 **마케팅** 정희윤 **홍보** 강원모
발행처 김영사
등록 1979년 5월 17일(제406-2003-036호)
주소 경기도 파주시 문발로 197(문발동) 우편번호 10881
전화 마케팅부 031) 955-3100, 편집부 031) 955-3200 | **팩스** 031) 955-3111

값은 뒤표지에 있습니다.
ISBN 979-11-7332-181-8 03100

홈페이지 www.gimmyoung.com   블로그 blog.naver.com/gybook
인스타그램 instagram.com/gimmyoung   이메일 bestbook@gimmyoung.com

좋은 독자가 좋은 책을 만듭니다.
김영사는 독자 여러분의 의견에 항상 귀 기울이고 있습니다.

동서양 철학 쉽고 깊게 정리

한 권으로
흐름을 꿰뚫는 생각의 역사

박영규 지음

김영사

1부 고대 그리스 철학

2부 고대 중국 철학

3부 이성 중심의 동서양 철학

4부 19세기와 20세기의 현대 철학

"완벽한 철학은 없다.
그래도 철학하라!
그대의 생존력을 위하여."

가장 유용한 생존 도구, 지식

인류가 호랑이나 사자 같은 강력한 경쟁자를 모두 제치고 생태계의 절대 강자가 된 이유는 단 하나, 지식을 축적하고 전달하는 능력을 소유했기 때문이다. 그런 의미에서 지식은 본질적으로 생존 도구다. 특히 인류에게 지식만큼 유용한 생존 도구는 없었다.

물론 지구상의 동물 중에 인류만이 지식을 축적하고 전달할 수 있는 것은 아니다. 대다수 동물이 생존을 위한 기본 지식을 축적하고 전달한다. 그런데 왜 유독 인류의 지식은 다른 동물들의 지식보다 탁월한 생존 수단이 될 수 있었을까? 그것은 인류가 개발한 특별한 지식 전달 수단 덕분이다.

문자와 학문의 발명

　인류를 제외한 대다수 동물이 지식을 전달하고 축적하는 방법은 철저히 행위에 의한 것이다. 말하자면 직접 행동을 통해 가르쳐서 몸으로 체득하게 하는 방법만 사용한다. 하지만 인류는 지식을 축적하고 전달하기 위해 문자라는 매우 특별한 도구를 만들어냈고, 이것이 인류의 생존 능력을 엄청나게 배가시켰다.

　지구상의 모든 동물이 소리와 행동을 통해 지식을 전달하고 축적하지만 오로지 인류만이 소리와 행동의 한계성을 극복할 수 있는 문자를 사용한다.

　소리는 귀를 통해서만 전달되고 행동은 시각을 통해서만 전달되기 때문에, 소리와 행동은 시간과 공간의 제약을 받을 수밖에 없다. 인류는 이를 극복하기 위해 눈으로 볼 수 있는 기호 체계를 발명해 소리를 직접 듣거나 행동을 직접 보지 않아도 지식을 습득할 수 있게 되었다.

　소리는 발생하는 순간 사라지고, 거리가 멀면 들리지도 않는다. 행동 역시 발동 순간에만 포착되고 무언가에 가려지거나 거리가 멀어지면 소통에 실패하고 만다. 인류는 문자를 통해 이런 한계를 극복했고, 이후로 다양하고 세밀한 지식을 생존 도구로 활용해 지구상의 절대 포식자로 군림해왔다.

　문자의 위대성은 무엇보다 지식을 항구적으로 보존할 뿐 아니라 시간과 공간의 제약을 받지 않고 전달할 수 있다는 데 있다. 거기다 문자는 지식을 서로 결합하고 조화시키는 역할까지 수행한다. 그런 의미에서 보자면 문자의 발명은 지식 세계의 대혁명이라고 할 수 있다.

문자가 지식 대혁명을 이룰 수 있었던 이유는 그것이 지식을 학문으로 전환하는 가장 유용한 수단이었기 때문이다. 인류가 지식을 늘리려 한 것은 결국 생존 수단을 강화하기 위함이었다. 이렇게 지식을 축적하고 발전시키는 행위 또는 축적된 지식 그 자체를 '학문學問'이라고 부른다.

이러한 학문을 통해 인류의 지식은 한층 전문화하고 고도화해 인류는 지구상의 어떤 생명체도 넘볼 수 없는 최상위 포식자가 되었다. 따라서 학문은 인류가 발명한 그 무엇보다도 강력한 생존 도구라 할 수 있다.

인류 생존의 필수적 터전, 사회

인류가 문자를 발명하고 지식을 축적해 학문이라는 강력한 생존 도구를 가지고 지구에서 최상위 포식자로 군림할 수 있었던 것은 더불어 사는 공동사회를 구성한 덕분이었다. 문자 발명이나 지식 축적을 통한 학문의 발전은 결코 홀로 이룰 수 없는 일이었기 때문이다.

흔히 인간은 사회적 동물이라고 말한다. 하지만 인간은 사회적 동물로 태어난 것이 아니라 생존을 위해 사회적 동물로 진화한 것이다. 그만큼 사회는 인간의 생존에 중요한 요소였다. 그런 의미에서 보면 사회는 인류가 부단히 노력해서 일구고 가꾼 필수적인 생존의 터전인 셈이다.

종교와 철학은 인류의 행동 지침으로
개발된 발명품

인류가 사회를 형성한 이유는 당연히 그것이 생존에 유리하기 때문이다. 따라서 인류가 사회를 원활하게 유지하고 발전시키는 것은 생존의 필수 조건이라 할 수 있다.

그렇다면 사회를 유지하는 데 가장 우선적으로 필요한 것은 무엇일까? 그것은 모든 구성원이 믿고 따를 수 있는 행동 지침이다. 만약 행동 지침이 없다면 구성원들이 제각각 행동하기 때문에 사회를 제대로 유지할 수 없을 것이다. 따라서 사회 유지의 수단으로 행동 지침을 마련하는 것은 필수적이다. 또한 이 지침은 가급적 영원히 변하지 않고, 어떤 상황에서도 보편적으로 적용할 수 있으며, 절대적인 것일수록 좋다. 이른바 불변성, 보편성, 절대성 이 세 가지를 모두 갖춘 행동 지침이 요구되는 것이다. 우리는 이를 흔히 '진리'라고 부른다.

이 진리에 대한 열망이 인류로 하여금 종교와 철학을 탄생시키게끔 만들었다. 종교는 절대자에 대한 신앙을 기반으로 한 복종의 행동 지침이 되었고, 철학은 자연의 이치에 대한 사유를 기반으로 한 합리의(요컨대 이치에 부합하는) 행동 지침이 되었다. 이렇듯 종교와 철학은 인류의 행동 지침으로 개발된 발명품이다.

철학은 어떻게 탄생했을까?

종교와 철학은 가장 완벽한 행동 지침인 진리에 대한 열망에 의해 탄생했다. 하지만 이 두 분야의 형성과 발전은 결코 쉽게 이뤄지지 않았다. 투쟁에 투쟁을 거듭한 끝에 마지막까지 살아남은 것만이 인류의 행동 지침이 될 수 있었다. 종교와 철학에서도 자연의 적자생존 원리가 작동한 셈이다.

종교와 철학의 탄생 순서를 가린다면 종교가 먼저고 철학이 다음이었다. 종교는 지역 또는 시대마다 다양하게 개발되었다. 그리고 그중에서도 가장 강력한 종교만이 살아남았다. 철학은 종교의 생존 투쟁 과정에서 발생했다. 종교를 더욱 정교하고 강력하게 단련하기 위한 수단으로 철학이 탄생한 것이다. 이후 학문의 발달과 사회의 확대로 인해 철학은 종교를 대체하는 합리적 행동 지침으로 재탄생했다.

자연에 대한 지배력이 강화될수록 인류 사회는 더욱 확대되고 복잡해지는 양상을 띠었으며, 이에 더욱 고등한 종교가 필요해졌다. 그러나 아무리 고등한 종교일지라도 종교는 기본적으로 신앙에 기반한 복종의 행동 지침이라는 한계가 있었다. 복종은 학문의 기반인 합리성을 만족시킬 수 없었기 때문이다. 그로 인해 이러한 합리성을 만족시킬 수 있는 행동 지침에 대한 열망이 거세졌고, 철학은 자연스럽게 종교로부터 독립할 수 있었다.

철학의 가장 큰 난관, 이분법적 논리로 타개하다

그런데 철학은 독립과 발전 과정에서 한 가지 큰 난관에 부딪쳤다. 근본적으로 철학이 종교보다 복잡하다는 게 문제였다.

종교는 그저 믿고 엎드리면 그만이지만, 철학은 머리로 이해하고 언어를 수단으로 논리를 전개해야 했기 때문이다. 철학은 생각으로 이치를 파악하는 과정, 즉 논리 전개 과정이 반드시 필요했다. 그 논리를 언어라는 틀을 통해 전개해야 했으니 자연스레 말이 많아지고 단어도 복잡해졌다. 그래서 골치 아픈 행동 지침이 될 수밖에 없었다.

이런 까닭에 철학의 가장 현실적인 숙제는 어떻게 하면 논리를 단순화할 것인가 하는 점이었다. 그래서 탄생한 것이 이분법적 논리였다. 모든 개념을 이분화해 되도록 체계를 단순화했다. 이른바 양자대립 구조에 모든 개념을 집어넣고 이해시키는 방식을 택한 것이다.

예컨대 음과 양, 하늘과 땅, 태양과 달, 낮과 밤, 암컷과 수컷, 여자와 남자처럼 자연에 대한 것부터 참과 거짓, 선과 악, 이성과 감성, 신과 사탄, 천국과 지옥, 상과 벌, 합법과 불법, 도덕적인 것과 비도덕적인 것 등 종교적이거나 윤리적인 것에 이르기까지 인간 사회의 모든 개념을 이분법적 양자대립 구조로 만들어버렸다.

이러한 이분법적 양자대립 구조의 가장 큰 특징은 둘 중 한쪽은 옳고 다른 쪽은 틀리거나, 한쪽은 좋고 다른 쪽은 나쁘거나, 한쪽은 참이고 다른 쪽은 거짓이거나, 한쪽은 중심이고 다른 쪽은 주변이거나, 한쪽은 능동적이고 다른 쪽은 수동적이거나, 한쪽은 주연이고 다른 쪽은 조연이라는 식의 흑백논리 양상을 띤다는 점이다. 마치 이진법의 OX로 모든 것을 해결하는 컴퓨터처럼 말이다.

많은 철학자들이 세상을 도道와 허虛, 무와 유, 이理와 기氣, 이성과 감각, 사단과 칠정, 이데아계와 현상계, 형상과 질료, 본질과 실존, 존재와 현존재, 즉자와 대자 같은 대립 구조로 양분했다. 이렇게 모든 것을 이분법적으로 만들어버리자, 복잡한 철학의 논리를 그나마 쉽게 전개하고 전달할 수 있었다.

원리냐, 물질이냐?

이러한 이분법적 세계관은 단순하게 '원리냐, 물질이냐?'로 요약할 수 있다. 이를 플라톤식으로 표현하면 '이데아냐, 현상이냐?'가 될 테고, 노장의 표현을 빌리자면 '무냐, 유냐?'가 될 것이다. 또 아리스토텔레스식으로 표현하면 '형상이냐, 질료냐?'가 될 테고, 유학의 표현을 빌리자면 '이냐, 기냐?'가 될 것이다.

이것을 더 세분화하면 '이성이냐, 감각이냐?' '사단이냐, 칠정이냐?' '관념이냐, 경험이냐?' '존재냐, 실존이냐?' '즉자냐, 대자냐?' 같은 철학 용어로 바꿀 수 있다.

이러한 이분법적 논리를 서양에선 플라톤과 아리스토텔레스가 완성해 둘 중 어느 쪽을 선호하는가에 따라 '플라톤이냐, 아리스토텔레스냐?'로 귀결되었고, 동양에선 노자와 공자가 완성해

'노자냐, 공자냐?'로 귀결되었다.

이분법적 세계관을 깨부숴라

이후 동양에선 이분법적 세계관이 그대로 유지된 반면, 서양에선 이를 대신해 새로운 세계관을 세우려는 일군의 철학자들이 나타났다. '원리냐, 물질이냐?'라는 오랜 철학적 원리를 깨부수는 데 선구적 역할을 한 인물은 니체였다.

니체는 "신은 죽었다!"는 구호 아래 과거의 모든 이분법적 체계를 무너뜨려야 한다고 주장했다. 특히 그는 원리와 물질 중에서 '원리'를 깨부수는 데 앞장섰다. 이후 그의 사상에 영향을 받은 철학자, 예컨대 푸코, 들뢰즈, 데리다 등이 등장했다. 이른바 해체주의자라고 불린 그들은 이분법적 세계관을 이항二項대립적 세계관으로 규정하고, 이를 극복하는 데 모든 열정을 쏟았다.

그들은 이분법적 세계관이 이분법적 사회구조를 낳았다고 주장했다. 이 이분법적 사회구조가 한쪽은 옳고 다른 쪽은 그르다거나, 한쪽은 정상이고 다른 쪽은 비정상이라는 식의 대립적인 세상만 가능하게 만들었다는 것이다. 이 같은 이항대립의 사회구조에서는 개별적 차이를 결코 인정하지 않으며, 그 차이에 따른 개성과 우수성도 인정하지 않는다. 요컨대 한쪽은 백이고 다른 쪽은 흑인 이상 회색은 존재할 수 없다.

그래서 그들은 이렇게 외쳤다.

"모든 이항대립의 구조를 해체하라!"

철학사가 곧 철학이다

이렇듯 철학은 동서양을 막론하고 치열한 투쟁을 거쳐 현재에 이르렀다. 철학은 종교를 단련하기 위한 수단으로 탄생해서, 인간 사회의 합리성에 대한 필요와 열망을 채우기 위해 독자적인 길을 획득했다. 그 과정에서 철학의 복잡성을 해결하고자 이분법적 세계관을 형성했다. 이른바 '원리냐, 물질이냐?'라는 기조 아래 철학은 탄생 이래 2,000년 동안 이분법적 양자대립 구조의 시각으로 합리성을 유지해왔다.

하지만 19세기에 그 이분법적 합리성이 한계에 달하자 독일의 니체를 필두로 합리성의 근간이던 원리주의를 깨부수는 작업이 시작되었다. 그리고 20세기에 이르러서는 아예 그동안 인간 사회를 지배해온 이분법적 이항대립의 언어 개념 구조, 윤리 구조, 존재 구조를 모두 해체하고 새로운 사회구조를 만들어야 한다는 주장이 제기되었다.

물론 여기에 이르기까지 무수한 논쟁과 투쟁, 때로는 폭력을 불사하는 갈등이 끊임없이 일어났다. 이런 치열한 갈등은 모두 인류가 보다 정교하고, 보다 생존에 유리한 행동 지침을 얻기 위한 탐구의 일환이었다. 그러한 진리 탐구에 대한 열정의 역사가 곧 철학사이고, 그 철학사를 이끈 슬로건의 합이 곧 철학이다. 그런 의미에서 보자면 철학사가 곧 철학이라 할 수 있다.

완벽한 철학은 존재하지 않는다

이 책《동서양 철학 신박한 정리》는 시대를 관통하는 동서양 철학의 핵심 슬로건을 시간순으로 엮은 것이다. 아울러 생존에 필요한 인류의 행동 지침을 마련하기 위해 수많은 철학자들이 사유의 세계에서 얼마나 치열하고 처절하게 투쟁해왔는지를 여실히 보여준다.

이 책을 읽으면서 반드시 명심해야 할 점은 완벽한 철학 이론은 존재하지 않는다는 것이다. 이는 곧 인간은 논리를 통해서는 완벽한 진리에 도달할 수 없다는 의미다. 다만 인간은 완벽한 진리에 도달하기 위해 노력하는 존재일 뿐이다.

왜?

자신의 생존력을 단련하기 위해서!

부디, 독자 대중은 이 책을 통해 앞선 시대의 철학자들은 물론, 자신도 모르게 사회구조의 조종을 받고 있는 스스로와도 처절한 사유의 투쟁을 벌여 생존 능력을 배가하길 바란다.

2025년 일산 우거에서

박영규

고대
그리스 철학

1장

이오니아의
자연철학자들

***

그리스 철학의 발생지는 소아시아 연안에 위치한 이오니아(지금의 튀르키예) 지방이었다. 이 지역에 속했던 도시는 밀레투스·에페수스·클라조메나이·콜로폰·사모스 등이었으며, 소크라테스 이전의 철학자들은 대부분 이곳에 살았다. 그 때문에 우리는 소크라테스 이전의 철학을 이오니아 철학이라고 부른다.

이오니아의 철학자들은 거의 자연에 몰두했다. 말하자면 우주의 생성 원리와 움직임, 그것을 구성하고 있는 물질 등을 규명하는 데 열중했다. 이들을 흔히 자연철학자라고 부르는 까닭이 바로 여기에 있다.

하지만 이들이 단순히 자연 속에 있는 물질과 그것의 생성 원리에만 몰두한 것은 아니다. 오히려 자연을 구성하고 있는 원초적인 물질을 통해 만물의 근원과 존재의 본질을 해명하는 걸 궁극적인 목표로 삼았다. 따라서 이들의 자연 탐구는 형이상학으로 이해하는 게 옳을 것이다.

이오니아 철학의 선두 주자는 밀레투스의 탈레스였다. 그래서 아리스토텔레스는 그를 철학의 아버지라고 부르기도 했다. 그리고 피타고라스, 헤라클레이토스, 파르메니데스, 엠페도클레스, 데모크리토스 등이 이오니아의 철학적 전통을 이어갔다.

1

철학의 아버지가 된 밀레투스의 현인

탈레스

밀레투스의 현인이었던 탈레스Thales는 기원전 624년경에 태어나 기원전 546년경에 죽은 것으로 전해진다. 그의 양친은 원래 페니키아 사람이었는데, 난폭한 군주에 의해 추방당해 밀레투스로 도망 온 이주민으로 기록되어 있다. 고대인들은 탈레스를 7인의 현인 중 한 사람이라고 칭송했다. 그만큼 그의 지혜와 사상을 높이 평가했다는 뜻일 것이다.

그는 한때 밀레투스의 정치에 간여하기도 했지만, 일생의 대부분을 자신의 지혜와 사상을 전파하기 위해 방랑하며 보냈다. 방랑 생활 중 가장 먼저 찾아간 곳은 이집트였다. 이집트는 당시 가장 발달한 문명을 이루고 있었으므로, 거기서 수학과 천문학을 비롯해 화학·약학·의학 등에 대한 많은 지식을 얻을 수 있었다.

이집트를 유랑한 후 다시 밀레투스로 돌아온 그는 조용히 은둔하면서 천체 현상을 관찰하는 데 몰두했다. 아리스토텔레스에 따르면 그는 별을 관찰해 앞날을 예측하기도 했다는데, 한 번은 올리브 풍년을 예측하고 시중에 있는 기름틀을 모두 세낸 덕분에 막대한 돈을 벌었다고 한다.

그는 지혜를 얻는 일에만 열중해 평생을 거의 독신으로 살고자 결심했던 모양이다. 그래서 32세 때 어머니가 결혼을 강요하자 자신은 아내를 맞아들일 여유가 없다며 한마디로 거부했다. 하지만 만년에 이집트 출신 여자와 결혼한 것으로 기록되어 있으며, 그의 아내는 책을 저술할 정도로 지적인 여성이었다고 전해진다.

탈레스는 "만물의 근원은 물이다"라는 것과 "만물은 신들로 가득 차 있다"는 두 가지 유명한 명제를 남겼다. 이 두 명제가 그의 사상을 단적으로 보여주긴 하지만 결코 범신론적 사고를 나타낸 건 아닌 듯하다. 오히려 그는 이 명제를 통해 자연과 물질을 움직이는 근원적 힘이 있다는 사실을 사람들에게 인식시키려는 데 더 역점을 두었던 것으로 판단된다.

탈레스의 철학은 아낙시만드로스, 아낙시메네스, 크세노파네스 등에 의해 계승 및 발전되었다. 이들의 출생지가 모두 밀레투스여서 이들을 밀레투스학파라고 통칭하기도 한다. 이들 중 아낙시만드로스는 지구를 원통형으로 보았으며, 달의 무게와 태양의 무게는 각각 지구의 18배, 27배라고 주장한 것으로 유명하다. 또한 천체의·해시계 등을 만들었으며, 진화론적 사고를 했던 것으로 알려졌다.

탈레스와 관련해 유명한 일화 하나가 전해오고 있다. 탈레스는 비가 오지 않는 날이면 거의 하루도 빼놓지 않고 밤 산책을 하곤 했다고 한다. 산책하는 동안 줄곧 별을 관찰했는데, 어느 날 별을 관찰하다가 그만 웅덩이에 빠져 정신을 잃고 말았다. 다행히 집사가 그를 발견해 간신히 목숨을 건졌는데, 이후로 그리스 사람들은 탈레스를 '하늘만 보다가 발밑의 웅덩이를 보지 못한 사람'이라며 비아냥거렸다고 한다.

2

수의 왕국을 건설한 이상주의자

피타고라스

이오니아에서 가장 박식한 사람으로 통한 피타고라스Pythagoras는 기원전 580년경 사모스에서 어느 조각가의 아들로 태어나, 그곳에서 교육을 받았다. 그리고 교사 생활을 하던 중 사모스의 난폭한 군주 폴리크라테스를 비판한 죄로 40세 무렵 남부 이탈리아의 크로톤으로 쫓겨났다.

하지만 크로톤에서 그는 오히려 학문적 기반을 구축하는 데 성공해 많은 문하생을 거느린 뛰어난 학자로 성장했다. 그 결과 그의 사상과 학문은 그리스 식민 도시에 많은 영향을 끼쳤으며, 결국 종교 집단 형태의 공동체를 형성하기에 이르렀다.

그는 자신을 따르는 300여 명의 학생들과 공동생활을 했다. 이 공동체는 종교적 성향이 짙었지만 정치성을 띤 일종의 공화국이기도 했다. 재산을 공동으로 관리하고, 생산물에 대한 공평한 분배를 원칙으로 하는 일종의 공산 사회였던 것이다. 피타고라스 교단에 입문한 학생들은 물품을 사적으로 소유할 수 없었으며, 입교 후 기초 교육을 받는 5년 동안 엄격한 훈련을 거쳐야 했다. 그 같은 훈련을 마친 후에야 비로소 교장인 피타고라스와 면담할 수 있었다고 한다.

하지만 피타고라스가 조직한 공동체는 오래가지 못했다. 그 공동체를 반체제 집단으로 규명한 크로톤시 당국이 군사를 동원해 강제로 해체시킨 것이다. 피타고라스는 이때 학생들과 함께 메타폰툼으로 도망가던 중 붙잡혀 죽은 것으로 전해진다. 이때가 기원전 500년경으로 그의 나이 80세 때였다.

피타고라스는 자신의 제자였던 테아노와 결혼했는데, 그녀와의 사이에서 낳은 아들은 철학자 엠페도클레스에게 교육을 받은 것으로 알려져 있다.

한편, 그의 죽음에 대해서는 이외에도 여러 가지 설이 있다. 교단이 해체된 후 메타폰툼으로 도망가 그곳에서 10여 년을 살다 죽었다는 설도 있고, 군사에게 쫓겨 신전으로 피했다가 거기서 굶어 죽었다는 설도 있다. 또는 도망치던 중 콩밭이 앞을 가로막자 콩을 신성시하던 그가 콩밭을 짓밟는 것보다 죽음을 택하는 것이 옳다고 생각해 군사에게 순순히 목숨을 내줬다는 이야기도 있다. 하지만 피타고라스가 왜 콩을 그토록 신성시하고 먹지도 않았는지에 관한 기록은 남아 있지 않다. 어쨌든 그가 자신의 사상과 교단 때문에 크로톤시 당국으로부터 탄압을 받았고, 그로 인해 죽음에 이르게 된 것만은 분명한 듯하다.

그가 죽은 후 그를 추종하는 교단은 일시적으로 사라졌다가 곧 재건되었다. 이때 새로 만든 교단을 대개 '신피타고라스학파'라고 하는데, 이들은 타렌트에 본거지를 두고 기원전 4세기 말까지 명맥을 이어갔다. 이들 중 일부는 철학과 학문에 열정을 쏟았으나, 대부분의 추종자들은 엄격한 금욕 생활을 준수하는 데 몰두했다. 그들은 고기·생선·술·콩 등을 일체 먹지 않았으며, 목욕도 하지 않고, 문화와 학문을 즐기지도 않은 채 오로지 유랑 생활만 했다고 한다.

오늘날까지 전해지고 있는 피타고라스의 학문과 사상은 바로 이들이 남겨놓은 것이다. 피타고라스주의자들은 대개 천문학과 수학에 밝았는데, 에크판토스와 폰티쿠스로 대표되는 학자들은 그때 이미 지구가 자체의 축을 중심으로 돌고 있다는 것뿐만 아니라 궤도를 따라 운행하고 있다는 사실도 가르쳤다. 그들은 이미 지동설에 익숙해 있었던 것이다.

모든 사물은 수數의 힘으로 움직인다

"위대하고 완숙해서 모든 작용을 지배하며, 하늘과 인간의 삶을 이끌어내는 원동력은 수의 힘이다."

피타고라스는 이렇게 가르쳤다. 이는 우리가 알고 있는 것처럼 '모든 사물은 곧 수'라는 뜻이 아니다. 모든 사물은 수의 영역 안에 있다는 뜻이다. 그리고 이는 지금도 무시할 수 없는 과학적 현실이다.

우리가 익히 배웠듯이 모든 사물은 분자로 이뤄져 있으며, 분자는 원자로 쪼개지고, 원자는 전자와 양성자, 중성자로 다시 나뉜다. 물론 거기서 더 나뉠 수도 있을 것이다. 어쨌든 모든 물질은 그것을 구성하고 있는 가장 작은 알갱이로 이뤄져 있다. 하지만 어떤 물질도 그 가장 작은 기본 알갱이만으로는 자기 성질을 발휘할 수 없다. 반드시 다른 알갱이와 합쳐져야만 제 기능을 할 수 있다. 그것도 아주 조화롭게 합쳐졌을 때에만 가능하다.

합쳐진다는 것은 곧 수를 만들어낸다는 걸 의미한다. 다시 말해, 성질을 가진 모든 것은 가장 작은 알갱이들로 합쳐져 있는 한 수의 영역에서 벗어날 수 없다는 뜻이다. 따라서 모든 물질은 수의 힘에서 벗어날 수 없다. 그것을 극단적으로 표현하면 "만물은 수의 힘에 의해 존재한다"고 말할 수 있다. 바로 이것이 피타고라스 철학의 일차적인 설정이었다.

다음 논리는 "수의 힘에 의해 존재하는 모든 것이 조화를 이룰 때 세상은 온전해질 수 있다"는 명제다. 그는 조화를 유지하는 실체를 신으로 보았다. 말하자면 그에게 신이란 '만물의 조화 그 자체'였던 것이다.

그는 궁극적으로 '가장 완전한 조화의 형태는 원의 모양'이라고 생각했다. 그래서 우주의 운동은 직선적인 것이 아니라 원(순환)운동이라고 주장했다. 이 같은 원리에 따라 별과 우주의 체계는 항상 순환해 제자리로 되돌아온다고 보았으며, 만물의 가장 작은 알갱이와 영혼까지도 제자리로 되돌아온다고 보았다. 이 모든 조화가 이룩된 세계, 그것을 일러 피타고라스는 코스모스라고 규정했다.

따라서 피타고라스에게 만물은 곧 자기 자신이다. 어떤 물질이든 순환운동을 거쳐 다시 그 위치로 돌아오기 때문이다. 이 같은 사상은 생명 존중 사상으로, 또 '우주가 곧 나'라는 물아일체 사상으로 이어졌다.

피타고라스의 '조화론'에 기반한 생명 사상은 문하생들에 의해 심리학·윤리학·법철학·국가관 등에까지 확대되었고, 더 나아가 종교적 형태로 발전했다. 말하자면 '피타고라스교'가 탄생한 것이다. 그 피타고라스교를 지금의 우리가 피타고라스학파로 부르고 있을 따름이다.

피타고라스는 우리에게 단지 "직각삼각형에서 빗변의 제곱은 나머지 두 개 변 각각의 제곱을 합한 것과 같다"는 피타고라스정리를 성립한 수학자 정도로 알려져 있다. 하지만 피타고라스는 기원전 6세기부터 4세기에 걸쳐 약 200년 동안 '성자'로 불리며 신앙의 대상이 될 만큼 대단한 인물이었음을 우리는 간과하지 말아야 한다.

그리고 아직도 우리가 피타고라스의 다음 명제에서 벗어나지 못했다는 사실도 알아야 할 것이다.

"모든 사물은 수의 힘에 의해 움직인다!"

3

베일에 싸인 수수께끼 철학자

헤라클레이토스

헤라클레이토스Heracleitos는 에페수스 출신으로 기원전 540년경에 태어나 기원전 480년경에 죽은 것으로 기록되어 있으며, 피타고라스보다는 한 세대 뒤 또는 동시대 인물일 것으로 추정된다. 고대인들은 그를 '어두운 사람' 또는 '수수께끼를 내는 사람' '모호한 사람' 등으로 불렀다. 헤라클레이토스에게 이 같은 별명을 붙인 것은 그가 하는 모든 말이 모호하고, 또 그가 다른 사람들과 잘 어울리지 않았기 때문일 것이다.

그는 귀족 출신으로 알려져 있다. 그의 가문은 종교 행사를 주관하는 공직을 세습했던 모양이다. 그래서 종교상의 높은 직위가 상속되었지만 그는 이 직위를 동생에게 양보했다. 그가 공직에서 물러난 이유는 홀로 사색을 즐기기 위함이었다고 하는데, 그게 사실인지는 분명치 않다.

그는 사람들에 대해 매우 냉소적인 태도를 견지했던 것으로 전해진다. 어떻게 보면 자만심에 가득 찬 사람처럼 여겨졌을 듯싶다. 자신의 학문과 사상으로 무장했을 뿐만 아니라 스스로 숨겨진 자연의 법칙을 발견했다고 생각했기 때문일 것이다. 어쨌든 그는 사람들과 별로 친하지 않았다. 그래서 그를 추종하는 아주 극소수의 인물들만 그에게 가르침을 받을 수 있었다. 그 때문에 오늘날 그에 대한 구체적인 기록은 거의 남아 있지 않다.

그에 대한 기록은 대부분 아리스토텔레스의 단편 저작들에 의존하고 있다. 아리스토텔레스는 헤라클레이토스의 이론을 "만약에 모든 것이 다 흐르고 있다면 학문도 진리도 있을 수 없다"며 대부분 비판적으로 기록했다.

하지만 이는 그를 잘못 이해한 것이다. 헤라클레이토스는 만물이 쉴 새 없이 흐르고 있지만 생성의 법칙을 따라 움직인다고 보았는데, 아리스토텔레스는 이 부분을 간과한 듯하다. 진리는 만든다고 해서 생기는 것이 아니라 있는 그대로가 진리다. 그러나 아리스토텔레스는 어떤 이유에서든 진리는 형상화되어 있어야만 한다고 생각했다. 이것이 헤라클레이토스를 잘못 이해한 원인일 것이다.

헤라클레이토스는 자기가 발견한 자연의 법칙을 바탕으로 우주관을 펼치기도 했다. 이른바 '대우주년'이라는 것을 설정해 우주의 순환을 설명했다. 그는 우주가 한 번 순환하는 대우주년의 1년은 10,800태양년이라고 말했다. 하지만 이 주장에 대한 구체적인 설명은 남아 있지 않다. 따라서 그가 대우주년을 설정하고,

또 태양년이라는 말을 썼다는 것에서 우리는 그의 우주관을 유추할 수밖에 없다.

　대우주년을 설정했다는 것에서 그 역시 피타고라스처럼 우주의 회귀본능을 믿었다는 추론이 가능하다. 그리고 이러한 회귀를 모든 사물에도 대입했을 것이다. 또 태양년이라는 말을 사용한 것을 볼 때 구체적이지는 않지만 우주와 지구 그리고 태양이 무언가를 중심으로 돌고 있다는 생각을 가졌던 것 같다. 그러나 이것이 오늘날 우리가 알고 있는 지동설과 같은 이론이라고 단언하기는 어렵다.

만물은 끊임없이 흐른다

　"만물은 끊임없이 흐른다."

　"전쟁(대립)은 만물의 아버지다."

　헤라클레이토스가 내세운 이 두 명제는 그의 사상을 잘 대변한다. 하지만 자칫하면 그의 생각을 오해하기 십상이다. 그것은 이두 명제가 과정을 완전히 생략한 결론이기 때문이다.

　"만물은 끊임없이 흐른다"는 말은 만물이 끊임없이 다른 상태로 변화하고 있다는 뜻이다. 요컨대 변화는 생성과 소멸을 반복하며 다른 상태로 나가는 것이라는 논리다. 그는 이러한 변화의 원동력을 '만물 대 만물의 대립'이라고 설명했다. 즉, 만물은 순간순간 끊임없이 서로 대립하지만, 그 대립을 통해서 하나의 다른 상태로 나아간다는 것이다.

헤라클레이토스는 이 같은 원리를 설명하기 위해 활대와 활줄의 관계를 예로 든다. 활대와 활줄은 서로 팽팽하게 대립할 때 활로서 역할을 할 수 있다. 하지만 이러한 대립은 우리에게 조화를 이룬 것으로 비친다. 이처럼 만물은 서로가 자기 힘을 양껏 발휘해 가장 치열하게 대립할 때 조화를 이룰 수 있다. 그래야 새로운 단계로 발전하는 것이다. 이 과정을 간단하게 줄이면 "만물은 매 순간 생성-대립-소멸-생성을 반복한다"는 말로 정리할 수 있다.

우리는 곧잘 태양과 지구의 관계를 설명할 때 '인력'이란 단어를 사용하곤 한다. 지구가 일정한 궤도를 유지하면서 태양 주위를 도는 것은 서로 잡아당기는 힘, 즉 인력이 균형을 이루고 있기 때문이다. 지구와 태양의 관계뿐만 아니라 우주에 있는 모든 별의 관계에 인력 개념을 적용할 수 있다. 그리고 헤라클레이토스의 자연관에 이 인력 개념을 도입하면 그의 사상을 한결 쉽게 이해할 수 있다.

지구와 태양은 서로 힘껏 끌어당기면서 철저하게 대립한다. 하지만 이런 대립은 곧 태양과 지구의 조화로 이어진다. 그리고 태양과 지구는 그러한 조화 속에서 서서히 다른 단계로 변화한다. 그 변화는 언젠가 지구를 금성 같은 존재로 만들었다가 다시 수성 같은 존재로 만든 후, 결국 태양과 부딪치게 할 것이다. 그러면 지구는 산산이 부서져 가루가 될 테고, 그 가루는 다시 모여 다른 형태의 별이 될 것이다.

지구의 운명에 대한 이런 가정은 헤라클레이토스의 이론을 단적으로 설명해준다. 대립이 조화로 이어지고, 그러한 모순된 조화가 변화를 거듭하며 결국 산산이 부서져 흩어지고, 또 그 부서진 것들이 다시 모인다는 것이다.

헤라클레이토스는 만물은 항상 서로 대립하고 있으며 그것을 통해 끊임없이 변화하고 있다는 생각에 확신을 가지고 있었고, 그러한 확신을 관념에도 대입했다. 우리가 갖고 있는 어떤 개념이나 학문적 지식은 항구적이지 않으며 항상 변할 수밖에 없다는 이론을 세웠다. 즉, 만물은 끝없이 변하기 때문에 만물에 대한 개념이나 지식 역시 변할 수밖에 없다는 생각을 바탕으로 과학적 지식은 한시적일 뿐이라고 야유했던 것이다.

하지만 그는 끊임없는 생성의 법칙만큼은 사라지지 않는다고 보았다. 그 끊임없는 생성의 힘, 그것이 헤라클레이토스에게는 진리요, 로고스였다.

4

존재론을 정립한 변론의 천재

파르메니데스

파르메니데스Parmenides는 엘레아 출신으로 기원전 515년경에 태어난 인물로 알려져 있다. 그의 스승은 이오니아 콜로폰 출신의 크세노파네스였다. 크세노파네스는 오랫동안 방랑 생활을 하다가 엘레아에 정착했는데, 그곳에서 파르메니데스에게 자신의 학문을 가르쳤다. 비록 크세노파네스의 가르침을 받기는 했지만 이른바 엘레아학파의 대표자는 파르메니데스였다. 파르메니데스에 이르러 비로소 독창적인 철학적 전통이 시작되었기 때문이다.

고대 철학자들은 파르메니데스를 거론할 때 반드시 헤라클레이토스를 등장시킨다. 파르메니데스의 말은 모두 헤라클레이토스의 논리를 반박하기 위한 것으로 쓰였기 때문이다. 하지만 두 철학자가 동시대 인물인지는 분명치 않다. 또한 그들이 서로 만난 적이 있는지도 알 수 없다. 이에 대한 학자들의 의견은 분분하다. 그렇지만 파르메니데스의 철학이 헤라클레이토스의 논리를 정면으로 반박하고 있다는 점만은 분명하다.

파르메니데스는 자신의 저작 《자연에 관해서》에 많은 글을 남겼다. 육중한 시 형식으로 쓰인 이 글에서 그는 진리로 나아가는 길을 밝히며, 자신의 견해를 펼치기 위해 변증법(논쟁술)이란 논증 방식을 채택한다. 변증법이란 어떤 주장의 모순을 지적하고, 그 모순을 지적한 방법이 논리적으로 합당하다는 걸 제시함으로써 자신의 견해가 옳음을 증명하는 방식이다.

파르메니데스는 "존재하는 모든 것은 생성하고 소멸한다"는 주장에 대해 "존재하는 모든 것은 단지 존재할 뿐 생성하거나 소멸하지 않는다"고 반박했다.

여기서 존재하는 모든 것은 생성한다고 가정해보자. 그러면 그것은 존재하는 것에 의해서 생성되든가, 아니면 존재하지 않는 것에 의해서 생성되어야만 한다. 하지만 존재하지 않는 것은 아무것도 생성할 수 없으며, 존재하는 것이 존재하는 것은 생성이 아니라 그대로 있는 것이기에 존재하는 모든 것은 단지 그대로 머물러 있을 뿐 생성하지 않는다.

또 존재하는 모든 것은 소멸한다고 가정해보자. 그러면 그것은 존재하는 것에 의해서 소멸되든지, 아니면 존재하지 않는 것에 의해서 소멸되어야만 한다. 하지만 존재하지 않는 것은 아무런 작용을 할 수 없으므로 소멸을 가져올 수 없고, 존재하는 것은 비록 작용을 한다고 할지라도 여전히 존재로 남지 않으면 안 되기 때문에 소멸하지 않는다. 따라서 존재하는 것은 단지 존재할 뿐이지 소멸하지 않는다.

그러므로 존재하는 모든 것은 단지 존재할 뿐 생성하거나 소멸하지 않는다. 그는 이처럼 변증법을 통해 "존재는 생성하거나 소멸하지 않고 그대로 머무르며, 움직이지 않는다"는 논리를 세웠다. 이 명제는 "만물은 끊임없이 흐른다"고 한 헤라클레이토스의 명제를 정면으로 반박한 것이었다. 즉 "만물은 끊임없이 흐른다"에 반대해서 "만물은 움직이지 않는다"는 명제를 세웠다.

파르메니데스의 이 같은 학설은 그의 제자 제논에 의해 널리 유포되었다. 엘레아 출신인 제논은 기원전 460년을 전후해서 활동했으며 파르메니데스가 총애하던 인물이었는데, 그 역시 《자연에 관해서》라는 저작을 남겼다.

제논도 스승과 마찬가지로 변증법을 통해 자신의 이론을 증명해 보였다. 뒤에서 다루겠지만 "아킬레스는 거북이를 잡을 수 없다"는 논리나 "나는 화살은 멈춰 있는 것이다"라는 논리 등에서 운동을 부정할 때에도 이 같은 변증법을 사용했다. 또한 제논을 추종하는 엘레아학파의 인물들도 변증법으로 자신의 논리를 변호했다. 그래서 아리스토텔레스는 제논을 변증법의 발명자라고 언급하기도 했다.

하지만 엘레아학파의 논증은 한마디로 궤변이었다. 그들은 모든 것을 논리로 증명하려 했고, 논리 속에서 증명되면 그걸 믿어 버렸다. 그 논리가 현실과 동떨어져 있건 말건 그들에겐 문제가 되지 않았다.

그들은 운동의 다양성과 힘의 다양성도 인정하지 않았다. 그들에게 '운동'이란 오직 일정한 형태를 주기적으로 반복하는 행위일 뿐이고, 더 나아가서는 수많은 '정지'의 연속일 뿐이었다. 그들에겐 가속도도 없고, 반작용도 없었다. 그들에게 중요한 것은 '운동'이라는 개념에 대한 생각이지 현재 '움직이고 있는 상황'에 대한 감각은 아니었던 것이다.

이러한 모순된 논리를 가지고 있었음에도 플라톤은 그들의 주장을 수용했다. 플라톤은 이 세계를 변하지 않는 본성인 보편자와 무한히 변하는 사물인 개별자로 나눴는데, 파르메니데스의 '절대 변하지 않는 존재'를 보편자로 설정하고 헤라클레이토스의 '끊임없이 흐르는 만물'을 개별자로 설정했던 것이다.

5

에트나 화구에 몸을 던진 불의 아들

엠페도클레스

엠페도클레스Empedocles는 기원전 490년경 아크라가스, 즉 오늘날의 시칠리아섬에 있는 아그리젠토에서 태어났다. 생애 대부분을 남이탈리아의 투리오이(지금의 투리이)에서 살았는데, 동시대인들에겐 매우 특이하고 신비스러운 인물로 인식되었다. 전설에 의하면 죽어가는 환자를 살려내는 능력이 있었으며, 스스로를 신이라 주장하기도 했다. 또 시민들을 상대로 정치적 가르침을 주고, 자신의 종교적 신념을 토대로 순회 설교를 하며 거리를 떠돌았다고도 한다. 그는 항상 시를 읊듯이 말했고, 세계의 이치를 한눈에 꿰뚫은 듯한 예지를 보이며 군중을 이끌고 다녔다.

이런 특이한 삶 때문에 사람들의 존경을 얻는 한편, 주변 학자들의 질시를 받기도 했다. 18세기 독일의 대표적 시인 프리드리히 휠덜린은 시를 통해 그를 열광적으로 찬양했고, 그에 관한 소설 '엠페도클레스'를 쓰다가 완성을 보지 못한 채 미쳐버리기도 했다.

엠페도클레스는 자신이 언젠가 '뿌리'로 돌아갈 것이라고 예언처럼 부르짖고 다녔는데, 그 때문에 에트나 화구火口에 몸을 던졌다는 이야기가 전해진다. 사람들은 에트나 화구 근처에서 그의 한쪽 신발을 발견함으로써 그가 그곳에 몸을 던진 사실을 알게 됐다고 한다. 기원전 430년경의 일이다.

이 이야기는 사실 여부를 떠나 엠페도클레스란 인물의 성격을 단적으로 보여준다. 세계와 자신, 나와 타인, 그리고 세상에 존재하는 모든 것이 하나임을 믿고, 그 열정의 힘으로 불 속에 몸을 던져버린 사람이었던 것이다.

엠페도클레스에 대한 일화는 이렇듯 단편적으로 전해지고 있지만, 그의 사상은 일부 현존하는 그의 저서 《정화》와 《자연에 관해서》에 비교적 잘 나타나 있다. 저작 속에서 그는 존재의 뿌리를 물·불·공기·흙으로 규정한다. 아울러 이들이 사랑의 힘으로 합쳐지고, 미움의 힘으로 분리됨으로써 세계가 영원히 존속하게 된다는 이론을 세웠다.

그의 '뿌리' 개념은 지금 '원소'라는 개념으로 남아 있다. 밀레투스의 많은 철인들이 세계를 이루는 근본 원소는 하나라고 여겼지만, 그는 여러 가지가 복합적으로 얽혀 세계를 이룬다고 생각했다.

만물이 근원적 질료에 의해 이뤄져 있고, 그 질료의 합성으로 세계가 형성된다는 다원론적 세계관의 시초는 베일에 싸인 신비의 철학자 엠페도클레스에 의해 이렇게 시작되었다. 그리고 아낙사고라스와 데모크리토스가 그 뒤를 이었다.

그의 저작에는 다음과 같은 문장이 남아 있다.

"모든 죽어버리는 사물 중에서 태어나는 것은 하나도 없다. 저주받은 죽음으로 끝나버리는 것도 없다. 오직 혼합과 이 혼합된 질료들이 뒤바뀌는 일만 있을 뿐이다."

만물의 뿌리는 물, 불, 공기, 흙

세상은 거대한 나무라네.
나무의 뿌리는 물과 불과 공기와 흙이라네.
나는 그 뿌리의 아들이기에
기필코 뿌리로 돌아가리.
불이 되어 뿌리가 되리.
그리하여 사랑의 힘으로 나무를 키우고
미움의 힘으로 새싹을 틔우리.

엠페도클레스는 위의 시에서처럼 물, 불, 공기, 흙을 만물을 이루는 근본 질료라고 주장했다. 그는 이 네 가지 물질을 '뿌리'라고 불렀으며, 이 뿌리들이 흩어지고 모이면서 만물이 발생한다고 믿었다. 그리고 뿌리들이 그렇게 모이고 흩어지게 하는 힘을 사랑과 미움이라고 설정했다. 모이게 하는 힘은 사랑, 흩어지게 하는 힘은 미움이다.

그가 이처럼 사랑과 미움을 근원적인 힘으로 본 데는 다소 종교적인 이유가 있는 것 같다. 사람들에게 사랑으로 서로 화합하며 지낼 것을 권하면서, 혹 미움으로 분란이 발생하더라도 이는 새로운 결합을 위한 좋은 징조라고 가르친 것이다.

그는 단순한 거리 설교자가 아니었다. 피타고라스가 자신의 아들을 맡길 정도로 많은 제자를 거느렸던 것으로 전해지며, 당대의 존경받는 학자였다. 따라서 군중을 정치적으로 교화시킬 때도 사랑과 미움의 힘을 역설해 시민들에게 많은 영향을 미쳤을 것이다.

6

유물론을 개창한 웃는 철학자

데모크리토스

데모크리토스Democritos는 기원전 460년경 트라키아의 압데라에서 태어나 기원전 370년경에 죽었다. 항상 웃는 모습으로 사람을 대했기 때문에 '웃는 철학자'라는 별명을 얻기도 한 그는 마치 속세를 떠난 승려처럼 집 안에 틀어박혀 학문 연구에만 몰두했다. 하루 종일 정원에 있는 작은 정자에 앉아 뭔가를 보고, 또 그 결과를 기록하는 것이 그의 일과였다. 부친은 아들의 학구적 열정을 존중했던 모양이다. 그래서 그가 연구에 몰두해 있으면 절대로 정자 곁을 지나가지 않았고, 소를 몰 때도 일체 방울 소리를 내지 않았다고 한다.

데모크리토스는 이 같은 폐쇄적인 생활 때문에 그리스 전역에 명성을 떨치지는 못했다. 그와 동시대인인 소크라테스가 이름을 날리고 있을 때도 그런 것엔 전혀 관심을 보이지 않았다. 오로지 자신의 연구에만 몰두했다. 그리고 연구 결과를 바탕으로 엄청난 분량의 책을 집필했다.

그는 세계 질서, 자연, 유성, 인간, 정신, 감각적 지각, 색채, 여러 가지 원자 형태, 사고의 규칙, 원과 공의 접촉, 독립적인 직선과 원자, 수, 리듬과 조화, 시 쓰는 법, 의학적 인식 방법, 농경 방식, 그림, 전술, 현자의 마음가짐, 죽은 뒤의 생명 등을 다룬 많은 저서를 남겼다. 세상 모든 주제를 다뤘던 셈이다. 하지만 이 저작들은 대부분 없어지고 단편들만 남아 있다.

그가 남긴 학문적 업적 중 가장 주목할 만한 것은 역시 '원자론'이다. 그 역시 여기에 가장 많은 시간을 투자했을 것이다. 데모크리토스에게 원자론을 가르친 사람은 레우키포스였다. 하지만 레우키포스는 데모크리토스가 유명해진 뒤 이렇게 고백했다.

"나는 당신의 스승이었지만, 지금은 당신의 제자입니다."

스승이 외려 배워야 할 만큼 데모크리토스는 탁월한 학문적 견해를 가지고 있었다.

데모크리토스는 학문에 열중하며 평생 독신으로 지냈다. 하지만 그에게도 한때 사랑하는 여인이 있었다. 바로 스승 레우키포스의 딸 크세니아였다. 레우키포스는 그가 자신의 딸을 연모한다는 사실을 알고 두 사람을 혼인시키려 했다. 그때 데모크리토스는 30세의 청년이었고, 크세니아는 18세의 소녀였다. 하지만 이들의 혼사는 이뤄지지 못했다. 크세니아가 그만 열병에 걸려 세상을 뜨고 말았기 때문이다. 이 일에 충격을 받은 데모크리토스는 평생 그녀를 연모하며 홀로 지냈다.

데모크리토스는 생애 대부분을 압데라에 있는 자신의 집에서 보냈지만, 이집트와 아시아 지방을 여행하기도 했다. 얼마 동안 아테네에 머무른 적도 있었다. 그가 방문했을 때 아테네는 스파르타와의 전쟁으로 심하게 피폐해져 이미 쇠퇴하는 양상을 보였고, 학자들은 새로운 시대가 와야 한다고 소리치고 있었다.

그는 이 같은 상황에도 아랑곳하지 않고 아크로폴리스를 돌아 흐르는 강변에 작은 거처를 마련했다. 그리고 자연현상을 연구하는 데 몰두했다. 가끔 그의 학문에 관심을 가진 사람들이 은둔해 있는 그를 방문했다. 그중엔 데라케네스와 푸오기아스 같은 친구도 있었다.

특히 푸오기아스는 데모크리토스의 대표적인 저작 60여 권을 아테네 시민에게 공개하며, 그의 위대한 자연관을 소개하기도 했다. 그의 저작들은 아테네 도서관에 소장되었지만 안타깝게도 그리스 내전 와중에 분실되고 말았다.

그러나 후대 사람들은 그가 남긴 단편들만으로도 많은 것을 얻어낼 수 있었다. 그리고 2,500년이 지난 지금도 그의 학설은 퇴색되지 않고 있다. 오히려 과학이 발달할수록 그의 원자론과 유물론적 관점은 더욱 빛을 발하고 있다.

만물의 근원에는 원자가 있다

데모크리토스는 물질을 이루는 가장 작은 입자를 원자Atom라고 불렀다. 그는 원자를 정의하길 "더 이상 쪼갤 수 없으며, 무게가 있고, 어느 것도 그걸 꿰뚫고 지나갈 수 없는 것"이라고 했다. 또한 "원자의 수는 무한하고, 허공을 가득 채우고 있으며, 결코 파괴될 수 없기에 영원하다"고 했다. 이 원자의 모양과 크기는 각기 다르다. 그리고 원자들은 서로 배열되거나 합해질 수 있고, 서로 위치를 바꿀 수도 있다.

원자에 대한 그의 이 같은 견해는 20세기의 과학과 별 차이가 없다. 하지만 그는 원자들이 제각기 다른 성질을 가지고 있지는 않다고 했다. 모든 원자는 같은 성질을 지닌다는 것이다. 그러나 20세기 과학은 이미 90종 이상의 원소를 발견했고, 그것들이 각기 다른 성질을 갖고 있음을 밝혀냈다.

엄밀히 따져보면 데모크리토스의 원자와 20세기 과학의 원자는 개념적으로도 차이가 있다. 데모크리토스의 원자는 더 이상 쪼개질 수도 없고, 아무것도 그걸 관통할 수 없는 상태이지만, 20세기 과학에서의 원자는 원자핵과 그 주위를 돌고 있는 전자로 나뉘기 때문이다. 따라서 데모크리토스의 원자는 20세기 과학에선 원자핵이라고 불러야 옳을 것이다. 그리고 원자핵은 전자의 수에 따라 다른 원자핵으로 바뀌는, 이른바 '원자핵 붕괴'가 일어날 수 있으므로 "모든 원자의 성질은 같다"는 그의 견해는 옳았다고 할 수 있다.

또 하나 데모크리토스의 위대한 견해는 원자가 운동하고 있다는 주장이다. 그는 원자의 운동이 "압력과 충돌에 의해서 자동적으로 생기며, 그것은 영원하다"고 말했다. 아울러 이 원자의 운동을 영혼까지 확대했다. 영혼도 원자로 구성되어 있으며, 인간의 사고도 원자의 운동에 의해 일어난다고 주장한 것이다. 그는 결론적으로 만물의 근원이 물질이라는 유물론의 입장을 분명하게 드러내며 이렇게 말한다.

"세계에는 물질적인 것 이외에는 아무것도 없다. 영혼과 정신도 독자적인 어떤 것이 아니라 원자와 원자의 운동에 불과하다."

2장

아테네의
인간주의
철학자들

기원전 5세기경부터 그리스 철학의 중심지는 이오니아에서 아테네로 이동한다. 아테네는 이 시기에 국력과 경제력이 절정에 달해 있었는데, 그리스의 식민 도시 출신 철학자들이 그러한 혜택을 누리기 위해 아테네로 모여들면서 그리스 철학은 제2기를 맞이한다.

페리클레스 시대라고 일컫는 이 시기를 주도한 사람들은 지식을 매개로 돈을 벌던 소피스트였다. 이들 소피스트는 문학·예술·수사학·웅변 등에 능통했으며, 대개는 정치 활동에도 관심을 쏟았다. 소피스트의 선두 주자는 압데라 출신의 프로타고라스였다. 그는 '인간은 만물의 척도'라는 슬로건을 내걸고 철학의 대상을 자연에서 인간으로 바꿔놓는다.

이어서 아테네 출신의 소크라테스가 소피스트의 인간 중심적 사고에 바탕을 두고 철학을 한 차원 높은 곳으로 끌어올리면서, 그리스 철학은 새로운 단계로 발전한다.

소크라테스의 철학은 그의 제자 플라톤에 의해 정리된다. 플라톤은 최초의 대학 아카데메이아를 세워 소크라테스와 자신의 학문을 널리 퍼뜨리는 작업에 박차를 가한다. 그리고 아카데메이아 출신의 아리스토텔레스에 의해 그리스 철학은 체계화되어 세계 철학사의 거대한 산맥으로 우뚝 선다.

1

상대주의를 주창한 소피스트의 원조

프로타고라스

상대주의적·경험주의적 학문을 주창한 프로타고라스Protagoras 는 압데라 출신으로 기원전 485년경에 태어나 기원전 410년경 까지 살았다. 그의 학문은 고르기아스·히피아스·프로디코스· 이소크라테스 등에 의해 더욱더 활발히 전개되었는데, 고대인들 은 이들을 '소피스트'라고 불렀다.

소피스트라는 말은 '현학적인 체하는 인간'이란 뜻이며, 보통 은 그들을 비난하는 용어로 쓰였다. 소피스트에 대해 '좋지 않은 이론을 좋게 만들려고 하는 놈들'이라고 악평하는 사람도 있었 다. 그리고 플라톤처럼 그들을 '부유하고 뛰어난 젊은 사람들을 돈을 받고 낚는 사냥꾼'이라고 폄하하거나, 아리스토텔레스처럼 '피상적인 지혜를 이용해 돈을 벌려고 하는 놈들'이라고 인식하 기도 했다.

하지만 소피스트를 그렇게 천박하게만 몰아붙일 일은 아니었다. 어쩌면 소피스트를 그렇게 비난조로 몰아세운 플라톤과 아리스토텔레스의 생각이 더 문제였을지도 모른다.

소피스트는 앞서 설명한 바와 같이 보편적 진리를 인정하지 않았다. 또한 절대적인 도덕과 법, 그리고 신도 인정하지 않았다. 그들에겐 원자론도, 물활론物活論도, 피타고라스적 신비함도 무의미했다. 그들이 인정한 것은 오직 인간의 지각뿐이었다. 그것도 개인의 감각을 가장 우선적으로 다뤘다.

또한 그들은 자신의 뛰어난 재능을 팔았다. 대부분 수사학이나 웅변·문학 등에 능통했고, 그것을 매개로 돈을 벌었다. 말하자면 직업적인 학자들이었다. 종교적 신념을 가진 것은 아니었지만 철저한 프로 정신에 입각해 활동했다.

절대적 신과 절대적 진리를 추구하면서 학문을 종교적 경지로 끌어올려야 한다고 생각한 소크라테스에겐 그들의 직업성이 못마땅했을 것이다. 그의 후예인 플라톤과 아리스토텔레스는 스승의 견해에 따라 그들을 더욱 악랄하게 비판했다. 하지만 소피스트는 그들에게 욕을 들어야 할 이유가 없었다. 신을 부정하고, 절대적 진리를 거부하고, 인간의 감각을 존중한다는 이유로 그렇게 비난을 쏟아놓은 그들에게도 문제가 없지는 않았던 것이다.

안타깝게도 소피스트들이 남긴 글은 거의 남아 있지 않다. 우리는 기껏해야 마지막 소피스트인 이소크라테스의 단편적인 유작과 그들에게 악랄한 비판을 가했던 플라톤과 아리스토텔레스의 기록을 통해 아주 일부분만 알 수 있을 뿐이다. 그것도 철저하게 왜곡된 모습으로 말이다. 그러나 그들이 남긴 삶과 단편적인 기록은 전해지고 있는 얘기처럼 결코 천박하거나 가볍지 않다.

프로타고라스와 더불어 소피스트를 대표하는 고르기아스(기원전 483?~기원전 376?)는 다음과 같은 말을 남겼다.

"첫째로, 아무것도 존재하지 않는다. 둘째로, 어떤 것이 존재한다 할지라도 그것은 알 수가 없다. 셋째로, 어떤 것을 알 수 있다 하더라도 그 지식은 전달될 수 없다."

이 말은 절대적이고 보편적인 존재는 없으며, 경험은 절대로 타인에게 전달되지 않는다는 뜻으로 해석할 수 있다. 개인의 중요성을 강조한 말이기도 하다.

20세기 들어 실존주의를 부르짖고 또 한편에선 유물론을 수용하며 각 개인의 삶을 가장 중요하게 생각하면서도, 우리는 여전히 소크라테스만이 위대하다고 칭송하는 모순을 범하고 있다. 소피스트들은 다양한 분야에서 눈부신 활동을 했지만 소크라테스와 그 후예들에 가려 제 모습을 잃고 말았다. 그러나 오늘날 소피스트의 위대성이 재조명받고 있다. 21세기는 바로 그들이 시도했고, 그들이 염원했던 시대이기 때문이다.

인간은 만물의 척도

프로타고라스는 "모든 것을 결정하는 잣대는 바로 자기 자신"이라고 가르쳤다. 우리는 흔히 이러한 그의 사상을 "인간은 만물의 척도"라는 말로 배워왔다. 하지만 프로타고라스는 철저한 상대주의적 입장에 있었다. 단순히 인간이 모든 것의 척도라는 뜻이 아니라 바로 자기 자신이 모든 것의 척도라고 주장했던 것이다. 그는 모든 사물은 자기 자신에게 나타나는 대로 판단해야 한다고 말했다. 종교와 도덕, 신 등의 관념적인 것들에 대해서도 예외는 없었다. 더 정확히 말하면 신이나 도덕성, 종교 등을 대수롭지 않은 것으로 취급했다.

"종교와 도덕은 인간을 위해 존재한다. 신도 예외일 수 없다."

그는 선언적으로 이렇게 말했다. 종교와 도덕이 자기 자신을 억압한다면, 그리고 신이란 존재가 자신을 억누르는 수단으로 이용된다면 전혀 필요치 않다는 얘기다.

"사람은 선악 또한 각자의 느낌에 따라 느낄 뿐이다."

그는 또 이렇게 주장했다. 선과 악의 문제에서도 보편적인 잣대는 없다는 것이다. 그에게 잣대는 오직 각자의 느낌뿐이었다. 진리도 마찬가지다. 자기에게 진리라고 여겨지는 것이라도 다른 사람한테는 그렇지 않을 수 있다는 것이 프로타고라스의 진리관이다. 프로타고라스는 결론적으로 이렇게 단언한다.

"개인적 경험을 넘어선 보편적이고 객관적인 진리는 없다. 그 때문에 개인의 경험을 넘어선 객관적 세계를 상정하는 것은 무의미한 짓이다."

2

독배를 겁내지 않았던 거리의 성자

소크라테스

소크라테스Socrates는 기원전 470년경 아테네에서 태어나 기원전 399년에 죽은 것으로 전해지고 있다. 아버지 소프로니스쿠스는 석공이었으며, 어머니는 산파였다. 기록에는 소년 시절에 대한 이야기가 거의 남아 있지 않으나 아버지로부터 석공 수업을 받았을 것으로 짐작된다.

어쨌든 소크라테스가 역사의 전면에 떠오른 것은 장년 이후였다. 그는 펠로폰네소스 전쟁이 일어났을 때 마흔의 나이에도 불구하고 중장비 보병으로 델리온 전투와 암피폴리스 전투에 참가했다. 이후 정계에 뛰어들었으며, 기원전 406년에는 의회 의장으로 봉직했다.

의회에서 물러난 소크라테스는 거리의 철학자로 나섰다. 군중이 있는 곳이면 여지없이 나타나 진리와 지식 그리고 신에 관한 토론을 벌였다. 하지만 당시의 아테네 권력층은 그의 이런 활동을 정치적 행위로 판단했다. 군중을 선동해 폭동을 도모한다고 생각했던 것이다. 그래서 누차에 걸쳐 군중을 선동하는 행동을 멈추라고 경고했다. 하지만 소크라테스는 결코 토론과 변론을 멈추지 않았다.

그 결과 소크라테스를 경계하던 30명의 참주들이 그를 고소해 법정에 회부했다. 죄목은 청년들을 선동해 반란을 꾀하고 새로운 신을 끌어들여 그리스의 신들을 모독하고 있다는 것이었다.

재판 결과 소크라테스는 사형을 선고받았다. 그러나 시민들의 반발을 우려한 참주들은 망명을 하면 살려주겠다고 그를 회유했다. 소크라테스는 그들의 회유를 물리치고 "악법도 법이다"라는 유명한 말을 남기고 죽음을 택한 것으로 전해진다. 하지만 그가 이런 말을 남겼다는 것에 대해선 논란이 많다.

소크라테스는 50세를 전후해서 결혼한 것으로 알려져 있다. 결혼 상대는 서른 살가량 연하인 크산티페였다. 소크라테스가 성인으로 명성을 얻었다면, 크산티페는 악처로 이름을 날렸다. 의회에서 물러나 거리의 철학자로 변신한 무능력한 남편을 사람으로 취급하지 않았기 때문이다. 일설에는 크산티페가 소크라테스의 첫 부인이 아니라는 이야기도 있다. 당시 풍습과 소크라테스의 사회적 위치를 고려할 때 터무니없는 얘기는 아닌 것 같다.

사실 소크라테스 주변에는 몇 명의 여자가 있었다. 먼저 그의 첫 번째 아내였을지도 모르는 미르토라는 여인이 있었고, 당시 유명한 기생(헤타이라)이던 테오도테라는 여인도 있었다. 말하자면 소크라테스는 대부분의 철학자들처럼 여자를 금기시하는 사람은 아니었다.

하지만 소크라테스에게 자식을 안겨준 여자는 크산티페뿐이었다. 그는 그녀에게서 세 명의 자식을 얻었다. 그중 맏아들 람프로클레스는 아버지와 마찬가지로 자신의 어머니를 악처라고 언급했다. 다음은 크세노폰의 《소크라테스 사상의 출발》에 기록되어 있는 소크라테스와 맏아들 람프로클레스의 대화다.

아들: 저렇게 거친 어머니의 성깔을 참아낼 만한 사람은 아마 없을 겁니다.
아버지: 그래? 그렇다면 너는 야수와 네 어머니 중 어느 쪽이 더 잔혹하다고 생각하느냐?
아들: 저는 어머니라고 생각합니다.

이 대화에서 크산티페가 얼마나 몰인정한 인물이었는지 짐작할 수 있다. 크산티페가 처음부터 그러지는 않았을 것이다. 남편이 의회에서 물러나 살길이 막막해지자 그녀는 생계를 책임져야 했고, 그 과정에서 더욱 표독스럽게 변해갔을 것이다. 가난이 악처를 만들었다고 할 수 있다.

하지만 악처로 이름이 높았던 크산티페도 소크라테스의 죽음 앞에선 눈물을 흘렸다. 다섯 자녀와 함께 감옥에 갇힌 소크라테스를 면회할 때 비통한 음성으로 이렇게 울부짖었다고 한다.

"이제 우리 사이가 좋아졌는데, 최후의 순간이라니요!"

이 같은 소크라테스 주변 이야기는 소크라테스의 제자들과 플라톤의 기록에 의존한 것이다. 사실 소크라테스는 단 한 줄의 글도 남기지 않았다. 그의 사상과 삶은 단지 플라톤과 크세노폰의 저술, 아리스토파네스의 희곡 등에 의해 간접적으로 전해지고 있다.

소크라테스가 죽은 뒤 제자들은 그의 사상을 널리 퍼뜨렸다. 소크라테스는 거리를 떠돌며 많은 제자를 길렀고, 그들은 제각기 소크라테스의 사상을 수용해 메가라·엘리스·에레트리아·키니코스·키레네 등 다섯 학파를 형성했다.

그러나 소크라테스에 관해 가장 많은 기록을 남긴 사람은 역시 플라톤이었다. 그는 자신의 '대화편' 중 몇몇 글을 제외한 대부분의 작품에 소크라테스를 등장시킨다. 그런데 그 속에 있는 소크라테스의 많은 말이 실은 플라톤의 말일 확률도 높다. 그만큼 두 사람의 사상을 분리해내는 일이 쉽지 않다는 뜻이다.

너 자신을 알라

"너 자신을 알라!"

소크라테스는 이렇게 외치며 다녔다고 한다. 무리가 있는 곳이면 여지없이 모습을 드러냈다. 그리고 소피스트들과 대결했다. 소피스트와의 논리 싸움에서 이기면 다시 군중에게 다음과 같이 물었다.

"너희는 진리가 무엇인지 아느냐? 너희는 앎이 무엇인지 아느냐? 너희가 인간의 가치를 알고 있기나 하느냐?"

그는 항상 같은 내용을 반복하며 자신의 주장을 펼쳤다. 그 주장 속엔 언제나 '영원히 변치 않는 진리'가 등장했다. 이 같은 그의 진리관은 보편적 진리는 없다고 설파하는 소피스트들의 상대주의와 회의주의를 극복하는 원동력이 되었다.

그는 언제나 대화를 통해서 상대방을 설복시키는 방법을 사용했다. 상대가 스스로의 논리에서 모순을 발견하고 머리를 숙일 때까지 소크라테스의 변론은 계속되었다.

그러나 자신에 관해서는 항상 이렇게 말했다.

"나는 내가 아무것도 모른다는 사실을 알고 있다."

이 역설적인 선언은 곧 각자가 자신의 마음을 부숴버리지 않으면 새로운 앎에 도달할 수 없다는 것을 강조한다. 스스로가 아무것도 모르는 사람임을 앞세움으로써 상대방 역시 그에 동의하도록 만드는 것, 이것이 소크라테스가 상대를 설복하는 첫 번째 논리였다. 그리고 상대가 그 점을 인정했을 때, 비로소 다음 말을 쏟아놓았다.

"너 자신을 알라!"

자기 자신을 알면 진리를 알 수 있다는 것이다. 진리는 만물에 공통적으로 내재해 있으며, 사람에겐 그걸 알아낼 힘이 있으므로 그 일을 시도하라고 명령하는 것이다.

소크라테스는 스스로의 가치와 진리를 알고, 그것에 따라 행동하는 인간이기를 원했다. 그리고 모든 인간이 그렇게 될 때 올곧은 사회를 이룰 수 있다고 믿었다. 보편타당한 진리, 이것을 위해 소크라테스는 목숨을 걸고 투쟁했다. 만나는 모든 사람과 논쟁을 벌여 그들이 자기의 말에서 스스로 모순을 발견하도록 이끌었다. 그리고 그들이 모순을 발견하면 거침없이 '영원히 변치 않는 진리'가 있음을 설파했다.

그는 이것을 산파였던 어머니에게서 배웠다고 말하곤 했다. 자기의 말에서 모순을 발견하고 그것을 반성하며 혼란스러웠던 생각을 분명하게 정리해 새로운 통찰을 얻어내는 이 방법을 그는 자궁에서 신생아를 받아내는 것에 비유했다. 신생아를 받아내듯 조심스럽게, 새로운 생명을 맞이하듯 경외하는 마음으로 조금씩 지혜에 접근하기를 강조하기 위해서였다. 그래서 자신의 변론을 '산파술'이라고 명명했다.

3

이데아의 제국을 건설한 철학의 왕

플라톤

기원전 428년경에 태어난 플라톤Platon은 아테네에서 가장 오래된 귀족 가문 출신이었다. 그 때문에 태어나면서부터 문화와 정치 생활의 한가운데 있었다. 그러나 기원전 404년부터 시작된 30인 참주에 의한 독재를 경험하면서 정치를 멀리하고, 대신 소크라테스 문하에 들어가 철학에 몰두했다. 그는 철학이 진리로 나아가는 길이 되기를 원했다. 또한 개인 생활에 있어서는 철학이 쾌락이자 선善을 실현해줄 것으로 기대했다.

그의 철학적 삶은 직업적인 학자로 자리를 굳히고 있던 소피스트들과의 투쟁으로부터 시작됐다. 그는 순수한 지식을 가지고 있지 않은 사람은 참된 인간이 될 수 없다는 주장을 내세우며 소피스트를 '장신구를 만드는 기능공'이라고 비난했다.

그러던 중 기원전 399년 소크라테스가 부당한 죽음을 당하자

고향을 떠나 메가라에서 에우클레이데스와 함께 머물렀다. 하지만 4년 만에 다시 고향으로 돌아온 후 코린트 전쟁에 참전했다. 그리고 기원전 390년경부터 약 2년 동안 이집트와 키레네 등을 여행하고, 이탈리아의 타렌툼(타란토)으로 가서 아르키타스와 친교를 맺었다.

아르키타스는 피타고라스주의자였다. 플라톤은 그에게서 피타고라스의 학문과 사상을 배울 기회를 얻었다. 그리고 피타고라스의 학습 방법과 교육 체계 등을 익혀 훗날 아카데메이아를 세울 수 있는 교육적 기반을 마련했다.

한편 플라톤은 아르키타스를 통해 시칠리아의 시라쿠사 궁전에서 디오니시우스 1세를 만났다. 플라톤은 디오니시우스에게 자신의 윤리적·정치적 이상을 가르친 다음, 그것을 현실에 적용시키고자 노력했다. 하지만 디오니시우스는 그의 사상을 받아들일 만큼 성숙한 인물이 아니었다. 디오니시우스는 오히려 음모를 꾸며 그를 노예시장에 팔아버렸다.

졸지에 노예 신분으로 전락한 플라톤은 운 좋게도 소크라테스주의자인 안니케리스에게 발견되어 노예 상태에서 풀려날 수 있었다. 안니케리스가 거액을 지불하고 플라톤을 해방시켰던 것이다. 그 후 플라톤은 아테네로 돌아와 안니케리스에게 그 대가를 지불하려 했다. 하지만 그가 받으려고 하지 않자 그 돈으로 기원전 387년 학원을 세웠다. 이것이 바로 유럽 최초의 대학인 아카데메이아다. 플라톤은 아카데메이아에서 철학, 수학, 천문학, 동물학, 식물학 등 다양한 학문을 가르쳤다.

그는 단순히 지식을 전달하는 것은 학문하는 태도가 아니라고 생각했다. 그래서 항상 올바른 인간이 되어야 한다는 걸 강조하면서, 철학이 현실 생활에 어떤 영향을 미칠 것인가 하는 문제에 몰두했다.

그리고 기원전 367년 그는 다시 한번 자신의 철학을 현실 정치에서 시험하기 위해 디오니시우스 2세를 만나려고 시칠리아로 떠났다. 하지만 아무런 성과도 거두지 못하고 돌아왔다. 그럼에도 그는 철학적 기반에 의거한 이상적인 정치 실현에 미련을 버리지 못했다. 그래서 기원전 361년 다시 시칠리아로 갔다. 이번에는 거기서 친구 디온을 돕는 것이 주된 목적이었지만, 역시 아무런 성과도 거두지 못한 채 돌아와야 했다.

아테네로 돌아온 이후부터는 집필과 강의에만 몰두했다. 그리고 기원전 347년 81세를 일기로 세상을 떴다. 플라톤이 죽자 아테네인들은 그를 신성한 사람으로 추앙했으며, '아폴로의 아들'이라고 부르기도 했다.

끊임없는 창작 활동과 기념비적 저작들

플라톤은 원래 시인이었다. 적어도 소크라테스를 만나기 전까지 주로 문학에 매달렸다. 하지만 철학에 입문하고부터 자신의 작품을 모두 불살라버렸다. 그러나 그의 철학서들은 여전히 문학적 형식을 띠고 있다. 모든 저서가 대화체이며, 주인공이 있는 일종의 소설이다. 이처럼 철학적 주제를 서술체가 아닌 대화체로 이끌어간 것에 대해 그는 이렇게 말한다.

"철학은 다른 학문과 달리 논술할 수 있는 성질의 것이 아니라 오직 긴밀한 정신적 교감을 통해서만 인간의 영혼 속에 불꽃처럼 점화될 수 있다."

그는 이 같은 사상을 바탕으로 《소크라테스의 변명》과 《서간집》을 제외한 모든 저작을 대화체로 저술했다. 그리고 그 대화의 주인공은 플라톤 자신이 아니라, 소크라테스를 중심으로 한 철학적 인물들이다.

플라톤은 이러한 저작 활동을 50년 동안 지속한다. 오늘날 우리는 그가 남긴 저작을 모두 읽을 수 있고, 각각의 작품을 연대순으로 정리할 수도 있다. 그만큼 그의 저작들은 완벽하게 보관되어왔다. 이는 그의 저작들이 인류에게 얼마만큼 커다란 영향을 끼치고 있는지를 보여주는 것이기도 하다.

플라톤의 저작을 청년기, 과도기, 원숙기, 노년기로 구별해 간단하게 정리해보자.

청년기의 저작은 첫 번째 시칠리아 여행 이전의 것들로 용기를 다루는 《라케스》, 사려思慮를 다루는 《카르메니데스》, 신에 대한 경외를 다루는 《에우티프론》, 정의를 다루는 《트라시마코스》(현재의 《국가》 제1권), 덕의 본질을 다루는 《프로타고라스》, 그리고 《이온》 《소크라테스의 변명》 《크리톤》 《히피아스》(전 2권) 등 10권이다. 이것들은 대부분 대화체로 이뤄져 있으며, 가치와 앎에 대해 소크라테스가 제기한 문제를 소크라테스의 방법으로 설명한다.

과도기의 저작은 대부분 '이데아론'을 주장하고 있는데, 우정을 주제로 한《리시스》, 언어를 다루는《크라틸로스》, 소피스트들의 변론을 비웃는《에우티데모스》《메넥세노스》《메논》《고르기아스》 등 6권이다.

원숙기의 저작은 세계문학의 걸작으로 손꼽히는 것들로서, 죽음을 주제로 한《파이돈》, 삶을 주제로 한《심포시온》(《향연》 또는 《잔치》라고도 한다), 정의를 주제로 인식론·형이상학·윤리학·교육학·철학·국가철학 등 철학 전반을 논한《폴리테이아》(《국가》 제2~10권), 이데아론의 본질을 파고든《파르메니데스》, 헤라클레이토스·프로타고라스·안티스테네스·아리스티포스 등과의 대화를 통해 인식론을 주로 다룬《테아이테토스》 등 13권이다. 이 책들은 대개 두 번째 시칠리아 여행(기원전 367년) 이전에 집필했다.

마지막으로 노년기의 저작으로는 논리적·변증법적 문제를 주로 다루는《소피스테스》, 개념·내포·외연·분류·구분 등의 관점에서 정치가를 규정한《폴리티코스》, 가치를 주제로 한《필레보스》, 우주론을 담은《티마이오스》, 그리고 국가적 문제를 다룬 12권짜리《법률》 등 16권이 있다.

그리고 플라톤 전집에는 이 45권의 개별적인 저작물 이외에 서간문이 따로 분리되어 있고, 10여 권의 위서僞書도 있다.

이데아는 모든 것의 원인이자 목적

플라톤은 헤라클레이토스의 "모든 것은 끊임없이 흐른다"는 명제와 파르메니데스의 "모든 것은 움직이지 않는다"는 명제를 하나로 묶었다. 즉, 만물에는 '항상 흐르는 것'과 '영원히 흐르지 않는 것'이 있다고 보았다. 그러면서 전자를 감각의 세계이자 현상의 세계로, 후자를 진리의 세계이자 이데아의 세계로 규정했다.

그의 이데아계는 보편자의 세계다. 이는 소크라테스가 주장한 '보편적 진리'를 말하는 것이다. 플라톤은 이데아계와 감각 세계의 관계를 본질적인 것과 현상적인 것으로 설명했다. 말하자면 이데아계가 원본이라면 감각 세계는 복사본인 셈이다. 또 이데아가 주어라면 감각 세계는 술어인 셈이다. 따라서 플라톤에게 감각적인 것은 이데아의 모사模寫에 지나지 않는다.

하지만 감각 세계가 나타내는 복사본은 완벽할 수 없다. 감각 세계는 끊임없이 변하고 있기 때문에 항상 변치 않고 그대로 있는 이데아의 세계를 똑같이 그려내는 것은 불가능하다. 이는 마치 달리는 자동차에 앉아 사진을 찍는 것과 같다고 할 수 있다. 자신의 움직임 때문에 고정된 것을 움직이는 것으로 나타내게 된다는 뜻이다.

어떤 광경을 보고 우리가 '아름답다'고 말할 수 있는 것은 '아름다움에 대한 전형'이 있기 때문에 가능하다는 것이 플라톤의 주장이다. 그리고 우리에겐 선천적으로 그 전형을 알아내는 능력이 있다는 것이다.

이렇게 볼 때 우리는 플라톤의 이데아가 두 가지 형태를 취하고 있음을 알 수 있다. 첫 번째는 우리 머릿속에 있는 개념적 이데아(관념 속에 있는 아름다움에 대한 개념), 즉 주관적 이데아다. 두 번째는 우리가 생각하는 대상의 이데아(대상의 아름다움에 대한 전형), 즉 객관적 이데아다.

플라톤에게 물질세계는 한낱 허상에 지나지 않는다. 그것은 순간순간 변하기 때문에 아무런 의미도 없다. 하지만 관념의 세계, 즉 이데아의 세계는 물질의 세계와 무관하게 자기의 완전한 전형을 그대로 유지하므로 관념의 세계만이 진정한 의미에서 '존재한다'고 말할 수 있다.

이러한 플라톤의 생각은 "감각의 세계에는 진리가 있을 수 없다"는 명제를 이끌어낸다. 감각의 세계는 항상 흐르기 때문에 불완전하고, 따라서 완전한 진리가 그 속에 자리할 수 없다. 이는 역으로 "진리는 관념의 세계에만 존재한다"는 명제로 이어진다.

플라톤의 이 같은 이데아 세계는 피라미드를 이루고 있다. 예컨대 잣나무·감나무·은행나무·소나무 등은 '나무'라는 개념으로 하나가 되고, 또 풀과 나무는 '식물'이라는 개념으로 하나가 되고, 식물과 동물은 '생물'이라는 개념으로 하나가 되고, 생물과 무생물은 '물질'이라는 개념으로 하나가 된다. 이렇게 계속해서 개념들을 거슬러 올라가면 결국에는 하나만 남는데, 그것이 가장 위에 있는 이데아가 되는 것이다. 이러한 피라미드식 개념 설정은 모든 이데아에 해당한다. 그 피라미드의 맨 꼭대기에 있는 이데아를 플라톤은 보편적 이데아라고 명명했다.

플라톤은 이 같은 이데아 개념을 학문과 윤리, 사회와 국가에도 대입한다. 그리고 절대자, 즉 신을 규정하기에 이른다. 그는 이데아 피라미드의 맨 꼭대기를 이데아의 이데아로 규정하고, 그것이 곧 절대자라고 했다. 말하자면, 논리로 신의 존재를 증명한 것이다. 따라서 이데아는 모든 것의 원인이자 궁극적인 목적이 된다. 그리고 이 궁극적인 목적, 즉 이데아에 당도하는 것이 그에게는 최고의 가치이자 선善이었다.

이를 통해 우리는 플라톤이 철저하게 관념에 의존한 합리주의자였음을 알 수 있다. 그는 이러한 합리주의적 견해를 인간에게도 적용해 인간을 육체와 영혼으로 이뤄진 이원적 존재로 보았다. 그는 육체란 영혼을 위한 일종의 수레, 또는 영혼의 그림자에 지나지 않기 때문에 영혼만이 참된 인간이라고 주장했다. 그에게 육체는 감각적인 세계요, 영혼은 이데아의 세계였다. 따라서 진정한 인간은 영혼일 수밖에 없다. 하지만 이 영혼은 항상 육체에 갇혀 있다. 말하자면, 육체는 영혼의 감옥인 것이다. 그는 이런 상태를 인간의 불행이라고 보았다.

이러한 불행은 인간을 진리에 완전히 도달할 수 없게끔 한다. 육체가 영혼에 의한 진리의 구현을 방해하고 있기 때문이다. 피타고라스의 말처럼 그에게도 '육체는 영혼의 무덤'이었던 것이다. 이 때문에 그는 영혼이 육체에서 멀어질수록 좋다면서 다음과 같이 외쳤다.

"신이 우리를 완전히 육체에서 풀어줄 때까지 육체로부터 멀어져 순수함을 지켜라!"

플라톤은 영혼이 불멸한다고 믿었다. 세계의 영혼이든 인간의 영혼이든 이 점에서는 동일하다고 생각했다. 이러한 영혼 불멸론은 인간이 생명을 다한 뒤에도 삶은 계속된다는 논리로 이어진다. 이 같은 논리로 그는 신과 인간의 관계를 규정했다. 그에게 육체가 영혼의 그림자에 지나지 않듯 인간은 신의 노예요, 소유물이요, 손안에 있는 허수아비에 지나지 않게 된 것이다. 심지어 인간은 신의 손에 의해 교묘하게 만들어진 것에 지나지 않으며, 신의 장난감으로 만들어졌을지도 모른다고 말했다. 그리고 인간이 이런 불행한 상태에서 벗어나는 방법을 다음과 같이 단언했다.

"인간이 이 세상에서 도망칠 수 있는 방법은 신을 닮아가는 것뿐이다."

그의 인간관은 후에 헤브라이즘과 합쳐져 기독교의 인간관을 낳고, 서구 관념론의 전형으로 남게 되었다.

4

삼단논법의 창시자이자 불행한 천재

아리스토텔레스

아리스토텔레스Aristoteles는 기원전 384년 트라키아의 스타기라에서 태어났다. 아버지가 마케도니아 아민타 왕의 주치의였기 때문에 어릴 때부터 실용적이고 현실적인 학문을 생활 속에서 접할 수 있었다. 그러다 18세 때 아테네로 건너가 플라톤의 아카데메이아에 입학한 후 인생이 확 달라졌다. 그는 현실주의적 바탕 위에 이상주의를 접목하며 그로부터 20년 동안 플라톤주의를 학습했다.

플라톤의 수제자로 성장한 그는 기원전 347년경 플라톤이 죽자 그의 조카 스페우시포스에 의해 아카데메이아에서 밀려나 소아시아 서해안의 아소스로 건너갔다. 당시 아타르네우스와 아소스 지방을 지배하던 헤르미아스의 정치 상담역으로 초청을 받았던 것이다. 아소스에서 아리스토텔레스는 헤르미아스의 누이동생에게 반해 결혼을 했고, 그녀와의 사이에 딸을 하나 두었다. 상황이 그렇게 되자 아소스에 정착하기로 마음먹고 아카데메이아 동급생들과 함께 아카데메이아 분교를 개설하기도 했다. 하지만 그의 아소스 생활은 오래가지 못했다.

아소스 생활 3년째 되던 해에 헤르미아스가 페르시아인들에게 끌려가 살해당했기 때문이다. 아리스토텔레스는 도망자 신세가 되어 이곳저곳 전전하다 레스보스섬으로 갔다. 그리고 레스보스섬에서 몇 년을 지내던 중 뜻밖의 기회를 얻었다. 마케도니아 왕 필리포스 2세로부터 왕자 알렉산드로스의 교육을 맡아달라는 권유를 받은 것이다.

아리스토텔레스는 즉시 마케도니아로 갔다. 이때가 기원전 342년이었다. 그리고 기원전 335년까지 7년 동안 그곳에 머물렀다. 아리스토텔레스가 알렉산드로스를 처음 만났을 때 그의 나이는 13세였다. 어렸던 왕자는 아리스토텔레스를 무척 존경하고 따랐다. 그리고 20세 청년으로 성장해 왕으로 즉위할 때까지 아리스토텔레스의 지도를 받았다.

알렉산드로스가 왕위에 오르자 그 이듬해인 기원전 335년 아리스토텔레스는 아테네로 돌아갔다. 그리고 아폴론 리케이오스의 성역에다 그 이름을 따서 리케이온이라는 학원을 세웠다. 그는 리케이온에서 12년 동안 철학, 자연과학, 의학, 역사학 등을 가르쳤다. 하지만 기원전 323년 알렉산드로스가 죽자 아테네에 반마케도니아 당파가 대두했고, 아리스토텔레스는 그 때문에 별수 없이 도망쳐야 했다. 이때 그는 자신의 도피를 합리화하기 위해 소크라테스의 죽음을 빗대 이렇게 말했다고 한다.

"아테네 시민들이 두 번이나 철학에 대해 죄를 짓지 않도록 나는 지금 떠난다."

그 후 1년 동안 도망자 생활을 하던 그는 기원전 322년 에우보이아섬(에비아섬)의 칼키스에서 62세를 일기로 생을 마쳤다.

아카데메이아의 천재로 통했던 그는 소크라테스·플라톤과 함께 고대 그리스 철학의 3대 학자로 불린다. 아울러 근대 학문에 가장 많은 영향을 끼쳤다는 점에서 세 사람 중 최고의 학자라고 할 수 있다. 하지만 그의 삶은 그다지 순탄하지 못했던 것 같다. 수많은 저작과 업적을 쌓았음에도 불구하고 그러한 역경을 겪을 수밖에 없었던 것은 성격 탓이 컸다.

그는 한마디로 천재였다. 아카데메이아에서도 그렇게 통했다. 플라톤의 가르침을 가장 빨리 이해한 학생이었고, 정치학·철학·자연과학·의학·윤리학·수학 등 모든 학문을 두루 섭렵한 대단한 학자였다. 그 때문에 아카데메이아의 모든 일은 그의 손을 거쳐야만 했다. 하지만 오만하고 고집이 세서 자주 플라톤과 부딪쳤다.

플라톤에게는 아리스토텔레스 외에 또 한 명의 수제자인 크세노크라테스가 있었다. 크세노크라테스는 아리스토텔레스와 달리 조심성이 많고 고지식한 인물이었다. 그래서 플라톤은 이 두 사람의 특징을 이렇게 묘사했다.

"아리스토텔레스에겐 고삐가 필요하고, 크세노크라테스에겐 박차가 필요하다."

플라톤은 아리스토텔레스의 천재성을 인정했지만 그의 오만함은 경계했다. 그 때문에 아카데메이아의 살림을 고지식하고 조심성 많은 크세노크라테스에게 맡겼다. 또 죽기 직전 아카데메이아를 이끌 후임자로 자신의 조카 스페우시포스를 지목했다. 플라톤은 자신과 다른 이론을 펼치며 스승을 공격해대는 아리스토텔레스를 이미 '배은망덕한 놈'으로 취급하던 터였다.

이런 배경 때문에 그는 결국 아카데메이아를 떠나야만 했다. 하지만 항상 아카데메이아의 원장을 꿈꾸었고, 언젠가는 꼭 다시 아테네로 돌아가야 한다고 생각했다. 그리고 마침내 아테네를 떠난 지 12년 만인 기원전 335년에 아테네로 돌아갔다. 당시 아카데메이아의 원장은 크세노크라테스가 맡고 있었다. 아리스토텔레스는 원래부터 크세노크라테스를 '멍청한 인간'이라고 경멸하곤 했다. 그런 그가 아카데메이아의 원장이 되었다는 얘길 들은 그는 리케이온을 설립했다. 적어도 크세노크라테스가 이끄는 아카데메이아보다는 나은 학원을 만들 수 있다고 생각했던 것이다.

리케이온을 세운 아리스토텔레스는 자신의 학원이 플라톤의 학원과는 질적으로 완전히 다르다고 주장했다. 플라톤이 살아 있을 때부터 그의 합리주의를 비판해왔기 때문에 당연한 귀결이었는지도 모른다. 플라톤과의 결별 선언이나 다름없는 이 같은 행동을 통해 우리는 그의 성격을 짐작할 수 있다.

아리스토텔레스는 스승뿐만 아니라 자신의 제자인 알렉산드로스 대왕과도 사이가 좋지 않았다. 그가 알렉산드로스와 사이가 좋지 않았던 직접적 원인은 칼리스테네스라는 인물 때문이었다.

아리스토텔레스는 알렉산드로스 곁을 떠날 때 자신의 제자이자 친척인 칼리스테네스를 마케도니아에 남겨놓았다. 칼리스테네스는 일종의 정치 고문역을 맡고 있었는데, 오만하기로 이름이 높았다. 알렉산드로스를 무시하는 말을 서슴지 않았고, 그 때문에 알렉산드로스는 늘 그를 증오했다. 알렉산드로스는 결국 그를 역적으로 몰아 교수형에 처하고, 그의 시체를 사자 밥으로 던져주었다.

이 소식을 들은 아리스토텔레스는 알렉산드로스에게 격심한 적의를 품게 되었고, 알렉산드로스 역시 아리스토텔레스를 등지고 아카데메이아의 크세노크라테스를 스승으로 대접했다. 알렉산드로스는 심지어 아카데메이아의 재정을 지원하기도 했다. 하지만 크세노크라테스는 알렉산드로스가 낸 기부금 중 아주 일부만 수용하고 나머지는 돌려보냈다고 한다. 크세노크라테스는 알렉산드로스에게 기부금을 돌려주면서 이렇게 말했다.

"저는 몇 명 되지 않는 제자를 키워내면 그만이지만 대왕은 수많은 신하를 키워내야 하기 때문에 많은 돈이 필요할 것입니다."

이 말을 들은 알렉산드로스는 그 후로 크세노크라테스를 더욱 극진히 대접했다고 한다.

이렇게 해서 아리스토텔레스는 스승과 제자 모두에게서 버림받은 꼴이 되었다. 그뿐만 아니라 나중에는 아테네 시민들로부터도 버림을 받았다. 강대국 마케도니아의 위협으로부터 벗어날 수 있게 해줄 거라고 기대하며 그의 아테네 입성을 그토록 환영했던 그들이 결국 다시 그를 쫓아냈던 것이다. 많은 사람은 이런 결과

1부 | 고대 그리스 철학

가 모두 아리스토텔레스의 부덕한 성격 때문이라고 지적한다.

그의 오만한 성격은 학문에서도 드러난다. 그가 남긴 학문적 업적 가운데 역사에 영원히 기억될 만한 것 중 하나는 삼단논법이다. 삼단논법은 오늘날 모든 학문의 기초다. 그가 내세운 삼단논법의 대표적 명제는 다음과 같다.

> 모든 인간은 죽는다.
> 소크라테스는 인간이다.
> 따라서 소크라테스는 죽는다.

그는 이 명확한 논리를 통해 많은 것을 설명하고 규정지었다. 그 결과 그것은 학문의 기초를 이루는 논리로 자리를 굳혔다. 그는 모든 학문에 이 논법을 적용했다.

하지만 자신만만했던 그의 논리는 한편으론 수많은 오류를 양산했다. 예를 들면 "여자의 치아 수는 남자의 치아 수보다 많다" "까마귀, 참새, 제비는 추위가 심해지면 하얗게 변한다" 등의 터무니없는 학설을 주장하기도 했다. 이 같은 오류는 지나치게 자신의 논리와 생각을 맹신한 데서 온 결과였다. 그래서 사람들은 그의 삼단논법을 이용해 그를 이렇게 비판했다.

> 오류는 인간이 범하는 것이다.
> 아리스토텔레스는 인간이다.
> 따라서 아리스토텔레스도 오류를 범한다.

위대한 저작들과 형이상학의 탄생

아리스토텔레스의 인간성에 관계없이 우리는 그가 남긴 위대한 저작과 학문적 업적을 높이 평가하지 않을 수 없다. 적어도 서구의 학문 발달에서 그의 영향 아래 놓이지 않은 것은 거의 한 분야도 없을 테니 말이다.

앞서 언급한 것처럼 그는 실로 다방면에서 천재적인 능력을 발휘했다. 철학을 정점으로 한 그의 학문은 시학詩學에서 자연과학에 이르기까지 방대하게 펼쳐졌다. 그의 저작은 대체로 논리학, 형이상학, 자연과학, 윤리 및 정치학, 언어학으로 나눌 수 있다.

첫째, 논리학 저서로는 《범주론》《명제론》《분석론》(1~2권), 《변증론》《궤변론》 등이 있으며 이 저작들은 후에 《오르가논》이라는 제목 아래 하나로 묶였다. 여기에 '오르가논'이라는 제목을 붙인 것은 학문을 올바로 다루기 위한 도구organon가 논리학이라고 생각했기 때문이다.

둘째, 형이상학에 대한 저서로는 8권짜리 《자연학Physica》, 존재에 대해 다룬 14권짜리 《형이상학Metaphysica》 등이 있다. 여기서 'metaphysica'라는 제목은 로마 철학자 안드로니코스가 아리스토텔레스의 저작을 간행할 때 이 14권을 《자연학》, 곧 'physica' 뒤에 뒀기 때문에 붙은 이름이다(meta는 '뒤에' 또는 '다음에'라는 뜻이다).

셋째, 자연과학 저서로는 《천계론》《발생·소멸론》《기상론》《동물부분론》《동물이 걸어 다니는 것에 관하여》《동물의 운동에 관하여》《감각과 감각의 대상》《기억과 회상》《잠과 깨어남》《꿈》《잠잘 때의 예지》《장수와 단명》《삶과 죽음》《호흡》《동물지》(전 10권),《영혼에 관하여》(전 3권) 등이 있다.

넷째, 윤리 및 정치학에 대한 저서로는 아리스토텔레스의 아들 니코마코스가 발행한《니코마코스 윤리학》(전 10권), '인간은 사회적 동물이자 정치적 동물'이라는 표현으로 유명한《정치학》(전 8권), 158개 나라의 국법을 모은《아테네의 국가 제도》와《에우데모스 윤리학》 등이 있다.

다섯째, 언어학 저서로는《수사학》과《시학》이 있다.

이외에 아리스토텔레스의 이름으로 된 많은 위서가 전해지고 있는데, 대부분 그의 제자들이 지은 것으로 알려져 있다.

실체는 형상과 질료로 나뉜다

플라톤은 이 세계를 이데아의 세계와 감각의 세계로 나누었다. 그리고 감각의 세계는 이데아의 복사판에 불과하며 허상이라고 했다. 따라서 플라톤에게 감각의 세계, 즉 우리 눈앞에 펼쳐진 가시적 세계는 무의미한 것이었다. 하지만 아리스토텔레스는 플라톤의 생각에 찬성하지 않았다.

아리스토텔레스는 감각의 세계를 더 중시했다. 그는 감각의 세계 속에 있는 물체 그 자체를 만물의 실체라고 했다. 개별적인 물체가 보편적인 개념보다 앞선다고 생각한 것이다. 이는 곧 감각의 세계가 이데아의 세계에 대한 모사에 불과하다는 플라톤의 생각을 정면으로 반박하는 것이기도 했다.

아리스토텔레스가 이처럼 플라톤의 이데아 세계를 비판한 것은 현실 세계에서 펼쳐지고 있는 현상들을 플라톤의 이데아로는 설명할 수 없다고 판단했기 때문이다. 플라톤의 주장에 따르면 현실 세계, 즉 감각 세계는 무한히 변화하며 끊임없이 생성·소멸하는 데 반해, 이데아의 세계는 완전한 상태로 항상 고정되어 있다. 그렇지만 현실 세계는 끊임없이 이데아의 세계를 모사한다.

이러한 플라톤의 논리를 아리스토텔레스는 억측이라고 생각했다. 만약 이데아의 세계가 완전한 상태로 머물러 있다면 그것을 모사하는 감각의 세계가 어떻게 끊임없이 움직이며 변화할 수 있는가? 아리스토텔레스는 이 물음을 통해 플라톤의 이데아에 회의를 품기 시작했다. 그리고 마침내 플라톤의 이데아 이론을 "이데아는 단지 개념에 지나지 않는다"고 비판하면서 독자적 세계관을 형성하기 시작했다.

아리스토텔레스가 중요하게 생각한 점은 감각 세계에서 이뤄지고 있는 사물의 운동에 관한 것이었다. 운동은 어떻게 일어나는가? 이 문제에 몰두한 그는 마침내 이데아는 움직이지 못하고 고정되어 있는 것이므로 어떠한 운동도 만들어내지 못한다고 주장했다. 그리고 이데아의 이러한 한계를 극복하기 위해 이데아적 요소를 사물 속으로 끌어내렸다.

그는 물체를 질료와 형상으로 나누었다. 질료란 물질을 구성하는 재료를 일컫고, 형상은 물질이 추구하는 고유한 상像(꼴)을 의미한다. 아리스토텔레스는 이렇듯 물체 그 자체인 실체를 질료와 형상으로 이분화했다.

그는 모든 질료는 운동을 통해서 형상에 이르는 것을 목적으로 한다고 생각했다. 결과적으로 보면 형상은 모든 운동, 즉 현상들의 지향점이자 근거인 셈이다. 이 형상은 플라톤의 이데아와 동일하다. 하지만 플라톤의 이데아가 물체 바깥에 있는 것과 달리 아리스토텔레스의 형상은 물체 속에 내재해 있다. 이것이 바로 둘의 차이였다.

따라서 플라톤의 이데아가 감각 세계와 무관하게 존재하는 데 비해 아리스토텔레스의 형상은 시간과 공간의 감각적인 세계에 뿌리를 내린다. 그리고 질료와 형상은 그 감각의 세계 속에서 합쳐져 물체라는 형태로 드러난다. 이들은 절대 분리된 상태로 존재할 수 없다.

질료와 형상의 관계에 대해 아리스토텔레스는 석공이 조각하는 작업을 예로 들어 설명했다. 석공이 돌로 아폴론상을 만든다고 했을 때 조각의 재료가 되는 돌은 질료, 아폴론상은 형상, 그리고 석공의 손놀림은 운동에 해당한다. 여기서 만약 돌이라는 재료가 없다면 어떻게 석공의 머릿속에 들어 있는 아폴론상을 땅위에 만들어놓을 수 있겠는가? 또 석공의 머릿속에 아폴론에 대한 형상이 없다면 어떻게 아폴론상을 만들 수 있겠는가?

그는 이러한 질문을 던지며, 질료는 언제든지 형상화될 가능성을 지니고 있다는 의미에서 그것을 가능태可能態라고 칭했다. 그리고 현실적으로 모든 물체는 형상의 모습으로 나타나게 마련이라는 주장을 바탕으로 형상을 현실태現實態라고 칭했다. 아울러 질료와 형상은 항상 유기적으로 결합된 상태로 나타나는데, 그것이 곧 물체라고 했다.

하지만 그의 이런 논리는 어느 순간 자가당착에 빠지고 말았다. 물체 속에 있는 형상은 어디에서 비롯되는가? 바로 이 물음 때문이었다. 그는 이에 대한 해답을 얻기 위해 새로운 고민을 시작했다. 모든 개체에는 자기만의 독특한 형상이 있다고 주장하며 일사천리로 자기 이론을 전개해나가다가 이제 다시 플라톤의 이론을 수용할 수밖에 없는 처지가 되고 만 것이다.

별수 없이 그는 형상에 대한 이론을 수정해서 형상을 제1형상과 제2형상으로 나누었다. 그리고 각각의 물체 속에 있는 형상을 제1형상이라 하고, 이 제1형상을 항상 제1형상의 상태로 유지시켜주는 보편적 형상을 설정해 그것을 제2형상이라고 했다. 예컨대 말은 항상 말을 낳고 사람은 항상 사람을 낳는 근본적 이유는 제2형상, 즉 보편적 형상에 따른 결과라는 것이었다. 말하자면 보편적 형상이 곧 근원적인 형상이라는 뜻인데, 이는 플라톤의 보편적 이데아와 큰 차이가 없는 개념이었다. 다만 아리스토텔레스는 플라톤과 달리 물질세계인 현상계를 통해서 실체를 설명했다는 것과 물질인 질료를 형상과 함께 실체로 설정했다는 것에 차이가 있을 뿐이었다.

아리스토텔레스는 이렇게 해서 다시 플라톤의 이데아론으로 돌아오고 말았다. 물론 그 자신이 원한 일은 아니었다. 다만, 스스로 모순에 빠져들었을 뿐이다. 그리고 그 모순을 해결하기 위해 어쩔 수 없이 플라톤의 이데아 개념을 슬쩍 자기 이론 속으로 끌어들였다. 이것이 아리스토텔레스의 한계였다.

하지만 그렇다고 해서 아리스토텔레스의 논리와 플라톤의 논리를 동일하다고 치부하는 건 위험한 발상이다. 둘은 근본적으로 사물을 바라보는 시각이 달랐기 때문이다. 플라톤은 보편자적 관점을 가지고 본질과 원리·개념 등으로 이뤄진 이데아를 중심으로 세계를 이해한 반면, 아리스토텔레스는 각각의 개체와 그것의 성질·운동 등의 감각적인 현상을 통해 세계를 이해했다. 따라서 플라톤에게는 사물의 개념과 그에 대한 인간의 관념이 중요했지만, 아리스토텔레스에게는 물질과 그것의 운동이 중요했다. 이같은 세계관 차이는 아리스토텔레스의 다음과 같은 말에 단적으로 드러난다.

"이 땅 위에 집이라는 이데아에 의해서 생겨난 집은 아직 단 한 채도 없다."

아리스토텔레스는 이처럼 단지 개념으로만 머물러 있는 이데아를 결코 용납하지 않았다.

3장

헬레니즘 시대의
철학자들

펠로폰네소스전쟁(기원전 431~기원전 404) 이후 아테네와 그리스 도시국가들은 급격히 몰락의 길을 걸었고, 발칸반도의 주도권은 마케도니아가 쥐게 되었다. 마케도니아가 발칸반도를 장악함으로써 그리스는 국가적으로는 쇠망했지만, 알렉산드로스의 원정을 통해 지중해 연안의 모든 국가와 오리엔트 지역에 그들의 발달된 문화가 전해졌다.

이렇게 전해진 그리스 문화는 오리엔트 문화와 융합되어 새로운 형태의 문화를 낳았는데, 이것을 헬레니즘 문화라고 한다. 또 알렉산드로스 대왕 이후부터 마케도니아가 세 왕조로 나뉘어 로마에 병합되기까지의 약 300년간을 헬레니즘 시대라고 한다.

헬레니즘 문화는 말 그대로 '그리스적인 것'을 추구하는 문화를 말하는데, 철학에서도 이러한 경향이 예외 없이 나타났다. 헬레니즘 시대의 철학은 크게 다섯 학파로 나뉜다. 디오게네스로 대표되는 키니크학파, 제논으로 대표되는 스토아학파, 에피쿠로스로 대표되는 에피쿠로스학파, 피론으로 대표되는 회의주의학파, 플로티노스로 대표되는 신플라톤학파가 그것이다. 이들은 지중해 연안의 여러 마케도니아 식민국과 로마제국에서 다시금 그리스 철학을 꽃피웠고, 철학이 기독교에 예속되기 전까지 그리스적 전통과 학맥을 이어갔다.

1

'개 같은 인생'을 추구한 누더기 철학자

디오게네스

디오게네스Diogenes는 기원전 412년경에 태어나 기원전 323년경에 죽었다. 그의 고향은 그리스의 시노페였다. 아버지는 할아버지와 함께 사기를 친 후 금을 가지고 달아나다 붙잡혀 감옥에서 죽은 것으로 기록되어 있다. 아버지가 사기죄로 잡혀가는 것을 본 디오게네스는 아테네로 달아났고, 그곳에서 소크라테스의 제자 안티스테네스를 만났다.

소크라테스에겐 여러 제자가 있었는데, 플라톤이 학문적이고 사회적인 소크라테스를 이어받았다면, 안티스테네스는 반학문적이고 반사회적인 거리의 삶을 살았던 소크라테스를 이어받았다고 할 수 있다.

소크라테스의 초연한 생활 태도를 중시한 안티스테네스는 이른바 견유학파犬儒學派, 곧 키니크학파를 개창했다. 견유학파는 말 그대로 세속적 탐욕을 버리고 개처럼 떠돌며 무욕無慾한 생활을 이상으로 삼는 철학자 무리였다. 그들은 '무욕이 곧 덕德'이라고 주장했다. 요컨대 인간의 욕심을 생명을 유지하는 데 필요한 정도의 물질만 소유하는 것으로 제한하고, 문화생활의 향유를 금기시했다.

안티스테네스는 이러한 주장을 내세우며 원형경기장 안에 자신을 학교를 건립했다. 디오게네스는 아테네에 도착하자마자 안티스테네스의 제자가 되기로 마음먹고 원형경기장에 있는 그의 학교로 찾아갔다. 하지만 안티스테네스는 쉽사리 그를 제자로 받아들이려 하지 않았다. 제자로 받아주기를 간청하는 디오게네스를 지팡이로 내리치며 내쫓으려 했다. 하지만 디오게네스는 물러서지 않았다. 안티스테네스가 지팡이를 들면 오히려 머리를 갖다 대며 내리치라고 고함을 질렀다. 며칠 동안 계속된 그 같은 싸움 끝에 마침내 디오게네스는 안티스테네스의 문하로 들어갔다.

그 후 디오게네스는 오랫동안 안티스테네스 곁에 머물렀다. 그러던 어느 날 문득 누더기 하나만 달랑 걸친 채 스승 곁을 떠났다. 그가 왜 스승에게서 떠났는지는 확실히 알 수 없다. 하지만 어떤 깨달음을 얻고 그리한 것만은 분명하다.

안티스테네스에게 작별을 고한 디오게네스는 지중해 연안국들을 떠돌아다니기 시작했다. 그는 생명을 유지하는 데 꼭 필요한 몇 가지 물건 외에는 지니고 있지 않았다. 누더기 같은 두툼한 외투 하나로 옷과 이불을 대신했고, 나무로 만든 둥근 술통 하나로 집을 대신했다. 그 둥근 술통은 겨울엔 햇볕이 잘 드는 양지바른 곳을, 여름엔 그늘진 숲을 굴러다녔다.

철저한 거지가 되는 게 그의 목표였다. 버려진 개처럼 자유롭게 돌아다니며 먹을 수 있는 것이면 무엇이든 주워 먹거나 얻어먹으며 생명을 지켜나가는 것이 유일한 일과였다. 디오게네스는 가끔 이렇게 말했다.

"나는 개처럼 살기를 원한다. 개야말로 아무런 부족함도 느끼지 않고, 어떤 위선도 행하지 않기 때문이다."

이 같은 지론을 존중한 후세 사람들은 그의 동상에 개를 함께 조형하기도 했다.

디오게네스는 사실 어떤 철학적 가르침도 행하지 않았다. 단지 그렇게 살았을 뿐이다. 그리고 키니크학파의 철학적 전통을 세우는 데 어떠한 공헌도 하지 않았다. 어쩌면 그를 철학자로 여기는 것 자체가 무리일지도 모른다. 하지만 디오게네스처럼 철저하게 키니크학파의 행동 강령대로 살았던 사람은 없다. 이것이 아무런 철학적 가르침을 행하지 않았음에도 그가 키니크학파의 상징으로 남은 이유일 것이다.

이런 키니크학파의 철학적 전통은 훗날 종교적 경향을 띤 스토아철학으로 발전해 체계화·보편화되면서 민중 속으로 보다 깊숙이 파고들었다.

나는 개犬로소이다

알렉산드로스가 거지 하나를 방문했다. 그는 나무로 만든 둥근 술통 속에서 개처럼 웅크리며 살고 있는 디오게네스였다. 하지만 사람들은 그를 단순한 거지로 취급하지 않았다. 그에게 먹을 것을 주는 대신 삶에 보탬이 되는 교훈을 얻곤 했기 때문이다. 알렉산드로스가 디오게네스를 찾아온 것도 그에게서 교훈이 될 만한 말을 듣기 위해서였다.

알렉산드로스가 방문했을 때 그는 자신의 이동식 주택인 술통을 수리하고 있었다. 알렉산드로스는 한동안 그 광경을 물끄러미 쳐다보고 있다가 이윽고 다가가서 말을 걸었다.

"이보게, 지금 무엇을 하고 있는가?"

알렉산드로스가 이렇게 물었지만 디오게네스는 쳐다보지도 않고 퉁명스럽게 대답했다.

"보시다시피 이렇게 집을 수리하고 있지 않소이까?"

그 말에 알렉산드로스를 호위하던 무장이 큰 소리로 호통을 치며 디오게네스의 멱살을 잡아챘다.

"이놈! 감히 누구 앞이라고 그따위 말을 지껄이는 게냐?"

그러자 알렉산드로스는 호위 무장을 나무라며 디오게네스의 멱살을 놓아주라고 했다.

"이거 미처 내 소개를 하지 않아 불미스러운 일이 일어났군. 나는 마케도니아의 왕 알렉산드로스일세."

알렉산드로스라는 이름을 듣고서도 디오게네스는 여전히 그를 쳐다보지도 않고 대꾸했다.

"저는 고린도의 개로소이다. 이름은 디오게네스라고 합지요."

디오게네스의 태연자약한 모습에 알렉산드로스는 그저 껄껄거리며 웃을 뿐이었다. 그리고 이렇게 물었다.

"자네는 내가 두려운가?"

디오게네스가 되물었다.

"대왕은 악한 사람입니까, 아니면 선한 사람입니까?"

알렉산드로스가 대답했다.

"물론 나는 선한 사람일세."

"누가 선한 사람을 두려워하겠습니까?"

디오게네스의 이 말에 알렉산드로스는 감탄하고 말았다. 누더기를 걸친 거지의 몰골 이면에 버티고 있는 철학자 디오게네스의 진면목을 느꼈던 것이다.

"디오게네스, 그대는 듣던 대로 참으로 현명한 사람이구려. 보아하니 많은 게 부족할 듯한데 내가 도와줄 일이 없겠는가? 그대가 원하는 것이면 무엇이든 주겠네."

디오게네스가 말했다.

"원하는 게 한 가지 있습니다."

알렉산드로스가 물었다.

"그래, 그게 무엇인가?"

디오게네스가 대답했다.

"대왕이 서 있는 곳에서 조금만 오른쪽으로 비켜주십시오. 그러면 제가 햇볕을 쬐는 데 어려움이 없겠습니다."

디오게네스를 만난 후 알렉산드로스는 자신의 참모에게 이렇게 말했다고 한다.

"가능하다면, 나는 알렉산드로스의 옷을 벗어던지고 디오게네스의 옷을 입고 싶다네."

알렉산드로스는 권력과 명예 같은 인간적 욕망에서 완전히 벗어난 디오게네스의 초연한 삶이 부러웠던 모양이다. 디오게네스는 스스로 개처럼 살기를 원했다. 항상 맨발로 다녔고, 눈 위를 걸을 때는 헝겊으로 발을 감싸는 정도로 만족했다. 그리고 아무데서나 잠을 자고, 사람들이 주는 것이면 무엇이든 먹었다.

그가 소유한 물건은 고작 뜨거운 차를 끓여 마실 수 있는 그릇과 지팡이 그리고 바랑 하나가 전부였다. 거기다 하나를 더 보탠다면 팔에 걸거나 굴리고 다니는 둥근 술통 정도였다. 이 술통은 그의 유일한 안식처, 곧 굴러다니는 집이었다. 그 속에서 개처럼 사는 게 디오게네스의 유일한 소원이었다.

2

죽음을 예감하고 자살한 스토아철학의 시조

제논

기원전 334년경에 태어나 기원전 262년경에 죽은 제논Zenon은 페니키아 지방의 셈족 혈통이었다. 그의 부모와 어린 시절 이야기는 거의 전하지 않는다. 다만 키프로스섬의 키티움에서 출생하고 그곳에서 자랐다는 사실만 알려져 있다.

하지만 청년 시절 이후 그의 삶에 대해선 비교적 상세한 기록이 있다. 그는 어느 날 나름대로 커다란 포부를 안고 그리스행 배를 탔다. 그러나 항해 도중 폭풍을 만나 짐을 모두 잃고 빈털터리 신세로 그리스에 도착했다. 아테네에 거처를 정한 그는 거기서 소크라테스의 이론에 관해 쓴 크세노폰의 저작들을 읽으며 많은 지식을 습득했다. 그리고 자신이 출입하던 서점 주인한테 크세노폰 같은 뛰어난 인물이 있으면 소개해달라고 부탁했다. 서점 주인은 키니크학파(견유학파)의 크라테스를 소개해주었고, 그렇게 크라테스를 찾아가 제자로 입문했다.

크라테스는 대부분의 견유학파가 그렇듯 사회의 규범에 순응하지 않는 자세로 개처럼 떠돌았다. 진정으로 선한 사람은 모든 도덕적 관념에서 벗어나 자유롭게 살아야 한다고 믿으며, 생활 속에서 실제로 그 믿음을 실천한 것이다. 따라서 다른 사람의 눈을 전혀 의식하지 않았다. 그래서 누더기를 걸치고 아무 데서나 술과 음식을 먹었다. 잠자리를 가리지도 않고, 웃통을 벗은 채 술통을 메고 다녔다.

하지만 제논은 달랐다. 그는 조심성이 많고, 도덕성이 강하며, 항상 단정한 옷차림을 했다. 또 술통을 등에 짊어진 채 다니는 일도 없고, 구걸을 하지도 않고, 아무 데서나 자는 일도 없었다. 스승 크라테스는 제논의 이런 점을 탐탁지 않게 생각했다. 그런 행동은 마음이 약한 탓이라고 여겼다. 그래서 하루는 포도주가 가득 든 병을 짊어지고 아테네의 케라메이코스 광장을 걸으라고 지시했다. 제자를 강하게 단련시키기 위해서였다. 제논은 스승의 명령에 당혹스러움을 감추지 못했다. 하지만 감히 거부할 수는 없었다. 마지못해 포도주병을 짊어지고 가며 제논은 줄곧 자신의 얼굴을 병으로 가렸다. 그러자 뒤따라가던 크라테스가 지팡이로 술병을 쳐서 산산조각을 내버렸다. 병이 깨지자 일시에 포도주가 쏟아졌다. 그 바람에 제논이 당황해 어쩔 줄을 모르자 크라테스는 호통을 치며 이렇게 말했다.

"너는 어째서 나쁜 짓을 하지도 않았는데 그토록 부끄러워하느냐!"

그런 스승 밑에서 10년간을 배운 제논은 어느 날 홀연히 크라테스의 곁을 떠났다. 그는 근본적으로 견유학파와는 다른 성향을 가진 인물이었다. 즉, 견유학파의 초월적 자세는 받아들였지만 도덕성을 무시하는 경향은 인정할 수 없었다.

크라테스와 결별한 제논은 메가라학파의 스틸폰 문하에 들어갔다. 그리고 메가라학파에서 다시 10년간 수학한 뒤 새로운 학파를 만들었으니, 그게 바로 스토아학파다.

스토아는 제논이 세운 학원 이름으로, 아카데메이아를 비롯해 아테네에 세워진 네 학원 중 하나였다. 스토아stoa는 원래 화랑畫廊이란 뜻인데, 제논이 세운 학원 내에 걸려 있던 폴리그노트 벽화 때문에 이런 이름이 붙었다. 이 이름을 보다 직설적으로 풀이하면 '얼룩덜룩한 강단'이라고 할 수 있다. 따라서 스토아철학은 다른 말로 강단철학이라고 부를 수 있다.

이 스토아학파를 통해 비로소 로마에 철학이 정착했다. 제논의 대를 이은 크리시포스를 비롯해 중기 스토아학파에 해당하는 파나이티오스와 포세이도니오스, 키케로, 폼페이우스, 마르쿠스 아우렐리우스 황제 등이 그 맥을 이었다.

스토아학파를 창시한 제논의 죽음은 참으로 희극적이다. 어느 날 학원에서 걸어 나오다 뭔가에 걸려 손가락 골절상을 입었는데, 이게 자신의 죽음을 예고한다고 생각해 스스로 목을 맸다. 그는 자살하기 전에 땅을 손으로 톡톡 두드리며 이렇게 말했다고 한다.

"대지여! 그대는 나를 원하는가? 나는 이미 준비가 되어 있네."

스토아학파의 시조 제논 말고도 같은 이름의 철학자가 있으니,

우리에게 "아킬레스는 거북이를 잡을 수 없다"는 명제로 잘 알려진 엘레아학파의 제논(기원전 495?~기원전 430?)이 바로 그다. 엘레아학파의 제논은 변론의 천재 파르메니데스의 제자로서 흔히 궤변론자의 대표로 기억된다. 이름이 같기 때문에 엘레아학파의 제논과 스토아학파의 제논을 혼동하기 십상인데, 둘의 철학과 삶은 판이하게 달랐다.

인간은 우주가 만든 연극에 등장하는 배우와 같다

마케도니아의 국왕 안티고노스 고나타스가 아테네를 방문하는 길에 제논을 찾아왔다. 그는 평소부터 제논을 존경했기 때문에 아테네에 갈 일이 있으면 어김없이 제논의 스토아학원을 방문하곤 했다.

젊은 왕 안티고노스는 지식욕이 강한 사람이었다. 그가 제논을 방문한 것도 어떻게 해서든 새로운 지식을 얻어보겠다는 생각 때문이었다. 그는 또한 가능하다면 제논을 왕궁으로 데려가 자신의 왕사王師로 삼고자 했다. 하지만 제논은 그런 제의를 받을 때마다 건강이 좋지 않다는 이유를 대며 번번이 사양했다. 그리고 왕의 요청을 존중하는 의미에서 자기 제자 중 뛰어난 몇 사람을 대신 왕궁으로 보냈다.

하지만 안티고노스는 제논의 그런 처사를 기분 나빠 하지 않았다. 오히려 세상의 명리에 전혀 관심을 두지 않는 그의 학자적 면모에 매료되었다. 그래서 더 이상 제논을 왕궁으로 데려가려고 시도하지 않았다. 다만 아테네에 오면 그에게 몇 가지 궁금한 점을 묻는 걸 자신의 학문적 즐거움으로 생각했을 뿐이다.

처음에 안티고노스는 아테네에 제논이라는 뛰어난 학자가 있다는 소문을 듣고 그를 방문했었다. 왕이 평민복을 입고 자신을 마케도니아에서 온 학생이라고 소개하니 제논이 말했다.

"먼 곳에서 이 미천한 늙은이를 찾아주시니 참으로 고맙습니다. 그렇지만 젊은이, 나는 젊은이가 소문으로 듣던 그 제논처럼 그렇게 대단한 늙은이는 못 됩니다. 그저 하는 일 없이 밥을 축내는 게 죄스러워 학생들을 몇 명 가르치고 있을 뿐이지요. 그래, 무슨 일로 그 먼 곳에서 이 늙은이를 찾아왔습니까?"

왕이 대답했다.

"어떻게 하면 선하게 살 수 있는지 알고 싶어서 왔습니다. 느닷없이 이런 요구를 하는 게 실례인 줄은 알고 있지만, 그래도 이곳까지 찾아온 성의를 생각해서 가르침을 주시면 고맙겠습니다."

안티고노스의 얘기를 들은 제논은 한동안 아무 말도 하지 않고 물끄러미 그의 얼굴을 쳐다보기만 했다. 그리고 한참 만에 입을 열었다.

"내가 보기에 젊은이는 예사 사람이 아닌 듯싶습니다. 하지만 신분이라는 건 근본적으로 차별이 없는 것이니 스스로 맡은 역할에 충실하면 되겠지요."

제논은 조심스럽게 말을 이어갔다.

"선하게 살 수 있는 방법이야 많겠지요. 그리고 대부분의 사람은 그것을 잘 알고 있습니다. 하지만 쉽게 인정하려 들지 않습니다. 이 늙은이는 나름대로 이렇게 생각하고 있습니다. '인간은 우주가 만든 연극에 등장하는 배우와 같다. 그래서 그들은 각자가 연기해야 할 배역을 가지고 있으며, 따라서 자기 마음대로 대사를 꾸며낸다든지 자기가 하고 싶은 대로 행동할 권리가 없다.' 무슨 말인고 하니, 인간은 자기 신분이나 처지가 천하건 귀하건 어떤 부끄러움도 자만도 가질 필요 없이 우주가 안겨준 자신의 배역에 충실하면 된다는 뜻입니다. 그들 개개인의 배역은 희극적일 수도 있고, 또 비극적일 수도 있지만, 각자가 맡은 배역에 성실하기만 하면 되는 것이지요. 자신의 배역을 완벽하게 연기하고, 완벽하게 소화해낼 때 선한 삶을 살 수 있지 않겠습니까? 우주의 목적에 맞는 것은 나의 목적에도 맞는 일이니까요."

안티고노스는 제논의 가르침을 듣고 돌아갔다. 그리고 다음에는 왕의 옷을 입고 그를 찾았다. 하지만 제논의 태도는 그 전과 별반 차이가 없었다. 왕의 옷차림을 한 안티고노스를 보고 제논은 다만 이렇게 말할 뿐이었다.

"배역에 맞는 옷을 고르기가 쉽지 않았던 모양이지요?"

이 말에 안티고노스는 그저 멋쩍은 듯이 웃었다. 그리고 이후부터 지방 나들이를 할 때면 어김없이 아테네를 거쳤고, 반드시 제논의 스토아학원을 방문했다.

제논이 죽은 뒤 마케도니아의 국왕 안티고노스는 이렇게 절규했다고 한다.

"신이여, 내가 지금 도대체 무엇을 잃은 것입니까!"

그리고 신하가 "폐하께서는 왜 그토록 제논을 존경했습니까?" 하고 묻자 다음과 같이 대답했다.

"내가 많은 선물을 주었건만 그는 내게 단 한 번도 아첨한 일이 없었기 때문이다."

이 말은 제논의 생활 태도를 단적으로 보여준다. 그는 청렴했으며 엄격하고 분명했다. 우주의 질서에 순응하는 자세를 견지했다. 그 같은 태도가 아테네 주변에 있는 모든 왕들의 존경을 받는 이유였다.

제논을 좋아한 왕 중에는 이집트의 프톨레마이오스도 있었다. 그는 제논에게 대사大使를 보내 학문적 업적을 찬양하고 제논의 청을 받아오라고 명했다. 스토아학원을 찾은 프톨레마이오스의 대사는 왕에게 청이 있거든 말해보라고 전했다. 그러자 제논은 이렇게 대답했다.

"침묵할 수 있는 인간이 있다는 것을 폐하께 전해주십시오."

그가 말을 아끼는 인물이라는 걸 보여주는 대목이다. 또한 그는 학식을 드러내는 걸 좋아하지 않았다. 제자 한 명이 어느 날 자기가 깨친 바를 동창들에게 설파하며 자신의 뛰어남을 자랑하는 것을 보고 제논은 그의 뺨을 후려갈기며 이렇게 말했다.

"네가 설령 다른 사람 위에 선다 해도 그것으로 스스로를 뛰어난 인간이라고 생각하지 마라. 진정으로 뛰어난 사람은 자신의 뛰어남을 드러내지 않는 사람이다."

제논의 엄격함과 겸손함을 동시에 엿볼 수 있는 일화다.

3

평온하고 조용히 숨을 거둔 정원철학자
에피쿠로스

에피쿠로스Epicouros는 기원전 341년 이오니아의 사모스섬에서 태어나 기원전 270년 71세를 일기로 세상을 떴다. 아버지는 네오클레스, 어머니는 카이레스트라테였다. 부친은 원래 그리스 본토에서 살았는데 그곳의 경제 상황이 악화하자 사모스로 이주해 농업에 종사했다. 하지만 그는 단순한 농부가 아니었다. 대대로 학자적 가풍을 이어온 집안 출신이었다. 그래서 사모스섬에 도착한 후 스스로 학교를 열어 자식들을 가르쳤다. 그 덕택에 에피쿠로스는 어린 시절 내내 전원생활을 만끽하며 학업에 열중할 수 있었다. 학우들은 주변 농촌의 아이들과 자신의 동생들이었다. 그에게는 형제가 셋 있었는데, 나중에 모두 에피쿠로스의 제자가 되었다.

에피쿠로스는 형제들 중에서 단연 돋보였다. 아버지는 그의 탁월한 면모를 높이 평가해 이오니아로 유학을 보냈다. 이오니아의 타오스로 유학한 에피쿠로스는 데모크리토스학파의 나우시파네스라는 철학자에게서 학문을 배웠다. 에피쿠로스는 거기서 데모크리토스의 유물론에 감명을 받았다. 특히 데모크리토스의 원자론과 쾌락주의는 그의 철학 전반에 막대한 영향을 끼쳤다. 데모크리토스는 대부분의 육체적 쾌락을 배격한 인물이다. 인간이 감각적 즐거움이나 욕망에 이끌리지 않고 조용히 자연의 흐름과 조화를 이루며 사는 것을 쾌락으로 여겼다.

에피쿠로스는 데모크리토스의 이러한 관점을 받아들였다. 하지만 자연 자체를 결코 평화로운 곳으로 보지는 않았다. 자연의 본성은 사나운 것이며, 따라서 그 자연의 본성으로부터 멀어져 자기 내면에 있는 평화를 유지하며 사는 것이 최고의 쾌락이라고 주장했다. 그는 이 같은 신념을 가지고 윤리학과 논리학, 자연학을 설명했다.

하지만 에피쿠로스의 인생은 평탄하지 못했다. 몸이 지나치게 허약해 항상 병에 시달렸다. 게다가 사모스로 돌아온 이후엔 불온한 사상을 가졌다는 이유로 추방당해 망명 생활을 해야 했다.

그러나 제자들은 결코 그를 배반하지 않았다. 20대 청년 시절부터 꾸준히 제자를 길러낸 덕분에 그는 30대 초반에 학원을 하나 열 수 있었다. 제자들이 아테네 교외에 집과 정원을 마련해주었는데, 이곳에 '정원Garden'이라는 이름을 내걸고 학원을 세운 것이다. 이 학원은 말 그대로 정원이었다. 에피쿠로스는 그곳에서 제자들과 함께 채소를 키우며 농사를 짓고, 산책을 하며 자신의 사상을 설파했다.

에피쿠로스는 아주 검소했다. 항상 채식을 했다. 자기가 손수 기른 채소와 과일, 콩 등에 빵과 물이 식탁에 올라오는 음식의 전부였다. 그는 이 같은 생활을 36년 동안 지속하며 300여 권에 달하는 책을 집필하고 많은 제자를 길러냈다. 하지만 애석하게도 그가 쓴 책은 거의 남아 있지 않고, 단편적인 것들만 겨우 찾아볼 수 있을 뿐이다.

그의 강의는 비단 제자들만 듣는 게 아니었다. 제자들의 아내, 주변 마을의 농부와 그들의 부인 그리고 노예까지 모두 그의 수업을 들었다. 그는 아무 데서나 강의를 했다. 밭에서 일을 하다가 시간이 나면 그 자리에서 즉석 강의를 하고, 산책할 때나 정원에서 화단을 가꿀 때도 강의를 했다. 그래서 사람들은 그를 '정원철학자garden-philosopher'라고 불렀다.

에피쿠로스는 주로 즐거움에 관해 가르쳤다. 어떻게 하면 진정한 즐거움을 느끼며 살아갈 수 있는가? 윤리학·정치학·자연학·논리학 등 모든 분야에서 그는 '삶의 즐거움'을 역설했다. 그것을 얻는 게 모든 인간의 공통된 목표이자 윤리학의 목적이라고 했다. 후세 사람들은 그 때문에 그를 쾌락주의자라고 명명했다. 데모크리토스에서 시작된 이 같은 쾌락주의는 키레네학파의 아리스티포스를 거쳐 에피쿠로스에 이르러 집대성되고 로마 출신 루크레티우스에 의해 대중화되었다. 에피쿠로스의 쾌락주의는 욕망을 철저하게 줄여나가는 것을 목적 달성의 방법으로 여겼다. 행복은 욕망을 줄여갈 때 성취감이 높아지면서 찾아온다는 게 그의 지론이었다.

하지만 그의 사상은 훗날 그를 시기하던 사람들에 의해 와전되고 말았다. 스토아학파 사람들이 에피쿠로스주의자를 퇴폐주의자로 몰아갔기 때문이다. 그러나 당대 아테네 사람들은 아무도 에피쿠로스를 퇴폐주의자로 생각하지 않았다. 오히려 에피쿠로스를 단정하고 예의 바른, 조용한 정원의 철학자라고 불렀다. 아테네 시민들이 그의 죽음을 아주 슬퍼했다는 기록이 그 같은 사실을 대변해준다.

에피쿠로스는 71세를 일기로 세상을 떴다. 원래 병약했고 만년에는 여러 병을 앓았지만, 끈질긴 노력과 검소한 생활 덕분에 그나마 장수할 수 있었다. 그는 죽기 전 몇몇 지인과 제자에게 똑같은 내용의 편지를 보냈다고 전해진다. 그 편지에서 그는 자신이 오줌을 누지 못하는 고통에 시달리고 있으며 항상 설사를 해대는 통에 어려움을 겪고 있다고 토로했다. 그리고 말미에 "부디 나의 가르침을 계승해달라"고 호소했다. 이런 편지를 보낸 후, 그는 죽음의 때가 임박했음을 알고 마지막으로 목욕을 했다. 깨끗한 몸으로 세상을 하직하겠다는 뜻이었을 것이다. 그는 따뜻한 물로 목욕을 하면서 손수 재배한 포도로 빚은 포도주를 마신 후 기분 좋게 세상을 떴다. 인생의 마지막 즐거움을 만끽하면서 평소의 지론처럼 '아주 평온하게 조용히' 숨을 거둔 것이다.

진정한 즐거움은 마음의 평화

흔히 쾌락주의자라고 하면 먹고 마시기를 좋아하는 퇴폐적인 인간으로 생각하기 쉽다. 하지만 에피쿠로스는 그 같은 쾌락과는 담을 쌓은 인물이었다. 한때 사람들은 "그대는 내일이면 죽을 것이다. 그러니 먹고 마시고 즐기라!"는 구호를 부르짖는 무리라며 에피쿠로스주의자를 비방한 적도 있다. 하지만 이는 그들과 적대 관계에 있던 스토아학파 사람들이 지어낸 말에 불과하다.

에피쿠로스는 오히려 염세주의자에 가까웠다. 그는 인생의 후반기를 줄곧 한적한 시골에서 지냈다. 그곳 정원에서 제자들과 담소하며 조용히 자신의 내면을 들여다보는 걸 삶의 즐거움으로 삼았다.

에피쿠로스는 육체적 욕망을 철저하게 차단하며 살았다. 진정한 즐거움이란 숱한 욕망에서 벗어나 자신의 정신을 평화로운 상태로 유지하는 일이라고 보았다. 스토아학파처럼 욕구를 억지로 절제하고 규칙과 제도로 행동반경을 한정짓는 금욕주의적 평화가 아니라, 자신의 내면에서 우러나오는 잔잔한 감동과 평화를 그대로 만끽하는 것을 최고의 즐거움으로 생각했다. 아울러 그러한 즐거움이 최고의 윤리적 가치라고 가르쳤다.

그런 그에게 자연은 사나운 전쟁터나 다름없었다. 모든 생물이 서로 죽이지 않으면 살아남을 수 없는 자연 말이다. 그에겐 인간 사회 또한 자연 세계의 연장일 뿐 그 이상도 이하도 아니었다. 게다가 인간은 맹수까지도 지배할 만큼 강한 힘을 가진 동물로 먹이사슬의 가장 위에 있는 존재다. 따라서 인간 사회는 가장 사나운 전쟁터일 수밖에 없다고 결론지었다.

이와 같은 관점이 그를 점점 전원생활로 이끌었다. 사회와 동떨어져 있는 것만이 자기 자신을 유지하는 유일한 방법이라고 판단했던 모양이다. 그래서인지 정치를 단호하게 거부했다. 정치는 항상 칼의 지배를 받기 마련이라고 생각했다. 칼이 있는 곳에는 언제나 피비린내가 따라다닌다. 피 묻은 칼로는 절대 마음의 평정을 찾을 수 없다고 그는 단언했다.

4

침묵을 강조한 회의론의 창시자

피론

피론Pyrrhon은 기원전 360년경 그리스의 엘리스에서 태어나 기원전 270년경에 사망한 것으로 알려져 있다. 회의주의학파를 대표하는 그에겐 다음과 같은 일화가 전해진다.

어느 날 티몬이라는 제자가 피론에게 따지듯이 말했다.

"선생님, 오늘로 제가 선생님 곁에 온 지 10년이 되었습니다. 그런데 그동안 선생님은 제게 아무런 가르침도 주지 않았습니다. 도대체 언제까지 제게 아무것도 가르쳐주지 않으실 작정입니까?"

피론이 껄껄 웃으면서 대구했다.

"이놈아, 그동안 그렇게 반복해서 계속 가르쳤는데 또 무엇을 가르쳐달라는 것이냐?"

이 말에 티몬은 펄쩍 뛰며 대들었다.

"아니, 도대체 저한테 뭘 가르쳐줬다고 그러십니까? 선생님은 제가 뭘 물어도 그저 웃기만 하고 아무 말씀도 하지 않으셨습니다."

그러자 피론은 여전히 웃음 띤 얼굴로 말했다.

"그 외에 또 무슨 가르침이 필요하더냐?"

피론은 침묵을 지킬 줄 아는 것만큼 값진 것은 없다는 걸 가르치고 있는 중이었다. 하지만 티몬은 그 말을 잘 알아듣지 못했다. 그래서 그저 스승을 쳐다보고 있을 뿐이었다. 잠시 그렇게 침묵이 흘렀다. 이윽고 피론이 다시 입을 열었다.

"좋다. 무엇이 알고 싶은지 한번 말해보기나 해라."

스승이 달래듯이 말하자 티몬은 상기된 얼굴을 가다듬고 질문을 던졌다.

"선생님께서는 신이 있다고 생각하십니까? 우주를 지배하는 절대자 말입니다."

피론은 그 말을 듣고 잠시 생각에 잠겼다가 되물었다.

"만일 신이 있다면 형체가 있든가, 또는 형체가 없겠지?"

"예. 유형적이거나 무형적이거나 둘 중에 하나겠지요."

"만일 신에게 형체가 있다고 할 때, 그것은 다른 물체와 마찬가지로 변하거나 사멸하겠지?"

"그렇겠지요."

"변하거나 사멸한다면 그걸 절대자라고 말할 수 있겠는가?"

"없습니다."

"그렇다면 신은 형체가 없다는 이야긴데, 만약 형체가 없다면 인간이 신을 찾아낼 수 있을까? 인간은 감각을 통해서 무언가를 찾아내곤 하는데, 형체 없는 것을 감각으로 찾아낼 수 있느냐고 묻는 걸세."

티몬은 이 물음에 한참 동안 고개를 갸웃거리다가 대답했다.

"찾아낼 수 없을 것 같습니다."

"찾아낼 수 없는 신을 섬길 수 있겠느냐?"

"없습니다."

"그러면 또 하나 물어보자. 신은 전지전능하거나 능력에 한계가 있거나 둘 중 하나겠지?"

"그렇겠지요."

"그러면 먼저 신이 전지전능하다고 가정해보자. 신이 전지전능한데도 이 세상에는 여전히 악과 무지와 폭력이 난무하고 있으니, 비록 전지전능한 신이 존재한다고 해도 결코 완전히 선한 존재는 못되겠지?"

"예."

"선하지 못한 존재를 신이라고 할 수 있을까?"

"없습니다."

"이번엔 신의 능력에 한계가 있다고 가정해보자. 만약 능력에 한계가 있는 존재라면 반드시 보다 월등한 힘을 가진 어떤 존재의 지배를 받게 되겠지?"

"예."

"그렇다면 능력에 한계가 있는 존재를 신, 즉 절대자라고 할 수 있을까?"

"없습니다."

티몬은 고분고분 피론이 묻는 말에 대답했지만 왠지 속고 있는 듯한 기분이 들었다. 그래서 다시 물었다.

"그러면 선생님은 신이 없다고 생각하시는 겁니까?"

그 말에 피론은 빙긋이 웃으며 고개를 가로저었다.

"아니지. 신은 존재할 수도 있어. 하지만 나는 그걸 알아낼 수 없지. 그러니 뭐라고 단정 내릴 수 없는 일이야. 그래서 침묵하려는 거지. 모든 일에 자의적 판단을 멈추고 침묵을 지킬 줄 아는 것이 현명한 사람의 도리일세. 침묵이 최선책이라는 뜻이야."

최고의 덕은 침묵

에피쿠로스와 제논이 서로의 견해 차이로 팽팽하게 대립하고 있을 때, 피론은 전혀 다른 관점의 가치관으로 제자들을 모으고 있었다. 에피쿠로스와 제논이 각기 다른 입장을 견지하면서도 공히 절대적인 존재를 인정한 데 반해, 피론은 그들과 대치되는 회의론을 펼쳤다.

'회의懷疑'라는 말의 철학적 의미는 인간의 인식을 통한 확신을 부인함과 동시에 절대적인 진리의 존재를 의심한다는 뜻이다. 사람들은 이를 회의주의 또는 피론주의Pyrrhonism라고 불렀으며, 이런 시각을 가진 사람들을 회의주의자 또는 피론주의자라고 했다.

회의주의적 관점은 반드시 상대주의를 견지하기 마련이다. 소피스트들이 그랬던 것처럼 회의주의자, 즉 피론주의자는 한결같이 절대적인 진리와 절대적인 신 그리고 절대적인 이데아 세계를 거부하고 상황과 개체에 따라 모든 게 달라질 수 있다는 상대주의적 견해를 피력했다. 따라서 피론주의자들에게 신은 단지 관념에 지나지 않았다. 또 플라톤의 이데아 역시 터무니없는 추론에 불과했다.

피론주의자는 감각적인 인간은 완전한 인식과 완전한 판단을 내리는 것이 불가능하다고 보았기 때문에 객관적 진리의 세계는 존재할 수 없다고 생각했다. 객관적 진리의 세계는 단지 추론의 세계일 뿐이며, 추론이라는 것은 사실 각자가 선호하는 바를 객관적인 양 표현한 것에 불과하다고 주장했다. 그 때문에 그들에게 관습이나 신념, 이데올로기, 신앙, 법률 같은 것은 절대적 의미를 갖지 못했다. 그들은 하나의 집단을 이룬 사람들이 공통적으로 지닌 신념 역시 아무런 근거 없는 독단일 수 있다고 여겼다. 또한 법률이나 관습 역시 실천적 목적을 달성하기 위한 좋은 길잡이는 될 수 있을지언정 결코 합리적으로 성립된 것은 아니라고 생각했다.

피론주의자들의 이런 관점은 '판단을 멈추는 것이 가장 현명한 선택'이라는 사고를 낳았다. 그리고 '침묵만이 현명한 사람이 간직해야 할 최고의 덕'이라는 명제로 이어졌다. 이처럼 침묵이 회의론자의 진정한 태도라고 생각했기 때문에, 피론주의는 '극단적 회의주의'를 지칭하는 용어가 되고 말았다.

피론은 회의론의 창시자답게 어떠한 저술도 남기지 않았다. 침묵을 강조했기 때문인지 그에 대한 기록 또한 거의 전무하다. 그나마 그의 사상이 전해지고 있는 것은 제자 티몬의 노력 덕분이다. 하지만 피론의 회의주의는 현실을 정확하게 꿰뚫어볼 수 있는 논리라는 측면에서 많은 추종자를 얻었다. 그중 대표적인 인물로는 아테네 출신의 티몬(기원전 320?~기원전 230?)을 필두로, 피타네 출신의 아르케실라오스(기원전 315?~기원전 240?), 키레네 출신의 카르네아데스(기원전 214?~기원전 129?), 크노소스 출신의 아이네시데모스(기원전 100?~기원전 40?), 알렉산드리아 출신의 섹스투스 엠피리쿠스(200?~250?) 등이 있다. 특히 티몬과 카르네아데스는 많은 저서를 통해 피론주의를 더욱 심화시킨 인물이다.

신플라톤주의자

필론과 플로티노스

로마 시대로 접어들자 헬레니즘 철학은 점차 기독교적 경향을 띠게 되었다. 말하자면 그리스 철학과 헤브라이즘이 합쳐져 새로운 철학 사상을 낳은 것이다. 이러한 경향은 그리스 철학이 기독교에 흡수되는 과정을 잘 설명해주는데, 신플라톤주의로 분류되는 필론주의와 플로티노스주의가 그 대표적 사례다. 로마 제정기에 기독교가 유입되면서 대부분의 그리스 철학파가 소멸하기 시작한 것과 달리 신플라톤주의가 발전을 거듭할 수 있었던 이유는 바로 이 같은 기독교적 경향 때문이었다.

대개 철학자들은 신플라톤주의의 창시자를 플로티노스라고 단정한다. 하지만 신플라톤주의는 플로티노스 혼자서 독창적으로 개창한 것이 아니다. 플라톤의 사상을 면밀히 분석해보면 피타고라스 사상과 소크라테스 사상이 유기적으로 융합해 있음을 발견할 수 있다. 종교적이고 공동체적인 형태는 피타고라스에게 서 왔고, 합리적이고 인본적인 경향은 소크라테스에게서 왔기 때 문이다.

플라톤이 모든 활동에 피타고라스적인 것들을 먼저 발전시켜 나간 것과 마찬가지로 신플라톤주의자들 역시 먼저 신피타고라 스주의를 내세웠다. 신피타고라스주의가 어디에서 어떻게 발생 했는지는 분명치 않다. 그러나 대부분의 학자들은 이탈리아에 남 아 있던 피타고라스학파의 비밀결사에 의해서 이뤄졌을 것이라 고 말한다.

필론주의

피타고라스학파 비밀결사의 생활 태도에는 금욕, 도피, 내세 에 대한 희망, 점술, 주술 등이 기묘하게 얽혀 있었다. 이 같은 신 비적 경향을 기독교와 연결시킨 사람이 알렉산드리아 출신의 필 론Philon(기원전 15?~기원후 45)이다.

필론은 그리스 문화를 접하자마자 자신이 속해 있던 유대(히브 리) 민족의 사상과 그리스 사상의 융합을 시도했다. 필론의 기본 사상은《구약성경》에 뿌리를 두었고, 그의 학문은 그리스 철학을 향해 있었다. 필론은 그리스의 철학을 연구하는 과정에서 아주 중대한 착오를 범하는데, 그리스 철학자들이 이미《구약성경》을 알고 있었다고 자의적으로 판단한 것이다.

그 같은 착오를 바탕으로 플라톤의 저서를 탐독한 필론은 결론적으로 이렇게 말한다.

"플라톤은 그리스의 모세다."

필론의 이러한 단정은 후대에 중세 기독교 교부들이 "플라톤은 그리스어로 말하는 모세 같은 사람이며, 실제로 역사 속 모세의 사상에 따라 자신의 사상을 세웠다"는 견해를 갖는 데 결정적 단서를 제공했다. 필론은 철학의 영역에 '창조'라는 개념을 끌어왔다. 물론 창조 개념은 유대교에서 온 것이다. 또한 피타고라스의 "육체는 영혼의 무덤이다"라는 사상도 함께 끌어들였다. 그리고 이 두 가지 사상을 교묘하게 하나로 엮는 데 성공했다.

그는 우주가 신에 의해 창조되었고, 인간 역시 신에 의해 창조되었다고 주장했다. 그런데 인간은 불완전하고 악에서 헤어날 수 없는 육체와 신적인 영역에 속해 있는 영혼으로 나뉘어 있다. 따라서 인간은 이분법적으로 이해해야 하고, 또 결코 완전히 신적인 영역으로 들어갈 수도 없다. 하지만 필론은 로고스라는 개념을 활용해 이 같은 한계를 극복한다.

필론에게 있어 로고스는 신의 사도, 즉 천사나 정령이다. 인간과 신을 이어주는 교량인 셈이다. 따라서 신은 로고스를 통해 인간에게 접근하고, 인간 역시 로고스를 통해 신에게 접근할 수 있다. 요컨대 신과 (육체 속에 갇혀 있는 신의 영역인) 영혼이 로고스를 통해 서로 교감함으로써 인간도 신의 세계에 들어갈 수 있다는 것이다.

그는 로고스를 인격적인 것도 아니고, 또 완전히 비인격적인 것도 아닌 중간자적인 것으로 규정했다. 때론 인격적이고 때론 신적이라는 것이다. 상황에 따라 신적인 역할을 하기도 하고 인간적인 역할을 하기도 한다. 말하자면 중개자다. 이렇게 중개자적 성향을 띤 로고스는 인간이 쓰는 말(언어)과 같다. 인간이 쓰는 말은 소리로 이해했을 때는 감각적인 것이고, 이념으로 이해했을 때는 정신적인 것이다. 따라서 말은 순수하게 감각적인 것만도 아니고 순수하게 정신적인 것만도 아니다. 두 가지 서로 다른 영역이 결합된 상태인 것이다. 이것이 언어와 로고스의 동질성이다 《신약성경》〈요한복음〉 1장 1절 "태초에 로고스가 있었다"는 구절의 '로고스'를 '말'이라고 번역한 이유도 여기에 있다).

플로티노스주의

필론의 이 같은 견해는 이집트의 리코폴리스 출신 철학자 플로티노스Plotinos(205?~270)에게 수용되면서 더욱 신비적이고 종교적인 형태로 발전했다. 플로티노스는 암모니우스 사카스(242년에 죽었다는 기록만 있음)라는 알렉산드리아 출신 플라톤주의자에게서 교육을 받은 후, 페르시아와 인도의 진리를 배우기 위해 로마 황제 고르디아누스의 페르시아 원정에 동행하기도 했다. 페르시아 원정에서 돌아온 뒤에는 244년 로마에서 철학 학교를 열었다.

그는 엄격하고, 금욕적이고, 고고한 인품을 지닌 사람이었다. 또한 채식주의자에 혼인을 하지 않았으며, 많은 고아를 양육하고 교육시켰다. 로마 사람들은 이 같은 그의 성품을 대단히 높게 평가했다.

플로티노스의 사상적 모체는 역시 플라톤이었다. 그의 플라톤주의는 철저했고, 다분히 종교적 경향을 띠었다. 단순히 플라톤의 철학을 강의하는 데 그치지 않고 그것을 생활 규범으로 삼았던 것이다. 그의 이런 생활 태도에 영향을 받은 로마 황제 갈리에누스는 플라톤의 폴리테이아(국가)를 모범으로 삼은 새로운 도시를 건설할 계획을 세우기도 했다. 플로티노스에 대한 로마의 신임이 얼마나 두터웠는지를 보여주는 단적인 사례다.

플로티노스는 50세 이후에야 비로소 책을 쓰기 시작했다. 그의 저서들은 제자인 포르피리오스(234?~305?)에 의해 각각 9편의 논문을 실은 6권의 책으로 출간되었다. 그의 사상이 온전히 담겨 있는 이 책에는 《엔네아데스》라는 제목이 붙었는데, 이는 9라는 뜻의 그리스어 '엔네아ennéa'에서 유래했다. 비록 모순되는 부분이 없진 않지만 그는 이렇게 플라톤 사상에 '유일한 존재', 즉 기독교적 신을 도입해 이른바 플로티노스주의를 탄생시켰다.

플로티노스주의는 페니키아 출신 포르피리오스에 의해 체계적으로 정리되었고, 시리아 칼키스(킨나스린) 출신의 이암블리코스(245?~325?), 비잔티움 출신 프로클로스(410?~485)를 거쳐 마침내 중세 철학의 거두 아우구스티누스(354~430)로 이어지면서 완전히 기독교에 흡수되었다.

근대에 와서 학자들은 필론주의자와 플로티노스주의자를 한데 묶어 '신플라톤주의자'로 분류하며, 플라톤의 사상을 중세에도 그대로 살아남게 한 장본인이 바로 이들 신플라톤주의자라고 설명했다.

"플라톤은 그리스의 모세다."

이 한마디에 그들의 사상이 집약되어 있다.

2부

고대
중국 철학

· 1장 ·

노장사상으로
대표되는
도가

*** *** ***

중국 철학은 혼란의 시기로 일컬어지는 춘추전국시대의 백가쟁명에서 비롯됐다. 춘추전국시대는 공자가 지은 노나라 역사서 《춘추》와 유향劉向이 쓴 것으로 알려진 《전국책》에 기록된 시대를 말한다. 대략 기원전 722년부터 기원전 221년까지다. 이때 수많은 사상이 등장했는데, 이를 백가쟁명이라 하고 그중 대표적인 것이 도가·유가·법가·묵가·명가다.

이 5가 사상 중 첫째로 꼽는 것이 도가道家다. 도가는 중국 문명의 개조라고 할 수 있는 황제黃帝 시절부터 추구해온 사상인데, 요순 시대의 허유 같은 인물이 대표적인 사상가로 알려졌으며, 연숙과 상용 등을 거쳐 노자와 장자에 이르러 학문적으로 집대성되었다. 이런 까닭에 도가를 '노장사상'이라 부르기도 한다.

도가 사상은 '유무상생有無相生'이라는 말에 모든 핵심 내용이 집약되어 있다. 유무상생이란 '있음과 없음이 서로를 살린다'고 해석할 수 있다. 이는 우주의 원리인 도道와 우주를 이루고 있는 물질이 서로 조화를 이룬다는 의미다.

1

도가를 일으킨 사람들

허유와 상용

천자의 자리를 마다한 허유

허유許由는 노자보다 약 1,800년 전인 요임금 시절의 인물로, 전설 속 노자의 스승으로 전한다. 자는 무중武仲이며, 양성 괴리 사람이다. 당시 나라를 다스리던 요임금의 이름은 방훈인데, 그는 제곡이 진봉씨에게서 얻은 아들이었다. 제곡으로부터 왕위를 이어받은 후 뛰어난 정치력과 덕망으로 태평성세를 일군 요임금은 허유가 자신보다 낫다는 얘길 듣고 제위를 물려주고자 그를 찾아갔다.《장자》는 그때의 장면을 이렇게 기술한다.

요가 천하를 사양하며 허유에게 말했다.

"해와 달이 나와 있는데 횃불을 끄지 않는다면, 해와 달은 빛을 발하기 어렵지 않겠소. 때를 맞춰 비가 내렸는데 물을 준다면, 그것 또한 헛되지 않겠소. 선생이 천자가 되면 천하가 잘될 것이오. 내가 다스리는 것은 스스로 생각해도 모자라오. 청컨대 천하를 맡아주오."

허유가 이에 대답하였다.

"그대가 천하를 다스려 이미 세상이 안정되었소. 그런데 내가 선생을 대신하면 나는 장차 이름을 좇아 행하는 존재가 될 것이오. 이름이란 실상 하찮은 것인데, 내가 그 하찮은 존재가 되어야 하겠소이까? 뱁새는 깊은 산속에 집을 지어도 가지 하나에 불과하고, 두더지가 황하의 물을 마셔도 배를 채우는 것에 불과하오. 돌아가시오. 내게는 천하가 아무런 소용도 없소이다. 포인庖人(요리사)이 비록 음식을 만들지 않더라도 시축尸祝(제사장)이 술통과 도마를 넘어가 그 일을 대신하지는 않는 법이오."

요임금이 몸을 한껏 낮춰 자신을 횃불에 비유하고 허유를 해와 달에 비유하며 나라를 맡아달라고 청했으나 허유는 일고의 가치도 없는 말이라면서 거절한다. 자신은 세상의 명성에 관심도 없고, 그 명성을 좇는 것은 허망한 일이라면서 말이다. 게다가 요임금이 다스리는 나라는 뱁새가 둥지를 튼 가지 하나에 지나지 않고, 요임금이 누리는 지위는 기껏해야 황하의 물로 배를 채우는 두더지의 포만감에 지나지 않는다고 깎아내리기까지 한다. 그러면서 요임금을 음식을 만드는 포인에 비유하고 자신을 제사를 올리는 시축에 비유하며 서로 다른 본분이 있음을 말해준다. 허유의 이런 태도는 마치 공자에게 욕심을 버리고 똑바로 살라고 충고하는 노자를 보는 것 같다.

요임금은 그토록 모욕을 당했지만 그 뒤에 다시 허유에게 사람을 보내 임금 자리를 권했다. 당시 허유는 기산 자락에 은거하며 농사를 짓고 있었는데, 요임금의 신하로부터 구주九州라도 맡아달라는 얘기를 듣자, 더러운 말을 들었다며 강물에 귀를 씻었다. 그때 소한테 물을 먹이려고 강가에 나온 소보巢父라는 인물이 허유에게 귀를 씻는 연유를 물었다. 허유가 그 내막을 말하자 소보는 더럽혀진 귀를 씻은 물을 소한테 먹일 수 없다며 소를 끌고 상류 쪽으로 가버렸다. 소보 또한 노자의 스승으로 손색이 없는 인물이었던 것이다.

허유에 관한 이야기는 《장자》〈대종사大宗師〉 편에도 나온다. 그 내용을 옮겨보면 이렇다.

의이자意而子가 허유를 만났을 때, 허유가 물었다.

"요는 너에게 무엇을 주었는가?"

의이자가 대답했다.

"요는 나에게 반드시 인의를 실천하고 옳고 그름을 밝히라고 했습니다."

허유가 물었다.

"너는 무엇 하러 왔느냐? 요가 이미 너에게 인의를 새겨넣고 시비를 가리고자 코를 베었으니 장차 무엇으로 요동하며 자유롭게 변화하는 길에서 노닐 수가 있겠느냐?"

의이자가 대답했다.

"그렇지만 울타리 안에서 놀고 싶습니다."

허유가 말했다.

"그건 안 될 말이다. 맹인은 눈썹과 눈과 안색의 아름다움을 알수 없을뿐더러 푸르고 노란 옷들의 아름다움도 볼 수 없다."

의이자가 물었다.

"무장無莊이 자신의 아름다움을 잃고, 거량據梁이 자신의 힘을 잃고, 황제黃帝가 자신의 지혜를 잃었지만, 모두가 다시 도를 닦아 만들었다고 들었습니다. 그렇다면 저도 새겨진 먹물을 없애고, 베인 코를 다시 붙여 완전한 모습으로 선생을 따를 수 있지 않겠습니까?"

허유가 대답했다.

"아아, 알 수 없구나. 그러나 너를 위해 몇 마디 하겠다. 내가 스승으로 삼은 도는 만물을 바로 세우고도 의롭다 하지 않고, 은혜가 만세萬歲를 미치게 해도 어질다 하지 않고, 상고上古보다 오래되어도 늙었다 하지 않고, 하늘을 덮고 땅을 들어 무수한 형상을 새겨도 훌륭한 솜씨라 하지 않는다. 이것이 곧 노니는 곳이니라."

허유를 찾아온 의이자는 이미 요임금 아래서 녹을 먹는 자였다. 그는 법에 따라 인의를 몸에 새겨넣고 코를 베는 형벌을 알게 되었고, 그에 마음이 더럽혀진 상태였다. 허유는 그 점을 질타한 것이다. 하지만 의이자는 허유에게 도를 배우려 하면서도 세상의 울타리를 벗어나고 싶지 않다고 말한다. 이에 허유는 그 세상의 울타리 속에 있는 것은 맹인과 같은 상태라고 대답한다. 맹인이 아름다움을 보지 못하듯 세상의 울타리 속에선 진정한 아름다움을 알 수 없다고 가르친 것이다. 그러자 의이자는 전설 속 미인인 무장과 장사인 거량, 세상에 다스림의 도를 남긴 황제가 모두 한때는 울타리 속에 갇혀 참다운 아름다움을 보지 못하다가 도를 닦고 새롭게 태어난 것을 예로 들며 자신도 그들처럼 될 수 없겠느냐고 묻는다. 이에 허유는 도의 세계에서 노닐면 자연스럽게 다시 태어날 수 있다고 말한다.

허유의 이런 가르침은 노자의 《도덕경》에도 나온다.

"만물을 만들되 자랑하지 않고, 생산하되 소유하지 않고, 일을 하되 뽐내지 않고, 공을 이루되 차지하지 않는다."

《도덕경》의 문장들은 곧 허유의 가르침을 그대로 옮겨 적은 것에 불과하다. 그러므로 노자는 허유의 충실한 제자라고 할 수 있다. 그렇다면 허유는 누구로부터 도를 배웠을까? 그의 스승은 설결齧缺이란 인물인데, 《장자》 〈천지天地〉 편에 나오는 내용을 옮겨 보면 이렇다.

요임금의 스승은 허유라 하고, 허유의 스승은 설결이라 하고, 설결의 스승은 왕예王倪라 하고, 왕예의 스승은 피의被衣라고 한다.

요임금이 허유에게 물었다.

"설결은 하늘의 짝인 천자가 될 만합니까? 저는 왕예의 힘을 빌려 그를 맞이하고 싶습니다."

허유가 대답했다.

"위험한 일이라 천하를 위태롭게 할 것이오. 설결의 사람됨은 총명하고 밝아 말을 잘하고 재빠르며, 그 성품이 남보다 뛰어나오. 또한 사람의 지혜로 하늘을 받아들이려 하오. 그는 허물을 살펴 금할 줄은 알지만, 그 잘못이 생긴 연유는 모르고 있소. 하늘의 짝인 천자가 되게 한다면 또한 인간의 지혜로써 하늘을 무시할 것이오. 자기를 근본으로 삼아 다른 것을 차별하려 하고, 지혜를 존중하여 불길처럼 치달을 것이오. 자질구레한 세상일의 노예가 되고, 사물에 속박당하고, 사방을 두리번거리면서 만물이 자신의 뜻에 맞게 움직이도록 할 것이며, 무리의 편의에 응하기 바쁠 것이오. 그는 사물의 영향을 받아 처음부터 변함없는 마음이란 게 없었소. 그러니 어찌 하늘의 짝인 천자가 될 수 있겠소? 일족이 있으면 조상이 있듯 뭇사람의 어른은 될 수 있을 것이오. 하지만 어른의 어른은 될 수 없을 것이오. 세상을 어지럽히는 자로서 신하에게는 화가 되고, 천자에게는 해가 될 것이오."

허유는 설결이 자신의 스승임에도 매우 가혹한 평가를 내린다. 선생보다도 그 자신의 그릇이 훨씬 커져 있었던 것이다. 이런 까닭에 요임금도 설결보다는 허유를 더 큰 인물로 인정했다.

허유는 기산에서 생을 마감했다. 그가 죽자 사람들은 기산 꼭대기에서 그를 장사 지내고, 그곳을 허유산이라고 불렀다. 요임금은 그 묘를 찾아가 기산공신箕山公神이라 부르며 배향하고, 대대로 제사를 받들도록 했다.

노자의 직계 스승으로 알려진 상용

노자가 어떤 과정을 거쳐 학문적 성과를 이루었으며, 스승은 누구인지, 또 누구의 영향을 받았는지 등에 관한 기록은 별로 없다. 다만《고사전》《준생팔전》등에 이런 내용이 있다.

은나라 상용商容이 어떤 사람인지는 알 수 없다. 그가 병으로 눕자 노자가 찾아와 물었다.

"선생께서는 제자들에게 남길 교훈이 없으십니까?"

상용이 대답했다.

"자네에게 일러주겠다. 자네가 고향을 지나다 수레에서 내리면 알게 될 걸세."

이에 노자가 말했다.

"옛 땅을 잊어버리지 말라는 말씀입니까?"

그러자 다시 상용이 이렇게 말했다.

"높은 나무 밑을 지나가 보면 알게 될 걸세."

노자가 다시 응수했다.

"노인을 공경하라는 말씀이겠지요?"

상용이 입을 벌리며 물었다.

"내 혀가 아직 남아 있는가?"

"예, 남아 있습니다."

상용이 이번에는 또 이렇게 물었다.

"내 이는 남아 있는가?"

"없습니다."

그러자 상용은 다시 물었다.

"알겠는가?"

"강한 것은 없어지고 약한 것은 남게 됨을 이르시는 것입니까?"

상용이 그 말에 이렇게 말했다.

"천하의 일이 다 그러하니라."

여기서 상용이 노자에게 가르친 것이 노자 사상의 핵심이다. "굽은 나무가 산을 지킨다" "쓸모없는 것은 없다" "강한 것은 유연함에 미치지 못한다" "중심이 있으려면 주변이 있어야 한다" "그릇의 쓸모는 비어 있음에 있지, 그릇 자체에 있지 않다"는 모두 같은 뜻이다.

2

정체를 알 수 없는 도가의 스승

노자

　노자老子의 사상이 후대에 전해진 것은 그가 남긴《도덕경》덕분이다. 이《도덕경》을 논하자면 노자를 거론하지 않을 수 없지만, 실상 노자의 세세한 면모를 알 만한 기록은 없다. 다만《사기》《장자》《고사전》등에 그의 일면을 엿볼 수 있는 글이 조금씩 실려 있다. 하지만 이것들도 대개 실증적인 내용이라고 보기는 어렵다.

　그나마 가장 구체적인 기록을 남긴 것은 사마천의《사기》라고 할 수 있다. 그런데 사마천은 이상하게도 노자에 관해 쓰면서 한 사람이 아닌 세 사람의 행적을 다룬다. 말하자면 사마천이 노자라는 인물이 누구인지 확신하지 못했다는 뜻이다.

　사마천이 거론하는 첫 번째 노자는 춘추시대 초나라 고현 여향 곡인리 사람으로, 성은 이李씨고, 이름은 이耳이며, 자는 담聃이다.

그래서 흔히 노담老聃이라고 불렸다(그런데 삼국시대의 학자 황보밀은 자신의 저서 《고사전》에서 이이의 자가 백양伯陽이고, 초나라 사람이 아니라 진陳나라 사람이며, 은나라 때 태어나 주나라에서 수장실守藏室 관리를 지냈다고 썼다).

이씨 성을 쓰는 사람을 왜 '이자李子'가 아닌 '노자老子'라고 불렀는지는 잘 알 수 없다. 그가 아주 오래 살았기 때문이라는 설도 있고, 늙은 나이에 비로소 자신의 학문을 펼쳤기 때문이라는 설도 있다. 또 그를 높이고 존경하는 의미에서 노자라고 불렀다는 설도 있다. 하지만 어느 것도 분명하지는 않다. 확실한 것은 노자가 성인으로 추앙받고 신비한 인물로 여겨졌다는 점이다. 이는 사마천의 다음 글에서도 확인할 수 있다.

"노자는 인위적인 조작을 하지 않고도 사람들을 저절로 감화시켜 맑고 조용하면서도 올바른 행동을 하게 하였다."

짧은 글이지만 이것만으로도 노자가 결코 범상치 않은 인물이었음을 짐작할 수 있다. 사마천은 또 이렇게 썼다.

"노자는 도덕을 닦았는데, 그의 학문은 스스로 재능을 숨기고 이름을 드러내지 않는 데 힘쓰는 것이었다."

학문하는 자는 의당 자기 재능을 세상에 드러내 이름을 얻고자 하는 법이다. 하지만 노담은 오히려 재능을 숨기고 이름을 드러내지 않는 걸 목표로 삼았다고 하니, 범인의 머리로는 쉽게 이해할 수 없는 신선 같은 존재로 여겨질 법하다.

그렇다고 속세를 등지고 산속에서 지낸 것은 아니다. 노담의 직업은 주나라 수장실의 사관史官, 요즘으로 치면 국립중앙도서

관의 사서였다. 그는 오랜 세월 책에 파묻혀 온갖 학문을 접하는 동안 스스로 새로운 경지를 개척했으며, 늙어서야 비로소 세상에 자신의 학문을 드러냈다. 굳이 제자를 키우지 않았으나 사람들의 입을 통해 세상에 알려졌다. 그에 대한 소문을 들은 사람은 누구나 한 번쯤 만나보길 원했는데, 그중에는 윤희尹喜라는 인물도 있었다.

윤희는 관문을 지키는 관령關令, 즉 수문장이었다. 그는 평소 노담에 대한 얘길 듣고 흠모하던 중 그를 직접 만나는 행운을 얻었다. 노담이 마침 주나라를 떠나기 위해 윤희가 머물던 함곡관을 지나게 된 것이다. 당시는 춘추시대 말기로 봉건 왕조인 주 왕실이 몰락을 거듭하며 유명무실한 존재로 전락하고 있었다. 노담은 그런 현실에 회의감을 느껴 어딘가에 은둔하고자 했다.

노자를 만난 윤희는 이렇게 말했다.

"선생께서 이제 은둔하려 하신다니, 저를 위해 가르침을 남겨주실 순 없겠는지요."

그 말을 듣고 노담이 책을 한 권 지어 윤희에게 주고 떠났는데, 그게 곧《도덕경》이다. 이때 윤희에게 남긴《도덕경》에 대해 사마천은 5,000여 글자로 된 것이라고 썼다(하지만 노담이 윤희에게 남긴《도덕경》은 5,000여 자의 절반에도 못 미쳤다. 이에 대해서는 뒤에서 상세히 언급하기로 한다). 이렇듯 노담은《도덕경》한 권만 남겨놓고 어디론가 훌쩍 떠나버렸다. 그 뒤로 그가 어떻게 살다 어떻게 죽었는지에 대한 기록은 없다.

사마천은 노담에 이어 또 한 명의 노자에 대한 기록을 남겼다.

두 번째 노자는 노래자老萊子라고 불리던 인물인데, 그 역시 노담과 마찬가지로 춘추시대 초나라 사람이었다. 하지만 노담과 달리 15권이나 되는 많은 저서를 남겼다(《한서》에 그의 책《노래자》가 15권이라는 기록이 있다).

사마천은 공자와 같은 시대에 살았던 노래자가 노자와 동일한 인물인 것으로 추측한다. 그는 노자가 200여 년을 살았다고 기록했는데, 노자와 노래자를 같은 인물로 보았기 때문일 것이다.

사마천은 노담과 노래자 외에 또 한 명의 노자에 관한 기록을 남겼다. 공자가 죽고 129년이 지난 해에 진秦나라 헌공獻公을 만난 주나라의 태사 담儋이 바로 그 사람이다. 때는 춘추시대가 끝나고 전국시대 중엽이었다. 사람들은 도덕을 닦아 목숨을 오래 보전한 노자가 200년 가까이 살았다고 믿었는데, 그 때문에 태사 담을 노자라고 생각하는 경우가 많았다. 하지만 사마천은 태사 담을 노자라고 하는 사람도 있고, 아니라고 하는 사람도 있다며 명확한 입장을 취하지 않았다. 그러면서도 노자의 자손들에 대해서는 매우 구체적인 기록을 남겼다.

즉, 노자의 아들 이름은 종宗이고, 위나라 장군이 되어 봉읍을 받았다고 썼다. 또 그의 아들은 주注이고, 주의 아들은 궁宮이며, 궁의 현손은 가假라고 했다. 그리고 가는 한나라 효문제 때 벼슬을 했다고 덧붙였다. 가의 아들 해解는 교서왕膠西王의 태부太傅가되었는데, 그 때문에 해에 이르러 교서왕이 머물던 제나라에서살았다고 썼다.

그런데 여기서 노자의 아들로 거론되는 종은 전국시대 중엽의 인물이므로, 종의 아버지는 노담도 노래자도 아닌 태사 담이어야 한다. 말하자면 태사 담을 노자로 인식하고, 그 후손을 노자의 자손으로 기록했다는 얘기다.

이 때문에 학계에서는 노자가 공자보다 선배도 아니고 춘추시대 인물도 아니라고 주장한다. 그런 까닭에《도덕경》역시 공자가 활동하던 춘추시대 말기에 지어진 게 아니라 공자가 죽은 뒤인 전국시대에 쓰여 진秦나라 이후까지 가필이 이뤄진 것으로 여긴다. 실제《도덕경》의 저자 노자는 노담도 노래자도 아닌 태사 담이며, 그의 후예들이 내용을 덧붙였다는 것이다.

사실《도덕경》은 하나가 아니라 여러 버전이 있고, 그 내용 또한 모두 다르기 때문에《도덕경》을 반드시 한 사람이 썼다고 말할 수는 없다. 따라서 노자는 한 사람이 아니라 노담과 노래자, 태사 담을 모두 포함하는 개념으로 이해해야 할 것이다.

노자는 후대로 갈수록 역사적 인물이라기보다는 신화적 존재로 변모한다. 특히 후한 시대에 이르면 철학자가 아니라 신적 존재로 부상한다. 심지어 황제조차 그를 신으로 섬겼다. 도교에서는 그를 인류의 구세주인 노군老君으로 추앙하기까지 한다. 그런 까닭에 후한 시대 이후 그에 대한 신화가 많이 만들어졌다. 그가 이씨 성을 쓰게 된 것은 오얏李나무 아래에서 태어났기 때문이라든지, 어머니가 72년간 임신하고 있다가 낳았기 때문에 노자老子라 불리게 됐다든지 하는 것이 모두 그런 신화의 일종이다.

어쨌든 노자는 계층을 막론하고 모든 사람이 존경하는 인물이었다. 도가의 제자들은 물론이고, 유가나 음양가 그리고 법가의 학자들도 모두 그를 추앙했다. 훗날 당나라 황실은 노자의 후손을 자처하며 도교를 국교로 삼기까지 했다.

《도덕경》은 어떤 책인가?

노자가 지은 것으로 알려진 《도덕경》은 상편인 '도경' 37편과 하편인 '덕경' 44편을 합쳐 81편으로 이뤄진 통행본通行本을 의미한다. 또 통행본 중에서도 삼국시대 위나라의 사상가 왕필王弼이 주를 달아놓은 왕필본이 주종을 이룬다. 그 외에 백서본帛書本과 초간본楚簡本 등 2종이 더 있다.

통행본은 우리가 일반적으로 《도덕경》이라고 부르는 것인데, 왕필본 외에 여러 본이 있다. 하지만 왕필본이 가장 널리 읽히고 있기 때문에 통행본은 곧 왕필본이라고 해도 과언이 아니다. 백서본은 1973년 호남성 장사시 마왕퇴의 한나라 시대 묘에서 발견된 것으로, 비단에 쓰여 있다고 해서 붙은 이름이다. 초간본은 1993년 8월 호북성 곽점촌에 있는 초나라 무덤에서 발견된 죽간본竹簡本을 지칭한다.

이 세 종류의 《도덕경》 중 백서본과 통행본은 체제와 분장分章이 다를 뿐 내용은 거의 같다. 원래 통행본이 백서본을 원본으로 삼아 재편집한 것이므로 당연하다. 그러나 초간본은 나머지 둘과 체제와 순서가 다르고, 내용에도 큰 차이가 있다. 그 때문에 《도덕경》을 제대로 알기 위해선 초간본과 통행본의 차이를 분명히 짚고 넘어가야 한다.

초간본은 대나무로 만들어져 죽간본이라고도 하는데, 이 죽간본의 출토는 그야말로 《도덕경》 연구에 일대 전환을 가져왔다. 《도덕경》은 《사기》에 기록된 대로 5,000여 자로 이뤄졌다고 알려졌으나 이 죽간본은 그 절반에도 못 미치는 2,000여 자밖에 되지 않았다. 게다가 저자와 저술 연대, 내용이 모두 다르고 중심 사상마저 크게 차이가 났다.

죽간본이 출토된 무덤의 주인은 기원전 4세기에서 5세기 사이에 살았던 인물로 학자이자 동궁의 스승이었다. 만약 기원전 5세기의 인물이라면 춘추시대 말기에 살았다는 얘기다. 그럴 경우 죽간본 《도덕경》이 춘추시대에 쓰였다는 뜻인데, 이는 《도덕경》이 전국시대부터 진秦나라 이후까지 여러 필자가 지속적으로 가필해 만든 책이라는 학계의 통설을 완전히 뒤집는 셈이었다. 또한 《도덕경》의 최초 저자가 《사기》에 있는 대로 공자의 선배 노담이라는 사실을 증명하는 것이기도 했다. 하지만 《사기》에서는 《도덕경》이 5,000여 자라고 했으니, 사마천도 노담이 저술한 죽간본을 보지 못했다는 걸 알 수 있다. 말하자면 사마천이 본 《도덕경》은 통행본의 원본이라고 할 수 있는 백서본이었을 것이다.

죽간본, 즉 초간본 《도덕경》의 발굴이 갖는 의미 중 무엇보다 중요한 것은 문구는 유사하지만 중심 사상이 백서본이나 통행본과 판이하게 다르다는 사실이다. 통행본 《도덕경》은 초간본을 토대로 삼긴 했어도 많은 부분을 손질하고 조작하고 가필해 그 본래 내용을 상당히 왜곡 또는 변질시킨 결과물이다. 그러므로 초간본 《도덕경》과 통행본 《도덕경》은 사상적 틀은 유사할지 몰라도 그 깊이와 세계관은 크게 다를 수 있다.

《도덕경》을 읽고 노자의 사상을 평가하기 전에 우선 초간본과 통행본의 차이를 알아야만 하는 이유가 바로 여기에 있다. 우리가 익히 알고 있는 통행본 《도덕경》이 도가 사상을 대표하는 책일 수는 있다. 하지만 노자, 곧 노담의 사상을 있는 그대로 보여주는 책은 아니다. 따라서 노담의 사상을 알고 싶다면 통행본이 아니라 초간본을 읽어야 할 것이다. 그리고 노담 이후 노래자와 태사 담을 포함한 도가들의 사상을 알고 싶다면 통행본을 읽어야 한다.

그러나 두 책을 모두 독파한다고 해도 《도덕경》을 제대로 이해하는 것은 쉽지 않다. 문장이 워낙 독특해서 주석서 없이는 내용을 완벽히 이해하기 힘든 데다 지금껏 수도 없이 쏟아져 나온 주석서마다 해석이 제각각이기 때문이다.

그렇다 보니 어떤 주석서를 읽느냐에 따라 《도덕경》에 대한 해석과 이해가 달라진다. 심지어 같은 《도덕경》을 읽고도 전혀 다른 이야기를 하는 경우가 허다하다. 다시 말해, 주석서들이 또 다른 《도덕경》을 대거 양산하고 있는 셈이다. 따라서 《도덕경》은 단지 통행본, 백서본, 초간본 세 가지만 있는 게 아니라 그에 따른 주석서의 수만큼 많다고 보는 것이 옳다.

《도덕경》 주석서는 앞으로도 계속 쏟아질 테고, 그 주석서들에 의해 또 다른 노자가 수도 없이 태어날 것이다. 어쩌면 이런 현상이 《도덕경》의 진짜 매력인지도 모른다.

《도덕경》의 핵심 사상

통행본《도덕경》은 총 81편의 시로 이뤄져 있고 각 편마다 서로 다른 소재를 다루지만 중심 내용은 모두 대동소이하다. 특히 서장 격인 1장에서《도덕경》의 전체 내용을 요약한다. 1장의 시는 다음과 같다.

도道를 도라고 하면 상도常道(순수한 도)가 아니요,
명名을 명이라고 하면 상명常名(순수한 이름)이 아니다.
무無는 천지의 처음을 이름한 것이요,
유有는 만물의 어미를 이름한 것이다.
그러므로 늘 무無는 천지의 현묘함을 보여주고자 하고
늘 유有는 만물의 겉모습을 보여주고자 한다.
이 둘(무와 유)은 같은 곳에서 나왔으나 이름을 달리한 것인데
똑같은 것을 일러 이것도 현묘하다 하고 저것도 현묘하다 하니
무와 유는 모든 현묘함의 문門이다.

이 시를 해석하자면 이렇다. 우선 1~2행을 풀이하면, 우주의 이치는 인간의 언어로 표현하거나 인간의 언어에 가둬둘 수 있는 것이 아니며, 만물은 인간의 언어로 개념화하면 그 순수한 의미가 왜곡되거나 축소된다는 뜻이다. 3~4행은 천지, 즉 우주는 무로부터 시작되었는데, 무는 유를 낳았으니, 우주 만물은 유에서 생겨났다는 뜻이다. 그다음 5행부터 9행까지의 내용은, 무는 우

주의 이치이고 유는 우주의 현상을 일컫는데, 유와 무는 이름만
다를 뿐 같은 곳, 즉 도道에서 나왔으니, 유와 무를 낳은 도가 곧
모든 것의 근원이라는 뜻이다.

그렇다면 《도덕경》이 말하는 도란 무엇인가? 그 내용이 나머
지 80편의 시에 구체화되어 있다. 그 핵심은 다음의 열두 문장으
로 요약할 수 있다.

추함이 없다면 아름다움이란 없다.
무위자연이 곧 모든 작용의 원천이다.
도란 없는 듯하지만 항상 작용한다.
소아小我를 버려야 대아大我를 얻을 수 있다.
최고의 선善은 물과 같다.
선을 행하되 자랑하지 말고, 세상을 일구되 소유하지 말라.
보이는 것을 잘 사용하려면 보이지 않는 것을 이용할 줄 알아야
한다.
천하를 얻으려거든 천하를 자기 몸처럼 귀하게 여겨라.
혼란이 충신을 만들고 불의가 정의를 세운다.
배움을 끊어야 근심이 없어지고 도를 따라야 삶이 풍요로워진다.
굽히면 곧아지고 비우면 채워진다.
학문은 날로 보태는 것이고, 도는 날로 줄이는 것이다.

이 열두 문장을 다시 한 문장으로 압축하면 다음과 같다.

우주의 근원인 도는 무(원리)와 유(물질)를 낳고, 유무는 상생하니, 만사에 치우치지 않고 조화와 균형을 유지하면 도를 몸에 익히고 덕을 실천하게 된다.

3

도가 사상에 기의 개념을 도입한

열자

열자列子는 춘추시대 정나라 사람이며, 성은 열씨이고, 이름은 어구御寇다. 생존 연대는《한서》를 쓴 반고의 주장에 따라 기원전 450년경에서 기원전 375년경으로 추정하고 있으며 관련된 책으로는《열자》8편이 현존하고 있다. 열어구에 대해서는《열자》이외에《장자》《순자》《한비자》《회남자》 등에 짧은 기록이 있지만 자세하게 정리된 전기는 없다.

열자의 학문적 특성은 그의 사상을 집대성한《열자》에 잘 나타나 있는데, 큰 틀에서는 노자와 크게 다르지 않으나 세부적인 면에서는 독특한 개성이 있다. 총 8편으로 이뤄진《열자》의 내용을 알면 자연스럽게《도덕경》과의 차이를 이해할 수 있다. 가령《열자》1편 〈천서天瑞〉는 우주의 운행 원리와 본질에 대해 설명하는데, 여기서 가장 특징적인 것은 음양설이다. 열자는 천지의 도는 음과 양으로 이뤄진다고 했다. 이것은《도덕경》42장의 다음 내용과 맥을 같이한다.

도에서 하나가 나오고, 하나에서 둘이 나오고, 둘에서 셋이 나오고, 셋에서 만물이 나온다. 만물은 음을 등에 지고 양을 가슴에 안고서 텅 빈 기운으로 조화를 이룬다.

'도에서 나온 하나'는 곧 '태극'을 의미하고, '하나에서 나온 둘'은 곧 '음양'을 의미하며, '둘에서 나온 셋'은 '천지인삼재天地人三才'를 의미한다. 그리고 음은 만물의 감춰진 부분을 지배하고, 양은 드러난 부분을 지배한다. 이를 좀 더 구체적으로 말하면, 음은 밤을 지배하고 양은 낮을 지배하며, 음은 잠을 지배하고 양은 활동을 지배한다. 또 음은 여성을 지배하고 양은 남성을 지배하며, 음은 추위를 지배하고 양은 더위를 지배한다.《도덕경》은 이를 구체적으로 서술하지 않는다. 그에 비해《열자》는 "옛날에 성인들은 음과 양으로써 천지를 다스렸다" "성인의 도는 음이 아니면 곧 양이다"라는 식으로 분명하고 직설적으로 설파한다.

또《도덕경》이 '유有'라는 개념을 통해 모든 사물을 다 담고자 했다면,《열자》는 '기氣'라는 개념을 사용해 만물에 대한 관점을 보다 분명히 밝힌다. 기를 통해 사물의 개념을 구체화한 것이다. 말하자면 유는 개념상으로 보거나 잡거나 할 수 있는 물체만을 지칭하는 것으로 이해하기 십상인데, 기는 그것뿐만 아니라 보이지 않고 인간이 미처 느끼거나 잡을 수 없는 에너지까지도 포함한다. 우주엔 인간의 능력으론 보거나 잡거나 느낄 수 없는 에너지가 무수히 많다. 노자의 유 개념에선 이것을 포함하기 어렵다. 오히려 노자는 그런 에너지를 무無의 개념으로 설명하려 한다. 그런데 열자는 기 개념을 통해 에너지를 확연히 물질에 포함시킨다. 이는 개념의 발달에 있어 큰 전환이 아닐 수 없다.

《열자》는 또 노자와 달리 황제黃帝라는 인물을 매우 중시한다. 《열자》 2편 〈황제〉는 황제가 권력자로 살다가 도인으로 변한 이야기를 다룬다. 말하자면 평범한 인간도 마음을 변화시키면 도인이 될 수 있다는 논리를 구체화한 것인데, 이처럼 《열자》는 《도덕경》엔 등장하지 않는 도술이나 신선에 대한 이야기가 많이 실려 있다. 또 열자 스스로 바람과 구름을 타고 다닌다거나, 사람이 도를 익히면 계절을 마음대로 움직이고 우주도 마음대로 돌아다닐 수 있다는 걸 사실처럼 기술한다. 이는 《열자》가 《도덕경》보다 훨씬 더 신비주의에 빠졌고, 나아가 《도덕경》의 철학적 사유를 종교적 신앙으로 전환하려 했음을 의미한다.

이러한 시도는 3편 〈주 목왕周穆王〉에서 더욱 강화되어 인간이 정신적으로 다른 세계를 왕래하고, 육체에서 정신만 빠져나가 세상을 돌아다닐 수 있다고 역설한다. 이런 도술은 《도덕경》에선 찾아볼 수 없는 내용이다.

4편 〈중니仲尼〉에서는 공자의 사상적 한계를 지적하며 비판한다. 《도덕경》이 공자의 이름을 구체적으로 거론하지 않으면서 유가를 비판하는 것과는 사뭇 다르다.

5편 〈탕문湯問〉에서는 은나라를 세운 탕임금의 질문을 통해 태초와 물질의 관계를 규명하는데, 원래 세상에 존재하는 것은 먼저와 나중이 없고 처음과 끝이 없다는 점을 강조한다. 이는《도덕경》에서도 거론하고 있는 내용이지만,《도덕경》은《열자》에서처럼 자세하게 언급하지는 않는다. 요컨대《도덕경》이 원리만 설파한다면《열자》는 그걸 이해시키기 위해 구체적인 스토리를 전개한다.

6편 〈역명力命〉에서는 사람이 도를 이루면 수백 년을 살 수 있다고 말하는데, 그 사례로 팽조彭祖라는 인물을 등장시킨다.《도덕경》에서는 이런 종류의 이야기가 전혀 없고, 원론적인 우주 원리와 통치 원리를 전개한다. 신비주의적 요소를 통해 사람들을 현혹시키려는 의도를 드러내는《열자》의 이런 경향은 열자가 실존 인물이 아니라 가상 인물이라는 근거로 쓰이곤 한다. 현실적으로 인간이 팽조처럼 800년을 살 수 없는 게 자명한데,《열자》에선 그런 허황된 이야기를 사실인 것처럼 기술하고 있기 때문이다.

하지만 7편 〈양주楊朱〉에 등장하는 양주는 철저한 현실주의자이자 쾌락주의자다.《열자》는 양주의 그런 가치관을 충분히 소개하는 한편, 그의 사상적 한계도 보여준다.

그리고 8편 〈설부說符〉에서는 여러 사람의 이야기를 통해 인간의 도의道義와 그 도의의 깊이에 대해 논한다. 그러면서 결국 인간의 도의라는 것도 도道에서 비롯된 것임을 가르친다.

이처럼 열자의 가르침은 노자에 비해 구체적이고 다양하다. 다만 구체성을 강조하다 보니, 다소 신비주의로 흐르기도 한다. 하지만 신비주의는 그 본질이 아니다. 그것은 어디까지나 도를 설명하기 위한 수단에 지나지 않는다. 따라서 《열자》의 전반적인 맥락은 노자의 노선과 큰 차이가 없다고 볼 수 있다.

세상에 얽매이지 않고 신선처럼 살다

열자는 세상에 얽매이지 않고 스스로 신선처럼 살고자 했다. 하지만 그에게도 현실은 있었다. 아무리 신선처럼 살려고 해도 인간인 이상 먹어야 했고, 그 때문에 차가운 생존의 밭에서 일하지 않으면 안 되었다. 거기다 가족까지 거느리고 있었다. 하지만 부유함을 추구하지 않았기에 늘 궁색한 모습이었다. 《장자》는 그럼에도 의연하게 살아가는 열자의 모습을 다음과 같이 묘사한다.

자열자子列子가 궁해서 용모에 굶주린 빛이 역력했다. 그 모습을 보고 한 손님이 정나라 자양子陽에게 말했다.

"열어구는 도가 있는 선비인데, 상공相公의 나라에 있으면서 저토록 궁하게 지내니, 상공이 선비를 좋아하지 않는다는 소리를 들을까 염려됩니다."

그 소리를 듣고 자양이 곧 관에 명령하여 자열자에게 곡식을 보냈다. 자열자가 사자를 보고 두 번 절하며 사양했다. 사자가 돌아가고 자열자가 들어오니, 아내가 가슴을 치며 말했다.

"저는 도 있는 사람의 처자는 다 편함과 즐거움을 얻는다고 들었는데, 지금 굶주리고 있습니다. 그런 차에 모처럼 재상께서 양식을 보내줬는데, 당신은 굳이 사양하고 받지 않으니 모두 제가 박복한 탓입니까?"

열자가 웃으면서 말했다.

"그 사람은 스스로 나를 안 것이 아니라 남의 말을 듣고 내게 곡식을 줬으니, 나를 죄줄 때도 남의 말대로 할 것이오. 이것이 내가 받지 않은 까닭이오."

그 후 백성들이 과연 난을 일으켜 자양을 죽였다.

《열자》와 《장자》에선 열자를 마치 신선처럼 하늘을 날아다니고 바람과 함께 사라졌다가 다시 나타나는 사람으로 묘사하고 있으나, 그의 진면목은 굶주림 속에서도 자유로운 학 같은 선비의 모습이었다.

도가 사상을 집대성한

장자

장자莊子는 전국시대 송나라 출신이고 기원전 365년경부터 기원전 270년경까지 살았던 것으로 추정된다. 성은 장, 이름은 주周, 자는 자휴子休다. 당시 유행하던 묵가와 유가를 비판하며 도가 사상을 집대성한 인물이다.

《장자》는 내편 7편, 외편 15편, 잡편 11편으로 구성되어 있는데, 이 중에서 내편은 장자가 직접 저술했고, 나머지는 제자들이 덧붙인 것이다.

장자는 근본적으로 노자의 사상을 이었지만, 노자와 다른 면이 없지 않다. 노자가 《도덕경》을 통해 현실적인 문제를 도가적 입장에서 설명하고 가르치려는 태도를 견지한 데 반해, 장자는 현실을 초월해 자연 그 자체와 합일해야 한다는 주장을 폈다. 인간 사회의 명예와 입신양명은 모두 허망한 것이며, 이를 근본적으로 인간의 자유를 속박하는 감옥으로 이해했다. 아울러 육신의 쾌락보다는 정신의 안식과 자유를 추구하고, 천하 만물이 모두 같다는 사고를 기초로 우주는 하나이며 인간은 그 일부로서 우주가 사라지지 않는 한 영원히 죽지 않는 존재로 남게 된다고 했다. 이런 사상은 임종을 앞둔 그의 태도에서 잘 드러난다.《장자》잡편에 그 장면이 나오는데, 내용을 옮겨보면 이렇다.

장자가 죽게 되어 제자들이 후하게 장사를 지내려 하였다. 이에 장자가 말했다.

"하늘과 땅이 곧 내 관이요, 해와 달이 내 그릇이요, 별들이 내 구슬이요, 만물이 나를 받아들이니 어찌 내가 장례 도구를 갖추지 못했다 하겠는가?"

제자들이 말했다.

"저희들은 까마귀와 솔개가 선생님을 먹을까 두렵습니다."

장자가 말했다.

"땅 위에 있으면 까마귀와 솔개의 밥이 될 테고, 땅 아래에 있으면 땅강아지와 개미의 밥이 될 것이다. 이것이 무슨 문제인가?"

장자는 자연의 법칙에 순응하는 게 곧 도를 아는 것이고, 이는 인위적으로 얻을 수 있는 게 아니라고 가르친다. 결국 인간도 동물과 마찬가지로 자신의 육신을 자연에 맡겨 흙으로 흩어지게 하고 바람에 날리게 하여, 우주의 일부로서 영원히 살아가는 존재임을 일깨운다. 진정 도를 아는 사람은 그저 무심히 자연에 순응해야 한다는 것이다. 억지로 지혜를 만들려고 하는 사람이나 스스로 지혜롭다고 생각하는 사람은 그런 이치를 모른 채 스스로 재주를 부려 순응하지 않으려 애쓴다. 하지만 그런 사람은 끝까지 속박에서 벗어나지 못하는 삶을 살게 된다.

아내의 주검 앞에서 노래를 부른 사람

장자의 이런 태도는 아내가 죽었을 때도 그대로 드러난다. 사람은 대부분 자신의 죽음은 오히려 잘 받아들이지만 혈육이나 배우자 또는 친구의 죽음 앞에서는 약해지기 마련이다. 그런데 장자는 인생의 반려자였던 아내의 죽음 앞에서도 의연했다. 《장자》 외편 〈지락至樂〉에 그 이야기가 나온다.

장자의 처가 죽자 혜자惠子가 조문을 갔는데, 장자는 다리를 뻗고 앉아서 분盆을 두드리며 노래를 하고 있었다. 혜자가 말했다.

"함께 더불어 살며 자식을 기르다가 늙어서 몸이 죽었는데, 곡하지 않는 것은 괜찮다 해도 분을 두드리며 노래를 하다니 심하지 않은가?"

장자가 대답했다.

"그렇지 않네. 처음 죽었을 때는 나라고 어찌 느낌이 없었겠는가? 하지만 아내가 이 세상에 태어나기 전을 꼼꼼히 살펴보니 생명이란 원래 없는 것이었네. 생명뿐 아니라 본래 형체도 없었고, 기氣도 없었네. 혼돈 사이에 섞여 있다가 변하여 기가 있게 되었고, 기가 변하여 형체가 생겼고, 형체가 변하여 생명이 생긴 것이네. 또 지금 춘하추동의 사시四時가 가는 것처럼 변하여 이렇게 죽었네. 이제 처가 큰방에서 잠들려고 하는데, 내가 시끄럽게 곡을 한다면 그건 천명을 모르는 소행이 아니겠는가. 그래서 그친 것이네."

장자라고 어찌 아내의 죽음이 슬프지 않았겠는가? 그러나 죽음이 무엇인가? 그저 기가 흩어지고 형체가 허물어지는 일일 뿐 사라지는 것은 아니지 않는가? 그저 다시 우주로 돌아가는 것일 뿐 그 이상도 이하도 아니지 않는가? 그러니 슬퍼할 게 뭐 있겠는가? 그런 얘기다. 하지만 그럼에도 기로 뭉친 인간은 오감이 있고 칠정이 있어 슬픔을 쏟아내는 게 당연하다. 어찌 보면 그 슬픔을 노래로 대신하는 장자의 마음은 천 근 바위처럼 무거울 것이다. 그게 더 자연스러운 일이다. 그런데 슬픔을 억지로 노래로 대신하는 것은 과연 도인다운 행동인가? 혜자는 이렇게 묻고 있는 것이다.

혜자는 혜시惠施라는 인물로 장자의 둘도 없는 친구였다. 사물을 실체와 이름名으로 구분해 논리적으로 설명하는 명가의 대표적 인물이었다. 혜시는 늘 장자와 이야기하기를 좋아했고, 장자 또한 그와 대화하기를 즐겼다. 그런 혜시가 먼저 세상을 떠나자 장자는 그의 무덤 앞에서 친구의 죽음을 안타까워했다.

장례 행렬을 뒤따르다 우연히 혜자의 묘를 지나게 된 장자가 제자를 돌아보며 말했다.

"초나라 서울 영郢에 유명한 목수가 살았다. 장석匠石이라고 하는 그 사나이에게 어느 날 손님이 찾아와 묘한 부탁을 했다. 자기 코에 백토를 파리 날개처럼 얇게 바른 다음 그걸 깎아달라고 한 것이다. 장석이 바람이 일도록 도끼를 세게 내리치자 백토가 깎여 나갔다. 하지만 그의 코는 전혀 상하지 않았고, 그 사람도 별다른 변화 없이 그 자리에 꼿꼿하게 서 있었다. 그 이야기를 듣고 송나라 원군元君이 장석을 불러 다시 한번 재주를 보여달라고 부탁했다. 그러나 장석은 이렇게 말할 뿐이었다. '제가 전에는 그 재주를 부릴 수 있었지만, 그 상대가 이미 죽고 없어서 다시 할 도리가 없습니다.' 나 역시 혜자가 죽은 뒤로는 상대가 없어졌다. 논하고자 해도 그럴 만한 상대가 없다."

비록 사람의 죽음은 자연의 이치이고, 죽음이란 게 그저 기가 흩어지고 육신이 삭는 것에 불과하다고 말해왔지만, 그래도 이별의 슬픔은 장자도 어쩔 수 없었다.
하지만 장자는 죽음을 끝으로 보지 않았다. 죽음이야말로 영원히 자유로워지는 것이며, 현실의 속박에서 완전히 벗어나는 일이기 때문이다. 그는 《장자》 외편에서 해골과의 대화를 통해 제자들에게 이 점을 일깨운다.

장자가 초나라로 여행을 갔을 때의 일이다. 앙상한 해골 하나가 들판에 나뒹굴고 있었다. 장자는 말에서 내려 들고 있던 채찍으로 해골을 내리치며 말을 걸었다.
"이게 무슨 꼴인가? 그대는 방탕한 짓을 하다가 이런 꼴이 되었는가? 아니면 나라를 망친 일로 중형을 받아 이렇게 되었는가? 그 것도 아니면 행실이 좋지 못해 부모처자에게 누를 끼칠 것이 부끄러워 이렇게 되었는가? 혹은 춥고 배고픈 나머지 이렇게 되었는가? 수명을 다해서 이렇게 되었는가?"

장자는 말을 마친 뒤 해골을 베고 누웠다. 그런데 밤중에 해골이 꿈에 나타나 말했다.

"그대가 말하는 것이 변사를 닮았구나. 말하는 것을 들으니 모두 산 사람의 쓸데없는 생각일 뿐 죽은 사람에겐 소용없는 소리로다. 임자는 죽음 이야기를 듣고 싶지 않은가?"

장자가 말했다.

"듣고 싶소."

해골이 말했다.

"죽음에는 위로 임금이 없고, 아래로 신하가 없으며, 또 네 계절의 변화도 없소. 그저 천지를 춘추春秋로 삼으니 임금의 즐거움이 이만할 것인가?"

장자가 믿지 못하고 말했다.

"내가 저승의 신으로 하여금 그대의 뼈와 살과 피부와 얼굴을 만들어 그대의 부모처자와 마을 친지들에게 돌려준다면 그대는 이것을 원하겠는가?"

해골이 깊이 눈살을 찌푸리고 이마를 찡그리며 말했다.

"내 어찌 임금의 즐거움을 버리고 인간의 노고로 돌아가리오?"

장자의 초월적 가치관이 잘 드러난 글이다. 이 세상의 명예와 출세와 부귀에 눈멀지 말고, 우주의 원리와 본질을 간파하라고 충고하는 것이다. 우리가 알고 있는 세상이란 우주에 비하면 모래 한 알에 지나지 않으며, 우리를 그토록 얽매고 있는 육신도 언젠가는 우주의 먼지가 되어 자유를 만끽하게 될 것이라는 얘기다.

장자는 그렇게 크고 넓고 근원적인 삶을 추구했다. 그러나 그의 발은 언제나 땅 위에 있었고, 그의 배는 때에 맞춰 여지없이 허기에 시달렸고, 그의 아내는 고생만 잔뜩 하다가 가난한 학자의 아내로 일생을 마쳤으니, 이는 곧 도가들이 추구한 이상과 현실의 괴리였다.

2장

유가

***

유가儒家는 대개 '공자학파'라고 불린다. 하지만 공자 이전에도 유가는 존재했다. 실제 유가는 요, 순, 우, 탕, 문왕, 무왕 등의 통치 행위에 근원을 둔 것이다. 다만, 공자 이전의 사상은 하나의 고정된 틀을 갖지 못했는데, 공자가 이를 집대성해 수많은 제자를 길러내고 학파를 형성함으로써 하나의 학문 집단으로 자리매김하게 되었다.

유가에서 추구하는 것은 인간이 지켜야 할 삶의 도리다. 또 그 도리를 제대로 행하는 자를 군자君子라 명명하고, 그 군자의 행동 방식을 규정해 본받는 것을 목적으로 삼는다. 그러므로 유가의 학문은 한마디로 '군자학'이라고 할 수 있다.

이러한 유가 사상은 춘추시대 말기에 융성했다가 전국시대에 이르러 쇠락해 묵가와 도가의 명성에 뒤처졌다. 하지만 걸출한 유가론자인 맹자와 순자가 등장해 다시 한번 도약의 기회를 맞이했다.

유가의 학문은 진시황의 통일 후 크나큰 시련을 겪는다. 진시황이 이른바 분서갱유焚書坑儒를 단행해 유가의 경서들을 불태우고 유학자들을 생매장시켜 죽이는 극단적 조치를 취한 것이다. 이 때문에 한때 유학은 거의 자취를 감추었지만, 한나라 시대에 동중서董仲舒에 의해 부활했다.

동중서는 사회질서를 위한 이론을 유학에서 취했고, 또한 음양가의 학설을 유학에 끌어들여 유학을 우주론적 이론으로 승화시켰다. 그는 우주가 열 가지 구성 요소, 즉 천지음양과 목화토금수의 오행 그리고 인간으로 이뤄져 있다고 설명했다. 또한 윤리에도 음양의 원리를 활용해 삼강三綱(군위신강, 부위자강, 부위부강)을 세우고 유교 경전을 기반으로 오상五常(부자유친, 군신유의, 부부유별, 장유유서, 붕우유신)을 설파해 강상綱常의 원칙을 확립했다. 덕분에 유학은 노장사상과 더불어 중국 철학의 양대 산맥으로 우뚝 섰다.

1

유가 최고의 성인

방훈과 중화

요임금 방훈

요임금 제요帝堯는 황제黃帝, 전욱顓頊에 이어 천자에 오른 제곡帝嚳
이 진봉씨陳鋒氏에게서 얻은 아들이며, 이름은 방훈放勳이다. 제곡
이 세상을 떠나자 추자씨娵訾氏의 아들 지摯가 제위를 이어받았는
데, 지가 정사를 제대로 처리하지 못하자 이복동생 방훈이 그를
밀어내고 제위를 계승했다.

제요는 지가 제위에 있을 당시 당후唐侯로 봉해졌으며, 제위에
오른 뒤에는 도당씨陶唐氏로 불렸다. 그 때문에 제요가 다스리던
나라 이름을 당唐이라 하고, 그를 흔히 당요唐堯라 칭하기도 한다.

방훈의 치적은 크게 세 가지로 요약할 수 있다. 첫째는 역상曆象
(해와 달과 별의 운행 법칙)과 윤법閏法(윤년, 윤월, 윤일 등에 관한 계산법)

을 정리해 사람들이 시간의 흐름을 정확히 알게 했고, 둘째는 치수治水에 성공해 황하의 범람을 막았으며, 셋째는 제위를 아들이 아닌 제순 중화에게 물려준 것이다.

방훈 휘하에서 역상을 맡은 신하는 희씨羲氏와 화씨和氏들이었다. 그들은 동서남북에 배치되어 춘분과 추분, 동지와 하지를 정확하게 계산했고, 1년을 366일로 잡고 3년에 한 번씩 윤달을 정함으로써 사계절의 오차를 바로잡았다.

방훈에게 처음 치수의 임무를 부여받은 사람은 곤鯀이었다. 방훈은 황하의 범람을 막고 치수에 성공하는 사람에게 제위를 물려줄 생각이었다. 그래서 신하들에게 물었다.

"도도한 홍수가 하늘에까지 넘쳐서 성대한 물줄기가 산을 감싸고 언덕을 덮치니 백성들의 걱정이 태산이로다. 이 홍수를 다스릴 마땅한 인물이 없겠는가?"

이에 신하들이 모두 곤을 천거했다. 방훈은 곤의 인물 됨됨이를 의심해 고개를 가로저었지만, 신하들은 끝까지 곤을 추천했다. 곤은 전욱의 아들인데, 방훈의 아버지 제곡이 전욱의 아들들을 제치고 제위를 계승했으니, 방훈이 곤을 탐탁지 않게 여기는 것은 당연했다. 그러나 신하들의 강력한 주장을 물리칠 수 없어 곤으로 하여금 치수를 담당토록 했다. 그러나 곤이 치수 임무를 9년 동안 맡고도 황하의 범람을 막지 못하자, 방훈은 사악四嶽(사방의 제후들)에게 말했다.

"내가 재위한 지 이미 70년이나 지났으니, 이제 그대들이 나의 자리를 대신 맡아주시오."

방훈에게는 아들 단주丹朱가 있었다. 그러나 방훈은 단주가 덕이 없고 싸움을 좋아한다며 그에게 제위를 물려주지 않을 것이라고 했다. 그러자 신하들이 토목공사를 담당하는 공공共工을 추천했다. 방훈은 공공이 언변은 좋지만 마음이 사악하고 겸손하지 못하다고 말했다. 그런데 곤 역시 제왕감이 아니었기 때문에 결국 사악이 직접 제왕의 일을 맡는 게 어떠냐고 제안하기에 이른 것이다. 하지만 사악은 자신들의 덕행이 미천해 제왕이 될 수 없다고 대답했다.

방훈은 고심 끝에 당시 세간에 덕망이 높던 허유에게 제위를 물려주려 했다. 하지만 앞서 설명했듯 허유는 일언지하에 거절하고 기산에 들어가 은거했다. 허유를 얻는 데 실패한 방훈은 다시 사악을 모아놓고 덕망 있는 사람을 천거해달라고 했다.

"신분이 높지 않더라도 뛰어난 사람이 있으면 추천해주시오."

방훈의 말에 사악은 입을 모아 이렇게 말했다.

"민간에 홀아비가 한 사람 있는데, 중화라는 사람입니다."

방훈이 말했다.

"나도 중화를 들은 적이 있소. 그는 어떤 사람이오?"

"장님의 아들입니다. 아비는 도덕이란 전혀 모르는 무지렁이에, 어미는 남을 잘 헐뜯는 여자이며, 동생은 교만하기 이를 데 없습니다. 그러나 중화는 효성을 다하며 그들과 화목하게 지냅니다."

"그렇다면 내가 그를 한번 시험해보겠소."

방훈은 자신의 두 딸을 중화에게 시집보냈다. 그리고 중화가 그 딸들을 어떻게 대하는지 살펴보았다. 중화는 자신의 분수에 맞게 두 딸을 맞아들였고, 그들에게 부인의 도리에 맞는 예절을 지키도록 했다. 방훈은 그 점이 마음에 들었다.

이후 방훈이 중화에게 예의를 가르치도록 하자 백성들 사이에 오륜의 도가 널리 퍼졌고, 백관을 총괄토록 하자 역시 조정이 순조롭게 돌아가 제후들이 기쁜 얼굴로 그를 공경하였다. 또 산림과 하천·연못에 관한 일을 맡기니 폭풍과 뇌우가 닥쳐도 전혀 동요 없이 묵묵히 일을 수행했고, 황하의 범람을 막는 데도 성공했다. 이런 시험이 3년 동안 계속되었고, 중화는 모든 일에 방훈을 만족시켰다. 이에 방훈이 중화를 불러 말했다.

"그대는 일을 도모함에 있어 주도면밀하고, 말을 하면 반드시 지켰다. 그러니 제위에 올라도 손색이 없을 듯하다. 부디 제위에 올라주기 바란다."

중화는 여러 번 사양했으나 방훈 또한 주장을 굽히지 않았다. 그리하여 중화는 방훈을 대신해 섭정을 하고, 방훈은 은거에 들어갔다. 이렇듯 혈육이 아닌, 덕망과 지혜를 갖춘 사람에게 제위를 물려줌으로써 방훈은 왕도 정치의 초석을 놓았다. 방훈은 은거한 지 20년 만에 중화를 하늘에 천거해 제왕으로 인정하고, 그로부터 8년 뒤 세상을 떠났다.

요임금 치세의 태평성대에 대한 《사기》의 평가는 이렇다.

"그는 하늘처럼 인자하고, 신처럼 지혜로웠으며, 사람들은 마치 태양에 의지하는 것처럼 그에게 가까이 다가갔고, 만물을 촉촉이 적셔주는 비구름을 보듯 그를 우러렀다. 그는 부유하였으나 교만하지 않았고, 존귀했으나 거드름 피우지 않았으며, 황색 모자를 쓰고 짙은 황색 옷을 입고 흰말이 끄는 붉은 마차를 탔다. 그는 큰 덕을 밝혀 구족九族(고조부에서 현손에 이르는 동족 9대)을 친하게 하였고, 구족이 화목하게 되자 백관의 직분을 분명히 구분하였다. 이에 백관이 모두 공명정대하니, 모든 제후국이 화합하였다."

공자 역시 요임금을 극찬했다.

"크도다, 요의 임금 됨이여! 높고 큰 것은 오직 하늘뿐인데, 요임금만이 이를 본받았도다. 너무나 넓고 아득하여 백성들이 형용할 바를 몰랐도다. 위대하도다, 그가 남긴 성공이여! 빛나도다, 그가 남긴 문물과 제도여!"

순임금 중화

순임금으로 불리는 제순帝舜은 유우씨有虞氏 출신이며, 이름은 중화重華다. 그 때문에 흔히 그를 우순虞舜이라 부르고, 그의 나라를 우虞라고도 한다. 중화의 아버지는 고수瞽叟이며, 고수의 고조부는 궁선窮蟬이다. 궁선은 전욱의 아들이고, 전욱은 창의昌意의 아들이며, 창의는 황제黃帝의 아들이다. 따라서 중화는 황제의 9세손이다.

중화의 아버지 고수는 맹인이었다. 중화의 생모가 죽자 재혼해 새 아내를 맞이했는데, 그녀로부터 상象을 얻었다. 고수는 상을 편애해서 항상 중화를 없애려 했으나, 중화는 용케 죽음을 모면하며 목숨을 부지했다.

고수는 중화를 죽이기 위해 갖은 꾀를 다 쓰곤 했다. 한 번은 중화에게 창고에 올라가서 벽토를 바르게 하고는 아래에서 불을 질렀다. 그러나 중화는 삿갓 두 개로 자신을 보호하며 창고에서 뛰어내린 덕에 살 수 있었다.

그 뒤 고수는 또 중화를 죽일 작정으로 우물을 파게 했다. 중화가 우물을 깊이 파자 고수는 아들 상과 함께 우물을 메워버렸다. 하지만 중화는 이미 그들의 계획을 간파한 터였다. 우물을 파면서 동시에 자신이 빠져나올 비밀 통로를 함께 마련해둔 것이다.

이렇듯 고수와 상이 자신을 괴롭혔지만 중화는 계모에게 순종하고, 이복동생을 잘 보살폈으며, 아버지에게는 효를 다했다. 덕분에 나이 스물이 되었을 땐 효자로 소문이 자자했고, 서른 살 때 요임금 신하들의 추천을 받아 등용되었다.

제요는 중화의 됨됨이를 시험하기 위해 자신의 아들 아홉 명을 그에게 보내 함께 지내도록 하고, 두 딸을 시집보냈다. 중화는 제요의 아홉 아들을 잘 가르쳤으며, 두 딸과도 예를 지키며 잘 지냈다. 제요의 시험은 3년 동안 계속되었다. 중화가 그 모든 과정을 무사히 통과하자 제요는 중화에게 정사를 맡기고 자신은 은거에 들어갔다. 그때부터 중화는 동서남북의 영토를 다니며 제후들과 화합하고 백성을 안정시켰다. 또한 역법曆法을 바로잡아 하루의 시각과 날짜와 계절을 일원화하고, 도량형을 통일하고, 오례五禮(길례, 흉례, 빈례, 군례, 가례 등 다섯 가지 예절)를 제정했다.

그는 5년에 한 번씩 지방을 순회했다. 자신이 지방으로 가지 않는 4년 동안엔 제후들이 올라와 조회에 참석하게 함으로써 중앙과 지방의 유대를 강화했다. 또한 영토를 확대해 전국을 9개 주州에서 12개 주로 개편하고, 열두 곳의 산을 지정해 각 주의 진산鎭山으로 삼고 지키게 하였다.

형벌은 오형五刑을 기본으로 삼았지만, 오형보다는 유배로 벌을 대신하도록 했다. 오형은 묵형墨刑(이마에 먹물로 글자를 새기는 형벌), 의형劓刑(코를 베는 형벌), 비형剕刑(발뒤꿈치를 자르는 형벌), 궁형宮刑(양근을 자르는 형벌), 대벽大辟(목을 베어 죽이는 형벌)을 말하는데, 이것은 모두 한 번 당하면 다시는 돌이킬 수 없는 상태가 되므로 백성에게 피해를 덜 주는 유배형을 내리도록 유도했던 것이다. 또 관리들에게는 형벌을 내릴 때 항상 신중에 신중을 기할 것을 당부했다.

그렇게 20년이 흐르자 제요는 중화의 정치 능력이 탁월함을 인정해 제왕의 자리를 맡겼고, 그로부터 8년 뒤에 죽었다. 중화는 제요의 삼년상을 치른 뒤 제요의 아들 단주에게 제위를 양보하고 물러났다. 그러나 신하들이 단주를 따르지 않고 중화를 섬기자, 그것이 하늘의 뜻이라 판단하고 마침내 제위를 계승했다.

중화 휘하엔 우禹, 고요皋陶, 설契, 후직后稷, 백이伯夷, 기夔, 용龍, 수垂, 익益, 팽조彭祖 등 10명의 뛰어난 신하가 있었다. 중화는 이들에게 치수와 농사, 형률, 건설, 산림, 음악, 학문, 예의 등에 관한 임무를 부여했다. 그리고 3년마다 한 번씩 10명의 신하와 12주의 장관을 평가하고, 세 번을 살핀 후에 그 결과를 가지고 벼슬의 강등과 승진을 결정했다. 그 때문에 이들 22명은 모든 일에 최선을 다했고, 덕분에 나라는 태평성세를 구가할 수 있었다.

그중 치수를 맡은 우(하나라의 시조)가 가장 많은 공을 세웠다. 그래서 중화는 자신의 아들 상균商均을 제쳐놓고 우를 후계자로 지목했다. 이후 중화는 17년 동안 우를 지켜보다가 세상을 떴다.

제순 중화가 아들에게 제위를 넘기지 않고 덕과 지혜와 정치 능력을 고루 갖춘 우를 선택함으로써 제요가 초석을 다진 왕도 정치는 제순에 이르러 꽃을 피웠다. 후세에 요순시대를 태평성세와 왕도 정치의 모범으로 삼은 것은 그들이 신하의 능력과 인품에 따라 직분을 주고, 인격과 정치 능력이 가장 탁월한 자로 하여금 왕위를 계승하도록 했기 때문이다. 그러나 불행하게도 이런 이상적인 정치는 요순시대에만 실현됐을 뿐 그 이후로 어느 왕조에서도 제대로 이뤄지지 않았다.

2

군자론을 앞세워 유학을 창시한

공자

공자孔子는 춘추시대 노나라의 수도 창평향 추읍에서 기원전 551년에 태어났으며, 이름은 구丘, 자는 중니仲尼다. 아버지는 숙량叔梁 공흘孔紇이고 어머니는 안징재顏徵在인데, 공흘이 늙어서도 자식이 없자 10대의 어린 소녀 안징재를 후처로 받아들여 공자를 얻었다. 아들을 낳고 보니 머리 한가운데가 언덕처럼 생겨서 이름을 '언덕 구' 자로 지었다고 한다.

늙은 나이에 아들을 얻은 공흘은 공자가 세 살 때 명을 다했고, 그 때문에 공자는 편모슬하에서 자랐다. 그는 19세 때 견관씨丌官氏의 딸과 혼인해 이듬해에 아들 리鯉를 낳았다. 어머니 안징재는 공자가 24세 때 세상을 떠났다.

공자는 19세 때 처음으로 벼슬길에 올랐는데, 첫 직임은 노나라 계씨季氏의 창고 관리직이었다. 공자는 이곳에서 곡식 출납을 담당하다가 21세 때 가축 관리를 맡았다.

어릴 때부터 학문에 관심이 많던 공자는 특히 예학에 밝았다. 일설에는 어린 시절에 제기祭器를 벌여놓고 제사 지내는 것으로 놀이를 대신했다고 한다. 하지만 누구에게 특별히 예학을 배우지 않았으며, 스스로 책을 보고 익혔다. 그는 30대 초반에 이미 학문으로 제법 명성을 얻었고, 여러 제자를 가르쳤다.

당시 노나라에서는 제후가 힘을 잃고 계씨, 맹씨孟氏, 숙씨叔氏 등 세 대부大夫가 권력을 장악하고 있었다. 이들을 흔히 삼환三桓이라고 하는데, 이들 역시 제 가신들에게 권력을 빼앗기곤 했다. 그 때문에 노나라는 계급 질서가 문란하고 기강이 제대로 잡히지 않았다. 공자는 이런 문제를 해결하기 위해 제후 소공昭公과 함께 삼환을 제거하고 국가 기강을 세우려 했다. 그런데 계평자季平子를 공격하기 위해 군대를 동원한 소공이 오히려 삼환에게 패해 제나라로 도망치는 신세가 되고 말았다. 공자는 이때 소공을 보필해 제나라로 갔다. 공자의 나이 35세 때였다.

제나라에서 공자는 그곳 제후 경공頃公에게 정치 강의를 하며 관리로 등용되길 희망했지만 뜻을 이루지 못했다. 당시 제나라 경공도 대부들에게 권력을 빼앗겨 유명무실한 처지였기 때문이다.

공자는 다시 노나라로 돌아와 제자들을 양성했다. 하지만 공자는 늘 관리로 임용되길 소원해 결국 51세 때 노나라 중도中都의 재宰에 임명되었고, 53세 때에는 국토부 장관 격인 사공司空 벼슬을 얻었다. 또 이듬해에는 법무부 장관 격인 대사구大司寇에 올랐다. 그리고 다시 삼환 세력을 쫓아내려다 맹씨 가신들에게 밀려

실패하고 말았다.

기원전 496년에는 55세의 나이에 정승의 일을 겸직했고, 이때 관리의 기강을 바로잡고자 대부 소정묘少正卯를 처형하기도 했다. 그 덕분에 나라의 질서가 잡히고 국력이 강해졌다. 이에 노나라의 강성을 두려워한 제나라에서 춤에 능한 미녀 80명과 말 120필을 보내 노나라 조정의 사치를 조장했다. 선물을 받은 노나라 정공定公과 계환자季桓子는 사흘이나 조회를 열지 않고 놀았는데, 공자는 이들과 함께 정치를 펼 수 없다며 벼슬을 버리고 조정을 나와버렸다.

이후 공자는 13년 동안 제자들과 함께 자신의 능력을 인정해줄 제후를 찾아 천하를 떠돌았다. 그러나 어느 곳에서도 자신을 등용하지 않자 결국 기원전 484년 노구를 이끌고 고향으로 돌아왔다. 이때부터 공자는 《시경》《서경》《역경》《예경》《춘추》 등의 책을 엮어 제자들의 교과서로 사용하고, 음악을 정리해 전통을 계승하고자 했다.

그러는 동안 공자는 아들 리와 가장 아끼는 제자 안회顔回를 잃었다. 또 과격한 성격의 제자 자로子路가 위衛나라의 권력투쟁에 휘말려 목숨을 잃는 일도 겪었다. 그리고 공자 자신은 기원전 479년 4월 72세를 일기로 생을 마감했다.

공자의 제자는 3,000명이 넘었다고 하는데, 그중에는 십철十哲이라고 불리는 뛰어난 10명의 제자와 72현이라고 불리는 학자들이 있었다. 제자들이 공자가 죽은 뒤 스승의 가르침을 정리해 한 권의 책으로 묶었으니, 그것이 바로 《논어》다.

《논어》는 유학의 핵심인 인仁, 의義, 예禮, 지知, 신信, 악樂에 대한 가르침을 기반으로 효와 충을 역설한다. 또 공자가 꿈꿨던 이상적인 군주의 행동 양식을 나열한 '군자론'과 세상의 이치인 '도'에 대해서도 언급한다. 여기에 제자들과 역사 속 인물들에 대한 평가 등도 곁들였다.

공자가 말하는 인이란 무엇인가?

공자의 가르침은 흔히 인의예지신으로 요약할 수 있다. 그렇다면 공자는 이 다섯 가지를 사람들에게 어떤 식으로 요구했을까? 《논어》〈학이學而〉편 6장에 그 답이 있다.

젊은이는 집에서는 부모에게 효도하고 밖에서는 어른을 공경하며, 행동을 삼가고 신의를 지키며, 널리 여러 사람을 사랑하되 특히 어린이를 가까이해야 할 것이다. 이런 일을 먼저 실천하고 남는 시간에는 글을 배워야 한다.

요약하면 효제孝悌, 신의信義, 인애仁愛, 면학勉學이라고 할 수 있겠다. 이와 관련해《논어》〈위정爲政〉편 5장을 보면, 노나라의 권세가 맹의자孟懿子가 효도에 대해 묻자 공자는 이렇게 대답한다.

"어기지 말아야 하오."

그 말을 기이하게 여긴 제자 번지樊遲가 물었다.

"무슨 뜻으로 하신 말씀입니까?"

"아버지가 살아 계실 때는 예로써 섬기고, 돌아가신 뒤에는 예로써 장사 지내며, 제사도 예로써 지내야 한다는 말이다."

흔히 공자의 학문을 '예학'이라고 한다. 그만큼 예를 강조한다는 뜻이다. 심지어 공자는 이런 말까지 했다.

"예가 아니면 말하지 말고, 예가 아니면 듣지 말고, 예가 아니면 행하지 말라."

이는 공자의 모든 가르침이 예와 통한다는 걸 말해준다. 효를 행함에도 반드시 예를 지켜야만 제대로 행한 것이고, 충을 행함에도 예를 지켜야 바르게 행한 것이다. 신의와 배움에 있어서도 예가 우선이다.

하지만 예보다 먼저인 것이 있다. 이에 대해 공자는《논어》〈팔일八佾〉편 3장에서 이렇게 말한다.

"사람으로서 어진 마음이 없다면 예는 알아 무엇 할 것이며, 사람으로서 어진 마음이 없다면 악樂은 알아 무엇 할 것인가?"

예보다 앞서 인仁이 있어야 한다는 것이다.《논어》〈이인里仁〉편 3장에서는 이렇게 언급한다.

"오직 어진 사람만이 사람을 좋아할 수 있고, 사람을 미워할 수 있다."

결국 효도 좋고 예도 좋고 충도 좋고 신의도 좋지만, 무엇보다도 먼저 어진 사람이 되어야 한다는 뜻이다. 그렇다면 어진 사람이란 도대체 누구인가? 공자는《논어》〈이인〉편 2장에서 이렇게 말한다.

"어질지 않은 사람은 오래 곤궁함을 견디지 못하며, 오래 안락함을 누리지도 못한다. 어진 사람이라야 어진 것을 편안하게 여기고, 지혜로운 사람이라야 어진 것을 이롭게 여긴다."

요컨대 어진 사람은 어진 것을 편안하게 여기고 어진 것을 이롭게 여기는 사람이다. 하지만 어질다는 게 무엇인지 구체적으로 명시하고 있지는 않다. 도대체 어질다는 것은 무슨 뜻인가? 흔히 인을 측은지심이라고 하는데, 그렇다면 남을 측은하게 여기는 것이 어진 마음인가? 이와 관련해 《논어》〈옹야雍也〉편 8장을 보면, 백우伯牛가 병들어 눕자 공자가 문병을 가서 창 너머로 그의 손을 잡고 이렇게 말한다.

"이럴 수가 없는데, 운명이로다. 이 사람이 이와 같은 병에 걸리다니! 이 사람이 이와 같은 병에 걸리다니!"

백우는 공자의 제자 염경冉耕을 말하는데, 그는 문둥병에 걸리고 말았다. 그 때문에 사람들은 병이 옮을까 봐 그를 찾아가지도 않았는데, 공자가 직접 그의 손을 잡고 슬퍼한 것이다. 이것이 곧 측은지심이요, 인이다.

하지만 공자의 제자들조차 인이 무엇인지 잘 납득하지 못했던 모양이다. 그래서 제자 번지는 이렇게 묻는다.

"선생님, 인이란 무엇입니까?"

이에 공자가 대답했다.

"인이란 어려운 일을 남보다 먼저 행하고 그 대가는 뒤로 미루는 것이다."

하지만 이것도 인에 대한 한 가지 사례에 불과하다. 그래서 공자는 또 이렇게 말한다.

"어진 사람은 산을 좋아하고 지혜로운 사람은 물을 좋아한다."

어진 사람은 산처럼 한결같다는 뜻이다. 그렇다면 어질다는 것은 남을 불쌍히 여기고, 어려운 일을 먼저 하고, 선한 일을 하고도 대가를 바라지 않는 행위를 산처럼 한결같이 하는 마음을 의미한다고 정리할 수 있다.

공자가 말하는 예란 무엇인가?

공자는 행동에 있어 가장 중요한 것은 예라고 가르쳤다. 그렇다면 그는 어떤 형태로 예를 실천했을까? 《논어》에는 공자가 어떤 행동 방식을 지녔는지 알게 해주는 구절이 여럿 있다. 그 구절들을 찾아 연결하면서 공자가 추구한 예는 무엇인지 살펴보도록 하자.

공자께서는 마을에 계실 적엔 공손하시어 마치 말을 할 줄 모르는 사람 같았다. 종묘와 조정에 계실 때에는 사리를 따져 똑똑히 말씀하셨으나, 다만 신중하였다. 조정에서 (동급인) 하대부와 말씀하실 때는 강직하셨고, (자기보다 높은) 상대부와 말씀하실 때는 부드럽고 분명하셨다. 임금이 계시면 공경스러우면서도 태연하셨다. 임금이 불러 접대를 맡기면 얼굴빛이 달라지고 발걸음도 빨라졌다. 함께 서 있는 빈객에게 읍할 때는 손을 좌우로 돌려서 인사하셨는데, 옷자락이 가지런히 출렁거렸다. 빠른 걸음으로 나갈 적에도 몸짓이 단정하셨고, 빈객이 물러가면 반드시 이렇게 복명하셨다.

"손님께서는 뒤돌아보지 않고 가셨습니다."

위의 내용을 풀이하자면, 공자는 마을에 있을 때는 말을 삼가고 공손했으며, 조정에 나아가 나랏일을 볼 때는 사리를 따져 분명하게 처신했다. 또 사람을 대할 때는 항상 상대의 위치를 고려하고, 손님을 대할 때는 정중하고 빈틈없었다. 이렇듯 공자는 자리와 상황에 맞게 행동해야 예에 맞는 것이라고 여겼는데, 다음 구절이 그런 태도를 한층 구체적으로 보여준다.

공자께서는 대궐문을 들어갈 때는 마치 체구가 작은 것처럼 몸을 굽혔고, 문의 중앙에 서 있지 않았으며, 문지방을 밟지 않았다. 임금의 자리를 지나갈 때는 얼굴빛을 엄숙히 하고 걸음을 빨리 옮겼으며, 말을 제대로 못 하는 것처럼 행동했다. 옷자락을 잡고 당에 오를 때는 허리를 굽히고 숨을 멈추는 듯했으며, 당에서 내려올 때는 계단을 하나 밟은 뒤 얼굴빛을 펴고 즐거운 듯한 표정을 지었다. 계단을 다 내려와 종종걸음으로 나갈 때도 몸짓이 단정하고, 제자리로 돌아가서는 더욱 경건하였다. 규圭(홀)를 잡고 있을 때는 몸을 굽혀 그것이 힘에 겨운 듯했다. 규를 위로 올릴 때는 읍하는 듯했고, 아래로 내릴 때는 물건을 넘겨줄 때처럼 했으며, 얼굴빛이 두려워하는 것처럼 변하고, 발걸음은 더듬듯 좁게 걸었다. 예물을 드릴 때는 부드러운 얼굴빛을 띠었고, 개인적인 접촉을 할 때는 더욱 유쾌한 표정을 지었다.

이것이 공자가 말하는 신하의 예의범절이었다. 그는 지위를 나타내는 홀을 잡고 있을 때 마치 자신에게 주어진 계급이 버거운 듯한 태도를 보였다. 이렇듯 공자가 말하는 예의는 늘 긴장하지 않으면 지킬 수 없는 것이었다.

예의를 드러내는 가장 일상적인 요소는 복장인데, 공자는 어떤 식으로 복장을 갖췄을까?

공자께서는 감색과 주홍색으로 옷깃을 달지 않고, 붉은빛이나 자줏빛으로 평상복을 만들지 않았다. 무더운 여름철에는 베로 만든 홑옷에 반드시 속옷을 받쳐 입고 나갔다. 검은 옷에는 검은 염소 갖옷을, 흰옷에는 어린 사슴 갖옷을, 누런 옷에는 여우 갖옷을 받쳐 입었다.

평상시 입는 갖옷은 길었으나 오른쪽 소매는 짧았다. 잘 때는 반드시 잠옷을 입었으니, 그 길이가 키의 한 배 반이나 되었다. 방바닥에는 여우와 담비의 두꺼운 모피를 깔았다.

조회나 제사 때 입는 아래옷이 아니면 반드시 천을 잘라 꿰매어 입었다. 검은 염소 갖옷이나 검은 비단 관을 쓰고 조문을 가는 일은 없었다. 매월 초하루에는 반드시 조복을 입고 조회에 나갔다.

여기서 평상복의 소매를 짧게 한 것은 일하는 데 불편함이 없도록 하기 위함이고, 잠옷을 길게 한 것은 살이 드러나지 않도록 한 것이다. 또 감색이나 주홍색으로 옷깃을 달지 않은 것은 그게 상복의 색깔이기 때문이고, 붉은빛이나 자줏빛으로 평상복을 만들지 않은 것은 그게 관복의 색깔이었기 때문이다. 이렇듯 공자의 예란 옷 한 벌에서부터 모든 상황과 처지를 따져 분수와 위상에 적절한 걸 택하는 것이었다.

그렇다면 공자의 음식 습관은 어땠을까?

공자께서는 밥은 곱게 찧은 쌀을 좋아했고, 회는 가늘게 썬 것을 좋아했다. 밥이 쉬어서 변한 것과 생선이 상하거나 고기가 썩은 것은 먹지 않았다. 빛깔이 나쁘거나 냄새가 좋지 않은 것도 먹지 않았다. 알맞게 익지 않은 것도 먹지 않았으며, 제철에 나온 것이 아니면 먹지 않았다. 썬 것이 반듯하지 않으면 먹지 않았고, 간이 맞지 않는 것도 먹지 않았다.

고기가 많아도 주식인 밥보다 많이 먹지 않았으며, 술은 정해진 양은 없었으나 난삽한 일은 하지 않았다. 시중에서 사온 술과 육포는 먹지 않았고, 생강은 거르는 일이 없었으나 많이 먹지는 않았다.

임금의 제사에 참례한 후 받아온 고기는 밤을 넘기지 않고 먹었으며, 집안 제사에 쓴 고기는 사흘을 넘기지 않고 먹었으며, 사흘이 넘으면 먹지 않았다.

식사할 때는 말을 하지 않았고, 잠자리에서도 말을 하지 않았다. 거친 밥과 나물이라도 먹기 전에는 반드시 경건하게 고수레를 하였다.

한마디로 몹시 까다롭고 따지는 게 많았다. 또 지나치게 많이 먹는 일도, 술에 취하는 일도 없었다.

공자는 항상 신분에 맞는 생활 태도를 지녀야 한다고 주장했는데, 다음 이야기가 이러한 그의 관점을 단적으로 보여준다.

공자께서 가장 아끼던 제자는 안회였는데, 불행히도 젊은 나이에 죽고 말았다. 공자께서 그의 죽음을 너무도 안타까워하자 공자의 제자이자 안회의 아버지인 안무요顔無繇가 이렇게 말했다.

"선생님, 선생님의 수레를 팔아 아들의 장사를 지내게 해주십시오. 저는 가난하여 아들의 장사를 제대로 지낼 수가 없습니다."

그의 말처럼 안무요는 아주 가난했다. 하지만 공자는 그 부탁을 거절하며 이렇게 말했다.

"내 아들 리가 죽었을 때도 관만 쓰고 덧관은 쓰지 않았다. 그러니 나는 내 수레를 팔아서까지 안회에게 덧관을 만들어줄 수 없다. 내가 대부의 끝자리를 차지하고 있는데, 걸어 다닐 수는 없지 않겠느냐?"

이렇듯 공자는 철저한 신분주의자였다. 공자가 수레를 내주지 않아 결국 안회를 불쌍히 여긴 제자들이 십시일반 돈을 모아 장례를 치렀다. 공자 입장에선 안회가 아끼는 제자이긴 해도 벼슬을 하지 못한 터라 굳이 덧관을 해줄 필요가 없었던 것이다. 이것이 공자가 말하는 예다.

이처럼 예는 사사로운 감정을 개입시키지 않는다. 또한 신분과 계급을 따져 자신의 분수를 지키는 것이다. 하지만 단순히 분수만 지킨다고 예를 이룬 것은 아니다. 공자는 이렇게 덧붙인다.

"예는 사치스럽기보다는 차라리 검박해야 한다. 상례는 형식보다는 슬퍼하는 마음이 나타나야 한다."

다시 말해, 예의 본질은 분수를 지키면서 검박함을 유지하고, 형식을 따르되 근본적으로 마음이 먼저인 것이다.

공자가 말하는 군자란 무엇인가?

흔히 공자의 학문을 '군자학君子學'이라고 한다. 말하자면 그의 학문적 목표는 군자가 되는 것이었다. 그렇다면 그가 말하는 군자란 어떤 존재일까? 군자란 원래 왕이나 그에 버금가는 정치적 권한을 가진 사람을 지칭하는데, 공자가 말하는 군자는 왕 노릇을 할 만한 사람을 가리킨다고 이해할 수 있다. 꼭 나라를 다스리는 사람이 아니더라도 덕망이나 판단력이 나라를 맡겨도 손색없을 만큼 훌륭한 사람을 군자라고 지칭한 것이다.

하지만 공자가 말하는 군자를 한마디로 단정하긴 어렵다. 공자는 《논어》에서 여러 가지 표현으로 군자가 지녀야 할 덕목을 설명한다. 먼저 《논어》의 첫머리를 살펴보자.

"남들이 나를 알아주지 않더라도 화내지 않는다면 이 또한 군자가 아닌가?"

군자란 곧 학식과 덕망과 지도력을 갖춘 이상적 인간을 의미한다. 그리고 그 덕목 중 하나가 남의 평가에 연연하지 않는 것이다.

공자는 《논어》에서 설명한 군자의 덕목을 나열하면 이렇다.

- 먼저 실천하고 말은 나중에 하는 사람이 군자다.

- 군자는 두루 살피나 비교하지 않고, 소인은 비교하나 넓게 살피지 않는다.

- 군자는 다투는 일이 없다. 예외라면 활쏘기 정도다. 서로 읍하고 사양하며 당에 오르고, 내려온 뒤에는 벌주를 마신다. 이것이 군자의 다툼인 셈이다.

- 군자가 인仁을 버리고서야 어찌 이름을 이루겠는가? 군자는 밥 먹는 동안이라도 인을 어기지 말아야 하며, 위급한 때라도 인에 의지해야 하고, 넘어지고 자빠지는 순간에도 인을 지켜야 한다.

- 군자는 이 세상의 일에 대해 한 가지만을 긍정하지도 않고, 또한 절대로 아니 된다고 부정하지도 않으며, 오로지 의義에 따른다.

- 군자는 덕을 생각하나 소인은 땅을 생각하며, 군자는 형벌을 생각하나 소인은 특혜를 생각한다.

- 군자는 도의에 밝고, 소인은 이익에 밝다.

- 군자는 말은 느리고 둔하나 실행은 민첩하고자 한다.

- 자산子産(정나라의 재상)은 군자의 도를 네 가지 갖추고 있다. 즉, 몸가짐이 겸허하고, 윗사람을 섬김에는 공경스러우며, 백성을 기름에는 은혜롭고, 백성을 부림에는 올바른 방도를 구하였다.

- 바탕이 겉차림보다 앞서면 야비해지고, 겉차림이 바탕보다 앞서면 간사해진다. 겉차림과 바탕이 잘 어울린 연후에야 군

자라 할 수 있다.

- 군자가 널리 글을 배우고 예로써 단속한다면, 비로소 올바른 도에 어긋나지 않게 될 것이다.
- 군자에게 무게가 없으면 위엄이 없으니 배워도 견실하지 못하다. 충성과 신의를 으뜸 삼으며 자기보다 못한 사람을 벗 삼지 말고 잘못된 점이 있으면 고치기를 꺼리지 말아야 한다.

이를 종합해보면 군자의 덕목은 우선 인을 최고의 가치로 알고 스스로 실천하며, 예로써 자신을 단속하고, 의에 따라 행동하며, 널리 지식을 익혀 인식의 폭을 넓히고, 사귐에 있어서는 믿음을 주는 것이다. 말하자면 군자는 유가에서 가장 중시하는 인의예지신을 모두 실천하는 존재다.

하지만 공자가 추구하는 이상적 인물은 군자의 단계가 아니다. 다시 《논어》를 읽어보자.

"성인聖人은 내가 만날 수 없으니, 군자라도 만날 수 있다면 괜찮을 것이다."

군자보다 높은 단계의 인간이 있으니, 그것은 바로 성인이다. 성인은 학식과 덕망을 두루 갖춰 세상 이치를 꿰뚫고 있으며, 세상을 구제할 수 있는 일종의 구세주다. 공자는 이런 성인의 경지에 이른 인물로 요와 순을 꼽는다. 하지만 공자 시대에 요순 같은 인물이 다시 나타날 수는 없다고 생각했다. 그래서 그 한 단계 아래인 군자라도 되라고 가르친 것이다.

그렇다면 공자가 추구하는 군자의 상은 누구였을까? 그것은 바로 자기 자신이었다. 비록 요와 순에는 미치지 못하지만 스스로 군자임을 자부한 것이다. 그래서 제자들에게 최소한 스승인 자신만큼은 되어야 한다고 가르쳤다. 제자들이 공자에 대해 언급한 것처럼 말이다.

- 선생님께서는 낚시질을 하였으나 그물을 쓰지 않으셨고, 주살로 나는 새는 잡아도 잠자는 새는 쏘지 않으셨다.
- 선생님께서는 상을 당한 사람 곁에서 식사할 때 배불리 잡수시는 일이 없었다. 또한 선생님께서 곡을 하면 그날은 노래를 부르지 않으셨다.
- 선생님께서 하시지 않는 일이 네 가지 있었다. 억측하지 않고, 억지 부리지 않고, 고집하지 않고, 자기를 내세우지 않으셨다.
- 선생님께서는 상복을 입은 사람이나 예복을 입은 사람이나 눈먼 사람을 만나면, 비록 그가 젊은이라 하더라도 반드시 일어나시고, 이들 앞을 지날 적에는 반드시 걸음을 재빨리 옮기셨다.
- 선생님의 덕은 우러러볼수록 더욱 높고, 뚫을수록 더욱 굳으며, 앞에 계신 걸 본 것 같은데 어느덧 뒤에 계신다. 선생님께서는 차근차근 사람을 이끌어 학문으로 넓혀주시고, 예절로 다듬어주신다. 내가 그만 배우려고 해도 그만둘 수 없게 하시고, 내 능력을 다해 좇아 배우나 더욱 우뚝 서 계신 듯하다. 그러므로 아무리 따르고자 하여도 미처 따라갈 수 없다.

제자들은 공자를 거의 성인의 경지에 이른 인물로 묘사하고 있다. 《논어》의 다음 기록이 제자들의 그런 마음을 전적으로 대변한다.

> 태재太宰가 자공子貢에게 물었다.
> "공자께서는 성인이신가요? 어찌 그리 다능하십니까?"
> 자공이 대답했다.
> "본래 하늘이 내린 큰 성인이고 다재다능하십니다."

그렇다면 공자 스스로는 자신을 군자라고 생각했을까? 공자의 자평自評을 읽어보자.

- 나는 태어나면서부터 저절로 도를 깨달은 사람이 아니다. 다만 옛것을 좋아하여 그것을 힘써 구하는 사람일 뿐이다.
- 나는 기술만 하고 창작은 하지 않으며, 옛것을 믿고 좋아한다. 나를 남몰래 노팽(노자와 팽조)에 비기고자 한다.
- 깨달은 것을 묵묵히 마음에 새겨두고 배움에 싫증을 내지 않으며 가르침에 지치지 않는다. 이런 일은 내게 어려운 것이 아니다.

공자가 처음부터 도를 깨친 것은 아니다. 하지만 옛것을 좋아하고 끊임없이 배우는 자세로 임했더니 도를 깨쳤다는 뜻이다. 다음은 이에 대한 보다 직접적인 일화다.

섭공葉公이 자로에게 공자에 대해 물었다. 그런데 자로는 대답하지 않았다. 이에 대해 공자께서 자로에게 말씀하셨다.

"너는 왜 말하지 않았느냐? 그분은 학문을 좋아하여 분발하면 밥 먹는 것도 잊고, 안 뒤에는 그 즐거움으로 걱정을 잊으며, 늙어 감도 알지 못하는 사람이라고 말이다."

공자 스스로 학문에 심취해 도를 구하는 일을 그 무엇보다 우위에 두었다는 내용이다. 결론적으로 공자는 자신의 삶을 이렇게 정리한다.

"나는 열다섯 살에 학문에 뜻을 두었고, 서른 살에는 뜻이 뚜렷하게 섰으며, 마흔 살에는 판단에 혼란이 없게 되었고, 쉰 살에는 하늘이 내린 사명을 깨닫게 되었다. 또 예순 살에는 듣는 대로 그 뜻을 저절로 알게 되었고, 일흔 살에는 무엇이든 하고 싶은 대로 하여도 법도를 벗어나지 않게 되었다."

즉, 일흔 살 이후에는 도를 깨쳐 무슨 일을 해도 도에 어긋나지 않게 되었다며 스스로 군자, 더 나아가 성인의 경지에 이르렀다고 자평한 것이다.

3

성선설을 기반으로 유학을 설파한

맹자

맹자孟子는 지금의 중국 산동성 남부에 있던 추나라 태생으로, 성은 맹이고, 이름은 가軻, 자는 자여子輿다. 맹자의 어린 시절 교육과 관련해서는 그 유명한 맹모삼천지교孟母三遷之敎 일화가 전한다. 어머니가 맹자의 교육 환경을 조성하기 위해 세 번이나 이사를 다녔다는 내용이다. 또 맹자가 공부 기간을 다 채우지 못하고 집으로 돌아오자 자신이 짜던 베를 잘라버렸다는 단기지훈斷機之訓 고사도 잘 알려져 있다.

맹자는 전국시대가 한창이던 기원전 372년경에 태어나 기원전 289년경에 죽었으며, 평생을 학술 강론 활동에 매진했다. 제자들을 이끌고 각국을 두루 돌아다니며 자신의 주장을 펼쳤는데, 이때 그를 따르는 인파가 수백 명에 달했다. 공자의 손자인 자사子思의 제자에게 수학함으로써 공자의 계보를 이었고, 공자가 설파한 인 사상의 본질을 인간의 선한 본성과 연결시켰다. 이른바 유명한 성선설性善說이다.

맹자는 인간의 본성엔 선한 요소가 있을 수밖에 없고, 그 선함이 인의예지 사단四端을 표출하는 기반이라고 주장했다. 이는 근본적으로 그가 백성을 선한 존재로 보았기 때문이다. 아울러 그는 백성을 편안하게 하는 것이 정치의 근본이고, 백성을 편안하게 하기 위해서는 민심을 따라야 한다고 주장했다. 이렇듯 그의 정치론은 철저하게 민심에 의존한다. 그 때문에 그가 말하는 백성의 근본은 선할 수밖에 없고, 그렇지 않으면 그 이론은 성립되지 않는다. 따라서 그의 성선설은 민본 정치를 주창하기 위한 철학적 배경으로 작용했다고 볼 수 있다.

공자가 군주에게 어진 정치를 주문했다면, 맹자는 단순한 주문을 넘어서 어진 정치를 행동으로 보일 것을 요구했다. 심지어 역성혁명론, 즉 백성을 편안하게 하지 못하는 왕조는 갈아치울 수 있다는 과격한 주장도 서슴지 않았다. 또 당시 군주들이 지속하던 영토 확장 전쟁을 반대했다. 전쟁이 백성을 굶주리게 하고 고향을 떠나게 만든다면서, 싸움을 멈추고 백성의 안위에 국력을 쏟을 것을 역설했다. 이런 탓에 맹자의 이론은 다소 혁신적이며 과격한 느낌을 주었고, 그게 곧 군주들이 그를 꺼려 하는 요소로 작용했다.

맹자가 등장하기 전까지 유가의 학문은 그다지 환영받지 못했다. 당시 세상을 풍미했던 학문은 묵자墨子의 박애주의적 겸애설과 도가 계열에서 나온 양자楊子의 쾌락주의 같은 것이었다. 맹자는 이들 학문을 비판하며 유가를 다시 일으켜 세웠다. 그러자니 혁신적이고 강경한 주장을 많이 할 수밖에 없었을 것이다. 공자가 인을 강조한 데 비해 의를 강조한 것도 이런 시대적 상황과 무관하지 않다.

맹자는 정치에서 왕도王道와 패도覇道를 대비시켜 자신의 논리를 이끌어가곤 했다. 그가 꿈꾸는 이상적 국가는 왕도 정치를 실현하는 군주의 통치를 받는 곳이었다. 그래서 왕도 정치를 이룰 수 있다면 혁명도 가능하다는 역성혁명론 같은 과격한 주장을 펼쳤던 것이다.

그는 이런 논리를 모두 공자의 가르침에서 찾아냈다. 공자가 세상에 온 그 어떤 인물보다도 뛰어난 성인이라며, 공자의 가르침을 재해석해 세상을 혁신하고자 했다.

그러면서도 개인적 수행을 게을리하지 않았다. 맹자의 수행을 대표하는 말이 호연지기浩然之氣다. 이는 공자에게서는 찾아볼 수 없는 말인데, 맹자의 제자 공손추公孫丑의 다음 질문에 대한 대답에서 비롯되었다.

"감히 여쭙겠습니다만, 선생님께서는 어떤 면을 잘한다고 생각하십니까?"

맹자가 대답했다.

"나는 나의 호연의 기를 잘 기른다."

이어서 호연이 무엇이냐는 공손추의 질문에 이렇게 설명한다.

"말로는 설명하기 어렵다. 그 기는 지극히 크고 강해서 올바르게 길러 해침이 없으면 하늘과 땅 사이에 충만하게 된다. 그 기는 정의와 부합하는데, 이것이 없으면 기가 쇠해질 수밖에 없다. 마음속에서 의를 모아 생기는 것이지 의가 밖에서 들어와 생기는 것이 아니다."

말하자면 호연지기란 마음의 화평에서 오는 것으로, 인간이라면 누구나 가지고 있는 지극히 평화로우면서도 광명정대한 정기라고 할 수 있다. 이는 곧 맹자 자신의 심적 수양에 대한 이야기다. 내면의 기를 성숙시켜 의를 행하고, 그것으로 세상의 정의를 실천한다는 논리다. 즉, 의로운 마음은 호연지기가 없으면 불가능하다. 이는 도가에서 말하는 물아일체론과 상통한다. 사람과 우주는 하나가 될 수 있으며, 이는 자기 수양을 통해서 가능하다는 것이다.

맹자의 이러한 가르침은《맹자》를 통해 전해졌다. 하지만 유가에서《맹자》가 사서四書의 하나로 자리 잡기까지는 오랜 세월이 필요했다.《논어》가 한나라 시대 유학의 정치적 근간이 된 데 반해《맹자》는 제자백가의 서적 중 하나로 취급받다가 남송 때 주희朱熹에 의해《논어》《대학》《중용》과 더불어 사서로 정착되었다. 그 과정에서 당나라 때 한유韓愈와 유종원柳宗元 등이《맹자》의 뛰어난 면을 강조했고, 송나라 초기엔 손석孫奭이《맹자음의》를 저술해《맹자》의 위대함을 소개했다. 이후 맹자는 공자묘에 합사되면서 추앙을 받았고, 송나라 왕안석王安石은《논어》와 함께《맹자》를 과거 과목으로 채택했다.

칼로 죽이나 정치를 잘못해 죽이나 매한가지

어느 날 양梁 혜왕惠王이 맹자에게 이렇게 말했다.

"과인은 나라를 다스리는 데 온갖 정성을 다 기울였습니다. 굶주리는 백성이 생기면 그곳 백성을 풍년이 든 곳으로 이주시켜 살게 하고 있습니다. 이웃 나라를 살펴보면 과인처럼 백성에게 마음을 기울이지 않습니다. 그런데도 이웃 백성이 과인의 나라로 이주해 오지 않는 까닭을 모르겠습니다."

그러자 맹자가 말했다.

"왕이 전쟁을 좋아하시니, 전쟁에 비유하여 말씀드리지요. 전쟁 와중에 싸움에서 밀리는 쪽 병사들 가운데 어떤 자는 100보 달아나고, 어떤 자는 50보 달아났습니다. 그러고는 50보 달아난 자가 100보 달아난 자에게 비겁하다고 비웃는 것이 옳습니까?"

혜왕이 고개를 흔들며 대답했다.

"그건 말이 안 되지요. 50보 달아난 자나 100보 달아난 자나 달아났다는 점에서는 마찬가지겠지요."

맹자가 웃으면서 다시 말했다.

"왕께서 그런 이치를 아신다면 다른 나라 백성이 이주해 오지 않는다고 불평하지 마십시오."

맹자의 말인즉, 혜왕이 비록 굶주리는 백성을 보살피기는 했으나 백성 입장에서 보면 그런 행동이 큰 의미가 없다는 뜻이었다. 사실, 백성은 일시적 미봉책을 원하는 것이 아니라 근본적 해결책을 원했다. 그러자면 자신들이 살고 있는 곳을 풍성하게 만들 정책이 필요한데, 혜왕은 그저 굶주리는 지역 사람들에게 남의 동네에 얹혀 지내며 눈칫밥을 먹게 한 셈이다. 그러니 백성이 혜왕을 좋아할 까닭이 없었다. 혜왕은 그 점을 깨닫지 못한 채 스스로 선정을 베풀었다고 공치사만 늘어놓았던 것이다. 맹자는 그 점을 비판하며 이렇게 덧붙였다.

"왕께서는 흉년이 들어 가난한 백성이 굶어 죽는 상황에서 부자가 곡식을 개나 돼지에게 먹여도 제지하지 않았으며, 길거리에 굶어 죽은 시체가 널려 있어도 창고를 열어 그들을 구휼하는 데 인색했습니다. 그러면서 사람이 죽는 것은 내 탓이 아니라 흉년 탓이라고 했습니다. 그것이 칼로 사람을 찔러 죽이고서 내가 사람을 죽인 게 아니라 칼이 사람을 죽인 거라며, 사람 죽인 죄를 칼에 돌리는 것과 무엇이 다릅니까? 왕께서 흉년의 탓을 세월에다 돌리지 않으신다면, 이웃 나라의 백성뿐 아니라 온 천하의 백성이 다 모여들 것입니다."

그 말을 듣고서야 혜왕은 고개를 숙이며 이렇게 부탁했다.

"과인이 정성을 다해 선생의 가르침을 받고자 합니다."

그러자 맹자가 물었다.

"사람을 죽임에 있어 몽둥이로 죽이는 것과 칼로 죽이는 게 다릅니까?"

"죽인다는 점에서는 같은 일이지요."

"그러면 칼로 사람을 죽게 하는 것과 정치를 바르게 하지 못해

　　　　　　　　　　　　　　　　　　2부 | 고대 중국 철학

서 백성을 죽게 하는 것은 다릅니까?"

"그것 또한 다를 바가 없습니다."

"그런데 왕은 어찌하여 백성을 굶어 죽게 하고 있습니까?"

이 이야기에 등장하는 양 혜왕은 전국시대 칠웅 중 하나였던
위魏나라의 혜왕을 일컫는다(위나라는 지금의 중국 산서성을 위시해
섬서성과 하남성 일부 지역을 차지했던 나라로, 혜왕 말기에 진秦나라의 공
격을 피해 지금의 개봉 지역인 대량大樑으로 천도했다. 그런 까닭에 위나라
를 양나라라고도 부르고, 혜왕을 양 혜왕이라고 부르는 것이다). 위나라는
혜왕의 할아버지 문후文侯 때 강국으로 성장했고, 아버지 무후武侯
때까지 그 위세가 이어졌다. 하지만 혜왕이 정치를 제대로 펴지
못하고 인재도 구하지 못한 채 전쟁을 자주 일으켜 패하는 바람
에 몰락으로 치닫게 되었다.

한편, 혜왕과의 대화에서 보듯 맹자는 군주를 매우 맹렬하게
비판하는 성향의 인물이었다.

백성을 끌어들이는 다섯 가지 방책

전쟁이 끊일 날 없던 전국시대에 국력을 신장하고 국위를 떨치
는 방법 중 하나가 다른 나라 백성을 자기 나라로 옮겨 오게 하는
것이었다. 그래서 나라마다 그 방책을 내놓느라 부심했는데, 맹
자는 그에 대해 다섯 가지 방도를 제시했다.

첫째, 어진 사람을 존경하고 유능한 선비를 부려 덕망 있는 사람들이 벼슬자리에 있으면, 천하의 선비들이 모두 기뻐하여 그 나라에서 일하기를 원할 것이다.

둘째, 시장에서 점포세만 받고 물품세를 받지 않거나 한 걸음 더 나아가 상업 행위를 지도하고 단속만 하며 점포세를 전혀 받지 않는다면, 천하의 장사꾼들이 다 기뻐하며 그 나라의 시장에 물건 두기를 원할 것이다.

셋째, 국경의 관문에서 첩자나 범법자를 색출하되 통행세를 받지 않는다면, 천하의 여행하는 사람들이 다 기뻐하여 그 나라의 길을 통과하려 할 것이다.

넷째, 농사짓는 자에게 정전법에 따른 공전公田의 수확만을 나라에 바치게 할 뿐 사전私田에 대해서는 세금을 징수하지 않는다면, 천하의 농민들이 다 기뻐하여 다투어 그 나라의 들에 와 농사 짓기를 원할 것이다.

다섯째, 일반 주택에 대해 부역 대신 바치는 부포夫布나 뽕나무를 심지 않는 벌로 바치는 이포里布를 없앤다면, 천하의 백성들이 다 기뻐하여 그 나라의 백성이 되기를 원할 것이다.

진실로 이 다섯 가지 방법을 행할 수 있다면, 이웃 나라 백성들이 그런 임금을 마치 부모와 같이 우러르고 존경하며 따를 것이다. 그렇게 된다면 천하에 대적할 자가 없을 것이다.

요약하면 어진 선비를 관리로 등용하고, 백성에겐 최소한의 세금을 거두라는 것이다. 결국 인사 정책과 세금 정책이 관건이라는 뜻이다. 그렇지만 이는 지나치게 이상론적인 방책이다. 요즘으로 말하자면 철저하게 작은 정부를 지향하라는 것인데, 자칫 국가를 운영할 재정마저 고갈시킬까 우려되는 면이 있다.

인간에게는 네 가지 선한 마음이 있다

사람에게는 누구나 다 남의 불행과 고통을 참지 못하는 마음이 있다고 맹자는 주장했다. 이는 곧 남을 잔악하게 대하지 못하는 네 가지 마음을 가리킨다.

사람에게는 누구나 잔악하게 못 하는 마음이 있다. 예컨대 한 아이가 실수하여 우물에 빠지려는 걸 본 사람은 누구나 다 가슴이 덜컥 내려앉으며 놀라고 측은한 마음이 든다. 그래서 앞뒤 돌아볼 겨를 없이 달려가 아이를 붙들어 올린다. 이를 측은지심惻隱之心이라 하니, 곧 그 근본은 인仁이다.

또 자기의 잘못을 부끄럽게 여기고 남의 옳지 않은 행동을 미워하는 마음이 있으니, 이를 수오지심羞惡之心이라 한다. 곧 그 근본은 의義다.

그리고 남에게 양보하는 마음이 없으면 사람이라 할 수 없으니, 이를 겸양지심謙讓之心이라 한다. 곧 그 근본은 예禮다.

마지막으로 옳고 그름을 가리는 마음이 누구에게나 있으니, 이를 시비지심是非之心이라 한다. 곧 그 근본은 지智다.

이 네 가지, 즉 인의예지는 인간의 네 가지 본성을 낳는 근본이므로 사단이라고 한다. 이렇게 사람이면 누구나 다 자신을 착하고 올바른 인간이 될 수 있게 하는 인의예지 사단의 잠재력을 가지고 있다. 이 사단을 어떻게 확충하느냐에 따라 올바른 사람이 될 수도 있고, 어진 통치자가 될 수도 있다.

이것이 곧 맹자가 주장하는 성선설의 요체다. 인간은 근본적으로 사단, 즉 네 가지 마음의 근본을 마음속에 품고 태어나기 때문에 그 본성이 선할 수밖에 없다는 것이다. 그래서 맹자는 다수인 백성의 마음은 궁극적으로 선할 수밖에 없고, 그런 민심이 곧 천심이며, 왕은 그 민심을 천심으로 받들고 정치를 함으로써 성군이 될 수 있다는 논리를 폈다.

4

성악설로 유학을 새롭게 정립한

순자

순자荀子의 삶에 대한 기록은 많지 않다. 이는 그가 직접 정치 일선에 나서거나 제후들을 만나 자신의 사상을 설파하지 않았기 때문일 것이다. 다만 그와 제자들이 남긴《순자》를 통해 그의 사상을 엿볼 수 있다.

순자는 지금의 호북성과 산서성 남부에 있던 조나라에서 태어 났으며, 이름은 황況이고 자는 경卿이다. 그래서 흔히 순경荀卿이라고 불렸다. 언제 태어나고 언제 죽었는지 정확하게 알 수는 없으나 전국시대인 기원전 298년에서 기원전 238년 사이의 인물로 추정된다. 젊은 시절까지는 조나라에서 지냈으며, 나이 50세가 되어서야 제나라로 옮겨 가 당시 학문의 중심지이던 직하稷下에서 이름을 떨쳤다. 32편으로 이뤄진《순자》는 대부분 순자 자신이 쓴 것이며, 일부는 제자들이 가필한 것으로 여겨진다.

순자의 가장 유명한 이론은 성악설이다. 인간의 본성은 근본적으로 악하다는 것인데, 맹자의 성선설과 대비되어 널리 알려졌다. 그 때문에 순자의 학문을 맹자와 반대되는 것으로 이해하는 경우가 많지만, 실상은 그렇지 않다.

순자와 맹자는 공히 이상주의자이자 철저한 논리주의자였다. 하지만 그 이상을 추구하는 방법론에서 맹자가 하늘을 숭상하는 종교적 사고를 가졌다면, 순자는 인간만이 인간의 행동으로 이상을 실현할 수 있다고 생각했다. 순자는 인간 세상을 하늘이 지배한다고 생각하지 않았다. 하늘은 그저 하늘일 뿐 인간의 일에 간섭할 수 없다고 판단했다. 그러므로 인간의 문제는 철저히 인간이 해결해야 한다고 믿었다. 순자가 맹자와 가장 다른 부분이다.

그런 의미에서 보면 순자는 실재론적 이상주의자였고, 맹자는 관념론적 이상주의자였다고 할 수 있다. 하지만 맹자의 학문이 주로 임금을 비판하고 백성의 편에 서 있었던 데 비해 순자의 학문은 임금을 옹호하고 백성을 지배 대상으로 보는 경향이 있었다. 이런 까닭에 맹자를 좌파, 순자를 우파로 구분하기도 한다.

또한 순자는 다른 철학을 비판하는 데 대단히 논리적이었다. 특히 명가의 명제들을 비판하며 이렇게 말했다.

"'백마白馬는 말馬이 아니다'라는 표현은 일반 명칭과 분류 명칭을 구분하지 못하는 생각이다. 원래 말은 일반 명칭이고, 백마나 흑마 또는 적토마 등은 분류 명칭이다. 분류 명칭은 항상 일반 명칭에 포함되므로 백마는 원래부터 말의 일부인 것이다."

이는 명가의 사상가 공손룡의 '백마비마白馬非馬'를 간단명료하게 부정하고 비판한 것이다.

묵가에 대해서는 또 이렇게 비판했다.

"'도둑을 죽이는 것은 사람을 죽이는 것이 아니다'라는 주장은 터무니없다. 도둑은 분류 명칭이요, 사람은 일반 명칭이기 때문이다. 따라서 도둑이라는 단어는 사람이라는 전제 아래에서만 성립할 수 있다."

묵가는 나라를 침략하는 무리는 도둑이나 강도이고, 그들을 죽이는 것은 사람을 죽이는 것이 아니므로 죄책감을 느낄 필요가 없다고 가르쳤다. 하지만 순자는 도둑도 사람이라고 가르친다. 따라서 사람을 죽이는 데는 그에 걸맞은 명분이 필요한 것이지 도둑이라고 해서 무조건 다 죽여도 되는 건 아니라고 했다.

순자는 사물의 이름에 대해 이렇게 언급한다.

"이름, 즉 명칭이라는 것은 국가 전체가 모두 용인하고 받아들일 때 공식적인 단어가 되는 것이며, 궁극적으로 왕이 그 명칭을 인정할 때 비로소 공적인 이름이 될 수 있다. 따라서 누군가가 그 이름을 비틀고 마음대로 사용한다고 해서 그 의미가 바뀌는 게 아니다."

말하자면 명가나 묵가처럼 자신의 논리를 합리화하기 위해 어떤 단어의 의미를 마음대로 해석하고 바꿔 사용해서는 안 된다고 주장했다.

순자의 사상이 담긴 《순자》는 현재 총 32편이 전해지는데, 원래 12권 322편이던 것을 한나라의 유향이 중복된 부분을 정리하고 삭제해 33편으로 편찬했고, 그걸 다시 당나라의 양경梁倞이 개편했다. 그중 가장 유명한 것은 〈성악性惡〉 편이다.

순자의 제자 중에는 법가의 학문을 집대성한 한비자와 진시황의 대륙 통일에 기여한 이사가 있다.

인간의 본성은 원래 악하다

순자가 이사와 한비를 가르칠 때 이렇게 말했다.

"인간의 본성은 본래 악하다. 그래서 훈련시키지 않으면 선하게 되지 않는다."

그 말을 듣고 이사가 물었다.

"인간의 본성이 본래 악하다면 인간이 어떻게 선한 생각을 할 수가 있습니까?"

그러자 순자가 대답했다.

"그것은 이 세상에서 살아남기 위해서다. 세상은 혼자 살 수 없다. 항상 여러 사람이 함께 뭉쳐서 살게 되어 있다. 그러자면 다른 사람의 요구 조건을 무시할 수 없고, 그 요구 조건을 들어주지 않으면 자신의 배를 채울 수 없다. 그래서 다른 사람의 요구를 충족시키려다 보니 선한 생각을 하게 된 것이다."

그러자 한비가 물었다.

"그렇다면 혼자 사는 사람은 항상 악할 수밖에 없습니까?"

이에 순자가 대답했다.

"세상에 혼자 사는 사람은 없다. 부모 없이 태어난 자식이 없고, 짝 없이 가정을 이루는 사람이 없기 때문이다. 누구든 항상 다른 사람과 함께 살도록 되어 있다."

그 말에 한비가 다시 물었다.

"그렇다면 세상에는 반드시 규율이 필요하겠군요?"

"그렇다. 인간은 본성이 악하고 혼자 있으면 늘 자기만 생각하는 습관이 있기 때문에 반드시 규율이 있어야 한다. 그것도 엄격한 규율이 필요하다."

이렇듯 순자는 맹자와 완전히 반대되는 성악설을 주장했다. 인간의 본성은 근본적으로 악하기 때문에 교육과 훈련을 통해서만 선한 행동을 할 수 있다는 것이다. 또 인간을 선한 행동으로 유도하기 위해서는 그들이 함부로 행동하지 못하도록 규제하는 강한 규칙이 필요하다고 주장했다.

한비는 순자의 이런 생각을 바탕으로 법가의 학설을 집대성했다. 순자가 말하는 강한 규율은 곧 법을 의미하는 것으로, 나라를 다스리는 데 있어 백성을 규제하는 강력한 법은 필수적이라는 게 한비의 생각이었다.

누구나 성인이 될 수 있다

어느 날 순자에게 한비가 물었다.

"인간의 본성이 원래 악하다면 누구도 성인이 될 수 없는 것입니까?"

순자가 대답했다.

"그렇지 않다. 누구라도 법을 준수하고 예의를 지키면 성인이
될 수 있다."

한비가 다시 물었다.

"법을 준수하려는 의지는 선한 마음에서 비롯되는 것 아닙니
까?"

"그렇지 않다. 인간의 본성은 원래 악하지만, 인간에게는 세상
의 이치를 알 수 있는 능력이 있고, 자신에게 무엇이 이로운 것인
지 판별할 능력이 있다. 또한 세상 사람들은 악한 자를 멀리하려
한다. 이는 악한 자가 자기한테 손해를 끼치는 것을 알기 때문이
다. 그래서 개인들은 세상 사람에게 악하게 보이려고 하지 않는
다. 그것이 바로 선행을 가능케 하는 원천이다. 또한 그것을 더욱
더 훈련하면 법과 예를 지키고, 더 나아가 인과 의를 실천하기에
이른다. 그러면 성인이 되는 것이다."

순자의 이런 주장은 맹자의 성선설과 근본적으론 다르지 않다.
맹자는 인간의 본성 속에 인의예지 사단이 있기 때문에 궁극적
으로 선한 행동을 지향할 수밖에 없다고 생각했다. 그리고 이러
한 사단을 발전시켜 몸에 완전히 익히면 성인이 된다고 했다. 한
편, 순자는 비록 악한 본성을 가지고 태어났더라도 예와 법을 지
켜 인의를 실천하고 그것을 몸에 축적해 승화시키면 성인이 될
수 있다고 했다. 인간의 본성에 대해선 맹자와 반대 입장을 취하
고 있지만, 성인이 되는 방법론적 측면에서는 같은 것이다. 그런
의미에서 보면, 맹자와 순자는 다른 주장을 하고 있지 않다.

다만 맹자는 원래 인간이 선하기 때문에 성인이 될 수 있다고 말한 반면, 순자는 인간에겐 세상의 이치를 알 수 있는 능력이 있기 때문에 성인이 될 수 있다고 말한다. 즉, 맹자는 인간의 선한 본성을 중시하고, 순자는 인간의 지식과 판단력을 중시한다. 요컨대 맹자는 이상주의적이고, 순자는 현실주의적이라고 볼 수 있다.

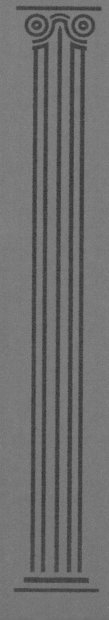

· 3장 ·

묵가, 명가, 법가

중국 고대 철학에서 도가 및 유가와 양대 산맥을 이뤘지만, 이들 두 사상과 대립하거나 조화를 이루며 성장한 세 학파가 있으니, 곧 묵가와 명가 그리고 법가다.

묵가墨家는 묵자의 지도 아래 형성된 학문 집단으로, 공자학파와는 전혀 다른 길을 모색했다. 공자학파가 군자로 대변되는 귀족 집단을 위한 학문을 추구했다면, 묵가는 사회에서 소외당하는 약자들을 위한 학문을 추구했다. 따라서 묵가는 오늘날의 사회복지주의와 유사한 측면이 있다.

명가名家는 사물을 실實과 명名으로 구분하는 논리주의적 학파라고 할 수 있는데, 서구의 파르메니데스나 제논 같은 궤변론자들과 닮은 점이 많다. 명가는 등석·혜시·공손룡 세 사람으로 대표된다. 이들은 철저한 논증을 통해 사물과 현상을 이해하고 논박하는 태도를 취한 것으로 유명했다. 하지만 일반인이 쉽게 납득할 수 없는 명제를 제시해 궤변론자라는 비판을 받기도 했다.

법가法家는 공손앙·한비자 등이 창안한 학파로, 법을 모든 통치의 기반으로 삼아야 한다는 법치주의적 학문이다. 그 때문에 이들에게 가장 중요한 것은 현실적으로 긴요한 법을 법전에 담아 공평하게 시행하는 일이었다. 따라서 관습법으로 내려오던 종래의 전통을 타파하고 신법을 제정해 왕과 모든 백성이 그 법을 지키는 게 좋은 나라를 이루는 요체라고 주장했다. 진秦의 시황제가

＊＊＊

이를 채택해 정책을 펼쳤으나 분서갱유 같은 극단적 조치를 시행하는 바람에 진의 몰락과 함께 빛을 잃었다.

1

차별 없는 사랑의 실천을 주장한

묵가

묵가의 창시자 묵적

묵가를 창시하고 그 이론을 구축한 사람은 묵자墨子다. 묵가의 이론은 철저하게 유가와 대립했으며, 전국시대 당시 묵가의 명성은 공자에 전혀 뒤지지 않았다. 묵자는 노나라 사람이며, 성은 묵이고, 이름은 적翟이다. 생존 연대는 기원전 480년에서 기원전 390년으로 알려져 있으나 정확하지 않다.

공자가 주나라의 제도와 의식·음악·문학 등에 매우 호의적이고 추종적인 자세를 보인 반면, 묵자는 그런 것들을 혁신적으로 변화시키는 데 주력했다. 고대 문화를 합리화하고 정당화하는 공자를 비판하는 입장에 섰던 것이다. 그리하여 유가와 묵가는 서로 대립할 수밖에 없었다.

202

2부 | 고대 중국 철학

공자의 시선이 왕과 신하로 대변되는 지배 계급에 머물렀던 데 비해 묵자는 평민과 노인·여자·아이 등 피지배층에 관심을 두었다. 묵자는 평등주의자로서 그 주장의 핵심은 겸애兼愛, 즉 '더불어 차별 없는 사랑을 행하는 것'이었다. 신분에 관계없이 모든 사람의 신체를 자신의 신체와 동일하게 생각해야 하며, 다른 나라와 다른 부족 그리고 다른 가족도 자기를 사랑하듯 대해야 한다고 역설했다.

사회 관습과 관련해 유가는 성대하고 준엄한 예를 강조한 반면, 묵자는 사치를 조장하는 예악禮樂을 철폐하고 철저하게 검소한 생활을 해야 한다고 주장했다. 이는 곧 귀족 생활에 대한 부정이자, 유가에 대한 공격이었다.

묵자는 철저한 능력 위주의 인재 등용을 주장했다. 제후와 경, 대부들이 관직을 대물림함으로써 권력을 세습하고 부를 독식한다고 비판하며 능력만이 관리를 채용하는 유일한 기준이 되어야 한다는 논리를 폈다.

침략 전쟁에 대해서도 반대 입장을 분명히 했다. 묵자는 아예 전쟁 자체를 하지 말아야 한다고 주장했다. 이를 위해 공격 능력보다는 방어 능력을 향상시켜야 한다고 했는데, 이 때문에 묵가 집단은 방어 무기를 직접 제작하고 실전에 나서기까지 했다. 이를 한마디로 요약하면 '무장평화론'이라고 할 수 있다. 즉, 평화는 적을 막아낼 능력을 충분히 갖췄을 때 이룰 수 있다는 것이다.

묵자는 자신의 이런 이론을 펼치고자 다소 종교적인 색채를 띤 집단을 형성했다. 또 그 집단을 직접 이끌며 자신의 이론을 행동으로 옮기는 데 주력했다. 그의 이런 실천적 성향에 대해 맹자는 "머리 꼭대기부터 발꿈치까지 털이 다 닳아 없어지도록 움직였다"고 평했다.

묵자의 사상은 예수나 마르크스의 사상과도 맥이 닿아 있다. 중국의 사상가 양계초梁啓超가 묵자를 가리켜 '작은 예수요, 큰 마르크스'라고 한 것은 그의 사상을 단적으로 설명한 말이라고 하겠다.

더불어 사랑하라

한 제자가 묵자에게 물었다.

"세상의 혼란은 어디에서 오는 것입니까?"

묵자가 대답했다.

"서로 사랑하지 않는 데서 온다."

"서로 사랑하기만 하면 혼란은 사라지는 것인가요?"

"그렇다. 자식이 자신은 사랑하면서 아버지를 사랑하지 않고, 신하가 자신은 사랑하면서 임금을 사랑하지 않고, 동생이 자신은 사랑하면서 형을 사랑하지 않으면 혼란이 온다. 또한 자기 집안은 사랑하면서 남의 집안은 사랑하지 않고, 자기 나라는 사랑하면서 남의 나라를 사랑하지 않으면 남의 집안을 어지럽히고 남의 나라를 침략하는 것이다. 만약 천하로 하여금 모두가 더불어 사랑하게 한다면 나라와 나라는 서로 침략하지 않을 것이며, 집안과 집안은 서로 싸우지 않을 것이다. 도둑과 강도 또한 없어질 것이다."

2부 | 고대 중국 철학

제자가 다시 물었다.

"그렇다면 어떻게 서로 사랑하게 할 수 있습니까?"

묵자가 대답했다.

"서로 사랑하는 것이 서로를 이롭게 하는 것이라는 사실을 알게 해야 한다."

"어떻게 그것을 알게 할 수 있습니까?"

"남의 나라 보기를 자기 나라 보듯 하고, 남의 집안 보기를 자기 집안 보듯 하고, 남의 몸 보기를 자기 몸 보듯이 하면 서로 사랑하는 것이 서로를 이롭게 하는 것이란 사실을 알게 된다."

이것이 묵자의 이른바 겸애설이다. 겸애란 더불어 사랑하라는 의미다. 예수가 "네 이웃을 네 몸같이 사랑하라"고 한 말과 다르지 않다. 하지만 묵자의 사랑은 예수처럼 "원수를 사랑하라"는 데까지 미치진 않는다. 묵자는 상대가 이익을 목적으로 공격하든 이유 없이 공격하든, 일단 공격해 오는 적에 대해서는 철저히 막을 것을 주장했다.

"도둑을 죽이는 것은 사람을 죽이는 것이 아니다. 그러므로 집안에 침입한 도둑을 죽였다고 해도 그것은 살인이 아니다."

이러한 그의 사고는 일종의 무장평화론을 낳기에 이른다.

아홉 번 공격을 모두 막아내고 송나라를 지키다

공수반公輸盤이 초나라를 위해 운제雲梯(구름사다리)를 만들었는데, 그것이 완성되자 송나라를 공격하려 했다. 묵자가 그 사실을 듣고 제나라에서 출발해 열흘 밤낮을 걸어 초나라 도읍인 영에 이르러 공수반을 만났다. 묵자를 본 공수반이 어리둥절한 표정으로 물었다.

"선생께서 무슨 일로 오셨습니까?"

묵자가 대답했다.

"북쪽 나라에 나를 업신여기는 자가 있어 선생의 힘을 빌려 그를 죽이기를 원합니다."

이에 공수반이 싫은 내색을 하며 말이 없자, 묵자가 덧붙였다.

"금 열 냥을 드릴 테니 부탁을 들어주십시오."

그러자 공수반이 이렇게 말했다.

"나의 의로움은 본래 사람을 죽이지 않습니다."

그 얘길 듣고 묵자는 두 번 절한 뒤 말했다.

"저는 선생께서 운제를 만들어 그것으로 장차 송나라를 공격하려 한다는 말을 들었습니다. 송나라가 무슨 죄를 지었습니까? 초나라는 영토가 넓고 백성은 부족합니다. 그런데 부족한 백성을 죽여가면서 남아도는 영토를 위해 싸운다는 것은 어리석은 일입니다. 선생은 의로움으로 적은 사람을 죽이지 않는다고 했는데, 많은 사람을 죽이려는 것은 무슨 도리입니까?"

그 말을 듣고 공수반은 후회하는 얼굴로 말했다.

"선생의 말씀이 옳소이다. 하지만 나는 이미 초왕에게 송나라를 공격하겠다고 약속을 해버렸습니다."

"그렇다면 나를 왕에게 데려다주시오. 내가 왕을 설득하겠으니다."

  그리하여 묵자는 초왕을 만나 송나라를 공격하지 말 것을 설파했다. 하지만 초왕은 반드시 송나라를 공격하겠다며 묵자의 청을 거절했다. 그러자 초왕이 보는 앞에서 묵자는 공수반에게 이렇게 제의했다.

  "선생께서 성을 공격하면 내가 막을 테니 어디 한번 성을 뚫어 보시지요."

  그러면서 묵자는 허리띠를 풀어 성곽을 대신하고, 작은 나뭇조각으로 성을 공격하는 기계를 대신해 가상의 전쟁놀이를 하자고 했다. 이윽고 공수반이 아홉 번이나 공격을 시도했지만, 묵자가 이를 모두 막아냈다. 공수반이 모든 병법을 이용해 공격했는데도 묵자는 여전히 수비할 방책이 남아 있다고 말했다. 그러자 공수반은 묵자를 죽이는 것만이 송나라 공격에 성공하는 방책이라고 생각했다. 묵자 또한 그 사실을 잘 알고 있었다. 하지만 공수반은 그 방책을 입에 담지 못했다. 이때 둘을 지켜보고 있던 초왕이 물었다.

  "이제 공 선생은 묵 선생을 이길 방도가 없는 것입니까?"

  그 물음에 공수반이 말했다.

  "묵 선생을 이길 방도는 없으나 송나라와의 싸움에서 승리할 방도는 있습니다. 하지만 말할 수는 없습니다."

  그 말을 듣고 묵자가 대신 말했다.

  "공 선생의 뜻은 저를 죽이려는 것입니다. 신을 죽이면 송나라에 수비할 능력이 없으리라 생각하는 것이지요. 하지만 지금 뛰어난 능력을 지닌 금활리禽滑釐를 비롯해 저의 제자 300명이 이미 수비 체계를 갖추고 송나라 성에서 기다리고 있습니다. 그러니 비록 저를 죽인다고 하더라도 송나라 성을 차지할 수는 없을 것입니다."

그제야 초왕이 고개를 끄덕이며 말했다.

"좋습니다. 나는 송나라를 공격하지 않겠습니다."

묵자는 성을 지켜내는 방책에 대해서는 당대 최고의 권위자였다. 금활리를 비롯한 그의 제자 300명 또한 수성전을 위한 기계 제작에 탁월한 능력을 지니고 있었다. 이 때문에 묵자가 앞장서면 비록 대국의 왕이라도 소국을 쉽게 넘보지 못했다.

묵자와 제자들이 쓴《묵자》는 수성법을 매우 구체적으로 설명한다. 그 형식은 주로 금활리와 묵자의 문답으로 이뤄져 있으며, 방책은 모두 작은 나라가 큰 나라의 공격을 견디는 데 중점을 두었다. 이는 대국의 틈바구니에서 소국의 백성들이 어떻게 하면 평화롭게 살 수 있을까를 고민한 묵자의 해결책이라고 할 수 있다.

행위는 차림새에서 비롯되지 않는다

유가의 제자인 공맹자公孟子가 장보章甫라는 관을 쓰고 홀을 띠에 꽂는 등 유자儒者의 복장을 갖추고 나서 묵자에게 말했다.

"군자는 복장을 갖춘 뒤에 행동을 해야 합니까, 아니면 행동을 한 뒤에 복장을 갖춰야 합니까?"

묵자가 대답했다.

"행동은 복장에서 비롯되는 것이 아닙니다."

공맹자가 다시 물었다.

"무엇으로 그것을 증명할 수 있습니까?"

묵자가 패자覇者들의 옛이야기를 예로 들며 말했다.

"제나라의 환공桓公은 높은 관을 쓰고, 넓은 띠를 두르고, 금으로 만든 칼을 차고, 나무로 만든 방패를 들고 정사를 돌봤는데, 그 나라가 잘 다스려졌습니다. 진晉나라의 문공文公은 거친 천으로 만든 옷과 암양의 갖옷을 입고, 가죽 끈으로 칼을 차고 정사를 돌봤는데, 그 나라가 잘 다스려졌습니다. 초나라의 장왕莊王은 화려한 관에다 색실로 짠 끈을 달고 붉은 웃옷에 용포를 입고 정사를 돌봤는데, 그 나라가 잘 다스려졌습니다. 월왕越王 구천句踐은 머리를 깎고 몸에 문신을 새긴 채 정사를 돌봤는데, 그 나라가 잘 다스려졌습니다. 이 네 군주의 복장은 모두 다르지만 그들의 행위는 모두 같습니다. 그러니 행위는 차림새에서 비롯되는 것이 아닙니다."

이 얘길 듣고 공맹자가 이렇게 말했다.

"좋습니다. 홀을 버리고 관을 바꿔 쓰고서 다시 선생님을 뵙고자 하는데, 괜찮겠습니까?"

묵자가 말했다.

"청컨대 그냥 이대로 만납시다. 만약 홀을 버리고 관을 바꿔 쓰고 난 뒤에 서로 만난다면 그 행위가 복장에서 비롯되는 것이니까요."

이 일화는 유가들이 지나치게 복장을 중시하는 것에 일침을 놓는 내용이다. 묵자는 복장이나 말투가 그 사람의 본질을 바꿀 수는 없다고 생각했다. 사람의 본성은 복장이나 말투로 판단하는 것이 아니라 행동으로 판단해야 한다는 것이다.

묵자는 또 군자는 검소해야 한다는 소신을 갖고 있었다. 그가 보기에 유가들은 사치를 부추겼다. 제사를 중시해 집안의 재물을 탕진하게 만들고, 삼년상같이 비현실적인 상례 문화를 만들어 사람들이 생업에 종사하는 걸 방해한다고 믿었다. 그래서 장례는 간단하게 치르고, 의복은 검소하되 깨끗하고 편리하면 족하다고 주장했다.

묵자는 또 음악이 사치를 조장하고 향락을 위해 재물을 의미 없이 소비하는 일이라고 꾸짖었다. 말하자면 유가들의 음악은 일부 귀족층의 문화일 뿐 백성이 함께 즐기지는 못한다고 비판한 것이다.

이렇듯 묵자는 유가에 대한 비판을 서슴지 않았고, 그 때문에 전국시대의 유가와 묵가는 서로 으르렁거리며 대립하는 집단일 수밖에 없었다.

2

논리적인 궤변론자
명가

혜시와 공손룡

명가는 실물과 이름의 관계를 중시하는 학자 집단으로, 매우 논리적이며 법 지식에 뛰어났다. 혜시惠施와 공손룡公孫龍으로 대표되는데,《장자》는 두 사람 외에 항단恒團과 등석鄧析이라는 이름도 언급한다.

유가의 대표적 사상가 중 한 사람인 순자는 등석과 혜시를 괴상한 이론을 다루며 이상한 말로 장난하기를 좋아하는 인물로 묘사했다. 그중 등석에 대해서는 뛰어난 법률가였다는 기록만 전한다. 전국시대 인물로 장자의 친구이기도 했던 혜시에 대해서도 기록이 많지는 않고, 다만《장자》에 그가 세운 열 가지 명제가 전해지고 있다.

- 지극히 큰 것은 밖이 없는데, 이것을 대일大—이라고 하고, 지극히 작은 것은 안에 있는데, 이것을 소일小—이라고 한다.
- 두께가 없는 것은 쌓을 수 없으나 그 크기는 천 리가 된다.
- 하늘과 땅은 낮고, 산과 못은 평평하다.
- 해는 하늘 한가운데 있는 그 순간이 곧 저무는 것이며, 사물은 막 태어나는 그 순간이 곧 죽어가는 것이다.
- 큰 관점에서 보면 같은 것도 작은 관점에서 보면 다른데, 이를 소동이小同異이라고 한다. 또 만물은 모두 같기도 하고 모두 다르기도 한데, 이를 대동이大同異라고 한다.
- 남방은 끝이 없으면서도 끝이 있다.
- 오늘 월나라에 가서 어제 왔다.
- 둥글게 이어진 고리는 풀 수 있다.
- 나는 천하의 중앙이 어딘지 안다. 연나라의 북쪽과 월나라의 남쪽이 그곳이다.
- 만물을 두루 사랑하면 하늘과 땅도 하나다.

    하지만 이 열 가지 명제에 대한 논증과 변론 과정이 남아 있지 않아 그게 정확하게 어떤 의미인지는 해독하기 힘들다. 다만 소일과 대일은 소우주와 대우주의 개념으로 이해할 수 있고, 소동이와 대동이도 상대적 관점에서 이해할 수 있는 명제다. 또 사물은 막 태어난 순간이 곧 죽어가는 것이라는 명제는 생성이 곧 소멸의 시작이라는 의미로 받아들일 수 있다. 그러나 나머지 명제는 의미가 아리송해서 그저 궤변이라는 평가를 받고 있을 뿐이다.

명가를 대표하는 또 다른 인물 공손룡 역시 궤변을 늘어놓긴 매한가지였다. 공손룡이 남긴 가장 유명한 말은 '백마비마'다. 앞에서도 잠깐 언급했듯 흰말은 말이 아니라는 논리다. 쉽게 말해서 '말'이라는 단어에는 '희다'는 의미가 포함되어 있지 않으므로 흰말은 말이 아니라는 것이다. 《장자》에는 공손룡의 이런 어불성설 명제가 21개나 실려 있다.

- 알 속에는 털이 있다.
- 닭은 다리가 셋이다.
- 초나라 서울 영 안에 천하가 있다.
- 개는 양이 될 수 있다.
- 두꺼비는 꼬리가 있다.
- 말은 알을 깐다.
- 불은 뜨겁지 않다.
- 산에는 입이 있다.
- 수레바퀴는 땅에 닿지 않는다.
- 눈은 보지 못한다.
- 어떤 개념이 가리키는 것은 모든 걸 다 포괄할 수 없고, 사물 또한 성장을 그치지 않기 때문에 다함이란 없다.
- 거북이는 뱀보다 길다.
- 직각자는 네모나지 않고 분할기分割器(일종의 컴퍼스)는 원을 만들 수 없다.
- 구멍은 그곳에 끼우기 위해 깎은 자루를 에워싸지 못한다.

- 날아가는 새의 그림자는 움직인 적이 없다.
- 빠르게 날아가는 화살은 가지도 않고 멈추지도 않는 때가 있다.
- 개狗는 개犬가 아니다.
- 노란색 말과 검은색 소는 합해서 셋이다.
- 흰 개는 검다.
- 어미를 잃은 망아지는 일찍이 어미가 있은 적이 없다.
- 한 자 길이의 채찍을 매일 반씩 잘라버린다면 영원히 없어지지 않는다.

이 21개의 명제 중 몇 개의 뜻을 새겨보자.

가령 "알 속에는 털이 있다"는 알 속에 나중에 털을 만드는 인자가 이미 들어 있다는 뜻이다. 또 "개는 양이 될 수 있다"는 모든 동물은 근본적으로 동일성을 지니고 있다는 뜻이며, "불은 뜨겁지 않다"는 상대적인 의미를 강조한 것으로 사람에겐 불이 뜨겁지만 쇠한텐 뜨겁게 느껴지지 않는다는 뜻이다.

"수레바퀴는 땅에 닿지 않는다"는 수레바퀴가 머물러 있으면 굴러가지 않는다는 걸 강조한 말이다. "눈은 보지 못한다"는 우리의 눈이 오히려 본질을 보지 못하게끔 한다는 뜻이다.

"개狗는 개犬가 아니다"는 모든 개가 똑같지는 않으며, 엄밀한 의미에서 글자는 실체를 구분해 만들어졌으므로 지시하는 대상이 다르다는 것이다. 예컨대 모두 '새'라는 뜻이지만 을乙과 조鳥, 추隹는 각기 그 지시하는 대상이 다르다는 얘기다.

"어미를 잃은 망아지는 일찍이 어미가 있은 적이 없다"는 망아지의 기억 속에는 그 어미가 없다는 뜻이다. "한 자 길이의 채찍을 매일 반씩 잘라버린다면 영원히 없어지지 않는다"는 아무리 짧게 잘라도 그 성질과 본질은 변하지 않는다는 걸 강조하기 위한 말이다.

이렇듯 공손룡과 혜시가 남긴 명제들은 얼핏 보면 궤변 같지만 좀 더 넓게 생각하면 그 뜻을 나름대로 유추해볼 수 있다.

공평한 법의 시행을 주장한

법가

법가를 일군 인물들

법가를 대표하는 인물은 한韓나라 왕실의 후예인 한비자韓非子였다. 그의 성은 한, 이름은 비다. 언제 태어났는지는 분명하지 않으며, 기원전 233년 진시황의 명에 의해 죽음을 당했다. 어린 시절부터 말더듬이였기에 변론에 능하지 않았지만, 문장 서술은 매우 논리적이고 정연했던 것으로 알려져 있다.

비록 법가의 사상을 종합하고 완성하긴 했지만, 한비자가 법가를 창안한 것은 아니다. 한비자 이전에 그러한 사상을 주도한 인물은 세 사람으로 요약할 수 있다.

첫 번째 인물은 맹자와 같은 시대에 활약한 신도愼到다. 신도는 통치에는 세勢가 가장 중요한 요인이라고 주장했다. 여기서 '세'

는 힘이나 권위를 의미한다. 두 번째 인물은 한나라의 재상 신불해申不害다. 신불해는 정치에는 술術이 가장 중요하다고 했다. 여기서 '술'은 사태를 운영하고 사람을 다루는 방법 또는 기술로서 치국책이라고 할 수 있다. 세 번째 인물은 진秦나라에서 변법 운동을 주창한 공손앙公孫鞅이다. 공손앙은 법을 강조했다. 여기서 '법'은 법전에 명문화된 약속이자 명령이라고 할 수 있다.

　한비자는 위의 세 사람이 강조한 요소를 모두 결합해야만 정치와 통치가 제대로 이뤄질 수 있다고 보았다. 중국인은 대체로 복고적인 역사관을 가지고 있었는데, 공자나 노자·묵자·맹자 등도 예외가 아니었다. 공자는 문왕과 주공을 찬양하며 유학의 토대를 마련했고, 묵자는 치수 사업으로 유명한 우임금을 내세웠으며, 맹자는 요순을 본받을 것을 주장했고, 도가는 복희씨·신농씨·황제 등을 추종했다. 하지만 한비자는 시대의 변천과 백성의 요구에 따라 적절하게 대처하는 것이 최선이라고 주장했다. 그에게 절대적인 존재란 없었다. 그가 가장 중시한 것은 바로 시대적 요구였다. 따라서 법은 늘 시대가 요구하는 대로 흘러가야만 했다.

　그렇다면 한비자가 말하는 법이란 무엇일까? 그는 법이란 모든 관청에 비치되어 있고, 백성에게 널리 알려진 객관적이고 문자화된 성문법이어야 한다고 주장했다. 이 법을 공포하는 사람은 군주이며, 신분에 관계없이 누구나 공평하게 따라야만 한다. 따라서 결과적으로 한비자의 법은 군주의 가장 요긴한 통치 수단이었다. 표면적으로는 누구에게나 공평하게 적용해야 한다는 취지를 담고 있지만, 실제로는 대부분 힘없는 백성에게만 강제되는 경향을 보이게 된다. 그 때문에 군주가 나라를 다스리는 수단에 불과했고, 진시황이 그의 저술을 그토록 찬양한 것도 알고 보면 이런 측면을 읽어냈기 때문이다.

한비자는 법을 제정하는 데 여섯 가지 원칙을 세웠다. 첫째는 이해득실을 고려하는 공리성功利性이 있어야 하고, 둘째는 그 시대 중추 세력의 요구에 부응해야 하고, 셋째는 통일성이 있어야 하며, 넷째는 인간의 기본적인 본성과 감성에 들어맞아야 하며, 다섯 번째는 분명하고 명확해야 하며, 여섯 번째는 상은 두텁게 하고 벌은 엄중해야 한다는 것이었다.

그러나 법이란 통치자에게 강력한 힘이 없을 땐 무용지물일 뿐이다. 그는 이런 생각을 다음과 같이 표현했다.

"호랑이가 개를 복종시킬 수 있는 까닭은 날카로운 이빨을 지녔기 때문이다."

말하자면 군주는 적어도 신하를 부릴 힘을 갖추어야 한다는 것이다. 만약 군주가 자신이 가져야 할 힘을 모두 신하에게 내준다면, 오히려 군주가 신하에게 복종하게 될 것이라고 한비자는 주장한다.

그는 또 군주에게 주변 사람을 지나치게 믿지 말라고 충고한다. 특히 가족은 늘 경계해야 할 대상이라며 이렇게 말한다.

"군주가 자식을 태자로 삼으면, 그 태자의 어미는 군주가 빨리 죽기를 바란다."

비정하고 냉혹한 권력의 세계를 단적으로 보여주는 말이다. 이렇듯 한비자의 사상은 권력에 대한 냉철한 관찰에 기반한다. 그리하여 인간관계를 통해 나라를 유지하는 것은 너무나 위험한 일이라면서 철저하게 성문화된 법에 의거해 냉정하고 엄격하게 국가를 운영할 것을 권한다. 이것이 곧 그가 말하는 법치다. 진시황은 이런 그의 사상에 몰입한 결과, 유학자를 산 채로 파묻고 유학 서적을 불태우는 분서갱유를 단행했다.

한비자의 불행한 삶

영정贏政(진시황)이 즉위한 이래 진秦나라의 팽창 정책은 속도를 더했고, 나머지 6국을 차례로 무너뜨리며 마침내 기원전 221년 천하가 하나로 통일되었다. 6국 중 가장 먼저 망한 것은 한韓나라였다. 한나라는 지리적으로 진나라와 가장 가까이 있었고, 삼진三晉(진晉나라를 분할해서 세운 위나라, 조나라, 한나라를 가리키는 말) 중에서도 제일 약했다. 그래서 진나라의 국력이 강화된 이래 지속적으로 땅과 성을 빼앗겼고, 급기야 시황 재위 17년인 기원전 230년에 완전히 몰락했다.

진나라가 한나라를 무너뜨리기 4년 전인 기원전 234년 시황은 《고분》과 《오두》라는 책을 읽고 그 저자와 만나 교유할 수 있다면 죽어도 여한이 없겠다며 찬사를 늘어놓았다. 시황은 얼마 후 이사李斯를 통해 그것이 한비의 글임을 알고 그를 만나기 위해 한나라를 공격했다. 이에 한나라는 시황을 달래려고 한비를 진나라로 보냈다.

한비는 한나라의 공자公子로 젊어서부터 형명법술刑名法術을 즐겼는데, 그 학문의 바탕은 황제黃帝와 노자의 사상이었다. 원래 말더듬이라 말재주는 없었지만 글재주는 뛰어났다. 그래서 여러 차례 한나라 왕에게 글을 올려 간언했지만, 왕은 그의 말을 받아들이지 않았다.

한편, 한비를 만난 시황은 무척 반기며 기뻐했다. 하지만 이사는 한비가 시황에게 접근하는 게 두려워 그를 죽이려고 마음먹었다. 원래 한비와 이사는 유가의 성악설로 유명한 순자 문하에서 동문수학한 사이였다. 그런데 이사는 늘 한비가 자기보다 뛰어나다고 생각해 열등감에 시달렸다. 그래서 한비가 시황의 신임을 얻게 되면 자신은 찬밥 신세가 될 것이라 판단하고 같은 패거리인 요가姚賈와 함께 시황에게 이런 말로 한비를 헐뜯었다.

"한비는 한나라의 공자입니다. 지금 대왕께서 제후들의 땅을 병합하려고 하시지만 한비는 끝까지 한나라를 위하려고 할 뿐 결코 진나라를 위하지는 않을 것입니다. 그게 바로 인지상정입니다. 그렇다고 이제 대왕께서 그를 쓰지도 않고 머물러 있게 하시다가 돌려보내면 그는 필시 뒷날의 근심거리가 될 것입니다. 그러니 가혹하더라도 죽임이 나을 것입니다."

시황은 고민 끝에 그 말을 받아들여 한비를 죽이라고 명령했다. 그러자 이사는 한비에게 사람을 보내 독약을 주면서 스스로 목숨을 끊으라고 강요했다. 한비는 시황에게 직접 진언하기 위해 여러 가지 방도를 찾았지만 이사가 철저히 차단하는 바람에 뜻을 이루지 못했다.

얼마 후 시황이 한비를 죽이라고 한 명령을 후회하며 사람을 시켜 그를 놓아주라고 했지만, 이미 그땐 한비가 죽은 뒤였다.

법가의 학문을 집대성한 한비자

한비자는 상앙의 법法, 신불해의 술術, 신도의 세勢를 자신의 학문에 흡수하여 법가 사상을 집대성했다. 이런 소문을 듣고 유가의 선비 하나가 한비자를 찾아와 힐난했다.

"선생께서는 인의로 사람을 대할 생각은 하지 않고 무조건 무서운 법으로 겁을 줘서 세상을 공포 속으로 몰아넣어야 한다고 생각합니까?"

그러자 한비자가 웃으면서 이렇게 되물었다.

"어느 마을에 성격이 광포하여 나쁜 짓만 하고 다니는 청년이 있었습니다. 그 청년은 부모가 훈계를 하여도 듣지 않았다고 합니다. 그렇다면 이 청년을 제대로 살 수 있게 하는 방법이 무엇이라 생각하시오?"

선비가 대답했다.

"그거야 마을에서 가장 명망 있는 인물이 청년을 불러다 인간의 도리를 가르치고 인간답게 살 것을 권고하면 되지 않겠습니까?"

하지만 한비자는 고개를 가로저었다.

"우리 주변에는 그렇게 해도 못된 짓을 멈추지 않는 자들이 많소이다. 심지어 자신을 가르치는 스승이 꾸지람을 해도 듣지 않는 자들도 많지요. 어떻게 해야 그들의 행실을 고칠 수 있겠소?"

선비가 마땅한 대안을 찾지 못해 머뭇거리자 한비자가 말을 이었다.

"부모와 마을 어른, 스승조차 행실을 고치지 못했던 사람인데 관청에서 법률에 따라 체포한 뒤 그 잘못에 따른 형벌을 가하자 겁을 먹고 행실을 고쳤다고 하더이다."

"그런 자야 백성 중 아주 일부에 지나지 않습니다. 그런 자들 때문에 모든 사람을 공포스럽게 할 수는 없지 않습니까?"

"나라에서 도둑으로 살고 있는 자는 아주 일부에 불과하고, 강도로 살고 있는 자도 아주 일부에 불과합니다. 그렇지만 사람들은 그 일부에 지나지 않는 도둑과 강도 때문에 두려움에 떨며 잠을 설치기도 합니다. 그런데 나라에서 그런 도둑과 강도를 그대로 내버려둔다면 백성이 왕을 믿고 따르겠소이까?"

"그건 그렇지만……."

"법이란 그렇게 다수의 선한 백성을 위해서 소수의 악한 자들을 엄벌하는 것입니다. 또 평소에 선한 사람도 상황에 따라 악하게 될 소지가 있으니, 그걸 방지하는 역할도 합니다. 그리되면 백성은 법을 가르침으로 삼고, 관리를 스승으로 삼아 나쁜 행실을 하지 않을 것입니다."

한비자는 근본적으로 백성을 다스려야 할 대상으로 보았다. 그 때문에 이런 말을 했다.

"백성이란 본래 아끼면 교만하게 굴고, 위엄으로 대하면 말을 듣는다."

결국, 백성은 인의로 품을 대상이 아니라 법으로 강력하게 통치해야 할 대상이라는 것이다. 법이 곧 모든 백성의 행동 지침이 되고, 가르침의 원천이 된다는 논리다. 그래서 백성은 법을 통해 배우고, 법을 집행하는 관리를 스승처럼 떠받들어야 한다는 것이다.

상은 후하게 벌은 엄하게

선비가 다시 물었다.

"그렇다면 나라는 벌만 주고 상은 주지 않아야 하는 것입니까?"

한비자가 대답했다.

"그리되면 사람들은 상 받을 일을 하지 않겠지요. 상은 후하게 주고, 또 벌은 엄하게 줘야 할 것입니다."

"왜 꼭 벌은 엄하게 해야만 하는 것입니까? 그렇게 되면 관리나 임금을 무서워하기만 하지 않겠습니까?"

"법은 원래 백성을 두렵게 만들어야 효과가 있습니다. 그리고 언제 어디서든 어떤 상황에서든 한결같고 단호해야 합니다. 그래야 백성이 법을 제대로 알고 지킬 것입니다."

선비가 또 하나의 문제를 제기하였다.

"그러면 법을 다루는 관리가 법을 위반하면 어떻게 해야 합니까?"

한비자가 당연하다는 듯이 이렇게 말했다.

"물론 관리도 법에 따라 엄정하게 처벌해야 합니다. 관리뿐 아니라 왕자라 하더라도 법에 따라 처벌해야 합니다."

"왕자와 대부와 관리와 평민이 법을 위반하면 똑같은 형벌을 받아야 한다는 말입니까?"

"그렇습니다. 법 앞에서는 신분에 상관없이 만인이 평등해야 합니다. 그렇게 해야 법이 엄중함을 알게 됩니다."

선비가 또 물었다.

"선생의 말은 가벼운 죄도 엄하게 처벌해야 한다는 것으로 들립니다."

한비자가 대답했다.

"법이 제대로 그 엄중함을 유지하려면 가벼운 죄도 무겁게 처벌해야 합니다. 가벼운 죄를 무겁게 다루면 무거운 죄는 크게 줄어들 것입니다. 가벼운 죄를 무겁게 처벌하면 백성이 두려워하여 함부로 죄를 짓지 못할 것이기 때문입니다."

사실, 유가에 따르면 예는 평민에게 적용하지 않고, 형법은 대부에게 적용하지 않는다. 말하자면 대부는 예로 다스리고, 평민은 법으로 다스린다. 그런데 한비자는 대부 이상의 벼슬을 가진 자도 법으로 다스려야 한다고 생각했다. 이런 주장은 당시 대부분의 국가에서 받아들일 수 없는 내용이었다. 엄연히 신분의 귀천이 있는데, 법에 따라 똑같이 처벌하는 것은 있을 수 없는 일이라는 게 귀족들의 생각이었다.

한비자의 법은 근본적으로 두려움을 조성해 백성이 함부로 법을 어기지 못하게끔 하는 데 목적이 있었다. 그렇게 엄한 법을 적용하면 백성의 범죄가 크게 줄어들 것으로 믿었다. 이런 논리는 공손앙의 주장에서 빌려온 것이다.

하지만 한비자의 사상을 받아들인 진나라는 오히려 이 엄한 법 때문에 몰락한다. 진나라가 전국을 통일한 후 엄격하게 법을 적용한 결과 백성의 절반이 범법자가 되었고, 거리에는 매일 시체 더미가 쌓였다. 당시 진나라의 인구가 1,000만 명 정도였는데 법을 어겨 형벌을 받은 자가 수백만이었으니, 그야말로 범법자의 나라라고 해도 과언이 아니었다. 한비자의 사상이 법가가 아니라 벌가罰家가 되어버린 형국이었다.

결국, 잔혹한 법으로 인해 진나라가 망한 뒤 한나라는 다시 유가의 사상을 통치 근간으로 삼았다. 하지만 진나라의 법가적 전통은 어느 정도 살아남았다. 그래서 관리들에게 엄격하게 법을 적용해 나라의 기강을 바로 세우는 데 도움을 주었다.

이성 중심의
동서양 철학

1장

신유학 시대를
맞이한
중국 철학

＊＊＊

중국에서 신유학의 탄생은 6세기 이래로 500년 동안 중국 철학을 지배해온 불교에 대한 유학의 반격으로부터 시작되었다.

불교는 기원전 6세기 인도에서 발생한 후 사방으로 전파되었고, 기원후 1세기 중국에 이르러 도가와 결합하면서 철학적 체계를 갖추었다. 불교가 중국 땅에 도달한 뒤 곧바로 정교한 보석으로 변한 것은 아니었다. 중국에서 초기 불교는 그저 노장사상의 아류에 불과했다. 그렇게 몇백 년이 흐른 후에야 인도의 구마라습을 비롯한 뛰어난 승려들이 중국을 찾아와 불교 철학의 체계를 갖췄다.

하지만 그러한 학문적인 불교보다 더 근원적인 불교를 안고 중국을 찾아온 인물이 있었으니, 그가 곧 보리달마다. 달마는 석가모니의 28대 제자로 중국 선불교의 시조가 된 인물이다. 흔히 선불교는 침묵의 철학이라고 한다. 이 침묵의 철학에서 가장 중요한 것은 마음이다. 이러한 그의 사상은 혜가·승찬·도신·홍인을 거쳐 혜능에 이르러 크게 중흥했으며, 이후 중국 불교는 선불교를 중심으로 발전했다.

흔히 조계대사라 불리는 혜능은 당나라 때 선사禪師로, 원래 직업은 나무꾼이고 일자무식이었으나 5조祖 홍인으로부터 법을 이어받아 중국 남종선南宗禪을 창시했다. 그의 사상은 일체유심조一切唯心造, 즉 "모든 것은 마음에 달렸다"는 문장으로 요약할 수 있다. 이러한 일심 사상은 회양·혜충 같은 제자들에게 이어져 마조·조주 같은 걸출한 중국 선승을 길러냈다.

  그렇듯 불교가 500년 동안 중국을 휩쓸 때 유학은 크게 위축되어 있었다. 하지만 신유학이 탄생하면서 유학은 또 한 번 중흥기를 맞이한다. 신유학은 단순히 공자학의 재탄생을 의미하는 게 아니라 당시까지 중국에서 유행하던 모든 학문을 총합한 것이었다. 신유학은 공자학을 뼈대로 음양학, 노장사상, 법가, 불교 등의 살을 붙여 만든 일종의 조소 작품이다. 그중에서도 가장 큰 영향을 끼친 것은 역시 불교였다. 유가 철학 체계에 불교가 지닌 종교적 요소를 차용한 것이다.

  불교는 신유학자들에겐 좋은 도전거리였고, 또 새로운 학문을 만들어낼 좋은 재료였다. 동시에 신유학은 철저히 불교를 공격하고 배척했다. 그 전선의 최선봉에 선 인물은 남송의 주희와 육구연이었다. 이들 이전에 이미 한나라의 동중서가 중국의 모든 철학을 공자 중심으로 재편한 바 있고, 그 정신을 북송의 주돈이와 장재가 이어갔다. 이후 정호와 정이 형제가 신유학에 깊이를 더했고, 주희와 육구연에 이르러 신유학이 완성되었다.

  이후 신유학은 주희가 주축이 된 원리 중심의 이학理學, 육구연이 주창한 마음 중심의 심학心學으로 나뉘었다. 이학과 심학 중 체계를 먼저 잡은 쪽은 주희의 이학이었다. 따라서 한동안 육구연의 심학은 빛을 잃고 이학이 신유학의 중심으로 주목받았다. 이학은 주자학 또는 성리학이라는 이름으로 불리며 중국 사상계를 이끌었다.

신유학을 주창하면서도 주희와 다른 길을 걸어간 육구연의 심학은 명나라 때 왕수인에 이르러 양명학으로 다시 태어났다. 이후 중국 철학은 서양 철학이 밀려들 때까지 신유학의 양대 산맥인 성리학과 양명학이 양립했다.

1

유학에 우주론을 도입한

주돈이

우주론적 유학을 시도한 주돈이周敦頤는 1017년 북송의 도주 영도(지금의 호남성 도현)에서 태어났다. 젊은 시절에 출사해 대리시승·광동전운판관 등을 지냈으며, 만년에는 지남강군으로 있으면서 여산 연화봉 아래의 염계濂溪에서 거처했다. 그래서 호를 염계라 하고, 일반적으로 주렴계라고 불렀다.

주돈이는 유가와 도가·불교·명가 등의 학문에 심취했으며, 유학을 학문의 중심에 두고 《주역》과 도교의 태극도太極圖를 혼합해 《태극도설》을 지었다. 그는 만물의 근본인 무극無極에서 태극이 되고, 태극에서 음양과 오행이 나와 물질을 이루고, 물질이 음양오행의 원리에 따라 형상을 이루며, 그 만물의 형상 중에 인간이 가장 지혜로운 존재라고 역설했다. 또 그 인간은 태극으로부터 얻은 지혜를 바탕으로 정신세계를 형성했으며, 그 정신세계는 태극에 비추어 스스로 선악을 알고, 행실을 가다듬어 인의예지신의 윤리적 이상을 추구하는 존재가 된다고 설파했다.

주돈이는 친구의 두 아들 정호와 정이를 가르쳤고, 그 이정二程 형제가 그의 사상을 통해 성리학의 토대를 구축한 덕분에 송대 이학의 비조로 일컫게 되었다. 저서로는 《염계집》 6권이 있고, 《주자전서》 22권에 그의 저작들이 포함되어 있다.

그는 염계에서 학문 연구에 주력하다가 1073년 56세를 일기로 생을 마감했다.

물질은 기氣에서 오는가, 도道에서 오는가?

염계(주돈이) 선생은 친구의 두 아들을 가르치고 있었다. 형과 아우는 연년생으로, 청년이 된 그들은 자주 이런 질문을 했다.

"선생님, 만물은 어떤 과정을 거쳐 생기는 것입니까?"

형인 호가 묻자 염계가 되물었다.

"너는 만물이 어떻게 만들어진다고 생각하느냐?"

그러자 호는 기다렸다는 듯 이런 논리를 펼쳤다.

"천지는 우리 인간으로서는 헤아릴 수 없이 거대한 그 무엇입니다. 그 무엇을 氣라고 이름 붙인다면, 물질은 그 氣의 작용에 의해 생겨나는 것 아닐까요?"

염계는 그 말을 듣고 빙그레 웃고는 동생에게도 같은 질문을 던졌다.

"너는 어떻게 생각하느냐?"

이도 역시 기다렸다는 듯 거침없이 대답했다.

"모든 물질의 움직임에는 규칙적인 법칙이 있습니다. 그 법칙을 道라고 한다면, 물질은 道에 의해 만들어질 수밖에 없습니다."

"왜 道에 의해 만들어질 수밖에 없는 것이냐?"

"물질은 법칙 없이는 어떤 변화도 이루지 못합니다. 예컨대 동물이 새끼를 낳는 일만 보더라도 암놈과 수놈이 서로 결합해야만 가능하고, 나무는 암술과 수술이 만나 꽃을 피운 뒤에야 과일을 맺을 수 있으며, 사람도 남자와 여자가 만나서 결합해야만 자손을 이을 수 있습니다. 이렇게 하나의 생명이 다른 생명을 낳는 과정에선 반드시 암수가 만나 결합해야만 하는 법칙이 있습니다. 이 법칙을 道라고 한다면 道 없이는 어떤 물질도 새롭게 태어날 수 없고, 새롭게 태어나지 못한다는 것은 변화할 수 없다는 뜻이 됩니다. 변화할 수 없는 물질은 어떤 기능도 할 수 없으므로 쓸모없는 것이 되고 말기에 물질은 道 없이는 아무것도 될 수 없습니다. 그러니 물질은 근본적으로 道에 의해 만들어지고, 道에 의해 변화하고, 道에 의해 사라질 수 있는 것입니다."

염계는 형제의 대답이 만족스러운 듯 웃음을 지으며 고개를 끄덕였다.

"너희 형제의 말은 매우 재미있는 설정이다. 하지만 체계적이지는 않구나. 그래서 나는 너희들의 이야기를 좀 더 체계적으로 꾸며보고자 한다."

그러면서 염계는 서재에서 그림 하나를 들고 나와 펼치며 말했다.

"이것이 근래에 내가 완성한 태극도라는 것이다."

염계의 태극도는 생각보다 간단했다.

"맨 위에 속이 빈 동그라미 하나가 있지? 이것이 곧 무극의 상태다."

"무극의 상태는 어떤 것을 가리킵니까?"

"끝이 없는 상태지. 이 무극의 상태는 어느 순간 스스로 태극의 상태가 된다."

"태극이라면 하늘과 땅이 나뉘기 이전의 상태를 뜻합니까?"

"그렇지. 그리고 태극이 움직이기 시작하면 그 움직임動이 양陽을 낳는다. 또 그 움직임이 극에 달하여 전혀 움직이지 않는 정靜의 상태가 되면 음陰을 낳지. 이렇게 해서 태극은 양과 음을 생산한다. 이후, 양이 변화하고 음이 그 양과 합쳐지면서 수水, 화火, 목木, 금金, 토土라는 다섯 가지 물질의 성질이 만들어진다. 이것을 오행五行이라고 하지. 이 오행이 음양의 기와 감응해서 만물이 생겨나는 것이다."

염계는 다시 태극도를 가리키며 이렇게 덧붙였다.

"이 그림은 그런 오묘하고 복잡한 과정을 간단하게 그려놓은 것이다. 그리고 인간은 음양과 오행의 감응을 통해 나타난 가장 뛰어난 존재다."

염계의 태극도는 그가 혼자 독창적으로 만든 것은 아니다. 이미 《주역》에 태극이 음양을 낳고 음양이 사상四象을 낳는다는 말이 있었다. 이에 염계는 사상을 오행으로 바꾸어 자신의 독창적 학설을 만들었다. 또한 음양오행설은 이미 춘추시대 이전부터 전해 내려오던 음양가의 사상이다. 말하자면 염계는 주역과 음양가의 사상을 결합해 자신의 우주론을 정립하려 했던 것이다.

그의 태극설에 따르면 처음엔 무극의 세상, 즉 시작도 끝도 없고, 어떠한 경계도 없는 상태였다. 그러다 무극이 스스로 태극을 만들어내는데, 태극은 어떤 경계는 있되 시작과 끝이 나뉘지 않고, 하늘과 땅이 나뉘지 않은 상태를 일컫는다. 이 태극은 스스로 움직여 양을 만들어내고, 양이 극한에 이르러 움직임을 멈추고 정의 상태가 되면 음을 낳는다. 또 양이 변하고 음과 합쳐져 오행을 낳으니, 그것이 곧 사물의 근본이자 성질이 된다. 그리고 수·화·목·금·토라는 다섯 가지 성질의 오행이 음양과 감응해 만물이 형성된다. 이렇게 만들어진 만물 중 인간이 가장 지혜로운 존재다. 말하자면 인간 중심의 우주론을 만들어낸 것이다. 주돈이는 이렇게 물질의 탄생과 인간을 연결시킨 뒤 자신의 생각을 윤리학의 문제로 확대한다.

성인은 무욕의 경지에 이른 사람

정호가 스승에게 물었다.

"음양과 오행에 의해 만들어진 존재 중 인간이 가장 뛰어난 이유는 무엇입니까?"

그 말에 염계가 되물었다.

"너는 인간보다 뛰어난 존재가 있다고 생각하느냐?"

정호가 대답했다.

"물속에서는 물고기가 인간보다 뛰어나고, 나무에서는 원숭이가 인간보다 뛰어나며, 하늘에서는 독수리가 인간보다 뛰어나지 않습니까?"

염계는 고개를 끄덕이며 정이에게도 물었다.

"너는 호의 말을 어떻게 생각하느냐?"

정이가 대답했다.

"비록 물고기가 물속에서는 인간보다 생존에 유리하나 물고기 또한 뭍으로 나오면 살 수 없는 처지가 되고, 원숭이가 나무를 잘 탄다고 하나 그 재주로는 인간과 견줄 바가 못 되며, 독수리가 하늘을 날아다니지만 땅과 하늘의 이치를 알지는 못합니다. 그러나 사람은 만물의 원리를 이해하고, 스스로 인격을 닦으며, 선과 악을 구분할 능력이 있습니다. 그 어느 동물이나 식물이 선악을 알며, 충과 효를 알며, 인과 의를 알겠습니까? 오직 인간에게만 그러한 힘이 있으니, 인간이 만물 중에 가장 뛰어나다고 할 수 있을 것입니다."

염계가 호탕하게 웃으면서 말했다.

"네가 제법이구나. 그렇다. 사람의 위대함은 동물과 식물이 갖추지 못한 정신세계가 있다는 것이다. 또한 스스로 절제할 줄 알고, 스스로 사욕을 버릴 줄 알며, 스스로 선과 악을 구분하여 행할 줄 안다. 이것이 만물 중에서 인간이 가장 지혜로운 존재임을 증명한다."

정호가 다시 물었다.

"그렇다면 인간의 정신은 어디서 비롯되는 것입니까?"

"그것은 태극으로부터 비롯된다. 태극의 이치가 음양과 오행 속에 깃들어 있다가 인간의 정신을 형성하고, 그 정신이 지혜를 만들어내며, 지혜가 선악을 구별하여 인의예지신을 추구하도록 한다."

이에 정이가 물었다.

"그렇다면 모든 사람의 바탕은 선한 것입니까?"

염계가 대답했다.

"그렇다. 사람의 본바탕은 선한 것이다. 그 선한 본성을 찾아 아무런 티끌도 만들지 않는 상태가 되면 우리 정신은 고요해진다. 그 고요함은 어떤 사욕도 허락하지 않으며, 그래서 무욕의 경지에 이르게 된다."

"무욕의 경지에 이르면 성인이 되는 것입니까?"

"그렇다. 무욕의 경지에 이른 사람을 성인이라고도 하고 지인至人이라고도 한다."

"그러면 사람이 추구해야 할 가장 마지막 단계는 무욕의 경지입니까?"

"그렇다. 무욕의 경지, 즉 고요한 상태가 되는 것이 사람이 가야 할 길이다."

무욕의 경지는 흡사 불교의 깨달음을 지칭하는 듯하다. 하지만 불교는 세속을 떠나서 그 경지를 이루고자 하고, 주돈이는 세속에서 그것을 얻고자 한다. 그런 의미에서 보자면 주돈이가 말하는 무욕의 경지는 노장사상에서 추구하는 道의 경지에 더 가깝다.

인간에게는 정신세계가 있기 때문에 인간이 그 어떤 사물보다도 가치 있다는 말은 흡사 데카르트의 관념철학을 보는 듯하다. 데카르트에게 있어 세계는 물질세계와 정신세계로 양분된다. 그리고 물질세계는 그저 그 성질에 따라 연장만 지속하는 데 비해 정신세계는 우주의 원리를 추구하는 생각이라는 힘을 가지고 있다. 그것이 관념을 생산하고, 그 관념은 우주의 질서와 신의 영역에 연결되어 있다. 그렇기 때문에 데카르트에게 육체는 한낱 물체에 지나지 않고, 정신만이 인간의 유일한 고유성으로 여겨진다. 주돈이가 말하는 정신세계는 바로 데카르트의 관념 세계이며, 주돈이의 무욕의 경지는 데카르트의 생득관념, 즉 태어날 때 신으로부터 부여받은 관념의 원천과 비슷한 개념으로 보인다. 하지만 논리적 입장에서 바라보면 주돈이의 철학은 아직 데카르트만큼 합리성에 도달하지 못한 상태다.

어쨌든 주돈이는 태극에서 음양오행을 거쳐 물질의 탄생을 논리화한 뒤 인간을 그 물질의 최고 가치로 놓고, 다시 인간과 윤리학을 연결시키려 한다. 주돈이의 이런 시도를 훗날 이정 형제가 더욱 합리화해 유학과 굳건히 결합하고, 다시 주희가 이를 한층 심화해 수백 년간 중국 사상계를 지배하는 성리학으로 발전시킨다.

이런 의미에서 보면 주돈이의 철학은 신유학의 초석이 된 셈이다. 유학은 한나라 때 동중서에 의해 음양오행설을 바탕으로 우주론적 토대를 갖추었고, 주돈이에 이르러 불교와 노장사상 그리고 명가의 학문이 더해져 성리학으로 발전했다. 즉, 공자의 유학이 그저 인간의 행실과 道의 관계를 다루는 학문이었다면, 주돈이는 이러한 공자의 윤리학을 만물의 본성 및 우주의 근본과 연결해 우주적 토대를 가진 윤리학으로 구상했다. 하지만 그것은 자칫 학문을 넘어 종교의 경지를 넘보는 위험한 시도이기도 했다. 학문적 경지는 합리성에 토대를 두고 비판을 수용하지만 종교적 경지는 신념에 토대를 두기 때문에 비판을 용납하지 않는 독단적인 측면을 가지기 때문이다.

2

기 철학을 탄생시킨

장재

장재張載는 북송 시대인 1020년 지금의 섬서성에서 태어났으며, 흔히 횡거橫渠 선생으로 불렸다. 젊은 시절 진사 시험에 합격해 운암령 벼슬을 받았으며, 1069년엔 신종 황제의 부름을 받아 숭문원 교서에 오르기도 했다. 하지만 1070년 병을 얻어 벼슬을 내놓고 종남산에서 학문과 독서에 몰두했다.

그는 《주역》에서 우주론을 뽑아내 유학 및 노장사상과 조화시켜 자기만의 기氣 철학 체계를 형성했다. 이것이 이정 형제에게 영향을 주었고, 이로써 성리학과 양명학의 탄생에 큰 기여를 했다. 남긴 저서로는 《정몽》《횡거역설》《장자어록》 등이 있다.

우주 만물은 하나의 동일한 기(氣)로 이뤄져 있다

  횡거 장재는 정호와 정이 형제를 가르친 또 다른 스승이다. 장
재와 이정의 아버지가 사촌지간이었으니, 그들 형제의 당숙, 즉
오촌 아저씨였다. 이정 형제는 주돈이를 스승으로 삼아 공부했지
만, 횡거의 영향력도 주돈이에 못지않았다. 횡거는 특히 그들 형
제와 토론하길 즐겼다.

  횡거가 두 형제를 앞에 놓고 물었다.
  "너희들은 죽음이 무엇이라고 생각하느냐?"
  정호가 먼저 대답했다.
  "생명이 소멸되는 것입니다."
  횡거가 빙그레 웃고는 동생 정이에게 다시 물었다.
  "너는 죽음이 무엇이라고 생각하느냐?"
  정이가 대답했다.
  "몸에서 氣가 빠져나가는 것입니다."
  이번에도 횡거는 빙그레 웃었다. 그러자 정호가 횡거에게 물었다.
  "스승님은 죽음이 무엇이라 생각하십니까?"
  횡거가 대답했다.
  "죽음은 氣가 흩어져 있음을 지칭하는 것이고, 살아 있음은 氣
가 뭉쳐져 있음을 지칭하는 것이다. 따라서 죽음은 소멸이 아니
며, 탄생도 생성이 아니다. 죽음은 그저 氣가 흩어진 상태이고, 탄
생은 氣가 농축된 상태일 뿐이다. 따라서 우주엔 생성도 소멸도

없다."

정호가 다시 물었다.

"스승님께서 말씀하시는 氣는 무엇입니까?"

"氣란 물질의 뿌리이며, 물질이 가장 작은 알갱이 상태로 있는 것을 의미한다. 그래서 氣가 뭉치면 물질이 생성되는 것으로 보이고, 氣가 흩어지면 물질이 소멸하는 것으로 보인다. 하지만 근본적으로 생성되거나 소멸되는 것은 없다. 그저 氣가 뭉쳤다 흩어졌다 할 뿐이다."

이에 정이가 물었다.

"氣가 뭉쳐져 있는 것을 물질이라고 한다면, 氣가 흩어져 있는 것은 무엇이라고 합니까?"

"氣가 흩어져 있는 상태를 태허太虛라고 한다. 이 태허의 상태에서는 氣가 너무 작은 알갱이로 분해되기 때문에 아무것도 없는 것처럼 보인다. 그래서 그것을 무無라고 부르는 사람들도 있었다. 하지만 너무 알갱이가 작아서 보이지 않을 뿐이지, 허공은 항상 氣로 가득 차 있다. 이런 상태를 태허라고 하는 것이다. 그 때문에 우주의 허공과 만물이 모두 동일한 氣로 이뤄져 있는 것이다."

정호가 다시 물었다.

"그렇다면 스승님, 氣를 뭉치게도 하고 흩어지게도 하는 것은 무엇입니까?"

정호의 질문은 날카로운 것이었다. 정호는 氣가 하나의 물질일 뿐 스스로 어떤 특정한 형태를 이룰 힘이 없다고 보았던 것이다. 그 말에 정이도 한마디 보탰다.

"저도 그 점이 궁금합니다. 氣가 뭉쳐질 때 어떻게 사람과 개, 나무와 돌이 다른 모습과 성질을 갖도록 할 수 있습니까? 제 생각에는 氣를 움직이는 그 무엇이 있을 것만 같습니다. 저는 그것이 道가 아닌가 생각합니다."

이정 형제의 질문 속엔 횡거가 미처 생각하지 못한 원리가 들어 있었다. 즉, 氣가 뭉치고 흩어지는 것은 분명하나 거기엔 일정한 법칙이 있다는 것이다. 훗날 이정 형제는 이 법칙의 세계를 理로 규정한다. 하지만 이때까지만 해도 그들은 이것을 흔히 말하는 道로 이해하고 있었다. 그런데 횡거는 이들의 생각을 받아들이지 않았다.

"氣 속엔 이미 모든 성질과 모양이 다 갖춰져 있기 때문에 굳이 다른 원리의 지배를 받지 않아도 氣는 스스로 모양과 성질을 만들어낼 힘이 있다. 다만 氣는 그것을 서로의 조화를 통해 만들어내기 때문에 그 조화를 나는 태화太和라고 규정하고자 한다. 氣가 태화를 이룰 수 있는 것은 음과 양이 있기 때문이다. 양은 위로 올라가는 기운이고, 음은 아래로 가라앉는 기운이다. 또 양은 움직이는 기운이고, 음은 고요한 기운이다. 그 음양의 기운을 이용하여 氣는 스스로 태화를 이룬다. 그 태화의 경지를 흔히 道 또는 태극이라고 말하는 것이다."

횡거는 이렇듯 우주 전체를 氣라고 생각했다. 그 氣가 흩어진 상태를 태허라고 하며, 그것이 농축되면 사물이 모양을 갖는다. 또 氣에는 음의 성질과 양의 성질이 있다. 뜨고, 오르고, 움직이는 것은 양의 성질이고, 가라앉고, 내려가고, 고요한 것은 음의 성질이다. 그리고 그 음과 양의 성질이 작용해 氣를 농축시키거나 또는 흩어지게 한다.

이렇게 볼 때, 횡거는 근본적으로 유물론자다. 그는 "유는 무로부터 왔다"는 도가들의 말을 믿지 않았다. 무의 세계는 없으며, 우주에는 오직 유의 세계, 즉 氣의 세계만 존재한다고 믿었다. 그리고 이 氣의 세계가 음양의 성질에 의해 조화되는 것을 道라고 생각했다. 그 道의 경지가 곧 태극인데, 이 태극은 음양의 조화에 의해 이뤄지므로 태화라고 불렀다.

횡거의 이런 기일원론氣一元論은 아리스토텔레스의 질료론과 닮았다. 물질의 가장 작은 알갱이를 질료라고 칭한다면 크게 다르지 않은 논리이기 때문이다. 질료가 흩어지면 태허의 상태가 되고, 모이면 모습을 갖추게 된다는 것인데, 그렇다면 질료에 모습을 주는 실체, 즉 형상이 필요하다. 횡거는 아리스토텔레스의 형상에 해당하는 개념으로 태화를 설정했던 것이다. 말하자면 횡거의 氣는 아리스토텔레스의 질료에 해당하고, 횡거의 태화는 아리스토텔레스의 형상에 해당한다. 그렇다면 아리스토텔레스의 두 가지 실체인 형상과 질료를 횡거의 氣와 태화로 대체할 수 있다.

하지만 횡거는 태화가 단지 氣의 움직임의 하나일 뿐이라고 생각했다. 이는 질료 속에 이미 형상이 있고, 형상은 질료가 드러내는 모습일 뿐이라는 뜻이다. 그런 의미에서 보면 횡거는 형상을 실체로 인정하지 않은 셈이다. 횡거는 오직 氣, 즉 질료만이 유일한 만물의 실체라고 보았다. 이를 성리학적 견지에서 해석하면 우주의 본체는 氣이고, 理는 단지 氣 속에 들어 있을 뿐이라는 주장이 된다. 즉, 횡거는 기일원론자라고 할 수 있다.

3

성리학과 양명학의 씨앗을 뿌린

이정 형제

이정二程은 정호程顥와 정이程頤 형제를 지칭한다. 정호는 1032년 생이고, 동생 정이는 1033년생이며, 북송 낙양 출신이다. 두 사람 은 주돈이와 장재·소옹邵雍 등의 영향을 받았으며, 우주론과 유 학을 결합해 성리학과 양명학을 태동시켰다.

아우인 정이는 이학을 일으켰고, 그것이 주희에 이르러 성리학 으로 발전했다. 형인 정호는 심학을 일으켰고, 그것이 육구연을 거쳐 왕수인에 이르러 양명학으로 발전했다. 이렇듯 형제가 신유 학의 양대 산맥이라고 할 수 있는 이학과 심학을 일으켰으니, 역 사에 보기 드문 일이라 하겠다(정호가 심학을 일으켰다는 주장에 대해 서는 이견이 많다. 많은 학자가 정호도 정이와 함께 이학의 주창자라고 생각 한다. 하지만 중국 철학을 대표하는 풍우란馮友蘭 등은 정호가 심학을 태동시 켰다고 주장한다. 이 책에서는 풍우란의 견해를 취한다).

정호의 자는 백순伯淳이고 호는 명도明道로, 흔히 명도 선생으로 불렸다. 송나라 인종 연간에 진사에 올랐고, 신종 연간에 태자중윤과 감찰어사리행을 역임했다. 관직 초기에는 변법을 주장했지만 나중에는 왕안석의 신법에 반대해 사마광·문언박 등과 함께 신법 반대 활동을 펼쳤다. 그 후 1085년 종정승에 임명되었으나 부임 도중 돌연 사망했다.

정이의 자는 정숙正叔이고 호는 이천伊川으로, 흔히 이천 선생으로 불렸다. 사마광 등의 천거를 받아 비서성교서랑으로 벼슬살이를 시작했으나 당쟁에 휘말려 여러 차례 관직을 그만둬야 했다. 그래서 징계와 복권을 반복하다가 야인 생활을 하며 학문에 몰두했다. 덕분에 형 정호에 비해 학문적 업적이 깊었다. 정이는 74세가 되던 1107년에 생을 마감했다.

두 형제가 이학을 창시했다고 여겨지는 이유는 그들이 함께 저술한《정씨유서》에 실린 글이 누가 한 말인지 분명치 않기 때문이다. 하지만 후대 학자들이 그들의 말을 구분해 서로 다른 측면을 분석했고, 이것을 근거로 정이는 성리학을, 정호는 양명학을 태동시켰다고 결론지었다.

성리학은 이理를 근원으로 삼으므로 이학이라고 하는데, 理는 곧 道이므로 도학이라고도 한다. 그리고 양명학은 심心 속에 우주 삼라만상의 理가 있어 心이 곧 모든 본질로 통하는 요체이므로 심학이라고도 한다.

우주 만물의 근원은 이理

주돈이와 장재로부터 학문을 배운 이정 형제는 청년기 이후 스스로 새로운 학문적 세계를 구축해나갔다. 이 과정에서 형제는 자유로운 토론을 자주 했다.

형 정호가 동생 정이에게 물었다.

"아우는 횡거 선생님이 말씀하신 氣에 대해 어떻게 생각하는가?"

정이가 대답했다.

"횡거 선생님의 氣는 인형극에 나오는 인형에 지나지 않는다고 생각합니다. 인형극을 보면 인형이 살아 움직이는 것 같지만, 실제론 그걸 조종하는 사람의 손 없이는 전혀 움직일 수 없지 않습니까?"

정호가 웃으면서 맞장구를 쳤다.

"너도 나와 똑같은 생각을 했구나. 나도 횡거 선생님의 논리엔 중요한 것이 빠져 있다고 보았네. 선생님 말씀대로 氣가 농축했다 흩어졌다 하는 것은 사실이겠지만, 그게 농축될 때 개가 될지, 소가 될지, 사람이 될지를 무엇이 결정하는지가 의문이었지."

"저도 형님과 똑같습니다. 그래서 氣라는 것은 단지 어떤 원리나 힘에 의해 움직일 수밖에 없다고 생각했어요. 氣를 움직이는 그 원리나 힘이 곧 道 아닐까요?"

형은 동생을 대견한 듯 바라보며 고개를 끄덕였다.

"그렇다면 氣는 道가 만들어낸 것에 불과하다는 생각도 했겠구나."

"맞아요. 氣는 어차피 물질이고, 그 물질은 그저 꼭두각시에 지나지 않으니 결국 꼭두각시를 움직이는 사람과 같은 본질이 필요하지 않겠어요? 그게 곧 道라는 것이지요."

"말하자면 氣는 그저 道에 의해 움직이는 꼭두각시에 불과하다는 것이지?"

"그렇지요."

이정 형제는 이렇게 대화를 주고받으며 의견을 일치시켰다. 그들의 생각을 종합해보면,《도덕경》에서 말하듯 "道가 스스로 만물을 낳았다"는 논리에서 벗어나지 못했다는 걸 알 수 있다. 또 氣라는 것도 그 만물을 지칭하는 것이니, 결국 道가 氣를 낳았다는 의미다. 이는 근본적으로 노장사상의 범주에 있는 생각이다. 또 수·당 시대부터 유행한 불교에도 이와 비슷한 논리가 있다. 예컨대 불교에서는 불성佛性, 곧 깨달음의 본성이 모든 것을 낳는다고 주장한다. 하지만 이정 형제는 노장이나 불교보다는 유학에 경도되어 있었다.

형인 정호가 먼저 그 착상을 하였다.

"하지만 아우야, 道라는 것은 이미 오래전부터 알려진 말이고, 그래서 너무 많은 곳에 인용되는 용어 아니겠니? 그래서 나는 道 대신 '천리天理'라는 용어를 사용하는 게 어떨까 싶다."

그 말에 정이가 호응했다.

"저도 그 때문에 고민했는데, 괜찮은 생각입니다. 그런데 천리라는 말도 이미 많이 쓰고 있으니, 차라리 理라고 칭하는 것이 어떻겠습니까? 理라고 하면 천리는 물론이고, 모든 만물의 이치를 다 담을 수 있는 용어 아니겠습니까?"

"그래, 그것이 좋겠구나. 그렇다면 理에서 氣가 나오고, 氣가 만물이 되었다고 설정하면 되겠구나."

"그러면 理가 氣의 근원이고, 氣가 만물의 근원이 되니, 만물의 근원은 곧 理가 되는 셈이지요. 사람은 물론이고, 짐승이나 식물이나 흙이나 바람의 본체도 理가 되는 것이고, 그 理에 의해 氣는 그저 조각처럼 다듬어지는 것이지요."

이정 형제의 이런 얘기는 서양 철학에선 이미 익숙한 내용이다. 오래전 플라톤이 이데아론으로 정리한 것이니 말이다. 어쨌든 이정 형제의 철학은 이렇게 탄생했다. 플라톤이 세상의 근원을 모두 이데아로 설명했듯이 이정 형제는 이일원론理—元論으로 모든 것을 설명했다.

이정 형제는 우주의 근원엔 어떠한 상황에서도 변하지 않는 원리가 있고, 그것은 만사만물에 보편적으로 존재한다고 생각했다. 그리고 그것을 일러 理라고 규정했다. 그리고 주돈이처럼 理와 인간의 윤리를 접목해 사회의 행동 규범과 질서를 만들어내고자 했다. 이것이 곧 理와 유학이 결합해 탄생한 성리학이다.

인성도 이理와 기氣로부터 결정된다

정호가 정이에게 물었다.

"아우는 理와 氣가 사람에게는 어떤 형태로 나타난다고 생각하는가?"

정이는 눈을 반짝이며 이렇게 말했다.

"저도 요즘 그 일에 몰두하고 있습니다. 그래서 내린 결론인데, 인간에게는 영원히 변치 말아야 할 인성이 있고, 때에 따라 변화는 감정이 있습니다. 영원히 변치 않는 인성은 인의예지신 같은 덕목이고, 때에 따라 변화하는 것은 기쁨, 분노, 슬픔, 즐거움, 사랑, 미움, 욕심 같은 감정일 것입니다. 그래서 저는 영원히 변치 않는 인성을 理에서 연유한 본성이라 생각해 '성性'이라고 규정하고, 때때로 변화하는 것은 氣에서 연유한 감정이라 생각해 '정情'이라고 규정했습니다. 이렇게 보면 性은 인의예지신 다섯 덕목이 되고, 情은 희로애락애오욕의 일곱 가지 감정이 될 것입니다."

그 말에 정호는 감탄스러운 얼굴로 정이에게 말했다.

"아우는 참으로 대단하네. 어찌 내가 미처 정리하지 못한 내용을 그토록 빨리 갈무리할 수 있단 말인가! 네 말대로 하자면 인간의 성질은 理와 氣로부터 性과 情을 부여받았는데, 性은 인의예지신 같은 영원히 변치 않는 인성을 형성하고, 情은 희로애락애오욕 같은 칠정七情을 형성한다고 정리하면 되겠구나."

"그리고 인간의 본성에 해당하는 인의예지신은 선하기만 하고, 희로애락애오욕 같은 칠정은 선과 악을 모두 부여받은 것이지요.

즉, 氣를 부여받았을 때 너무 치우치거나 넘치거나 모자라면 악이 되는 것이고, 중용을 이뤄 바르게 서면 선이 되는 것이지요."

"그렇지, 그렇지. 거기다 칠정을 다스리지 못하고 욕망이 넘치면 천리와 본성을 잃게 되는 것이고, 칠정을 제대로 다스려 중용을 이루면 본성과 천리를 되찾는 것이지. 그렇다면 우리의 마음이 곧 인간의 본성이고, 그 마음을 어지럽히는 것이 곧 칠정이 되겠구나."

하지만 정호의 그 말에 정이는 선뜻 동의하지 못했다.

"마음이란 氣, 즉 칠정의 작용에 의해 생겨나는 것 아닙니까?"

그러자 정호가 손사래를 쳤다.

"그렇지는 않네. 마음은 원래 티끌 하나 없이 깨끗한 것인데, 거기에 칠정에 의해 욕심이 보태져서 혼란이 일어나는 것이지. 그러니까 마음을 항상 깨끗한 상태로 유지하기만 하면 인간은 인의예지신의 본성을 간직할 수 있는 것이지."

그러자 정이는 고개를 갸웃거렸다.

"그러면 마음이 곧 인간의 본성이고, 그것이 곧 인간 속에 찾아든 理라는 뜻입니까?"

정호가 호탕하게 웃으며 대답했다.

"그렇지. 바로 그거네. 그러니까 우리는 마음을 맑은 상태로 유지하면 곧 천리에 도달하여 만사와 만물을 선하게 만들어갈 수 있는 것이지. 또 마음은 理로부터 온 인간의 본성이므로 마음만 깨끗하게 유지하면 모든 지식과 지혜에 다가갈 수 있지."

"그러면 왜 마음이 아프기도 하고, 고통스럽기도 한 거죠? 마음이 理로부터 온 본성이라면 늘 맑고 깨끗하고 온화해야 하는 것 아닌가요?"

"그거야 깨끗한 마음을 칠정이 혼란스럽게 하기 때문이지."

그 말에 더 이상 정이는 대꾸하지 않았다. 문답이 계속되면 논쟁으로 이어질까 두려웠다. 형과 싸우는 것으로 비쳐져 우애에 금이 갈까 염려했던 것이다.

정호의 말은 흡사 선종의 일체유심조, 즉 "모든 것은 마음에 달렸으니 마음에서 깨달음을 얻으면 모든 번뇌가 해결된다"는 논리와 같다. 또 남선종의 창시자 혜능의 말처럼 "마음엔 원래 티끌이 없으니, 원래 마음만 유지하면 깨달음이 절로 이뤄진다"는 논리와도 연결된다. 하지만 정이는 정호의 이러한 논리를 받아들이지 못했다.

형제의 이런 견해 차이는 훗날 성리학과 양명학의 탄생으로 이어졌다. 물론 이정 형제는 그런 어마어마한 학문적 사건이 일어날 줄은 예견하지 못했을 것이다. 그 일은 주희와 육구연의 논쟁에서 본격적으로 드러났다.

4

성리학을 집대성한

주자

주희朱熹는 남송의 대표적 학자로서 1130년 복건성 우계에서 태어났으며, 자는 원회元晦, 호는 회암晦庵이다. 60세를 넘긴 뒤로는 회옹晦翁이라고 불렸다. 남송 고종 연간에 18세의 나이로 진사시에 합격해 동안현 주부로 벼슬살이를 시작했지만 내직에 머문 것은 40일이 고작이었다. 당시 북방의 강국으로 부상한 금나라와의 화평을 반대했다는 이유로 조정에서 배척당하고, 여러 차례 직언을 간하다가 권신들의 미움을 받아 외직을 전전했다. 그러다 결국 벼슬에서 쫓겨난 뒤로 학문에 몰두했으며, 건양의 고정考亭을 중심으로 제자를 길러 고정학파를 형성했다.

주희 학문의 요체는 정이가 기반을 닦은 이학이다. 그는 우주 만물을 관통하는 고정불변의 진리 체계를 설정하고, 그것이 곧 理라고 확신했다. 또한 理와 공자의 사상을 결합해 인의예지 사단의 체계를 확립하고, 이학의 세계를 윤리학으로 발전시켜 정치와 문화 전반에 영향을 끼쳤다.

그는 1200년 70세를 일기로 죽었는데, 그로부터 반세기가 지난 뒤 그의 위패를 공자묘에 모시고 제사 지내기 시작하면서 공자·맹자와 더불어 주자朱子라고 존칭하게 되었다. 송나라 말기 이후부터는 그의 학문을 주자학이라 불렀는데, 주자학은 원·명·청 및 조선에서 정통 유학으로 인정받아 수백 년간 사상적 전성기를 구가했다.

그의 저서는 《사서장구집주》 《시집전》 《주역본의》 《초사집주》 《자치통감강목》 《주자어류》 등 190여 권에 달한다.

이理는 보이지 않는 만물의 설계도

정이가 죽고 20여 년 후 복건성에서 한 아이가 태어났다. 당시 송나라는 엄청난 시련을 겪고 있었는데, 동북쪽에서 밀려온 여진족에게 수도를 빼앗기고 남쪽으로 달아나 다시 나라를 일궈야만 했다. 역사적으로 북송 시대가 끝나고 남송 시대가 시작된 것이다(1127). 이 엄청난 사건이 일어나고 3년 후 태어난 이 아이가 바로 성리학을 집대성한 주희다.

주희는 남송 시대 이후 가장 뛰어난 지식인이자 후대에 학문적으로 가장 큰 영향력을 행사한 인물이다. 정교한 논증과 명석한 사유 그리고 해박한 지식과 190권에 이르는 저술을 기반으로 일군 그의 성리학적 철학 체계는 중국은 물론 조선을 비롯한 주변

국을 800여 년 동안 정신적으로 지배했다. 그런 그가 살아 있을 때 가장 몰두한 일은 理가 곧 道이며 곧 만물의 근원이자 실체임을 논증하는 것이었다.

제자가 주희에게 물었다.

"이 세상에 집이 전혀 없을 때에도 집의 理가 있었을까요?"

주희가 단호하게 말했다.

"물론이다. 세상에 집이 하나 없었을 때도 집의 理는 있었다."

"그렇다면 굴에서 사는 사람들은 왜 굴에서 사는 것일까요? 그들에게 집의 理가 있다면 당연히 그들도 굴을 버리고 집을 짓고 살아야 하지 않겠습니까?"

"그것은 집의 理가 없어서가 아니라 그들이 집의 理를 아직 깨우치지 못했기 때문이다."

그러면서 주희는 벽돌을 가리키며 말했다.

"여기 벽돌이 있고, 이 벽돌 속에는 벽돌의 理가 들어 있다. 또한 이 벽돌이 있기 전부터 벽돌의 理는 있었다. 만약 벽돌의 理가 없었다면 사람들이 어떻게 벽돌을 만들 생각을 할 수 있겠느냐? 집도 마찬가지다. 집의 理가 없다면 사람들은 집을 지을 생각을 할 수 없다. 사람이 무언가를 고안한다는 건 그 무언가의 理를 깨닫거나 발견했다는 의미다. 그러므로 집이 있기 전부터 집의 理는 있었고, 벽돌이 있기 전부터 벽돌의 理는 있었다."

그러자 옆에 있던 다른 제자가 물었다.

"모든 사물에 理가 들어 있다면 理는 어느 순간에 사물 속으로

3부 | 이성 중심의 동서양 철학

들어가는 것입니까?"

그 말에 주희가 크게 웃었다.

"하하, 그런 것이 아니야. 理는 사물이 생기기 전부터 존재하지만 어떤 새로운 사물이 생기면 동시에 理가 거기에 있을 수밖에 없다. 왜냐면 理가 먼저 있어야만 사물이 생길 수 있기 때문이다. 책상이 만들어지려면 이미 책상의 理가 있어야 할 것이고, 의자가 만들어지려면 이미 의자의 理가 있어야만 하지 않겠느냐? 또 네가 사람인 것이 분명하고 네가 여기에 있으려면 먼저 사람의 理가 있어야만 하지 않겠느냐?"

하지만 제자는 쉽게 납득하지 못했다.

"그래도 책상이 만들어지기 전에는 책상 속에 책상의 理가 있을 순 없지 않습니까?"

"물론이다. 책상이 없는데 어찌 책상 속에 무엇이 있을 수 있겠느냐? 하지만 책상이 없어도 책상의 理는 이미 있어야만 한다. 다만, 우리 눈에 그 책상의 모습이 보이지 않을 뿐이지."

그래도 역시 제자는 고개를 갸웃거렸다.

"만약 세상에 있는 모든 책상을 다 없애버린다면 책상의 理도 없어지는 것 아닙니까?"

"책상이 없어진다고 해서 책상의 理가 없어지는 것은 아니지. 그렇다면 여기 이 하나의 책상을 없애버리면 이 책상의 理도 없어지는 것일까? 그렇지 않지. 이 책상 하나를 없애면 이와 같은 책상 하나를 더 만들면 되지. 왜냐면 우리 머릿속에는 이미 책상의 理가 있으니까."

"아하, 그러면 理라는 것은 일종의 설계도와 같은 것이군요."

"비유하자면 그렇게도 말할 수 있겠지. 하지만 설계도 理가 먼저 있지 않고는 그려지지 않을 테니까, 굳이 표현하자면 理는 처음부터 존재하는 보이지 않는 설계도라고 하는 것이 더 맞지 않을까?"

주희는 돌 조각 하나에도 理가 머물지 않는 곳은 없다고 했다. 이는 플라톤의 이데아와 다르지 않다. 플라톤의 이데아가 그렇듯 주희의 理도 항상 완전무결하며 선한 존재다. 그것은 근본적으로는 하나이나 모든 물질 속에 존재할 수 있으며, 서로 연결되어 있다. 그것은 하나이면서 모두이고, 물질 밖에도 물질 속에도 물질이 없는 곳에도 이미 존재하는 것이다. 그래서 만물의 맨 꼭대기에 있다는 의미에서 태극이며, 모든 존재의 처음이라는 의미에서 태초이며, 모든 존재의 지향점이라는 의미에서 道다.

즉, 만물의 운행 원리이며, 우주의 법칙이며, 처음이자 마지막이고, 하나이자 모두인 셈이다. 이 우주에는 인간이 있기 이전에 인간의 理가 있었고, 바위가 있기 이전에 바위의 理가 있었으며, 인간의 본성이 형성되기 이전에 그것은 이미 본성이었다. 그래서 인간의 본성을 이성理性이라고 부른다.

이理와 기氣의 관계는 마부와 말의 관계와 같다

제자가 주희에게 물었다.

"理는 완전무결합니까?"

"그렇다."

"그렇다면 왜 理로 만들어진 집이나 理를 가진 사람이나 모두 완전하지 않은 것입니까?"

"그것은 집이 理만으로 만들어지지 않았기 때문이다. 세상에 보이는 모든 것은 氣에 의해 만들어진 것인데, 氣는 물질이므로 근본적으로 불완전하다. 따라서 집이란 불완전한 氣에 의해 理가 둘러싸여 있는 형태이기 때문에 불완전할 수밖에 없다. 말하자면 설계도는 완벽한데, 그 설계도를 재현할 재료는 불완전하다는 것이지. 그 때문에 세상에 있는 모든 물체는 불완전할 수밖에 없다."

하지만 제자의 질문은 거기서 그치지 않았다.

"理가 氣를 있게 한 근원이라면 理는 왜 氣를 완전하게 존재할 수 있도록 하지 않은 것입니까? 그것은 혹 理가 완전한 氣를 만들어낼 능력이 없다는 증거 아닐까요?"

주희는 고개를 가로저었다.

"理가 氣를 불완전한 존재로 있도록 한 것도 하나의 理다. 그것이 理가 우주 만물을 존재하게 하는 방식인 것이지."

"그렇다면 모든 물질을 완벽한 理와 불완전한 氣의 결합으로 이뤄지도록 한 것도 理에 의해 생겨난 또 하나의 理라는 뜻인가요?"

"그렇지. 바로 그거야."

"그렇다면 理와 氣의 관계는 어떻게 되는 것인가요? 理는 주인이고 氣는 노예인가요?"

"비유하자면 氣는 말이고 理는 말을 탄 사람이라고 할 수 있겠지. 말은 사람이 달리라면 달리고, 서라면 선다. 하지만 말이 항상 사람의 마음과 똑같을 순 없지. 왜냐면 아무리 길이 잘 든 말이라고 해도 사람의 생각을 정확하게 알 수는 없으니까 말이다. 이처럼 理가 아무리 완벽한 표준을 제시한다고 해도 氣는 그와 비슷하게 될 수 있을 뿐 똑같게 되지는 못하는 것이지."

주희는 氣와 理의 관계를 마치 말과 마부처럼 理가 물질, 즉 氣를 타고 다니는 형국이라고 설명한다. 그리고 마부의 지시에 따라 말이 움직이듯 理에 의해 氣가 움직인다고 설명한다. 하지만 理는 움직이지 않고 명령하며, 氣는 처음부터 그 명령을 알고 있다고 한다. 말하자면 氣는 理의 명령대로 움직일 준비를 하고 태어난다는 것이다. 하지만 말이 항상 마부의 생각대로 움직여주지 않는 것처럼 氣도 항상 理의 명령대로 움직이지는 못한다. 그것은 말이 사람의 생각에 미치지 못하듯 氣가 理의 설계를 완벽하게 받아들일 만큼 완전하지 못하기 때문이다.

누구나 성인이 될 수 있다

제자가 물었다.

"선생님, 사람 속에도 理가 있다면 사람 중에 왜 선한 사람과 악한 사람이 있습니까?"

주희가 대답했다.

"사람 속에 선한 본성이 있고, 그 본성은 인의예지라는 것으로 드러난다. 하지만 이것은 마치 물속에 있는 진주와 같다. 진주가 맑은 물속에 있으면 영롱한 빛을 드러내지만, 진흙탕 속에 있으면 그 빛을 드러낼 수 없지 않겠느냐? 즉, 인간의 본성은 원래 선하지만 그 본성을 둘러싸고 있는 감정이 진흙탕 같다면 악하게 보일 수밖에 없다는 뜻이다."

"그러니까 인간은 원래 본성이 선한데, 악한 감정에 둘러싸여 그 선한 면모를 드러내지 못하니 악하게 보인다는 것입니까?"

"그렇지. 바로 그거야."

제자가 또 물었다.

"인의예지를 맑게 드러내는 사람을 성인이라 하는 것입니까?"

"그렇다. 그런 사람이 성인이다. 요와 순 그리고 공자께서는 바로 그런 성인이셨다. 이분들은 인의예지, 즉 사단을 드러내고, 희로애락애오욕, 즉 칠정을 잘 다스려 성인에 이른 것이다."

"그러면 저도 성인이 될 수 있습니까?"

"그렇다. 너뿐만 아니라 누구든 칠정을 잘 다스려 사단을 제대로 드러내 선한 사람이 된다면 이미 성인인 것이다."

맹자는 누구나 요순이 될 수 있다고 가르쳤다. 인간의 본성은 선하기 때문에 그 본성만 회복하면 누구나 요순 같은 성인이 될 수 있다는 것이다. 주희도 맹자의 주장이 옳다고 보았다. 아니, 그는 철저하게 맹자의 주장을 추종했다.

그렇다면 인간의 본성을 회복하는 방법은 무엇인가? 그것은 곧 공자가 인간에게 가장 중요한 덕목이라고 가르쳤던 인의예지,

즉 사단을 삶에서 행동으로 옮기는 것이다. 하지만 인간은 감정의 동물이다. 즉, 칠정이 항상 사단을 가리고 드러내지 못하도록 만든다. 이 칠정의 유혹을 이기고 사단을 되찾으면 누구라도 성인이 될 수 있다는 논리다.

마음은 이理와 기氣의 결합체일 뿐

제자가 또 물었다.

"理가 우리 사람 속에 있다면 그것은 마음속에 있습니까?"

제자의 이 질문은 매우 민감한 사안이었다. 훗날 성리학과 양명학을 갈라놓는 요체가 되는 질문이었기 때문이다. 주희가 잠시 생각에 잠기더니, 이윽고 말을 꺼냈다.

"아니다."

"理가 곧 사람의 뿌리이고, 본성을 이루는데, 그러면 그 본성과 마음은 무관한 것입니까?"

"아니다. 무관하다고 말할 순 없다."

"그러면 왜 사람들은 마음이 착한 사람을 선인이라고 하고, 마음이 악한 사람을 악인이라고 하는 것입니까?"

그러자 주희가 이렇게 되물었다.

"자, 여기 책상이 있다. 이 책상의 理는 책상의 한쪽 구석만 차지하고 있을까, 아니면 책상 전체에 다 퍼져 있을까?"

그 물음에 제자가 머뭇거리고 선뜻 대답을 못 하자, 주희가 다시 이렇게 물었다.

3부 | 이성 중심의 동서양 철학

"만약 이 책상의 理가 이 모서리 부분에만 있다고 치자. 그러면 이 모서리만 잘라내면 이것은 더 이상 책상이 아닐까?"

그 물음엔 제자가 확실하게 대답했다.

"아닙니다. 비록 손상을 입기는 했으나 그 기능을 하고 있는 한 여전히 책상입니다."

그 말에 주희가 이렇게 물었다.

"만약 내가 손가락을 하나 잘라낸다면 내 마음의 크기는 줄어든 것일까?"

"아닙니다."

"그럼 내가 다리를 하나 잘라낸다면 내 다리 하나만큼 마음은 줄어든 것일까?"

"아닙니다."

"그렇다면 내 다리나 손가락엔 사람의 理가 없는 것일까?"

"다리가 하나 없거나 손가락이 하나 없다면 사람으로서 기능을 완전히 할 수 없기 때문에 다리나 손가락에도 사람의 理가 있다고 하겠습니다."

"자, 그러면 손가락이나 다리에 사람의 理가 있는 것은 분명하지만, 마음이 자리하고 있는 것은 아니지?"

"그렇습니다."

"그러니까 마음이란 사람의 일부이지 전부는 아닌 셈이지?"

그때서야 무릎을 치며 제자가 고개를 끄덕였다.

"아, 그렇겠군요."

"내가 무엇을 말하려 하는지 네가 한번 설명해보겠느냐?"

"마음이란 사람의 일부에 지나지 않지만 理는 사람의 신체에 머물지 않는 곳이 없으니, 마음속에 사람의 理가 들어갈 순 없다는 뜻 아닙니까? 理가 마음보다 훨씬 크기 때문에 마음이 理의 일부가 될 순 있어도, 理가 마음의 일부가 될 수는 없다는 것이지요."

"옳지, 잘 이해했구나. 그러면 마음이 사람의 본성과 동일한 것이 아니라는 사실도 알겠구나."

"예, 선생님."

"마음은 사람이 갖는 의식의 하나일 뿐이며, 그 의식이라는 것은 理와 氣의 결합으로 만들어진 것이다. 그런 까닭에 마음은 악할 수도 있고, 선할 수도 있다. 하지만 마음이 악해졌다고 해서 그 사람이 근본적으로 악한 것은 아니다. 마음속에 있는 악한 氣를 걷어내면 선해질 수도 있기 때문이지. 또한 마음이 선하다고 해서 항상 선한 것도 아니다. 마음은 理와 氣가 결합한 것인데, 그 氣가 항상 선할 수는 없기 때문이다."

성리학에선 理를 인간의 본성이라 말하고, 그것이 인간 속에서 性을 형성한다고 표현한다. 또 氣를 인간의 감정이라 하고, 그것이 인간 속에서 情을 형성한다고 표현한다. 말하자면 性과 情은 서로 대비되는 개념이다.

인간의 본성, 즉 性은 理에서 나온 것이므로 완전하고 선한 것이며, 이것이 행동으로 드러날 때 인의예지, 즉 사단이 된다. 그리고 情은 氣에서 나온 것이므로 불완전하고 악한 것이며, 이것이 행동으로 드러날 때 희로애락애오욕, 즉 칠정이 된다. 주희는 성인이 되기 위해서는 이 칠정을 다스리고 사단으로 온전히 드러내면 된다고 가르쳤다.

어떤 이는 이 사단이 인간 속에서 머물 수 있는 곳은 마음, 즉 心뿐이라고 주장한다. 그래서 心은 원래 아주 맑고 깨끗한 것으로서 인간의 본성, 즉 性과 동일한 것이라고 결론지었다. 이런 주장은 마음의 깨달음을 가장 중시하는 불교의 선종에서 나온 것이다. 말하자면 모든 것은 마음에서 비롯되며 마음에 달렸다는 논리다. 이러한 논리와 유학의 결합을 시도한 인물은 육구연이다. 그리고 이것이 왕수인에게 이어져 양명학이 형성되었다.

하지만 주희는 이 논리를 거부한다. 주희는 마음, 즉 心이란 그저 의식의 하나일 뿐이며, 그 의식은 理가 氣와 결합해 이뤄진 산물일 뿐 인간의 본성은 아니라고 주장한다. 이것은 훗날 육구연과 주희의 논쟁을 낳고, 양명학과 성리학을 나누는 요체가 된다.

5

선과 유학을 결합한

육구연

육구연陸九淵은 1139년 강서성 금계에서 태어났으며, 자는 자정子靜, 호는 상산象山이다. 20대 말 진사시에 합격해 정안주부 벼슬을 받았고, 이후 장작감승에 올라 금나라에 대항할 것을 주장하다 관직에서 밀려났다. 그 뒤로 상산에서 학문에 몰두하며 제자들을 길렀다.

그는 불교의 선종과 유가의 맹자학파를 결합한 인물로, 우주가 곧 내 마음이고 내 마음이 곧 우주라는 개념을 세우고, 그것을 다시 군자의 개념과 연결시켜 신유학의 새로운 장을 열었다.

육구연이 중시한 것은 자신의 마음이었다. 자기 마음만 제대로 맑게 닦으면 군자가 될 수 있다고 생각했다. 그래서 그의 학문을 심학이라고 부른다. 이와 관련해 육구연이 중시한 개념은 자존自存, 자신自信, 자립自立이다. 즉, 스스로 존재하게 하고, 스스로를 믿으며, 스스로 일어서라는 것이다. 그는 이를 위해 끊임없이 마음을 수련하고 깊게 사유하라고 가르쳤다. 주희도 이런 실천 위주의 수행 방식에 대해서만큼은 그를 높게 평가했다.

이후 육구연의 마음공부는 이학理學을 부르짖은 주희와 대비되었고, 이로써 두 사람은 남송을 대표하는 사상가로 우뚝 섰다. 그런 까닭에 둘을 통칭해 '주육朱陸'이라고 부르기까지 했다. 사상은 달랐지만, 둘은 어쩌면 가장 좋은 학문적 동지 관계를 형성했는지도 모른다.

이렇듯 학문적으로 높은 평가를 받았지만 육구연은 제자들을 앞혀놓고 자기 가슴을 가리키며 이렇게 탄식했다고 한다.

"나의 공부를 여기에 쌓아두었지만, 애석하게도 이을 사람이 없구나."

하지만 육구연이 죽고 280여 년이 지난 뒤, 그를 이을 사람이 나타났다. 바로 명대의 왕수인이다. 육구연의 사상은 왕수인에게 전수되어 육왕학파陸王學派를 형성했고, 이 육왕학파의 사상을 왕수인의 호를 따서 양명학이라고 부른다.

육구연이 남긴 저작으로는 《상산선생전집》이 있다.

마음과 이치는 하나

남송 순희 2년(1175)에 여조겸呂祖謙이라는 인물이 주변 학자들을 초청했다. 그 명단엔 주희와 육구연도 포함되어 있었다. 육구연은 이미 주희와 친분이 있었는데, 주희는 육구연보다 나이가 아홉 살 위였다. 흔히 두 사람이 친구였다고 알려져 있지만, 당시 아홉 살이면 적지 않은 나이 차이였기에 친구라기보다는 호형호제하는 관계였을 것이다.

육구연은 여조겸의 초청 명단에 주희가 있다는 소식을 듣고 다섯째 형인 육구령陸九齡과 함께 초대에 응했다. 요즘으로 말하면 여조겸이 일종의 세미나를 주선한 셈이다. 장소는 연산에 있는 아호사鵝湖寺라는 절이었다.

주희를 보자, 육구연이 먼저 말을 걸었다.

"원회께서는 많은 제자를 기르고 계신데, 사람을 어떻게 가르치는 것이 좋은지 한 수 알려주시지요."

주희가 대답했다.

"그거야 상산이 나보다 잘 알고 있을 것 같은데…… 먼저 한 수 알려주시게나."

당시 사람들은 육구연을 상산 선생이라고 불렀다. 육구연이 강서성 상산에서 제자들을 가르치고 있었던 까닭이다. 육구연이 기다렸다는 듯 자신감에 차서 말을 받았다.

"뭐 특별할 것이 있겠습니까? 사람을 가르치는 일에서 가장 중요한 건 배울 자가 어떤 마음을 가졌는가 하는 것이겠지요. 그러니 마음이 깨달음을 얻으면 모든 게 저절로 되지 않겠습니까?"

그러자 주희가 고개를 갸웃거리며 말했다.

"사람이 한 번 깨달았다고 해서 모든 걸 아는 것은 아니지 않은가? 나는 우선 부지런히 여러 책을 널리 보고 지식을 충분히 쌓은 뒤에야 비로소 핵심을 알게 하는 방법을 쓰고 있네."

육구연이 소리를 내어 웃으며 농담을 던졌다.

"그렇게 책에 파묻혀 살다 아무것도 모른 채 죽은 사람은 없습니까?"

주희 역시 농담으로 받아넘겼다.

"책에 파묻혀 살다 죽는 것이 책을 보지도 못하고 죽는 것보다야 낫지 않겠는가?"

농담에 뼈가 있었다. 육구연이 다시 말을 이었다.

"원회의 제자들은 지겨움을 이기는 비법을 익혀야만 할 것 같습니다. 그렇게 책만 파다가 지겨우면 무슨 일을 할지 자못 걱정스럽습니다."

주희 역시 지지 않았다.

"책 읽는 일을 지겹다고 생각하면 학문을 하지 말아야지. 글줄도 제대로 읽지 못하는 자들이 마치 세상 만물의 이치를 다 익힌 듯이 구는 것이야말로 꼴불견이 아니겠나."

육구연은 주희의 방식이 자칫 아는 것은 많은데, 진리는 모르는 바보를 만드는 일이라고 비꼬았고, 주희는 육구연의 방식이 지식조차 얻지 못한 채 그저 깨달음을 얻겠다고 시간만 허비하는 일일 수도 있다고 반격했다. 이렇듯 육구연과 주희의 논쟁은 접점을 찾지 못했다. 육구연은 단 한순간에 깨달음이 마음에 찾아들면 세상 만물의 이치를 한꺼번에 알게 된다고 생각했고, 주희는 지식을 축적하면서 부지런히 공부해 학문이 무르익으면 이치를 깨닫게 된다고 생각했다.

이들의 논쟁은 마치 불교의 돈오점수頓悟漸修 논쟁과 흡사하다. 돈오란 한순간의 깨달음이면 진리에 도달할 수 있다는 수행법이고, 점수란 점진적으로 수행을 지속하면 어느 순간에 깨달아 진리에 이를 수 있다는 수행법이다. 이는 신유학이 수·당 시대 이후 중국을 사상적으로 지배한 불교의 영향과 무관하지 않다는 것을 보여준다.

그쯤에서 주희가 육구연에게 물었다.

"그렇다면 상산은 사람의 도리를 다하기 위해 필요한 것이 무엇이라 생각하는가?"

육구연이 대답했다.

"인간에게 있어 마음, 즉 心이 도리의 근본이니, 마음만 잘 유지하면 사람의 도리를 다하는 것은 어렵지 않겠지요."

이에 주희가 또 물었다.

"마음이란 때론 선하고 때론 악한데, 무엇으로 도리를 깨친단 말인가? 어떤 도리가 옳고 어떤 도리가 그른지 알아야 도리를 지킬 수 있을 것 아니겠는가?"

주희의 이 말속엔 마음이란 그저 理와 氣의 결합 과정에서 나타나는 결과물일 뿐 인간 본성의 근원이 될 수 없다는 생각이 깔려 있었다. 하지만 육구연은 동의하지 않았다.

"마음은 만물의 법칙, 즉 理와 같은 것이니, 마음 자체는 선하기만 할 뿐 악할 수는 없지요. 우리가 악하다고 하는 것은 마음이 악한 것이 아니라 행동이 악한 것이고, 그 악한 행동을 없애려면 마음을 본래 상태로 돌려놓으면 되는 것이지요. 내 제자들은 어떤 상황에서 어떤 예의를 갖춰야 할지 굳이 배우지 않아도 사람의 도리를 어기지 않소이다."

"어떤 도리를 행해야 할지도 모르는데, 어떻게 사람의 도리를 어기지 않았다고 말할 수 있는가?"

"그렇다면 책 속에 나오는 도리는 모두 어디서 나온 것입니까? 그것은 모두 성인이 마음으로 깨달아 만든 것 아닙니까? 또 마음으로 깨달을 수 있는 것은 마음 자체가 깨달음의 본질이기 때문 아닙니까? 만약 마음이 우주 만물의 원리, 곧 理와 같지 않다면 성인은 어떻게 마음으로 理를 알겠습니까? 따라서 마음을 제대로 알면 숱한 책과 씨름하지 않아도 사람의 도리와 우주 만물의 이치를 알지 못할 까닭이 없지 않습니까?"

"어허, 성급하구만."

"저는 답답하외다."

주희와 육구연의 논쟁은 결국 타협 없는 평행선을 그리고 말았다. 이 일이 곧 성리학과 양명학의 분기점이기도 했다.

육구연은 젊은 시절 책을 읽다가 우주宇宙라는 글자를 보고 이렇게 풀이했다고 한다.

"사방과 상하를 일러 '우'라 하고, 고금 왕래를 일러 '주'라 한다."

즉, '우'를 공간적 개념, '주'를 시간적 개념으로 규정하고 이를 합쳐서 우주라고 생각한 것이다. 그렇다면 우주는 시간과 공간을 동시에 지칭하는 개념이 된다. 그는 이렇게 깨닫고 나서 다음과 같이 썼다.

"우주 안의 일이 곧 내 안의 일이요, 내 안의 일이 곧 우주 안의 일이다."

다시 말해, 우주는 또 하나의 나이고, 나는 또 하나의 우주이니, 둘은 일치한다는 것이다. 그리고 이후 《상산선생전집》에서 이렇게 썼다.

"동해에서 성인이 나온다 해도 그 마음은 같을 것이요, 그 이치도 같은 것이다. 또한 서해, 남해, 북해에서 성인이 나온다 해도 역시 그럴 것이다. 수백수천 년 이전에 성인이 나왔을 때도 이 마음과 같고, 이 이치와 같았다. 또 앞으로 수천수백 년 후에 성인이 나온다 해도 이 마음과 같고, 이 이치와 같을 것이다."

육구연은 이렇게 시간과 공간에 상관없이 성인의 마음은 늘 한결같으며, 그 이치도 한결같다고 결론지었다. 그리고 마음엔 항상 이치가 따라 붙으므로, 마음과 이치는 둘로 나누어져 있지 않으며, 마음이 곧 이치이고, 이치가 곧 마음이라는 확신을 갖게 되었다. 이 논리는 결국 이정 형제가 말했던 理와 마음은 같을 수밖에 없다는 결론으로 이어졌다. 이를 간단히 말하면 심즉리心則理, 마음이 곧 理라는 것이다. 그러므로 마음만 알면 理를 아는 것이니, 공부 중에서 가장 중요한 공부는 바로 마음공부다.

이렇게 되자 육구연에게 가장 중요한 것은 자신의 마음이었다. 마음이 곧 이치라면 자기 마음만 공부하면 이치는 절로 깨치게 될 터였다. 그래서 굳이 다른 사람에게 이치를 배우려고 애쓸 필요도 없고, 책을 통해 이치를 구할 필요도 없으며, 세상 만물의 원리를 배워 이치에 접근하려고 노력할 이유도 없었다. 오직 자신의 마음만 탐구하면 그만인 것이다.

육구연은 자기 마음을 탐구하는 행위를 '자립'이라고 규정했다. 말하자면 자신을 세우는 행위를 통해 스스로 자신의 주재자가 되는 것이 마음공부의 첫 번째 요건이라고 보았다.

그리고 자립이란 뜻을 세우는 것, 곧 입지立志라고 규정했다. 그렇다면 어떤 뜻을 세워야 할 것인가? 바로 백성을 위해 뜻을 세워야 하고, 그 뜻을 세우는 자가 바로 공자와 맹자가 말하는 군자라고 결론지었다. 이렇게 함으로써 육구연은 불교의 깨달음, 즉 선禪의 개념과 공자를 연결시켰다. 그런데 육구연의 논리가 성립하기 위해서는 마음이 본래 선해야만 가능하다. 그런 의미에서 보면 맹자의 성선설을 지지하고 있는 셈이다.

하지만 그에게는 아직 풀어야 할 숙제가 있었다. 사람의 마음엔 항상 그릇됨이 따라다니기 마련인데, 이를 어떻게 극복할 것인가 하는 점이었다. 이에 대해 그는 이렇게 말한다.

"사람의 마음에는 병폐가 있는데, 이것을 벗겨내야만 한다. 한 번 병폐를 벗겨내면 그만큼 맑고 밝아진다. 뒤이어 또다시 벗겨내면 또다시 맑고 밝아진다. 그렇게 반복하면 깨끗하게 병폐가 벗겨진다."

육구연은 그 마음의 병폐를 벗겨내는 방법으로 마음공부를 택했다. 이는 불교의 선 수행법과 크게 다르지 않다. 말하자면 돈오를 주장한 것이다.

"생각이 바르지 못한 사람이라도 순식간에 제대로 알면 바르게 될 수 있고, 생각이 바른 사람이라도 순식간에 그것을 잃어버리면 바르지 못하게 된다."

즉, 항상 자기 마음을 깨끗하게 보전하기 위해 마음 수련을 지속해야 한다는 뜻이다. 이런 의미에서 그의 학문을 심학이라고 한다. 그의 사상은 훗날 명대에 이르러 왕수인에게 전해져 양명학을 낳았다.

6

양명학의 창시자

왕수인

왕수인王守仁은 1472년 지금의 절강성 여요에서 태어났다. 초명은 운雲이며, 호는 양명陽明, 자는 백안伯安이다. 아버지는 높은 관료였고, 집안은 부유했다. 덕분에 어린 시절부터 주자학을 익혀 과거에 합격하기 위해 노력했고, 그 과정에서 한때 주자학을 추종하기도 했다. 하지만 진사시에 합격하고 벼슬을 얻어 환관 무리와 대치하다 지방직으로 쫓겨난 후, 보다 근원적으로 학문에 접근함으로써 주자학에서 벗어났다.

주자학을 극복하려 애쓰는 동안 도교와 불교에도 심취해 불교식 참선 같은 정좌 수행법을 익혔다. 그는《대학》을 새롭게 읽어 격물치지格物致知의 뜻을 재해석하고, 이에 큰 깨달음을 얻어 유학의 새로운 지평을 열었으니, 이것이 곧 육구연이 추구하던 심학의 발전으로 이어졌다. 그는 단순히 육구연의 심학을 반복하는

데 그치지 않고, 자신만의 이론을 가미하고 새롭게 만들어 지행합일知行合一의 논리를 끌어냈다. 마침내 심학을 완성해 양명학을 창시하기에 이른 것이다.

양명학에 따르면 우주가 곧 마음이다. 다만 육체로 인해 마음이 우주와 분리된 것처럼 보일 뿐이다. 그러므로 양명학에서 모든 인간은 우주를 안고 있는 존재다. 우주의 본질이 理이고, 마음 또한 理이니, 우주와 마음은 하나일 수밖에 없다.

1528년경 왕수인이 56세를 일기로 생을 마감한 후 양명학은 그의 제자 전서산錢緒山과 왕용계王龍溪 등에 의해 정통파와 신양명파로 갈려 후대로 전승되었다. 왕수인의 사상은 주로 제자들이 엮은 어록집인《전습록》에 기록되어 있다.

만물에 모두 이理가 있다면 왜 발견할 수 없을까?

주희가 성리학을 주창한 이래, 중국의 학자들은 대부분 주희의 철학에 경도되었다. 왕수인도 예외는 아니었다. 젊은 시절, 왕수인은 당대 그 어느 학자보다도 열렬한 주희 추종자였다. 그래서 대나무를 앞에 놓고 理를 탐구하기도 했다. 사사물물事事物物, 즉 만물에 모두 理가 있다는 말을 믿고 대나무에서 理를 찾으려 했던 것이다.

"대나무는 곧고 단단하다. 그 줄기는 하늘의 중심을 찌를 듯이 굳세고, 그 잎새는 창날같이 날카롭다. 하지만 속은 비었다. 속이 비어 있으므로 겉은 더 단단하다. 이는 속이 비어 있다는 것을 감추기 위한 대나무의 술책인가? 그 속에 숨어 있는 理는 무엇인가? 비어 있는 것이 가장 단단하다는 뜻인가? 그렇다면 대나무처럼 마음을 비우면 단단한 절개를 가질 수 있는 것인가?"

왕수인은 푸른 대나무를 앞에 놓고 7일 동안 밤낮없이 명상을 계속했다. 그러나 뚜렷하게 잡히는 것은 없었다. 그저 머리만 깨질 듯이 아팠다.

"정말 사사물물에 理가 있는 것인가? 그렇다면 이토록 간절히 알아내려 해도 왜 알 수가 없단 말인가?"

그렇게 주희의 가르침을 의심하기 시작했다. 귀족 출신으로 관직에 나아가기 위해 비판 없이 주희의 가르침을 믿고 공부했지만, 비로소 회의가 들기 시작한 것이다. 이후로 왕수인은 유학 이외의 다른 학문에도 심취했다.

그 무렵 세상은 어지러웠다. 환관이 다시는 정치에 관여할 수 없게 하겠다고 공언했던 명 태조 주원장의 말이 무색할 정도로 환관이 정치를 좌지우지해 나라 살림은 피폐해지고 농민의 폭동이 빈발했다. 거기다 조정 관료들은 당파를 형성해 서로 잡아먹지 못해 으르렁거렸다.

그런 까닭에 먹물들은 세상을 한탄하며 세속을 등졌고, 그 결과 다시 도교와 불교가 인기를 누렸다. 도교는 장생술로 오래 사는 법을 가르치고 치병술로 병을 다스리는 방법을 고안해 민심을 유혹했다. 하지만 도교에 대해 왕수인은 이렇게 생각했다.

"어찌 인간이 늙지 않고 병들지 않으리오. 이는 모두 어리석은 자들을 꾀어내기 위한 미신에 불과한 것이다. 공자도 맹자도 장생술과 치병술이 있다는 말을 하지 않았는데, 성인도 모르는 것을 저들이 어찌 알 수 있단 말인가?"

하지만 불교는 도교처럼 미신이라고 치부하기 어려웠다. 모든 인간에겐 깨달음의 본질인 불성佛性이 있고 만물에도 그와 같은 불성이 자리하고 있다고 하니, 이는 이정과 주희가 앞세운 理와 크게 다른 이치가 아니었다. 더구나 불교의 선종엔 깨달음의 가르침도 있었다.

"마음만 잘 다스리면 만상의 이치를 꿰뚫을 수 있다고 했으니 모든 것은 마음속에 다 있다는 뜻 아닌가? 그렇다면 인간의 마음이 곧 理와 다를 바 무엇인가?"

그렇게 불교에 기울었지만 의심스러운 구석도 있었다.

"하지만 꼭 세속을 떠나야 하는 이유는 무엇인가? 왜 머리를 깎아야 하고, 부모 형제와 떨어져야 하고, 세상을 멀리해야만 하는가? 거기다 왜 가정을 꾸리면 안 되고, 사랑을 하면 안 되는 것인가? 불교의 이치는 옳은 것이로되 그 가르침은 쉬이 수용할 수 없다."

왕수인은 한때 불가에 귀의할 생각도 했으나, 여전히 유가의 가르침이 발목을 잡았다. 그렇게 그는 불교에 등을 돌리고 다시 유학으로 돌아왔다. 하지만 의문은 여전했다.

"사사물물에 정말 理가 있을까?"

중요한 것은 사물이 아니라 마음

비록 주자학에 회의를 품긴 했으나, 그는 주희의 학문으로 돌아올 수밖에 없었다. 그의 현실 앞엔 과거시험이라는 넘어야 할 산이 있었다. 아버지처럼 관료로 진출해 정치를 하려면 그 수단으로 성리학을 공부해야만 했다. 그래서 주희의 가르침에 열중했다. 그리고 홍치 12년(1499) 진사에 합격해 병부주사의 관직에 올랐다. 몇 년 뒤 환관 유근이 조정을 장악하자 왕수인은 그에 반기를 들고 대항했다. 그러나 유근의 세력은 그리 호락호락하지 않았다. 결국, 유근의 눈 밖에 난 그는 귀주 용장으로 좌천되고 말았다. 말이 좌천이지 유배 생활과 진배없었다.

하지만 좌천은 그의 학문적 발전엔 오히려 도움이 되었다. 귀주 지역엔 문화적으로 뒤떨어진 이민족이 많았는데, 그 속에서 그는 새로운 세계를 보았다.

"세상엔 관료만 있는 것이 아니다. 또한 학자만이 만물의 이치를 꿰뚫고 있는 것이 아니다. 저잣거리의 장돌뱅이도 마음만 수양한다면 세상의 이치를 알 수 있다."

그는 가난한 이민족과 함께 지내면서 그들의 지혜와 능력을 새삼스럽게 깨달았다.

"신분에 상관없이 사람이라면 누구나 세상의 이치를 깨달을 수 있다. 무엇으로 그것이 가능한가? 학문인가? 아니다. 그렇다면 학자만이 이치에 도달할 수 있지 않겠는가? 하지만 문자를 모르는 한낱 양치기도 세상의 이치를 알고 있다. 그러니 학문으로 이치를 깨닫는 것은 아니다. 그러면 무엇인가?"

그런 의문을 품은 채 명상하고 또 명상했다.

"나는 지금 명상을 한다. 그리고 깨닫는다. 그렇다면 나의 무엇이 나를 명상하고 깨닫도록 하는 것인가?"

그때 머리를 스쳐 지나가는 것이 있었다.

"주자께서는 왜 경서 중 첫 번째로 읽어야 할 책을 《대학》이라고 했을까?"

그런 의문을 품고 그는 《대학》을 다시 읽었다. 그러나 주자가 해석을 단 《대학》 신본新本 대신 원본 《대학》을 선택했다. 그때 '격물치지'란 문구에서 크게 깨달음을 얻었다.

"주자는 격물이란 사사물물의 理를 궁구窮究(속속들이 연구함)하는 것이라고 해석해놓았는데, 내가 보니 그런 뜻이 아니다. 격물은 사물의 이치를 연구하는 데 목적이 있는 게 아니라 사물의 이치를 연구하여 마음을 바르게 하는 데 목적이 있다. 다시 말해, 사물의 이치를 얻어내는 것은 마음을 바르게 하기 위한 수단일 뿐이다. 그런데 주자는 이 수단을 목적인 것처럼 가르쳤다. 그러니 주자의 방식으로 아무리 격물을 한들 올바른 앎에 이르지 못한다."

왕수인은 주자와 달리 격물치지를 사물의 이치를 파악해 지식을 명확하게 알게 된다는 의미로 해석했다. 사물을 통해 마음을 바로잡으면 그게 곧 올바른 지식에 도달하는 것이라고 해석한 것이다.

"결국 중요한 것은 사물이 아니라 사람의 마음이다. 그것이 성인이 우리에게 가르치고자 하는 핵심이다."

그 깨달음을 얻자 모든 게 달리 보였다. 또 그간 주자의 학문을 통해 얻지 못했던 사물의 이치를 단번에 깨쳤다. 이는 주자와 학문적으로 대립했던 육구연의 생각과 거의 일치하는 것이었다.

마음이 가장 완벽한 경전

왕수인이 귀주에 머무는 동안, 환관 유근이 반란을 일으켰다. 얼마 후 반란에 실패한 유근이 제거되자 그의 좌천 생활도 풀렸다. 그는 다시 중앙 관료로 복귀했다. 그러나 그는 귀주로 떠나기 전의 왕수인이 아니었다. 철저한 주자 비판론자가 되어 있었던 것이다.

그가 세간에 가장 먼저 알린 일은 주자의 신본《대학》말고 원본《대학》이 따로 있다는 사실이었다. 그 말을 듣고 많은 선비가 놀라움을 금치 못했다. 이때부터 이른바 고본古本《대학》이 선비 사회를 풍미했다. 이후 왕수인이 격물에 대한 새로운 해석을 내놓은《오경억설》을 저술하자 그를 추종하는 무리가 생겨났다. 그 무리 중 한 사람이 왕수인을 찾아와 물었다. 그때 이미 세상 사람들은 그를 '양명 선생'이라 부르고 있었다.

"양명 선생님, 지知와 행行 중에 무엇을 먼저 해야 합니까?"

이 물음에 주자학적으로 대답하면 당연히 앎이 우선이고, 그런 후에 행동이 이뤄져야 한다고 해야 한다. 또 육구연에 따르면, 마음이 곧 행동을 수반하므로 행동이 먼저라고 대답해야 한다. 말하자면 그는 왕수인에게 주희와 육구연 중 어느 쪽이 옳은지 물은 것이다. 왕수인은 이렇게 대답했다.

"알고자 하는 것 자체가 이미 행동이므로 知와 行은 하나요. 즉 知와 行은 분리될 수 없는 성질의 것이오. 이를 한마디로 표현하면 지행합일이라 할 수 있소."

이는 왕수인의 탁월한 견해였다. 주자가 주장하는 앎의 과정을 받아들이면서 동시에 육구연의 마음에 따른 행동의 중요성도 역설한 것이다.

그가 또 질문했다.

"우리는 어떻게 知에 이를 수 있습니까?"

이에 왕수인이 대답했다.

"우리에게 마음이 있는 한 우리는 이미 태어날 때부터 知에 도달해 있는 것이오. 따라서 마음만 바로 세우면 양지良知(올바른 앎)에 도달할 수 있소. 그러니 마음을 바로잡기만 하면 되지."

이는 주자 사상에 정면으로 도전하는 행위였다. 주자는 지선후행知先後行, 즉 먼저 제대로 알고 행동으로 옮겨야 한다고 가르쳤다. 하지만 왕수인은 앎 자체가 행동이며, 마음속에 이미 선천적으로 앎이 있으니 마음만 바로 세우면 행동은 동시에 이뤄진다고 주장했다. 왕수인은 또 이렇게 말했다.

"우리가 시시비비를 가리는 것 자체가 이미 行이오. 따라서 知와 行은 별개일 수 없소."

"모든 게 마음만 세우면 된다고 말씀하셨는데, 그러면 성인들이 남긴 경전을 자세히 공부할 필요가 없다는 말씀입니까?"

위험한 질문이었다. 공자와 맹자의 경전은 성리학에서 절대적인 것, 다시 말해 그 경전 자체가 곧 성인의 명령으로 인식되고 있었다. 그것을 주희가 재해석했고, 세상 사람들은 그러한 주희의 해석을 공자나 맹자의 말씀과 같다고 생각했다. 이를 거부하면 주희 추종자들이 이단시해 공격할 게 뻔했다. 하지만 왕수인은 단호하고 분명하게 대답했다.

"맹자는 누구나 요순이 될 수 있다고 하였소. 이는 누구나 마음을 제대로 닦으면 성인이 될 수 있다는 뜻이오. 지금 우리는 맹자를 성인으로 추앙하고 있지만, 맹자가 살던 시대에는 요순과 공자만이 성인이었소. 그런데 맹자가 옳은 말씀을 하셨소. 누구나 요순이 될 수 있듯, 누구나 성인이 될 수 있소. 그것은 오직 우리의 마음에 달렸소. 모름지기 경전이란 성인이 남긴 말씀이오. 그런데 마음을 바로잡으면 누구나 성인이 될 수 있다고 했소. 경전은 성인의 마음에서 비롯된 것 아니겠소? 그러니 마음을 바로잡아 성인이 된다면 굳이 경전을 뒤져 옳고 그름을 따질 이유가 무엇이오? 경전은 성인의 마음에서 아주 일부만 반영된 것이오. 그 때문에 경전만 본다면 성인 마음의 아주 일부만 보는 것과 같소. 따라서 마음을 제대로 세우는 것이 경전을 보는 것보다 훨씬 넓고 깊게 공부하는 것이오. 경전 중에 마음만큼 깊고 넓은 완벽한 경전이 또 어디 있겠소?"

성인의 경전이란 곧 성인의 말씀을 모아놓은 것에 불과하고, 성인의 말씀이란 곧 성인의 마음에서 나온 것이다. 또 경전이 성인의 마음을 모두 담을 수 없으니, 성인의 마음이 경전보다 훨씬 넓고 깊을 수밖에 없다. 그런데 누구나 마음을 바로 세우면 성인이 될 수 있으니, 누구나 성인의 마음이 될 수 있다. 그러므로 성인의 마음을 얻으면 가장 완벽한 경전을 얻는 것이다. 그러니 굳이 성인 마음의 일부만 반영된 경전을 공부할 필요가 있겠느냐는 반문이었다.

그렇다면 이런 의문이 생길 법도 하다.

"사물은 우리에게 어떤 의미를 가지는가?"

이에 대해 왕수인은 이렇게 대답한다.

"사물은 우리가 마음을 올바로 세우도록 이끌어주는 수단이다. 사물이 이치에 맞게 움직이는 것을 보고서 마음을 바로 세우는 판단을 얻는 것이다."

왕수인은 이렇게 심학의 체계를 완성했고, 이를 후세 사람들은 그의 호를 따서 양명학이라 이름 붙였다.

"경전에 매달려 그 의미를 알기 위해 씨름하지 말고 고요히 앉아 자신의 마음을 들여다보라. 그리고 그 마음에 티끌이 생기지 않도록 하라."

이는 남선종의 창시자 혜능의 말과 크게 다르지 않다. 왕수인의 말을 약간 확대 해석하면 불교의 불립문자不立文字와 유사하다. 문자는 곧 지식을 얻는 수단이다. 하지만 마음에 선천적으로 모든 지식이 쌓였으니 굳이 문자를 통해 지식을 궁구할 이유가 있겠는가?

다만 혜능이 승려의 삶을 살았다면 왕수인은 유가의 삶을 살았다는 것밖에 큰 차이가 없다. 그래서 양명학을 '선禪의 유학'이라고 부르는 것일 테다. 하지만 그는 불교를 강력하게 비판했다. 아마도 속세를 떠나 선을 추구하는 모습이 그와 맞지 않았던 모양이다. 그만큼 세속에 대한 욕심과 정치에 대한 믿음이 컸다는 뜻도 된다.

또한 선천적으로 모든 지식이 마음에 들어 있다는 생각은 흡사 칸트의 선험적 관념과 유사하다. 비록 접근 방식엔 차이가 있긴 해도 말이다. 요컨대 칸트가 합리주의를 추구하는 지식론자인 반면, 왕수인은 깨달음을 추구하는 수행론자라는 점에서 근본적 차이가 있다.

· 2장 ·

과학 시대를 연
17세기 유럽 철학

서양은 서로마제국 멸망(476)부터 종교개혁(1517)에 이르는 약 1,000년 동안 기독교가 학문과 문화를 지배하는 중세 시대를 맞이했다. 중세 철학은 교부철학과 스콜라철학이라는 두 가지 형태로 나뉜다. 교부철학이 중세를 준비하는 철학이라면, 스콜라철학은 중세를 지배하는 철학이라고 볼 수 있다.

교부철학은 플라톤 철학과 헤브라이즘이 융합된 신플라톤주의에 그 뿌리가 있으며, 아우구스티누스에 의해 본격화되어 절정에 달했다. 하지만 카를 대제의 문화 운동으로 많은 학교가 생겨나자 교부들은 학자들에게 학문적 권위를 내주었다.

학자들의 철학인 스콜라철학의 선두 주자는 안셀무스였다. 그는 "신앙은 지성을 요구한다"는 아우구스티누스의 말을 표어로 내걸고 신앙에 학문적 근거를 제공하는 작업에 박차를 가했다. 이에 힘입어 스콜라철학은 '스콜라학파의 왕자'라 불리는 토마스 아퀴나스에 이르러 완성되었다.

그러나 스콜라철학은 오컴의 윌리엄William of Ockham 등 후기 학자들에 의해 개별주의적 신학이 싹트면서 서서히 몰락의 길을 걷기 시작했다. 개별주의적 신학은 곧 교황의 절대적 권위에 도전하는 일이었고, 이 때문에 개별주의적 신학을 옹호하는 군주들과 교황 사이에 싸움이 벌어져 중세는 나락으로 치달았다.

이후 15세기로 접어들면서 본격적인 르네상스와 종교개혁이 일어나 근세Neuzeit(독일어로 '새로운 시대'라는 뜻)의 문을 열었다. 학문에 대한 인식의 변화로 과학이 발달하고, 개인의 종교 자유가 허락되고, 시민 계급이 성장해 황제와 교황의 절대적 권위가 무너지면서 유럽이 1,000년의 기나긴 잠에서 깨어난 것이다.

근세의 가장 두드러진 특징은 과학의 발전이다. 특히 코페르니쿠스의 지동설을 담고 있는 《천체의 회전에 관하여》(1543) 간행으로 서양의 우주관에 획기적 변화가 시작되었으며, 여기에 케플러·갈릴레이·뉴턴 등의 과학적 성과가 보태지면서 서양은 이른바 '과학의 시대'를 맞이한다.

이 같은 과학 시대를 이끈 철학적 경향은 합리주의와 경험주의로 대표할 수 있다. 영국을 중심으로 형성된 경험주의 철학은 베이컨을 선두로 홉스·로크·버클리·흄 등에 의해 계승·발전했고, 대륙 국가에서 각광받은 합리주의 철학은 프랑스의 데카르트에서 시작되어 네덜란드의 스피노자와 독일의 라이프니츠로 이어졌다.

이러한 두 경향의 철학적 흐름은 영국과 프랑스 그리고 독일의 계몽주의 형성에 막대한 영향을 미쳤고, 독일의 칸트에 의해 종합적으로 정리되면서 서구 철학을 지탱하는 양대 기둥으로 우뚝 섰다.

1

죽을 때까지 실험에 몰두한 경험주의의 선구자

베이컨

영국 경험주의 철학의 선구자 베이컨Francis Bacon은 1561년 1월 22일 런던의 요크하우스에서 태어났다. 아버지 니컬러스 베이컨은 엘리자베스 1세 때 20년간 궁내대신으로 봉직했으며, 어머니 앤 쿡은 에드워드 6세의 왕사王師를 지낸 앤서니 쿡의 딸로 엘리자베스 1세 때 대장대신을 지낸 유력 정치인 윌리엄 세실의 처제이기도 했다.

이런 귀족 집안에서 태어난 베이컨은 12세에 케임브리지대학에 입학했다. 그러나 18세 때 아버지가 사망하는 바람에 경제적 어려움에 직면했다. 아버지가 갑작스럽게 죽어 아무 재산도 상속받지 못했기 때문에 졸지에 빈털터리 신세가 된 것이다. 그래서 겨우 변호사 면허를 얻은 후 세실 가문의 도움으로 법관 자리에 오를 수 있었다.

법관으로서 그는 엘리자베스 1세 때 어렵사리 진급을 거듭하다 제임스 1세 즉위 후 신임을 얻어 급속하게 승진했다. 그리고 1613년 법무대신, 1618년 대법관이 되었다. 하지만 1621년 뇌물을 받은 혐의로 실형을 선고받고 대법관 자리에서 쫓겨나 감옥살이를 했다. 다행히 감옥살이는 단 며칠 만에 끝나고 벌금형도 면죄되었지만, 이 일로 영원히 관직에서 물러나야 했다.

이후 1626년 사망할 때까지 부단히 철학에 몰두해《학문의 진보》《신기관》《새로운 아틀란티스》 등의 저서를 남겼다.

베이컨은 눈雪을 활용해 고기를 보관하면 얼마 동안 썩지 않을지 궁금해했다고 한다. 그는 런던에서 하이게이트로 가던 중 이런 의문이 들었는데, 이 문제를 풀려고 어느 농가에서 닭 한 마리를 구입해 죽인 다음 뱃속에 눈을 채웠다. 배에 눈을 가득 채운 닭고기가 얼마 만에 썩는지 실험하기 위해서였는데, 이때 그만 병을 얻어 결국 회복하지 못했다. 그는 죽는 순간 이런 말을 남겼다고 한다.

"실험은 매우 성공적이었어."

아는 것이 힘

'아는 것이 힘'이라는 기치를 내건 베이컨은 철학의 범주를 인간과 자연에 한정해야 한다고 주장했다. 그가 이렇게 주장한 것은 철저한 연구와 경험을 바탕으로 지식을 전개해나가야 한다는 뜻이었다. 그는 이렇게 소리쳤다.

"학자들이여, 이제 비좁은 연구실을 박차고 대자연으로 돌아오라!"

관념적 선입견을 버리고 직접 자연 속에서 실험과 관찰을 함으로써 사실을 확인하라는 요구였다. 베이컨의 이 같은 주장에 근거해 사람들은 그를 '르네상스의 아들'이라고 불렀다. 과학적 사고와 인간주의적 가치관으로 중세를 무너뜨린 르네상스가 낳은 지식인이라는 찬사를 보낸 것이다.

베이컨은 철저하게 귀납적 방법, 즉 많은 자료를 검증한 이후 그 자료를 바탕으로 하나의 결론을 도출하는 방법을 사용했다. 이러한 입장을 바탕으로 합리주의자들을 다음과 같이 비판했다.

"인간은 자연의 하인이요, 해석자에 불과하므로 자연의 움직임에 대한 관찰을 통하지 않고는 아무것도 이해할 수 없다. 만약 관찰하지 않고 자연을 이해하려는 자가 있다면 그는 아무것도 발견하지 못할 것이며, 또 아무 일도 할 수 없을 것이다."

지식에 대한 이 같은 견해를 통해 그는 경험주의 철학의 선구자가 되었다.

베이컨은 자연을 단순히 이데아의 그림자로 보는 사람을 단호하게 배척했다. 아울러 합리론자들이 자연을 알기도 전에 자연에 대해 잘못된 생각을 한다고 지적하면서 그들에게는 네 가지 '정신의 우상'이 있다고 말했다.

첫 번째는 '종족의 우상'으로 인간이 자신의 입장에서 모든 걸 마음대로 해석한다는 것이고, 두 번째는 '동굴의 우상'으로 인간은 자신의 특수한 처지에 따라 자연을 이해함으로써 항상 오류에 직면한다는 것이고, 세 번째는 '시장의 우상'으로 인간은 자신이 쓰는 말을 현실로 착각하는 잘못을 저지른다는 것이고, 마지막 네 번째는 '극장의 우상'으로 인간은 자신의 이익에 따라 당파를 조성하며 그 당파를 위한 행동이 옳다고 착각한다는 것이다.

이처럼 베이컨은 선입견을 경계하면서 철학자가 갖춰야 할 자세는 과학적 방법, 즉 관찰된 사실을 정리함으로써 진리를 명백하게 드러내는 방법을 추구하는 것이라고 주장했다.

그러나 이 같은 실험주의적 정신을 가진 그에게도 역시 한계는 있었다. 그는 코페르니쿠스를 경멸했으며, 케플러를 알지 못했고, 길버트를 무시했다. 그가 인정한 과학자는 망원경을 완성한 갈릴레이 정도였다. 철저한 경험 정신을 부르짖으면서도 이렇게 과학에 무지했던 것은 그가 과학적 사유에서 수학의 중요성을 깨닫지 못했기 때문이다. 또 사물을 이해할 때 지나치게 질적인 문제에만 치중한 나머지 양적인 측정을 도외시한 것도 그의 한계였다.

그뿐만 아니라 베이컨은 사물을 관찰하는 것만으로 그에 대한 지식을 얻을 수 있다는 아주 유치한 생각을 견지했다. 단편적 사실들을 모아 그것을 일람표로 정리해두기만 하면 거기서 저절로 자연의 법칙이 도출될 것으로 기대했으니 참으로 안타까운 일이 아닐 수 없다.

하지만 자연에 대한 그의 태도와 관찰 정신은 아직 중세적 사고방식에서 완전히 벗어나지 못했던 당대 철학에 대단한 충격을 안겨주었다.

2

합리주의 철학을 이끈 근세 철학의 아버지
데카르트

프랑스 귀족 출신인 데카르트René Descartes는 1596년 투렌에서 태어나 자랐으며, 10세 때부터 18세까지 예수회가 운영하는 라 플레슈에서 8년간 교육받았다. 그리고 파리로 유학해 그곳에서 법학사 학위를 취득했다. 하지만 이내 법학 공부를 포기했는데, 철학이야말로 자기가 평생 매달릴 유일한 학문이라고 생각했기 때문이다.

당시 프랑스 상류층의 자제들과 마찬가지로 군대에 입대해 4년을 복무한 그는 이후 유럽 여행을 시작했다. 정착할 곳을 찾아 나선 이 여행은 5년여 동안 계속되었다. 여행 도중 어느 귀부인과의 교제를 위해 연적들과 결투를 벌여 승리하기도 했다. 그러다 1628년에야 비로소 여행을 끝마쳤는데, 그가 머물기로 한 곳은 네덜란드였다. 그렇게 네덜란드의 한 마을에 숙소를 정하고, 그곳에서 은둔하며 무려 20여 년을 보냈다.

데카르트는 프랑스 파리를 좋아하지 않았다. 시끄럽고, 사교적이고, 잡음이 심해 학문하는 사람이 머물 곳은 결코 아니라고 생각했다. 그가 교류한 파리 사람은 마랭 메르센 신부뿐이었다. 데카르트는 그를 통해 다양한 학문과 파리의 소식을 접했고, 또 자신의 소식을 파리에 알렸다.

데카르트는 은둔 중에도 몇 명의 여자와 교제를 나눴다. 그가 교제한 사람 중 헬레나는 각별한 의미를 지닌다. 하녀에 불과했지만 그의 아이를 낳은 유일한 여인이었기 때문이다. 그는 1637년부터 3년 동안 헬레나와 그녀가 낳은 자신의 딸과 함께 생활했다. 딸의 이름은 프랑신이었다. 그는 프랑신을 매우 총애했다고 한다. 하지만 프랑신은 1640년 홍역으로 죽고 말았다. 그 때문에 헬레나와의 동거도 끝났다.

그는 한동안 딸의 죽음 때문에 괴로워했으나 1642년부터 시작된 프리드리히 왕의 공주 엘리자베트와의 교제로 다시 활기를 되찾았다. 이때 데카르트의 나이는 이미 40대였고, 엘리자베트는 20대였다. 엘리자베트는 인물이 출중할 뿐 아니라 6개 국어를 구사했으며, 수학과 자연과학에도 조예가 깊어 데카르트의 좋은 편지 친구가 될 수 있었다. 데카르트는 그녀의 지성에 감탄하며 자신의 저서를 완전히 이해한 사람은 엘리자베트 공주 한 사람뿐이었다고 고백했다.

데카르트와 교제했던 또 다른 여인은 스웨덴 여왕 크리스티나였다. 스웨덴 주재 프랑스 대사로 있던 친구의 소개로 1645년부터 교제를 시작했는데, 이것을 계기로 데카르트는 1649년 스웨덴으로 초청을 받아 여왕의 스승이 되었다. 당시 23세이던 크리스티나 여왕은 학구열이 대단해 매주 두 번씩, 그것도 새벽 5시에 데카르트의 강의를 들었다. 하지만 이 같은 열정은 병약해진 데카르트에겐 부담스러운 일이었다. 그는 이미 53세였고, 건강도 좋지 않았기 때문이다. 결국 데카르트의 스웨덴 여행은 죽음을 재촉하는 결과를 낳고 말았다. 그는 스웨덴에 도착한 지 4개월 만인 1650년 2월 11일 폐렴에 걸려 생을 마감했다.

프랑스 사람들은 그를 일러 '프랑스가 낳은 최초의 철학자이자 마지막 위대한 철학자'라고 말한다. 이런 찬사는 아마도 그가 남긴 저작들에서 비롯되었을 것이다. 유럽 합리론의 선구자이며 '근세 철학의 아버지'로 불리는 그가 남긴 저작으로는 대표작《방법서설》을 비롯해《철학의 원리》《정념론》《성찰》《정신지도의 규칙》등이 있다.

나는 생각하므로 존재한다

데카르트의 철학을 논할 때는 무엇보다도 먼저 "나는 생각한다. 고로 존재한다cogito, ergo sum"는 명제를 앞세운다. 그리고 이러한 명제를 이끌어내는 과정에서 회의(의심)에 대한 그의 논리를 빠뜨리지 않는다. 그의 회의는 삼단논법에 따라 다음과 같은 방법으로 이뤄진다.

- 나는 나의 존재와 내 앞에 있는 모든 존재가 실재하고 있다는 사실을 의심한다.
- 하지만 나는 내가 지금 그러한 것들을 의심하고 있다는 사실만큼은 의심할 수 없다.
- 따라서 모든 것이 나의 의심을 받는다고 할지라도 그 모든 것을 의심하고 있는 내가 존재하고 있다는 것만은 거부할 수 없는 명백한 사실이다.

데카르트는 이렇게 해서 "나는 생각한다. 고로 존재한다"는 결론을 도출했다. 그런데 여기서 우리는 그가 왜 자신 앞에 펼쳐진 모든 것을 의심하기 시작했는지 알아야 한다. 사실상 그는 자신 앞에 펼쳐진 모든 것을 의심하고자 했던 게 아니라, 자기가 지닌 확신을 증명하기 위해 의심이라는 방법을 수단으로 사용했을 뿐이다. 따라서 데카르트의 의심은 그 의심을 극복하기 위한 고의적인 의심이었다는 얘기다. 의심 이전에 이미 절대적 진리를 상정하고 있었고, 다만 의심을 통해 그것을 증명하려 한 것이다. 이것을 데카르트의 '방법론적 회의' 또는 '목적을 위한 수단적 회의'라고 부른다.

그러면 데카르트가 상정한 절대적 진리란 무엇인가? 그것은 다름 아닌 신이다. 그는 처음부터 신의 존재를 증명하기 위한 방법을 모색했고, 결국 의심을 통해 의심을 극복하는 방법으로 그 일에 논리적 성공을 거두었다. 말하자면 데카르트의 "나는 생각한다. 고로 존재한다"는 명제는 궁극적으로 신의 존재를 증명하기 위한 하나의 전제에 불과했던 것이다.

그런데 "나는 생각한다. 고로 존재한다"에서 '고로ergo'는 사실 데카르트가 사용한 말이 아니다. 이 접속사는 데카르트의 말을 라틴어로 번역하는 과정에서 삽입되었다. 따라서 데카르트가 '생각'으로 자신의 '존재'를 입증한다고 판단하는 것은 잘못이다. 데카르트에게 중요한 것은 '생각하는 존재로서 내가 있다'는 사실이다. 그는 이를 통해 신을 증명하려 했다.

그렇다면 어떻게 신의 존재를 증명할까? 이를 위해 그는 "유한한 존재는 반드시 무한한 존재에 의해서만 존재할 수 있다"는 명제를 먼저 세운다. 이를 그의 삼단논법을 통해 살펴보면 다음과 같다.

- 이 세계는 유한한 존재(유한자)와 무한한 존재(무한자)로 이뤄져 있다.
- 어떤 존재든지 반드시 다른 존재에 의해 존재할 수밖에 없다.
- 유한자에서 무한자가 나올 수 없으므로, 따라서 무한자에서 유한자가 나와야 한다.

이런 논리로 자신의 명제를 증명한 후, 데카르트는 다음 단계로 돌입한다. 즉, 인간은 유한자이므로 반드시 무한자로부터 유래하지 않으면 안 된다는 명제를 세운 것이다. 그는 이 무한자를 모든 존재를 존재하게 하는 실체라고 생각했다(앞서 아리스토텔레스를 설명하면서 실체에 대한 개념을 살펴보았다). 그리고 실체를 두 가지로 분류했다. 영원히 존재하지만 인간 속에 한정되어 있는 실체와 무한한 실체가 그것이다. 인간 속에 한정된 실체는 정신이고, 무한한 실체는 신이다. 그리고 정신은 무한한 실체인 신으로부터 온다.

이로써 그는 인간이 신에 의해 창조되었다는 것을 논리적으로 증명한 셈이다. 이러한 신 존재 증명은 플라톤의 이데아론과 다르지 않으며, 근본적으론 신플라톤주의자들의 생각과 일치한다. 플로티노스, 아우구스티누스, 안셀무스 등의 관점을 계승하고 있다는 뜻이다.

따라서 모든 보편론자가 그랬듯 그의 방법론은 연역적일 수밖에 없다. 즉, 하나의 일반적 원리를 증명한 뒤 개별 주장에 그 원리를 동일하게 적용한 것이다. 또 신에 근거를 두고 있는 한 그의 관념은 인간이 태어날 때부터 가지고 있는 관념일 수밖에 없다. 이러한 관념을 '생득관념'이라고 부른다.

생득관념에 대한 절대적 믿음은 곧 사물에 대한 인식을 절대화하는 경향으로 이어졌다. 이는 결국 철학에서 인식론의 영역이 더욱 확대되는 결과를 낳는다. 데카르트의 인식론 확대는 자칫 존재에 대한 주관적 독단을 일삼을 수 있다는 한계성에 부딪친다. 또 철학을 신의 존재를 증명하기 위한 수단으로 전락시키거나 인간의 이성을 신앙의 형태로만 몰아갈 위험도 내포하고 있다. 이 같은 편협성으로 인해 그의 철학 세계에선 인간을 제외한 모든 동물이 단순한 기계적 사물로 폐기 처분될 위험에 놓이기도 한다.

이러한 한계에도 불구하고 데카르트를 '근세 철학의 아버지'라고 부르는 것은 신을 증명하는 데 있어 인간을 먼저 내세우고, 세계의 존재를 증명하는 데 있어 인간의 내면세계를 내세움으로써 결과적으로 현대의 철학적 인간학을 가능케 했기 때문이다.

3

경험철학의 체계를 완결한 철저한 유물론자

홉스

홉스Thomas Hobbes는 1588년 영국 윌트셔의 맘즈버리에서 목사의 아들로 태어났다. 어머니는 스페인의 무적함대가 쳐들어온다는 소식에 놀라 달이 차지 않은 상태에서 그와 쌍둥이 형제를 낳았다고 한다. 그는 소년 시절을 맘즈버리에서 보낸 후 옥스퍼드 대학에 진학했는데, 경제적 어려움 때문에 캐번디시 가문의 가정교사로 일했다. 당시 그는 캐번디시 일가의 도움으로 몇 번에 걸쳐 프랑스를 방문해 새로운 문물을 많이 접할 수 있었다.

그러던 중 1640년 정치적인 문제 때문에 프랑스로 망명했다. 망명 생활을 하면서 메르센 신부를 사귀게 되었고, 그의 주선으로 데카르트와 편지를 주고받았다. 데카르트는 홉스보다 8세나 아래였지만, 학문에 있어서는 홉스의 선배였다. 데카르트는 당시 유럽 대륙에서 새로운 학문을 개척한 철학자로 높이 평가받았고,

홉스는 아직 이름도 알려지지 않은 터였다. 그래서 데카르트의 저서를 탐독했다. 하지만 결코 데카르트를 추종하지는 않았다. 오히려 데카르트를 비판하면서 성장했다고 할 수 있다.

사실 홉스는 데카르트와 교류하기 이전에 벌써 베이컨의 영향력 아래 있었다. 베이컨이 죽기 전 5년 동안 그와 함께 지내기도 했다. 베이컨이 부르는 것을 받아쓰고, 베이컨의 저서를 라틴어로 번역하기도 했다. 그러면서 베이컨의 경험주의 철학에 매료되었다. 따라서 그의 철학적 토대는 베이컨이었다. 데카르트는 단지 참고할 수 있는 철학을 제공했을 뿐이다. 그는 데카르트의 합리론을 일부 인정하면서 경험철학의 체계를 더욱 견고하게 다졌다. 그 결과 경험철학의 체계를 완결한 첫 번째 인물이 되었다.

1651년 홉스는 프랑스 생활을 청산하고 11년 만에 영국으로 돌아갔다. 그를 후원하던 귀족 가문의 정치적 문제가 해결되었기 때문이다. 귀국 이후에는 한동안 궁정과 거리를 두고 지냈다. 그러다 1660년 자신의 제자 찰스 2세가 국왕 자리에 오르자 다시 궁정과 관계를 맺었다. 그때부터 1679년 91세를 일기로 죽을 때까지 별다른 정치적 탄압을 받지 않고 자신의 학문적 영역을 넓혀나갔다.

그의 대표 저서는 《철학원론》이다. 제1부 물체론, 제2부 인간론, 제3부 시민론으로 이뤄진 이 책은 제3부 시민론이 먼저 발표되고, 이어서 물체론과 인간론이 세상에 나왔다. 그 밖의 저서로는 《리바이어던》 《자유와 자연에 관하여》 등이 있다.

생각은 뇌 운동의 일환일 뿐

홉스는 근본적으로 생각(사고 작용)이 물질, 즉 뇌의 운동에 의한 것이라고 정리했다. 따라서 데카르트가 '생각하고 있다'는 사실을 논리적으로 증명함으로써 신의 존재를 증명하려 한 것을 모순이라고 지적한다. 사고 작용이 뇌 운동의 결과라면, 사고 이전에 뇌라는 물질이 먼저 있어야 한다는 뜻이다. 그것은 곧 "물질이 사고 작용에 앞선다"는 명제를 이끌어낸다. 따라서 데카르트의 사고 작용은 그 어떤 새로운 것이 아니며, 또 그 어떤 새로운 사실도 밝혀낼 수 없다.

홉스의 지적은 옳다. 데카르트가 뇌 운동에 의한 사고 작용을 통해 자신의 존재와 또 궁극적으로 신의 존재를 증명하려 한 것은 다소 비약적인 논리이기 때문이다. 홉스의 지적은 합리주의자들의 연역적 논리를 날카롭게 꿰뚫어본 것이기도 했다. 하나의 보편 명제를 세워 그걸 모든 것에 적용하는 연역법의 위험성을 경고한 셈이다.

홉스는 이렇게 데카르트의 '방법론적 회의'의 모순을 지적한 다음, 철저한 유물론적 논리를 전개한다. 앞서 언급한 바와 같이 홉스에게 데카르트의 사고 능력은 정신의 속성이 아니라, 단순히 물질의 속성, 즉 데카르트가 말한 연장extend(움직이고 변화하는 것)의 일환으로 이해된다. 따라서 홉스에게 독자적인 실체로서 정신이란 존재하지 않는다. 그에게 정신이란 단지 물체의 운동 결과일 뿐인 것이다.

홉스의 지적에 대해 데카르트는 "논리는 무엇이냐? 또 논리는 어디서 왔느냐?"고 반문한다. 이 물음에 홉스는 논리학은 우리가 종래에 생각했던 것처럼 어떤 고정된 법칙에서 비롯된 것이 아니라고 말한다. 그는 논리를 인간들이 생활을 편리하게 하기 위해 만든 하나의 약속에 지나지 않는다고 단정한다. 말하자면, 영원히 지속되는 진리인 논리는 없다는 것이다.

홉스의 입장에선 이렇게 이해하는 게 당연하다. 유물론이 인간학을 지배한다고 믿었기 때문이다. 그래서 그에게 인간은 하나의 물체이며, 오성과 이성은 그 물체의 감각적인 소산이다. 또 인간의 행위는 감각의 자극과 반작용의 힘에 의한 작용이다.

따라서 인간이란 물체를 넘어선 초월적인 부분을 전혀 갖지 못한 한정된 존재, 부자유한 존재다. 그것은 곧 인간은 동물과 다를 바 없으나 단지 뇌가 조금 더 발달한 존재일 뿐이라는 뜻이다. 결론적으로, 인간은 여느 동물과 마찬가지로 감각의 기계적 장치에 사로잡혀 있는 것이다.

이러한 관점은 홉스가 주장하는 국가주권론의 토대를 이룬다. 그는 자연 상태의 인간 사회를 '만인 대 만인의 전쟁터'로 규정한다. 그리고 이러한 자연 상태의 전쟁에서 발생하는 개인적 손해를 해결하기 위해 국가가 필요하다고 말한다. 즉, 국가는 개인의 이익을 보호하기 위한 최선의 선택인 셈이다. 그의 국가론에선 이익과 힘이 사회를 형성하는 유일한 동기다. 국민은 단지 자신의 이익과 명예를 위해서만 한 덩어리가 될 수 있다. 국가의 목적은 이러한 사회를 유지하는 일이다. 그 때문에 국가의 권력에 도전하는 어떠한 힘도 존재해서는 안 된다.

홉스의 국가론에서 개인은 모래알이고, 국가는 그 모래알들을 하나로 뭉쳐놓은 상태다. 또 그러한 상태를 유지하는 것이 정부의 의무다. 모래알을 하나로 뭉치는 유일한 방법은 그 모래알들을 물기에 항상 젖어 있게 하는 것뿐이다. 홉스는 그 적당한 양의 물기를 이익과 명예라고 보았다. 그리고 국가를 대표하는 정부는 이 물기를 유지하기 위해 강력한 힘을 필요로 한다. 즉, 홉스는 개인의 이익과 명예를 보장하기 위해서는 국가가 강력한 힘을 가져야 한다는 역설적 논리를 폈다. 이것이 그의 절대적인 국가주권론이다.

절대적 주권을 가진 국가에서는 종교도 국가의 일부에 지나지 않는다. 이것은 그가 종교를 사회적 소산으로 인식하고 있다는 뜻이기도 하다. 그는 '종교는 철학이 아닌 국법'이라고 말했다. 이는 종교도 국가와 마찬가지로 사회의 필요에 의해 유지된다는 의미이며, 더 나아가 국가를 유지하기 위한 하나의 제도적 장치에 불과하다는 결론으로 치닫는다. 국가의 제도적 장치라면 국가를 위해서만 이용되어야 한다. 다시 말해, 종교는 국가에 힘을 행사하거나 국가적인 문제에 간섭해서는 안 된다.

홉스의 절대 국가에선 이렇게 개인과 사회단체가 국가의 목적에 부합하는 행동만을 해야 한다. 그것이 지켜지지 않을 때는 국가가 개인과 단체를 응징할 수 있다. 이러한 논리에 대해 학자들은 국가가 개인의 권리를 유린할 명분이 될 수 있다고 지적하며, 국가에 권력이 집중되는 것은 바람직하지 않다고 비판한다.

4

렌즈를 갈며 생계를 이어간 위대한 은둔자

스피노자

스피노자Baruch de Spinoza는 1632년 네덜란드에서 태어나 1677년 45세를 일기로 세상을 떴다. 아버지는 포르투갈에서 종교의 자유를 찾아 이민 온 유대인 상인이었다. 당시 네덜란드는 비교적 종교의 자유를 보장하고 있었으므로 유대인들은 1598년 암스테르담에 최초로 유대교 교회당을 세울 수 있었고, 대부분의 유대인이 그곳에 속해 있었다. 스피노자 일가도 예외는 아니었다. 그는 유대인들 사이에서 유대교 방식으로 교육을 받았다. 그래서 유대인의 관습에 따라 반드시 한 가지 기술을 익혀야 했고, 그 덕분에 렌즈 가는 기술을 훗날의 생계 수단으로 삼을 수 있었다.

스피노자는 다른 유대인 아이들과 마찬가지로 히브리어를 배웠고, 네덜란드어는 물론 스페인어·포르투갈어·라틴어 등도 공부했다. 이러한 언어 능력을 바탕으로 여러 나라의 책을 접해 고대 그리스 철학부터 데카르트·홉스 등에 이르기까지 철학과 문학, 르네상스의 사상과 과학 등에 심취했다.

스피노자는 이처럼 폭넓은 독서에 힘입어 스스로 독창적인 사상을 지니기에 이르렀다. 하지만 그런 생각이 유대교의 교리와 배치되었기 때문에 1656년 유대교 사회에서 파문을 당했다. 파문은 곧 가정에서도 쫓겨나는 걸 의미했으므로 폐병으로 죽은 아버지의 유산에 대한 상속권마저 상실했다. 몇 번에 걸친 재판을 통해 유산의 일부를 찾았지만, 이복동생은 그에게 단 한 푼의 돈도 지불하지 않았다.

그는 그야말로 빈털터리로 집에서 나왔고, 광신적인 유대교인의 칼에 찔리기까지 했다. 다행히 목에 경상을 입고 도망쳐 목숨을 건질 수 있었다. 그 후 암스테르담 교외의 조용한 시골 마을에 있는 다락방으로 거처를 옮겼다. 그때부터 '바뤼흐' 대신 '베네딕투스'라는 가명을 사용했다.

그는 농가의 다락방에 살면서 렌즈를 가공하는 일을 했다. 유일한 생계 수단이 그것뿐이었지만, 손재주가 남달라 그것만으로도 그런대로 생활을 유지할 수는 있었다. 5년 후에는 집주인 부부와 함께 레인스뷔르흐로 이사했다(레인스뷔르흐엔 현재 '스피노자의 거리'가 있다). 그리고 또다시 5년여가 흘렀다. 그동안 스피노자는 《지성개선론》과 《기하학적으로 논증된 윤리학(에티카)》을 썼다. 하지만 이 책은 그가 죽을 때까지 출간되지 않았다. 당시 그와 비슷한 견해를 발표했던 친구 아드리안 쿠르바흐가 18개월 징역형을 복역하다가 죽었기 때문이다.

1665년 헤이그 인근의 보르뷔르흐로 이사한 그는 1670년 《신학정치론》을 저자 이름 없이 출판했다. 이 책은 시중에 나오자마자 곧장 금서 목록에 올라 판매 금지를 당했다. 그러나 사람들은 꾸준히 《신학정치론》을 찾았다. 때론 표지가 의학책이나 역사책으로 둔갑하기도 했지만 이 책에 대한 반향은 엄청났다. 그리고 결국은 그걸 스피노자가 썼다는 사실도 밝혀졌다. 많은 비판과 찬사가 한꺼번에 쏟아졌다. 비판자 중 많은 사람이 스피노자에게 마음을 바꾸라는 편지를 보냈다. 그중에는 라이프니츠도 있었다. 또 스피노자를 죽이려는 무리도 생겼다. 그에게는 어느새 새로운 시대를 여는 지성인이라는 극찬과 사악한 말로 민중을 병들게 하는 엉터리 지식인이라는 상반된 평가가 따라다녔다. 그렇지만 그는 어느 말에도 흔들리지 않았다.

그는 1670년 헤이그로 거처를 옮겼다. 1673년에는 하이델베르크대학의 철학 교수로 초청받았지만 거절했다. 어떤 환경에도 구속되고 싶지 않았기 때문이다.

그러던 중 애석하게도 1677년 불과 45세의 나이로 세상을 떠났다. 폐병이었다. 그것은 어쩌면 아버지의 유산인지도 몰랐다. 거기에 매일같이 칙칙한 방에서 렌즈 가는 일을 한 것도 생명을 단축시킨 원인이었을 것이다.

그는 죽기 전 집주인에게 자신의 책상 열쇠를 맡겼다. 그 책상 속에는 그동안 써놓은 많은 원고가 고스란히 들어 있었다. 스피노자가 죽은 후에야 사람들은 그의 진면목을 알게 되었다. 사회적 약자를 위해 살고, 건강 유지에 꼭 필요한 즐거움만 누리고, 생활에 필요한 돈만 가진다는 세 가지 생활 법칙을 지키며 은둔 생활을 고집했던 철학자는 어디로 보나 민중의 스승이었던 것이다.

스피노자가 죽은 그해에 암스테르담의 출판업자 얀 리우어르츠가 그의 유작들을 출간하기 시작했다. 대표작인 《에티카》와 《국가론》《지성개선론》 등이 이해에 나왔다. 그리고 1852년에는 《신과 인간에 대한 소론》이 출간되었다. 괴테가 그의 《에티카》를 한 번 읽고 개종했다고 할 만큼 스피노자의 저작이 유럽에 끼친 영향은 대단했다. 하지만 기독교 학자들을 중심으로 한 반스피노자주의자들은 독일 계몽주의 사상가 레싱의 말처럼 스피노자를 '죽은 개'로 취급했다.

모든 물질에 신이 깃들어 있다

스피노자는 신이 인간처럼 독립된 존재라고 생각하지 않았다. 인간이 신을 인간의 형상으로 이해한다면, 동물도 각기 신을 자기의 형상으로 그려놓을 것이라고 했다. 그리고 덧붙여 말하길 삼각형은 신을 삼각형으로, 원은 원으로 이해할 것이라면서 신과 인간이 같은 모습을 하고 있다고 주장하는 사람들을 비웃었다. 그는 히브리인들이 신을 남성으로 이해하는 것에도 반대했다. 사람들이 신을 남성으로 이해하는 것은 지상에서 여성이 남성에게 종속되어 있는 상태를 반영한 것일 뿐이라며, 이러한 남성우월주의적 사고를 배척했다.

요컨대 신을 어떤 특별한 형태로 규정해서는 안 된다고 본 것이다. 그에게 신은 완전하며 모든 것을 생산할 수 있는 존재였다. 따라서 어떤 특별한 형태에 묶인다면 결코 신의 역할을 할 수 없다고 보았다.

스피노자에게는 자연이 곧 신이며, 모든 것의 실체였다. 하지만 그의 자연은 일반적으로 이해되는 자연과 다소 차이가 있었다. 그는 자연을 우리가 감각으로 대하는 자연, 즉 만들어진 자연(소산적所産的 자연)과 감각 이면에 있는 모든 정신을 합한 자연, 즉 만드는 자연(능산적能産的 자연)으로 나누었다.

스피노자의 이 같은 사상은 근본적으로 "모든 것은 하나에서 왔으며, 그 하나는 신이다"라는 유대교 이념에서 출발한 것이다. 하지만 유대교와 같은 입장을 취하지는 않았다. 유대교가 신을 독립된 하나의 존재로 여긴 데 반해, 그는 신에 의해 만들어진 물질 속에 신이 깃들어 있다고 생각했다.

이 같은 사상을 흔히 범신론이라고 부른다. 그러나 스피노자의 범신론은 일반적인 범신론과 다소 차이가 있다. 일반적인 범신론에서는 단순히 자연 자체를 신이라고 설정하지만, 그의 범신론에서 자연은 신의 드러난 형태(양상)일 뿐이고, 그 이면에 자연을 만든 근원적 존재가 있다. 따라서 그에게 신은 그 근원적 존재와 자연 두 가지 모두다.

그의 인간관은 이 같은 신관神觀을 바탕으로 형성되었다. 즉, 모든 곳에 신이 깃들어 있다면 모든 것은 평등하다. 인간도 역시 마찬가지다. 따라서 모든 인간은 평등해야만 한다.

이런 인간관은 국가관으로 확대되었다. 그는 국가의 목적은 인

　　　　　　　　3부 | 이성 중심의 동서양 철학

간을 자유롭게 하는 데 있다고 전제하고, 국가가 인간을 지배하거나 공포 속으로 몰아넣어 속박해서는 안 된다고 주장했다. 하지만 현실적으로 국가는 일부의 인간이 다수의 인간을 압박하는 형태로 드러난다. 그는 이러한 국가를 통렬하게 비판하며 "소수의 권력자들은 전쟁 시에는 적에게 계략을 쓰고 평화 시에는 시민에게 음모를 꾀한다"고 썼다.

신관에서 개인관으로, 다시 국가관으로 확대되는 이러한 논리는 데카르트의 연역적 논리 전개 방식에서 기인한다. 그러나 그는 데카르트의 이분법적 사고에 찬성하지 않았다. 데카르트가 정신과 육체를 분리해서 정신만이 진정한 실체라고 한 데 비해, 스피노자는 정신과 육체가 동등한 실체라고 주장했다.

또 데카르트가 영혼만을 신적인 것이라고 생각한 것에 반해, 스피노자는 영혼이 사고와 분리된 상태에서 존재할 수 없으므로 영혼은 사고의 속성이 변화된 형태일 뿐이라고 했다. 말하자면, 영혼은 사고의 일부에 불과한 것이다. 그것은 곧 스피노자가 독립적인 형태의 영혼을 인정하지 않았다는 뜻이기도 하다.

그럼에도 그는 인간이 영원히 멸하지는 않는다고 주장했다. 인간은 죽어서도 자연의 일부로 남는다는 뜻이다. 기독교도들처럼 영혼만 살아남는다는 주장과는 다르다. 그에게는 인간도 자연의 일부에 불과했기 때문이다. 그리고 자연 속 모든 것에 신이 깃들어 있듯이 인간 속에도 신이 깃들어 있다고 믿었다.

영국 경험철학의 교과서

로크

로크John Locke는 1632년 영국 브리스톨 근방 링턴에서 태어나 웨스트민스터 스쿨과 옥스퍼드대학을 다녔다. 홉스처럼 여기서 스콜라철학을 배웠고, 귀족 가문의 가정교사 노릇을 했다. 또 홉스처럼 프랑스로 망명했으며, 그곳에서 데카르트의 철학을 접했다. 그는 데카르트의 명석함과 과학적 논리에 심취했으나 그의 '타고난 관념'과 물체관은 부인했다.

프랑스에 머물던 그는 다시 네덜란드로 옮겨 1689년까지 그곳에서 지냈다. 그리고 오라녀(오렌지) 공 윌리엄이 왕위에 오르자 영국으로 돌아와《인간오성론》을 비롯해《관용에 관한 편지》《통치술에 관한 두 가지 논문》《교육에 관한 생각》등의 책을 집필하고, 1704년 72세를 일기로 세상을 떴다.

그의 철학은 로버트 보일(1627~1691), 아이작 뉴턴(1642~1727)

등의 과학자에게 영향을 끼쳤으며, 그 또한 자신의 철학에 고무되어 만년에 의학 박사 학위를 따기도 했다. 그는 그야말로 영국 경험철학의 교과서였다.

관념은 경험의 소산

로크는 '관념은 경험의 소산'이라고 믿었으며, 이를 증명하기 위해 이렇게 묻는다.

"갓 태어난 아이에게 관념이 있는가?"

그는 갓 태어난 아이의 의식은 백지상태와 같다고 믿었다. 그리고 이런 아이에게 만약 관념이 있다면 어린아이와 어른의 관념은 같은 수준이어야 한다고 주장했다. 그러나 현실적으로 어린아이의 관념은 어른의 관념보다 훨씬 저차원적이므로 결코 관념은 선천적인 것이 아니라는 결론에 도달한다. 그래서 그는 다시 이렇게 묻는다.

"그렇다면 아무런 관념도 없는 백지상태의 갓난아이는 어떻게 관념을 갖게 되는가?"

그러곤 이 물음에 대해 선언적으로 대답한다.

"경험 이외에 그 어떤 것도 관념을 가져다줄 수 없다."

이것이 로크 철학의 전제다. 하지만 그는 이 전제에 대해 필요 이상의 증명은 하지 않았다. 이 전제를 진리로 신봉했기 때문이다.

그는 관념을 설명하기 위해 먼저 경험을 다룬다. 경험은 우리가 익히 알고 있듯이 감각기관을 통해서만 가능하다. 따라서 장님이 색깔의 세계를 알 수 없고, 귀머거리가 소리의 세계를 알 수 없는 것은 당연하다. 이 말은 곧 감각기관을 상실하면 관념도 상실된다는 것을 의미한다.

로크는 경험을 두 가지로 구분한다. 하나는 감각기관을 통해 얻은 외적 경험이며, 다른 하나는 감각기관을 통해 얻은 것을 성찰하는 내적 경험이다. 이러한 경험이 관념을 낳는다. 그에 의하면 관념 또한 단순관념과 복합관념으로 구분된다. 단순관념은 감각기관에 의해 얻어지는 일차적 관념이며, 복합관념은 단순관념이 복합된 이차적 관념을 일컫는다.

이어서 보편 개념을 획득하는 과정을 설명한다. 보편 개념은 경험의 반복으로 얻을 수 있다. 그는 관념에서 개념으로 변화하는 과정에 추상 작용이 있다고 설명하는데, 그 추상 작용에 의해 얻어진 개념이 누차 반복됨으로써 보편 개념이 된다는 것이다.

그는 오로지 기계학적인 방법에만 의존했다. 이것은 자연철학자들에게서 볼 수 있는 사고방식이다. 사실 그는 관념에 접근하기 위해 철저하게 자연철학적 입장을 고수했다. 그 때문에 그에게는 정신이란 것도 연상심리학자의 견해처럼 '뇌 안에 흩어져 있는 단순관념'일 뿐이다.

인간의 관념은 기본적으로 감각기관에 의존하고 있으며, 그 감각기관에 의해 생겨난 단순관념이 합쳐져 복합관념이 생겨난다는 게 로크의 결론이다.

로크의 관념들은 서로서로 관계를 맺기도 한다. 그 관계들은 마치 정자와 난자가 만나 하나의 핵을 이루고, 그 핵이 태아로 자라나는 것과 흡사하다. 따라서 그에게는 관념의 실체라는 게 있을 수도 없다. 그는 관념의 실체에 대해 조소 섞인 말로 이렇게 항변한다.

"인도 사람에게 물어보면 지구를 떠받치고 있는 것은 코끼리라고 한다. 그리고 그 코끼리를 떠받치고 있는 것은 거대한 자라라고 한다. 그런데 그 자라를 떠받치고 있는 게 무엇이냐고 물으면 알지 못하는 어떤 것이라고 대답한다. 여기서 인도 사람이 알지 못하는 어떤 것을 실체라는 말로 바꾸어도 논리적으로 전혀 문제가 되지 않는다."

실체란 밝혀낼 수 없는 어떤 것에 이름만 갖다 붙인 유명무실한 허상에 불과하며, 논리에만 매달리다 별수 없이 드러낸 한계에 불과하다고 지적하는 것이다. 실체를 거부하는 것은 선천적인 인식력에 대한 거부다. 인식은 관념의 소산이므로 경험이 없는 인식은 있을 수 없다는 뜻이다. 로크는 인식이란 관념에 대한 일치와 불일치, 또는 모순 등을 지각하는 것 이상도 이하도 아니라고 보았다. 이로써 로크는 철저한 경험론을 구축했다.

그러자 사람들은 그에게 신의 문제를 거론했다.

"그러면 도대체 신은 무엇인가?"

이에 대해 로크는 고대 자연철학자들의 논리로 설명한다. 신은 경험을 가능케 하는 물질, 즉 이 우주를 만든 존재일 뿐 관념의 세계와는 무관하다는 것이다. 로크는 그 이상의 설명은 회피한다. 지식과 신을 연관시키려 하지 않았기 때문이다.

로크는 모든 것이 개인의 감각과 경험의 문제라고 결론지었다.

이러한 관점에 기초해 인간의 행위와 국가에 대한 개념을 설정한다. 그러면서 사회와 국가가 해야 할 일은 개인의 행복을 최대한 지켜주는 것이라고 주장한다. 그런 이유에서 가부장적 사회와 절대적인 국가도 거부한다.

로크는 자연 상태의 인간은 개인의 의지에만 지배받는다고 보았다. 하지만 개인과 개인의 의지 간 충돌은 자칫 '만인 대 만인의 전쟁'을 불러올 위험이 있다. 국가는 단지 이러한 위험을 방지하기 위한 목적으로만 성립된다. 그렇기에 국가는 개인의 권리를 지켜줄 의무만 있을 뿐 개인의 권리를 침해할 권리는 없다.

이것이 로크와 홉스의 차이다. 개인의 이익을 보장하는 것이 국가의 의무라는, 같은 견해에서 출발하지만 홉스가 그것을 위해 무소불위의 힘을 갖는 절대 국가를 설정한 것에 비해, 로크는 개인의 권리와 인격을 보장하기 위해서는 국가가 최소한의 권력만을 유지해야 한다고 주장한 것이다.

교육 문제에 있어서도 로크는 개인의 이익을 우선으로 내세운다. 그래서 공립학교보다는 개인 교육이 낫다고 생각한다. 개인 교육이 공립학교보다 자유롭고 개인의 권리와 인격을 보장해줄 가능성이 높다는 이유에서다.

로크를 자유민주주의의 고전적 대표자라고 부르는 이유가 여기에 있다. 그는 개인 인격의 자유가 모든 것에 우선해야 한다는 신념을 갖고 그것을 위해 투쟁했다. 그가 가부장제를 반론하고, 개인의 자유를 최대한 보장하는 국가 개념이 중심인 국가계약설을 발표한 것도 바로 이러한 신념 때문이었다.

6

라이프니츠

라이프니츠Gottfried Wilhelm Leibniz는 1646년 독일 라이프치히에 서 태어났으며, 8세 때 스스로 라틴어 철자를 깨우칠 만큼 뛰어난 머리를 자랑했다. 15세에 대학에서 형이상학에 정통하고, 17세에 《개별자의 원리에 대하여》를 썼다. 20세에는 뉘른베르크 근처에 있는 알트도르프대학에서 법학 박사 학위를 받고 교수 자격을 획 득했다. 하지만 그는 교수로 남아 있지 않았다.

라이프니츠는 다분히 정치적인 인물이었다. 신교도임에도 불 구하고 잠시나마 마인츠의 영주와 대주교의 정치 고문을 지냈고, 이후에는 줄곧 하노버궁에서 왕당원의 자문관으로 활동했다. 왕 당원 자문관 시절에는 프랑스의 루이 14세에게 이집트 원정을 설득하는 진정서를 작성하기도 했는데, 이는 프랑스의 눈을 독일 로부터 다른 곳으로 돌리기 위한 정치적 술수였다. 하지만 루이

14세는 그의 진정서에 전혀 관심을 보이지 않았다. 다만 훗날 나폴레옹이 이집트 원정 때 이 글을 참고하기는 했다.

라이프니츠는 이처럼 정치적 활동에 분주했지만 학문 연구를 등한시하지는 않았다. 그는 철학, 수학, 물리학, 역학, 지질학, 법학, 광물학, 경제학, 언어학, 역사학, 신학 등 다양한 분야를 섭렵했다. 이런 열정 덕분에 보일과 뉴턴의 학문을 접했고, 1676년에는 네덜란드에서 스피노자를 방문하기도 했다. 수학 분야에서는 미분법을 발견했다. 미분법은 라이프니츠가 1684년에, 뉴턴이 1687년에 발표했다. 그런데 뉴턴은 이미 오래전에 미분법을 발견해놓고 단지 발표만 늦췄을 뿐이었다. 그 때문에 누가 먼저 미분법을 발견했느냐는 문제로 논쟁이 일기도 했다.

라이프니츠는 학문과 관련해 많은 사람과 편지를 교환했다. 편지 상대는 특히 여자가 많았다. 그가 평생 결혼하지 않았기 때문에 귀부인이나 공주가 그에게 호감을 보였던 모양이다. 하지만 편지 내용은 모두 학문적인 것들뿐이다. 그만큼 그는 사무적이고 냉소적이었다. 편지는 모두 1만 5,000통이나 되는데, 그 내용은 라이프니츠의 대표적 논문인 《변신론》《인간 오성에 관한 새로운 글》《형이상학 서설》 등에 기록된 것이 대부분이었다.

많은 사람과 교제하고 많은 편지를 남겼지만 정작 그의 삶은 외로웠다. 그리고 정치가들에게도 별로 좋은 인상을 주지 못했다. 그 때문인지 1716년 70세를 일기로 죽었을 때 독일 왕실은 아는 척도 하지 않았다. 그의 장례식은 몇몇 지인들만 참석한 가운데 아주 조촐하게 치러졌다.

자연의 실체는 단자

라이프니츠의 철학은 한마디로 '단자單子 철학'이라고 할 수 있다. 단자론을 중심으로 펼쳐진 그의 철학은 1714년 레몽에게 보낸 편지에 비교적 간단하게 요약되어 있다.

그는 기본적으로 하나님을 전제로 한다. 이처럼 하나님을 자연의 근거로 내세운 것은 그만큼 그가 열렬한 기독교인이었다는 것을 대변한다. 그는 사실 기독교의 통합을 위해 부단하게 노력했다. 루터파와 개혁파 사이의 분열을 없애 일단 개신교의 통합을 이룬 다음, 다시 개신교와 가톨릭의 통합을, 그리고 마지막으로 서유럽 교회와 그리스정교의 통합을 시도했다. 물론 라이프니츠의 그러한 노력은 전혀 호응을 얻지 못했다. 그럼에도 자신의 철학 체계 속에서 기독교적 논리로 세계를 설명하려는 노력을 그치지 않았다.

라이프니츠의 단자론은 어떻게 보면 아주 간단하고 단순한 논리다. 하나님이 자연을 유지시키는 근원적인 힘을 창조했고, 그 힘이 '단자'라는 형태로 존재하면서 자연을 하나님이 태초에 창조한 목적에 알맞게 유지해나간다는 내용이다. 이른바 '예정조화론'으로 대표되는 이 같은 논리는 《성경》의 논리와 별반 차이가 없다. "태초에 하나님이 천지를 창조하셨다"(〈창세기〉 1장 1절)를 기반으로 하고 있다는 뜻이다. 그는 여기에 논리적 토대를 확보하기 위해 플라톤과 플로티노스를 끌어들였고, 그렇게 완성한 철학이 단자론이다.

단자론은 흡사 데모크리토스의 원자론과 유사하다. 말하자면 데모크리토스의 물질적인 원자를 정신적인 원자로 바꿔놓은 듯하다. 또 스피노자의 견해와도 많은 부분 일치한다. '모든 것은 궁극적으로 하나'라는 그의 논리는 스피노자의 주장과 다르지 않기 때문이다. 다만 스피노자의 능산적 자연(스스로 만드는 자연)을 단자로 표현하고 있을 뿐이다. 여기서 데모크리토스나 스피노자와 다른 점은 기독교적 신이 모든 것의 실체라고 생각했다는 것이다. 그는 단자가 자연의 실체라고 주장했지만, 사실 단자를 창조한 것이 기독교적 신이기 때문에 근본적인 실체는 자연히 '하나님'일 수밖에 없다.

또한 그의 단자론은 필론의 로고스 이론과도 흡사하다. 필론의 로고스가 하나님을 대신해 자연을 지배하듯 라이프니츠의 단자도 마찬가지이기 때문이다. 따라서 단자론에서 실체는 신이지 결코 단자 자체가 아니다.

그렇다면 단자를 정말 '근원적인 힘'이라고 할 수 있는가? 라이프니츠 자신조차 이를 부정한다. 단자는 신의 창조물이라고 스스로 말하고 있기 때문이다. 단자론의 이 같은 모순을 지적하며 헤겔은 '단자론은 형이상학적인 소설'이라고 일축해버렸다.

7

귀부인들에게 둘러싸인 독신주의자

흄

흄David Hume은 1711년 스코틀랜드에서 태어났으며, 홉스나 로크처럼 평생 상류 귀족 사회에서 생활하며 그들에게 인정받기를 원했다. 원래 법학을 전공했으나 스스로 법학도를 포기하고 철학도가 되었다. 철학적 열병에 걸린 그는 4년 동안 심한 우울증에 빠지기도 했지만, 철학에 대한 지속적인 탐구로 28세 때 《인간 본성에 대한 논고》를 집필했다.

하지만 아무도 그를 알아주지 않았다. 사람들은 그를 무신론자에 회의론자라고 손가락질했다. 철저한 경험주의에 기반을 둔 그를 기독교에 충실한 사람들이 비판한 것은 무리가 아니었다. 그후 한동안 다시 우울증에 빠졌지만 그것을 극복하고 첫 번째 작품을 《인간 지성에 대한 논고》와 《도덕 원리에 대한 논고》로 분리해 다시 발표했는데, 이것이 세인들의 주목을 받기 시작했다.

흄은 파리 주재 공사관의 서기관으로 프랑스에서 생활하면서부터 비로소 인정을 받았다. 이미 볼테르와 루소 등의 계몽주의에 고무되어 있던 파리의 귀족들, 특히 상류층 귀부인들이 그의 학문에 매료되었던 것이다. 그를 파리 귀족 사회에 소개한 사람은 당시 상류층에서 대단한 영향력을 행사하던 퐁파두르 부인이었다. 그녀의 후원으로 흄은 귀부인 사회에서 대단한 인기를 누리게 되었다.

그는 평생 결혼을 하지 않은 채 그렇게 귀부인들 사이에 묻혀 살았다. 만년에는 귀족 사회에서 한 발 물러나 자신이 쓴 논문을 종합해《인간오성론》과《도덕원리론》을 집필하고 1776년 세상을 떴다. 유고로는《자연종교에 대한 대화》가 있다.

형이상학은 학문이 아니다

흄은 극단적 경험주의자였다. 형이상학을 미신의 일종이라고 말하면서, 형이상학에 관한 모든 책을 불태워야 한다고 주장했다. 그는 형이상학이 오히려 학문을 혼란스럽게 한다고 말한다. 인간의 오성, 즉 감각이 다가갈 수 없는 세계를 학문으로 끌어들이는 것은 인간의 허영심에 지나지 않는다는 것이다. 그리하여 철학에서 형이상학을 완전히 제거해버렸다. 그에게 철학의 기본을 이루는 관념은 경험의 소산일 뿐이다. 흄의 관점에서 보면 데카르트의 '타고난 관념'이란 그야말로 허상이다.

흄은 관념의 복잡성을 설명하기 위해 '관념의 연합'이라는 표현을 썼다. 관념의 연합이란 말 그대로 관념의 덩어리를 말한다. 그는 이러한 덩어리를 형성하는 과정에서 비슷함의 법칙, 접촉의 법칙, 인과의 법칙 등을 발견할 수 있다고 했다. 관념은 감각의 소산이므로 관념의 실체는 관념의 연합, 즉 심리학적 소산이다. 다시 말해, 실체라는 것은 단지 심리학적인 개념일 뿐 실재하는 것은 아니라는 설명이다.

이러한 논리를 세우는 과정에서 그는 종래의 인과론을 뒤집는다. 헤라클레이토스에서 라이프니츠에 이르기까지의 인과론은 "원인 속에는 반드시 결과가 포함되어 있다"는 명제가 절대적이었다. 그러나 흄은 이러한 명제를 거부하며, 결과는 원인으로부터 오지 않는다고 주장한다. 다시 말해, 특정한 결과는 특정한 원인으로부터 비롯되지 않고, 또 특정한 원인은 반드시 특정한 결과만을 낳지 않는다는 뜻이다. 예컨대 불을 피우면 빵을 구울 수 있다. 하지만 불을 피우면 빵을 구울 수도, 집을 태울 수도 있다. 또 불을 피워서 자신의 옷을 태우거나, 또 불을 피웠지만 빵을 굽지 못할 수도 있다. 즉, 어떤 하나의 원인이 어떤 결과를 낳을지는 아무도 모른다는 뜻이다.

흄은 이처럼 결과에 개연성을 부여하는 것은 원인이 아니라고 생각했다. 곧 원인이 결과를 낳는 게 아니라 존재가 결과를 낳고, 경험을 통해서만 그 결과를 알 수 있다는 논리다.

그래서 흄은 인과론에 의존하는 과학에 회의적이다. 물론 모든 경험의 획일성에 대해서도, 모든 물리적인 법칙에 대해서도 회의적이다. 오직 현상만 인정한다. 결과적으로 벌어져서 경험된 현상 이외에는 아무것도 그를 설득시키지 못하는 것이다.

그는 도덕과 윤리, 종교도 이러한 관점에서 설명한다. 그에게 도덕은 경험 없이는 성립할 수 없다. 숱한 경험의 반복을 통해서 어떤 행동이 개인에게 이익인지에 대해 판단이 서면 도덕은 자연스럽게 형성된다. 도덕은 개인한테 유리하게 작용하는 행동들의 집합이기 때문이다.

윤리 역시 이러한 이익을 좇는 경향이 있다. 이익이란 '좋게 느껴지는 것'을 말하는데, 윤리는 바로 이를 좇는 것일 뿐이다. 따라서 그의 윤리관에서 중요한 것은 느낌, 즉 감성이다.

종교와 관련해서는 학문이 종교를 위한 논리가 되어서는 안 된다고 주장한다. 또 종래의 형이상학이 종교의 시녀 노릇을 해온 것을 매섭게 비판했다. 그는 종교와 학문은 무관하다고 간주했다. 종교는 불확실한 미래에 대한 불안에서 비롯된 믿음의 소산이며, 따라서 학문은 그 같은 불안을 숭배해서는 안 된다는 것이 그의 논리다.

하지만 종교를 완전히 부정하지는 않았다. 인간이 불완전한 존재라는 것을 인정했기 때문이다. 그래서 그는 이렇게 말한다.

"철학자 흄은 무신론자다. 하지만 영국인으로서 흄은 종교와 신앙을 인정하는 선량한 시민이다."

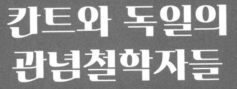

3장

칸트와 독일의
관념철학자들

* * *

17세기가 데카르트와 로크의 시대였다면, 18세기는 단연 칸트의 시대였다. 칸트는 선험적인 철학을 주창해 합리론과 경험론의 한계를 극복하고 철학의 혁신을 감행했다.《순수이성비판》《실천이성비판》《판단력비판》이라는 세 비판서로 대표되는 그의 사상은 형이상학과 유물론을 새로운 경지로 끌어올리는 데 성공했다.

칸트의 '코페르니쿠스적 전환'은 새로운 개념의 관념철학을 이끌어냈다. 그것은 다시 피히테의 주관적 관념론과 셸링의 객관적 관념론을 거쳐 헤겔의 절대관념에 도달함으로써 독일 관념론의 체계를 완성했다.

서양 철학사에서 독일 관념론의 완성은 플로티노스 이후 지속적으로 시도해온 헬레니즘과 헤브라이즘의 철학적 결합을 위한 노력이 종결되었음을 의미하는 것이었다. 따라서 칸트로부터 시작해 헤겔에서 완성된 독일 관념론은 서양 철학의 종착역이었던 셈이다.

1

예민하고 빈틈없는, 걸어 다니는 시계

칸트

칸트Immanuel Kant는 1724년 쾨니히스베르크에서 마구상의 아들로 태어났다. 1740년 16세 때 쾨니히스베르크대학에 입학해 1755년 박사 학위와 교수 자격증을 획득했다. 교수가 되고 나서도 가정교사를 하지 않으면 생계를 이어나갈 수 없을 만큼 벌이가 시원찮았다. 이 같은 개인 강사 생활은 1770년 정교수 자리를 얻을 때까지 15년 동안 계속되었다. 정교수가 된 뒤 예나대학과 에를랑겐대학에서 초빙했지만 그는 평생 단 한 번도 쾨니히스베르크를 떠나지 않았다.

1781년 《순수이성비판》 출간 후 칸트는 하루아침에 유명 인사가 되었다. 귀부인의 안방에까지 그의 책이 진열되었고, 1793년에는 그의 철학과 관련한 문헌이 200편을 넘어섰다. 하지만 프로이센 왕 프리드리히 빌헬름 2세는 칸트를 스피노자를 계승한 무신론자라고 비난하면서 1794년 내각 명령으로 헤센주에서 칸트 철학에 대한 강의를 금지시켰다.

그럼에도 대다수 유럽 대학에서는 칸트를 열광적으로 지지했다. 비록 방해꾼들이 있긴 했지만 칸트 철학의 입지가 점점 강화되고 있었던 것이다. 그리고 1804년 칸트가 80세를 일기로 죽자 사람들은 최고의 사상가를 잃었다며 비통해했다고 한다.

칸트는 결혼하지 않고 평생 독신으로 살았다. 그 역시 많은 선배 철학자처럼 독신으로 사는 것이 철학자의 올바른 태도라고 생각했던 모양이다. 그는 또한 '걸어 다니는 시계'라는 별명을 얻을 정도로 시간 개념이 정확했다. 새벽 5시에 일어나 밤 10시에 자는 것을 철칙으로 삼았고, 식사는 하루에 한 끼만 했다. 성격은 꼼꼼하고 예리했다.

그가 가장 싫어한 것은 자신의 일과를 누군가로부터 방해받는 일이었다. 주변을 항상 깨끗하게 정리했으며, 혹여 약간이라도 지저분할 때면 신경질적으로 반응했다. 잠을 잘 때는 이불을 둘둘 말고 마치 누에처럼 잤다. 책을 보거나 학문에 몰두할 때는 신경을 날카롭게 곤두세웠다. 낮에 옆집 수탉이 가끔 울곤 했는데, 그것을 견디지 못해 다른 곳으로 집을 옮겼을 정도다. 그가 이사간 새집은 감옥 옆이었다. 그곳에서는 죄수들이 의무적으로 부르는 찬송가 소리가 들렸는데, 시장을 찾아가 노래를 부르지 못하도록 해달라며 신경질을 냈다고 한다.

이렇게 예민한 성격임에도 불구하고 그는 여든 살까지 장수했다. 그리고 인간의 정신적 측면을 다룬 《순수이성비판》과 인간의 윤리적 문제를 다룬《실천이성비판》, 인간의 행위와 욕망을 다룬 《판단력비판》 등의 주저와 수많은 논문으로 서양 현대 철학의 밑 거름을 닦았다.

선험론이란 무엇일까?

"관념은 경험에 의해 만들어지는 것이 맞지만, 경험만으로 만들어지는 것은 아니다."

대수롭지 않은 말 같지만, 칸트의 이 명제는 합리주의와 경험주의를 종합한 새로운 결론이었다. 하지만 알고 보면 칸트의 이 논리는 합리주의를 확장한 것일 뿐 경험주의를 받아들인 것은 아니었다. 흔히 칸트의 철학을 합리주의와 경험주의의 종합이라고 말하는데, 그 실상을 살펴보면 그렇지도 않다. 그는 근본적으로 물질보다는 원리를 우선시한 인물이었고, 그래서 그를 관념론자라고 부른다.

그렇다면 칸트를 왜 경험주의와 합리주의의 종합을 이뤄내 새로운 경지를 개척한 거장이라고 하는 것일까? 사실 칸트에 대한 찬사는 다소 지나친 감이 없지 않다. 거창한 찬사와 달리 그 내용을 살펴보면 의외로 단순하다. 칸트의 생각을 간단하게 등식으로 만들면 다음과 같다.

관념 = 경험 + X

관념이라는 것은 경험에 X가 함께해야 만들어질 수 있다는 논리다. 이 X를 칸트는 감각기관 속에 숨어 있는 선천적인 내부 시스템이라고 생각했다. 이 선천적인 내부 시스템은 마치 주물 과정에서 쇳물을 일정한 모양으로 만들어내는 거푸집 같은 역할을 한다. 경험이라는 쇳물을 선천적 장치인 내면의 거푸집에 부었을 때 관념이라는 주물 제품이 만들어진다는 것이다. 이 내면의 거푸집이 일정한 형태를 유지하고 있기 때문에 관념의 틀은 당연히 보편성을 띠게 된다.

하지만 쇳물에 어떤 광물을 혼합하느냐에 따라 주물의 강도가 달라지듯이 경험의 내용에 따라 관념의 질도 달라진다. 즉, 모든 관념은 일정한 모양을 가진 내면의 거푸집 덕분에 보편성을 띠지만, 경험의 종류에 따라 질이 달라진다는 뜻이다. 그래서 관념을 만드는 과정은 동일하지만 각자의 관념에는 차이가 있을 수밖에 없다. 각자가 모두 다른 경험을 하기 때문이다.

이 내면의 거푸집 X를 칸트는 '감각기관의 선험적 양식'이라고 이름 붙였다. 따라서 칸트의 이론을 다시 등식으로 만들면 다음과 같다.

관념 = 경험 + 감각기관의 선험적 양식

여기서 '선험'이란 말은 독일어 트란스첸덴탈Transzendental을 번역한 것인데, 말 그대로 '경험에 앞선'이라는 뜻이다. 말하자면 칸트는 경험이 관념이 되기 위해서는 경험 이전의 어떤 장치가 필요하다고 주장한 셈인데, 이는 경험이 관념으로 승화되기 위해서는 경험을 관념으로 전환할 수 있는 선천적 장치, 즉 원리가 먼저 있어야만 한다는 논리다. 이는 감각을 이루는 물질은 원리와 만나지 않으면 아무것도 이룰 수 없다는 의미다. 그러므로 그는 플라톤이나 데카르트처럼 원리주의자일 수밖에 없다.

이런 까닭에 칸트는 관념의 본질이 경험에 있지 않고 감각기관의 선험적 양식에 있다고 주장한다. 경험은 단순히 관념의 재료일 뿐 본질은 아니라는 것이다. 그리고 여기서 한 발 더 나아가 '순수관념'이라는 표현을 만들어낸다. 아리스토텔레스가 질료와 전혀 무관한 형상을 순수형상이라고 한 것에서 착안해 경험과 전혀 무관한 관념을 순수관념이라고 명명한 것이다. 그리고 이 순수관념은 경험에서 오는 게 아니라 선험적 양식에서 오는 것이라고 했다.

코페르니쿠스적 전환

어쨌든 칸트는 이 기발한 상상을 바탕으로 한 발 더 나아간다. 사람의 감각기관 속에 선험적 양식이 있다면 감각 세계인 자연 속에도 선험적 양식이 있으리라고 판단한 것이다. 또 이 선험적 양식에 순수관념이 있다면 자연 속에도 순수관념이 있다고 보았다. 그래서 사람의 감각기관 속에 있는 순수관념과 자연 속의 순수관념은 동일할 수밖에 없고, 동일하다면 서로 교감이 가능하다고 여겼다.

여기까지 생각이 미친 칸트는 조금 더 들어간다. 사람과 자연이 순수관념을 통해 서로 교감을 이룰 수 있다면, 이 순수관념의 교감을 통해 진리를 얻어낼 수 있으리라는 판단에 이른 것이다. 이렇게 자연과 사람의 순수관념을 통해 진리를 얻는 것을 그는 '직관'이라고 명명했다. 이후 그는 인간은 경험 없이도 직관을 통해 진리를 얻을 수 있다는 결론을 도출했다. 물론 그 진리는 신의 섭리라 할 수 있고, 그 섭리의 뿌리는 신이다.

그의 논리는 여기서 멈추지 않는다. 순수관념이라는 것이 인간과 자연에 동시에 존재하고, 인간이 자연의 일부라면 근본적으로 순수관념은 자연에서 인간에게 들어온 것이 된다. 이는 인간이 자연에서 관념을 얻는 것이 아니라 자연이 인간에게 관념을 주는 것이란 뜻이다. 거기다 인간의 경험이라는 것도 근본적으로 관념 없이는 불가능하므로 경험 역시 순수관념의 소산이라고 보았다. 이렇게 되면 자연 속에 있는 순수관념이 인간 속에 있는 순수관념을 움직여 경험을 유발할 수 있다는 뜻이다. 이렇듯 순수관념을 통해 경험이 이뤄진다는 논리를 펼치면서 칸트는 이렇게 소리쳤다.

"코페르니쿠스적 전환을 이루자!"

'코페르니쿠스적 전환'이란 무엇인가? 코페르니쿠스는 태양이 지구 주위를 도는 것이 아니라 지구가 태양 주위를 도는 것이라고 했다. 즉, 천동설을 부인하고 지동설을 주장했다. 이는 우주관의 대전환을 의미하는데, 칸트는 자신의 생각이 철학의 대전환을 이룰 수 있다고 생각해 '코페르니쿠스적 전환'이라는 표현을 사용했다.

즉, 그때까지는 인간이 자연을 대상으로 경험을 축적한다고 생각했는데, 오히려 경험의 대상이라고 생각했던 그 자연이 순수관념을 통해 인간으로 하여금 경험을 축적하게 만든다는 것이다. 말하자면, 인간이 자연을 경험하는 것이 아니라 자연이 인간을 경험하게 하는 것이라는 뜻이다. 요컨대 인간의 경험이라는 것도 본성이 시켜서 하는 일이라는 얘기다. 흔히 하는 말로 타고난 본성이 인간의 행동을 좌우한다는 논리다.

그런데 그 인간의 경험은 물질세계의 지속적 변화로 인해 순수한 관념을 생산하지 못한다. 그래서 물질세계인 현상계는 항상 왜곡되어 보이게 마련이다. 그러므로 그 현상의 순수한 진실을 알게끔 하는 것은 오로지 순수관념밖에 없다. 그 순수관념으로 이뤄진 것이 순수이성이다. 따라서 순수이성만이 현상의 진실에 접근할 수 있다. 그 방법은 오직 인간의 순수관념과 자연의 순수관념이 교감하는 것, 즉 직관뿐이다. 순수이성에 의한 직관만이 모든 현상의 진실을 알아낼 수 있다는 논리를 성립시킨 것이다.

칸트는 이런 자신의 논리를 천동설에서 지동설로 생각을 바꾸는 것과 같은 대단한 행위라 생각해 스스로 '코페르니쿠스적 전환'이라고 불렀다. 코페르니쿠스가 우주의 중심을 지구에서 태양으로 바꾼 것처럼 인식의 중심을 자연의 사물, 즉 현상계에서 선험적 형식, 즉 순수관념으로 바꿨다는 의미다.

이런 칸트의 순수관념은 불교와 양명학에서 추구하는 순수한 마음이나 성리학에서 추구하는 본성과도 일치한다. 또 칸트의 직관 개념은 불교의 깨달음이라는 개념과도 일치한다. 그리고 칸트의 진리 또는 신은 불교에서 깨달음의 본성인 '불성佛性'과 다르지 않으며, 양명학이나 성리학에서의 이理와도 다르지 않다. 이렇게 볼 때 칸트의 철학은 용어와 방식만 다를 뿐 불교나 양명학, 성리학과 유사한 부분이 매우 많다.

불교, 양명학, 성리학, 칸트 등이 진실 혹은 진리나 불성을 알아내는 수단은 직관 또는 순수한 마음이다. 그런데 직관이나 순수한 마음은 사실로 증명할 수 있는 것이 아니라 상상의 영역에 있다. 상상은 사고의 결과물이므로 모든 상상이 순수함을 전제하고 있지는 않다. 이는 직관이나 순수한 마음 역시 완벽한 순수함을 갖추고 있다고 볼 수 없다는 뜻이다. 결국, 칸트의 순수이성도 완벽한 순수함을 갖추지 않았다는 것인데, 이것이 곧 칸트 선험론의 한계였다.

정언명령이란?

이후 칸트는 윤리학에도 순수이성 개념을 대입해 실천이성이라는 개념을 만들어낸다. 실천이성에도 순수이성에 따른 것과 경험의 영향을 받는 것이 있다는 얘기다. 경험은 감각 세계의 영향을 받기 때문에, 경험에 따른 실천이성은 쾌감이나 행복감 등 개인적 부분에 한정된다. 따라서 진정한 의미의 실천이성이 될 수 없고, 감각과 무관하게 순수이성의 명령에 따라 이뤄지는 것만이 진정한 실천이성이다. 이것을 칸트는 순수실천이성이라고 명명했다.

순수실천이성에 따라 형성된 행동 규범이 곧 도덕률이다. 도덕률은 신의 대리자 격인 순수이성의 명령에 의한 것이기 때문에 무조건 실시해야 한다. 그래서 도덕률에는 단 하나로 정해진 명령만 있을 수 있다. 말하자면 순수실천이성에 의해 형성된 도덕률에는 조건 없이 반드시 실시해야 하는 명령만 통한다고 본 것이다. 이런 명령을 칸트는 '정언명령'이라고 했다.

그러나 도덕도 환경과 상황의 지배를 받는다는 것을 감안할 때, 도덕률에 관한 그의 시각은 지나치게 완고하고 종교적이라는 지적을 받을 수 있다. 플라톤이 그랬듯이 칸트 역시 원리주의에 매몰되었다. 이는 그가 종교적 영향력에서 완전히 벗어나지 못했음을 의미한다. 이런 그의 한계는 헤겔에 이르러 절대관념을 탄생시킨다.

2

거위지기에서 대학 총장이 된 독선적 지식인

피히테

피히테Johann Gottlieb Fichte는 1762년 독일 오베르라우지츠에서 가난한 농군의 아들로 태어났다. 집안이 가난했으므로 학문과는 거리가 멀 뻔했다. 하지만 운명은 그를 학자의 길로 인도했다. 피히테는 거위지기였다. 한 농가에서 가축 돌보는 일을 하면서 입에 풀칠을 했다. 하지만 우연한 사건이 그의 인생을 바꿔놓았다.

어느 일요일, 그 지방 영주가 마을을 방문했다. 그런데 영주는 늦게 도착한 탓에 일요일 예배를 놓쳤고, 목사의 설교를 듣지 못한 걸 너무나 안타까워했다. 이때 마을 사람들이 말했다.

"나리, 그런 문제라면 걱정 마십시오. 거위지기 요한이 설교 내용을 한 자도 빠뜨리지 않고 전해드릴 것입니다."

이 말을 듣고 영주는 요한이라는 거위지기를 불러오라고 했다. 거위지기 아이는 정말 목사의 설교를 단 한 단어도 빠뜨리지 않고 전달해주었다. 게다가 억양과 제스처까지 완벽하게 소화해냈다. 영주는 크게 감탄했다. '이런 천재 소년이 겨우 거위지기나 하고 있다니!' 영주는 이 가난한 거위지기 아이를 교육시키기로 마음먹었다.

피히테는 그렇게 교육 기회를 얻어 고등학교를 무사히 마치고, 예나대학에 진학했다. 그때쯤 그의 후견인이 세상을 떠나자 피히테는 다시 가난해졌고, 가정교사 생활로 생계를 이어가게 되었다.

하지만 가정교사 생활은 순탄치 못했다. 그의 괴팍하고 독선적인 성격 때문에 어느 집에서건 그를 오래 두지 않았던 것이다. 그는 아이들의 교육은 일차적으로 부모 책임이라고 생각해 〈유별난 교육적 과오에 대한 기록〉이라는 글을 써서 부모에게 읽기를 강요했다. 그러나 학부모들은 그의 교육 방식을 인정하지 않았다. 그 바람에 늘 학부모와 긴장 상태를 유지하다가 몇 달 못 버티고 다른 가정교사 자리를 찾아다니곤 했다.

대학을 마친 후에도 가정교사 생활을 전전했다. 때로는 수학을, 때로는 철학을 가르치기도 했다. 그러던 중 칸트 철학을 가르쳐달라는 학생을 만났고, 그때부터 칸트 철학에 눈을 뜨게 되었다.

피히테는 칸트를 찾아갔다. 그리고 칸트 곁에 머물며 4주 동안 《모든 계시에 대한 비판 시도》라는 글을 썼다. 칸트는 그걸 보고 극찬을 아끼지 않으며 출판사를 소개했다. 하지만 출판사는 이 무명의 젊은 학자 이름을 책에서 빼버렸다. 익명으로 책을 출판한 것이다. 그런데 익명으로 나온 덕분에 이 책은 오히려 베스트셀러가 되었다.

사람들은 피히테의 글을 칸트의 저작이라고 생각했다. 독자들은 열광했다. 그리고 그 열광이 절정에 달했을 때 피히테는 자신이 그 책의 저자임을 밝혔다. 이렇게 해서 피히테는 책 한 권으로 일약 유명 인사가 되었다. 그뿐만 아니라 학생들의 열렬한 지지 속에 예나대학의 교수로 초빙되었다. 그때 예나대학엔 괴테와 실러가 강단에 있었다.

하지만 1799년 피히테는 예나대학에서 쫓겨나고 말았다. 사람들은 그를 무신론자라 비난했고, 학생들도 그의 독선과 오만에 거부 반응을 보였다. 심지어 학생 단체가 무더기로 몰려와 그의 연구실 창문에 돌을 던지기도 했다. 그의 아내 역시 길에서 모욕을 당했다. 피히테는 그때마다 자신을 비판하는 사람들과 논쟁을 벌였다. 제자들과의 논쟁도 서슴지 않았다. 무신론자로 낙인이 찍혀 결국 쫓겨나게 되었을 때, 그의 편에 서는 사람은 아무도 없었다.

예나대학을 떠난 그는 잠시 에를랑겐대학과 쾨니히스베르크대학에서 근무한 후, 1809년 프리드리히 대왕의 후원으로 베를린대학의 교수가 되어 초대 총장으로 취임했다. 이때 독일은 나폴레옹에 의해 짓밟히고 있었는데, 그는 국민적 저항 운동을 위해《독일 국민에게 고함》이라는 유명한 책을 냈다. 그리고 1814년 아내의 열병을 치료하던 중 전염되어 생을 마감했다. 그가 죽은 뒤 미처 완성을 보지 못한《지식학》초고가 발견되었다.

세계가 인간에게 예속되어 있다

피히테의 철학을 대개 주관적 관념론이라고 부른다. 이는 그의 철학에서 질료와 사물이 모두 주관에 의해 정립되기 때문이다. 말하자면, 우리는 그의 철학에서 단호하고 절대적인 정신철학을 대면하게 된다.

그의 철학적 기초는 칸트에서 비롯되었다. 그는 칸트의 관념을 더욱 심화하고, 칸트가 감히 시도하지 못했던 주관 관념의 절대화를 이루려 한 장본인이었다. 칸트에게는 사물 자체에 독립된 존재적 의미가 있었지만, 피히테에게는 사물 자체도 인간의 주관적 관념에 의해서만 정립될 수 있었다.

그의 주관 관념론은 '나' 또는 '자아'로부터 모든 학문이 시작된다는 설정에 기반하고 있다. 칸트의 선험철학에 따르면, 모든 실재적인 것은 관념적이다. 그리고 관념의 근거는 인간의 의식, 곧 자아다. 따라서 피히테가 모든 실재적인 것의 근거를 나 또는 자아에 둔 것은 관념론자의 당연한 귀결일지도 모른다.

그는 이 이론을 순수한 '나'와 '나 아닌 것'이 '전체적인 나' 속에서 하나로 종합되는 과정으로 설명한다. 이를 간단한 공식으로 만들면 이렇다.

전체적인 나 = 순수한 나 + 나 속의 나 아닌 것

우리가 살아 있는 한 거부할 수 없는 하나의 명제는 "나는 나다"이다. 그리고 또 하나의 거부할 수 없는 명제는 "나는 나 아닌 것들과 함께 있다"는 사실이다. 피히테는 모순적인 이 두 가지 사실에서 위의 설명처럼 '전체적인 나'를 이끌어내는 데 성공한다.

변증법적 단계를 거쳐 '전체적인 나'를 끌어냈다는 것은 나와 타자 그리고 질료 사이에 서로 통할 수 있는 순수한 의지 작용의 규범이 있다는 걸 의미한다. 그렇지 않다면 나와 타자 그리고 질료는 하나의 '전체적인 나'로 종합될 수 없을 것이기 때문이다.

피히테는 이 논리를 바탕으로 자신의 도덕학을 주창한다. 즉, 모든 자아는 선천적으로 순수한 의지에 동화되고자 하는 본능을 지니고 있으므로, 우리는 행위를 통해서 순수의지를 알 수 있다는 것이다.

순수의지를 아는 일, 그것은 곧 자기 자신을 실현하는 일이다. 순수한 의지만이 '순수한 나'이기 때문이다. 그리고 자기 자신을 실현할 수 있는 유일한 존재는 바로 자신뿐이다. 따라서 인간은 자신의 행동을 통해 순수의지를 발견함으로써 '순수한 나'에 더욱 접근할 수 있다는 결론에 도달한다. 피히테는 이 논리를 바탕으로 이렇게 목소리를 높였다.

"태초에 행위가 있었다. 행위하라. 행위하라. 우리는 행위하기 위해 존재한다."

피히테의 논리에 따르면 '나'의 주관은 신의 모습과 형상에 따라 형성된다. 그리고 '나'의 주관은 순수의지를 통해서만 확인 가능하고, 순수의지는 행동을 통해서만 실현된다. 그러므로 피히테의 윤리학에서는 행동을 통해서만 신의 모습과 형상을 대할 수 있다.

"살아 움직이는 도덕 질서가 신 자체다. 우리는 다른 신을 필요로 하지 않으며, 다른 어떤 신도 파악할 수 없다."

그는 결론적으로 이렇게 단언했고, 그 때문에 무신론자라는 비판을 받았다. 하지만 결코 뒤로 물러서지 않았다. 단 한 번도 자신의 주장을 굽히지 않았다. 그는 옹고집쟁이에 전투적인 인간이었다. 자신을 비판하는 자에겐 거침없이 선전포고를 하고, 기어코 상대를 박살내야만 속이 풀리는 성격이었다. 한마디로 철저하게 독선에 빠진 지식인이었다.

3

낭만주의의 불 수레를 몰고 온 정열의 철학자

셸링

셸링Friedrich Wilhelm Joseph Schelling은 1775년 뷔르템베르크에서 목사의 아들로 태어났다. 어릴 때부터 영특했던 그는 자기보다 다섯 살 위인 헤겔, 횔덜린 등과 함께 튀빙겐신학교에서 동문수학했다. 졸업 후 같은 대학에서 강의를 맡았으나 기독교를 비판했다는 이유로 밀려나고 말았다. 하지만 괴테의 추천에 힘입어 1798년 23세의 젊은 나이에 예나대학 정교수로 초빙되는 영광을 얻었다.

예나대학엔 당시 괴테를 비롯해 바더·슐라이어마허·슐레겔 등 낭만파 대가들이 모여 있었는데, 셸링도 그들의 일원이 되어 어울렸다. 그리고 낭만파 무리 속에서 카롤리네 슐레겔을 만나 1803년에 결혼했다. 같은 해에 뷔르츠부르크대학으로 자리를 옮겼고, 몇 해 후 뮌헨으로 갔다. 뮌헨에서는 바이에른학술원 회원이

3부 | 이성 중심의 동서양 철학

되어 미술대학의 사무총장을 지냈고, 그로부터 약 20년간 최고의 전성기를 누리다 1827년 뮌헨대학 미술대 학장에 취임했다.

전성기 시절의 셸링은 철저한 낭만주의자였다. 열정과 충동을 앞세운 낭만주의 사상의 철학적 근거를 마련한 장본인이 바로 그였다. 이 때문에 그에게는 찬사와 비판이 동시에 쏟아졌다. 바이에른의 왕 막시밀리안은 그를 독일 최고의 사상가라고 추켜세웠으며, 괴테도 존경할 만한 재능을 가진 사람이라고 칭찬했다. 또 훔볼트는 그를 독일에서 가장 재능이 뛰어난 사람이라 했고, 프로이센의 왕 빌헬름 4세는 신에게 선택받은 시대의 스승이라고 했다. 하지만 쇼펜하우어는 그를 입에서 나오는 대로 지껄이는 경박한 인간이라 비난했고, 포이어바흐 역시 양심이라곤 찾아볼 수 없는 철학자라고 공격했다.

이러한 엇갈린 평가를 받으며 셸링은 1841년 빌헬름 4세의 초빙을 받아 베를린대학으로 옮기는데, 이때부터 역사의 뒤안길로 밀려나기 시작했다. 베를린대학에 몸담은 뒤로 이미 죽고 없는 친구 헤겔이 쌓아놓은 학문적 업적을 비판하는 데 몰두했고, 사람들은 셸링의 그 같은 행동을 탐탁지 않게 생각했다.

이 무렵 유럽에서는 이미 낭만주의 열풍이 식어가고 있었다. 사람들은 낭만주의적 열정과 충동보다는 과학적 사고와 자연과학에 대한 매력에 이끌렸다. 그 때문에 셸링의 열정적인 낭만주의적 경향은 외면당할 수밖에 없었다. 이런 현실을 비통해하던 그는 마침내 모든 공직을 버리고 자기 집에서 은거하기 시작했다. 그리고 1854년 죽을 때까지 고독하고 우울한 생활을 계속했다. 비록 쓸쓸하게 인생을 마감했지만, 그는 한때 독일의 모든 청년을 사로잡는 수많은 글을 쏟아내며 폭발적인 인기를 누린 인물이었다.

그의 저작 활동은 17세 때 낸 학위 논문을 시작으로 끊임없이 이어져 1797년에 《자연철학의 이념》을, 이듬해엔 《세계의 영혼에 관하여》를 발표했다. 또 1799년엔 《자연철학 체계의 첫 번째 계획》을 출판했다. 이 초기 저작들엔 셸링 자연철학의 특징이 잘 드러나 있다. 요컨대 자연을 생성되고 있는 전체로 규정해 인간 정신이 자연 정신의 일부임을 논리적으로 밝혀냈다. 이러한 사상적 바탕 위에서 1800년 《선험적 관념론의 체계》를 발표함으로써 피히테 철학의 영향을 완전히 벗어났다. 주관에서 객관으로 나아가는 철학에 반대하고 객관을 주관에 앞세우는 논리를 펼친 것이다.

하지만 셸링은 단순히 자연철학에 머물러 있지 않았다. 그는 《브루노》 《대학의 연구 방법에 대한 강의》 등의 저작을 통해 자연과 정신을 절대자 안에서 하나로 통일시키는 작업을 하기도 했다. 이것이 이른바 동일철학同一哲學이다. 즉, 인간 정신과 자연 정신이 신의 정신 속에서 하나라는 사상을 정립하고, 낭만주의의 기반인 '신과 인간의 직접적인 정신적 교감'을 선도했다.

그리고 외팅거, 바더 등 낭만주의자들의 영향을 받아 1809년에는 《인간적 자유의 본질》을 발표했다. 이 저작에서 그는 인간의 자유를 적극적으로 옹호하며 신화, 계시, 종교 등의 세계로 접근했다. 이로써 그는 낭만주의의 사상적 기초를 완성했다.

하지만 1820년부터는 자신의 강의에 회의를 품기 시작했고, 글도 별로 쓰지 않았다. 사회 분위기가 바뀐 탓도 있겠지만 무엇보다도 아내의 죽음이 그의 열정을 완전히 앗아갔다. 열정 없는 낭만주의가 있을 수 없듯 열정이 식은 셸링을 좋아할 사람도 없었던 모양이다. 그때부터 셸링은 점점 초라하고 보잘것없는 학자로 밀려나기 시작했고, 사람들의 관심도 멀어져갔다.

자연이 없으면 신도 없다

셸링의 철학은 자연에도 정신이 있다는 전제하에 성립된다. 그리고 이러한 단정은 자연의 일부인 인간 정신이 자연 정신의 일부라는 것으로 이어진다. 이로써 자연은 자연 정신의 표출에 불과할 뿐인 것이 되고 만다. 정신이 물질의 근원에 있다면, 자연의 물질세계는 당연히 자연 정신의 산물이라는 뜻이다.

자연이 자연 정신의 산물이라는 결론은 곧 자연 정신의 합, 즉 하나로 통일된 자연 정신이 곧 신이라는 공식으로 이어진다. 그래서 셸링에게 자연세계는 '신이 밖으로 드러난 것' 이상도 이하도 아니게 된다. 말하자면 자연이 없으면 신도 없는 것이다. 이러한 사상은 스피노자나 브루노에게서 볼 수 있는 범신론과 맥을 같이한다.

자연 정신의 통일이 곧 신이라는 생각을 바탕으로 그는 다시 인간이 자연 속에서 직접 신의 정신을 체험하고 있다는 주장을 이끌어낸다. 말하자면 인간과 자연, 그리고 신이 정신적 일치를 이룰 수 있는 논리적 근거를 마련한 셈이다. 이는 곧 낭만주의자들의 구호로 자리 잡았다.

그가 낭만주의와 결합할 수 있었던 것은 예술만이 이론과 실천의 종합적 단계라는 견해 때문이었다. 즉, 예술과 예술적 창조 안에서 자연과 정신, 의식과 무의식, 법칙과 자유, 신체와 영혼, 개별성과 보편성, 감성과 관념성, 유한과 무한 등의 양극적인 대립이 하나로 합치될 수 있다는 것이다.

이렇게 해서 시인과 예술 작품, 윤리와 관습, 법률과 국가의 형성을 그 개별적인 독자성과 초시간적인 가치 내에서 함께 이해하고 해석할 수 있게 되었다. 그리고 이로써 독일 관념론은 계몽주의의 도식적인 사고에서 완전히 벗어나 창조적 정신을 고양하는 사상적 토대로 자리매김했다.

4

서양 철학의 완성자

헤겔

1770년 슈투트가르트에서 태어난 헤겔Georg Wilhelm Friedrich Hegel
은 다섯 살 아래의 철학자 셸링, 《휘페리온》의 작가 횔덜린과 함
께 튀빙겐신학교를 다녔다. 신학교를 졸업한 뒤에는 학업을 계속
하기 위해 1793년부터 베른·프랑크푸르트 등지에서 가정교사
생활을 했는데, 이 7년 동안 횔덜린과 함께 신비주의적 범신론에
몰두했다.

1801년에는 예나대학의 강사가 되었는데, 이때 그 대학엔 신
학교 동기생인 셸링이 이미 정교수로 재직하고 있었다. 그래서
셸링과 함께 〈철학비판지〉를 간행하기도 했지만, 나폴레옹의 정
복 전쟁으로 강사직을 그만두고 밤베르크로 이사했다. 그리고 밤
베르크에서 신문 편집 일에 종사하던 중 1808년 뉘른베르크의
김나지움(고등학교) 교장으로 취임하고, 1816년 하이델베르크대

학의 교수직을 얻었다.

그리고 1818년부터 베를린대학 교수 생활을 시작해 1831년 콜레라로 죽을 때까지 그 자리를 지켰다. 이 기간 동안 헤겔은 《법철학 강요》를 발표해 명성을 얻으며 엄청난 영향력을 행사했다. 강의실은 언제나 학생들로 가득 찼고, 많은 청년 학자들이 그의 학문을 연구하기 위해 시간을 투자했다. 이 책 외에 그의 저작 중 손꼽을 만한 것으로는 《정신현상학》《대논리학》《철학백과》 그리고 1907년 헤르만 놀이 출판한 《청년기의 신학 논문집》 등이 있다.

헤겔이 죽은 후 후대 학자들은 이런 저서들을 바탕으로 그에 대한 연구에 노력을 아끼지 않았다. 수천 편에 달하는 헤겔 관련 논문은 그에 대한 관심이 칸트를 능가하고 있음을 보여준다. 전 세계에 '헤겔학회'가 생기지 않은 곳이 거의 없을 만큼 그에게 경도된 후학들이 많았다. 또 비록 헤겔을 비판할지라도 그를 거치지 않은 철학자는 없었다. 이는 곧 그가 서구 철학의 절정을 구가했다는 사실을 대변해준다.

우주는 곧 절대정신이요, 신이다

헤겔의 사상을 이해하기 위해서는 《성경》의 논리를 염두에 두지 않으면 안 된다. 헤겔은 《성경》의 하나님과 자신의 절대정신을 동격으로 보고 있기 때문이다. 그의 사상적 정립이 바로 《성경》에서 시작되었다는 것이 이를 뒷받침한다.

많은 학자들이 헤겔을 범신론자라고 말한다. 그것은 그에게 있어 신을 의미한다고 할 수 있는 절대정신(또는 세계정신)이 곧 우주이기 때문이다. 피타고라스를 비롯한 우주론자들과 마찬가지로, 일차적으로 우주를 살아 있는 하나의 생명체로 파악한 것이다. 이런 의미에서 보면 헤겔은 분명히 범신론자다.

하지만 다른 한편으로, 그는 철저한 기독교도였다. 단지 기독교적 하나님, 즉 전지전능하고 모든 것을 창조한 실체인 《성경》 속 신을 절대정신이라는 이름으로 대체했을 뿐이다. 이는 자연 자체가 하나님이라는 주장과 다를 바 없다. 이미 우주의 본질을 물질이 아닌 정신으로 파악하고 있기 때문이다. 그는 오히려 살아 있는 하나님을 증명하고자 한다. 그래서 유기체로서 세계 전체가 살아 있다는 사실 자체가 곧 하나님이 존재한다는 것을 증명한다고 주장한다.

이렇게 범신론적 성향과 기독교적 성향을 동시에 지닌 그의 논리는 복잡한 것 같지만 사실은 아주 간단하고 명료하다. 따라서 그의 한계도 분명하게 드러난다.

그는 일차적으로 절대자를 〈요한복음〉 속의 로고스, 즉 스스로 활동하는 절대정신이라고 파악한다. 이 절대정신이 〈창세기〉에서 말하는 바와 같이 우주의 모습으로 발전했다. 마치 씨앗이 거대한 나무로 자라듯 절대정신이 스스로 우주로 발전한 것이다. 그리고 씨앗이 나무에서 다시 씨앗으로 돌아오듯 절대정신 역시 항상 절대정신으로 돌아간다. 그것은 곧 우주 만물이 (절대정신이 다시 절대정신으로 돌아가는 과정에서 나타나는) 절대정신의 다른 모습이라는 뜻이기도 하다. 따라서 우주는 절대정신이다. 그리고 스스로 생성하고 만물을 창조하는 신이다.

예컨대 씨앗이 씨앗으로 돌아가는 과정을 살펴보자. 씨앗은 열매 등 다른 형태를 거쳐 다시 씨앗으로 돌아간다. 이것을 헤겔은 변증법적 과정을 통해 다시 원형으로 돌아가는 것이라고 설명한다. 이러한 변증법적 원리는 절대정신의 원리이기 때문에 우주 만물은 여기에서 벗어날 수 없다. 그래서 우주에 있는 모든 것은 항상 변증법적으로 움직여야만 한다.

정신도 변증법적 원리를 벗어날 수 없다. 정신의 생각에서 비롯되는 이성 역시 마찬가지다. 그리고 이성에서 비롯되는 학문도 예외일 수 없다. 따라서 학문의 기본인 논리에서 변증법은 필수적이다. 정正명제를 세우면 그것은 다시 반反명제를 거쳐 종합적인 정명제를 끌어낸다는, 정반합의 변증법적 논리는 항상 끝없이 반복된다.

헤겔은 이런 변증법적 논리를 역사에도 대입한다. 역사 역시 이성이 이끌어낸 인간의 현상이고, 크게는 절대정신이 다시 절대정신으로 돌아가는 과정이기 때문이다. 말하자면 헤겔에게 변증법은 우주의 발전에서 절대 바뀔 수 없는 영원한 원리인 셈이다.

그의 사상에선 대립도 발전을 위한 것이다. 대립은 항상 종합을 위한 전제에 불과하다. 따라서 그에게는 잘못된 것이 없다. 즉, 그에게는 악이라는 게 없다. 그러나 현실에는 수많은 악과 고통이 있다. 이런 악에 대해선 어떻게 설명할 것인가? 헤겔은 이 질문에도 물러서지 않는다. 그러면서 이런 악한 것들, 이를테면 전쟁·폭행·살인 등은 절대정신이 스스로를 발전시키는 과정에 불과하다고 설명한다.

절대정신으로 모순과 불협화음까지 모두 해결해버린 것이다. 하지만 후대 학자들은 그의 사상이 아무것도 아니라고, 아무 말도 하지 않은 것과 같다고 비판한다. 모든 걸 포용하는 것은 아무것도 없는 것과 다르지 않기 때문이다.

그러나 헤겔이 이렇게 모든 걸 포용해버리는 철학을 주창함으로써 후대 철학자들에겐 그때까지의 철학을 모두 깨뜨리고 다시 시작해야 하는 과제가 주어진 셈이 되었다. 곳곳에서 헤겔을 성토하는 논리가 등장했고, 심지어는 그를 사기꾼으로 몰아세우는 사람들까지 등장했다. 헤겔의 변증법대로라면, 정립의 모순에 대한 반발로 거센 반정립이 일어나기 시작한 셈이다. 이런 반정립은 곧 새로운 철학을 낳는다. 헤겔이 절대정신으로 완전무결한 철학을 만들었다면, 이제 헤겔 철학을 산산이 부수고 제로 상태에서 다시 새로운 철학을 위한 모색을 시작할 수밖에 없었다.

19세기와 20세기의 현대 철학

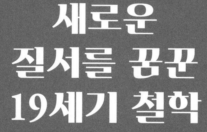

1장

새로운
질서를 꿈꾼
19세기 철학

헤겔의 절대관념에 의해 서양 철학은 완성되었다. 하지만 헤겔은 곧 그 완성된 철학을 거부하는 새로운 인물들에게 도전받는다. 헤겔의 절대정신에 도전한 대표적 철학자는 쇼펜하우어, 키르케고르, 마르크스, 니체 등이다.

이들은 한결같이 헤겔의 범신론적 절대정신을 비판하면서 철학의 새로운 질서를 요구했다. 쇼펜하우어는 의지와 표상으로서의 세계를 내세우며 철저한 비관주의의 길을 갔고, 키르케고르는 그리스도교적 실존주의를 주창하며 헤겔의 절대정신에 반기를 들었으며, 헤겔주의의 극단을 달린 마르크스는 세계정신을 버리고 변증법적 유물론을 선택했다. 그리고 니체는 과거의 모든 가치를 부정하고 새로운 질서를 꿈꾸는 초인철학을 내세웠다.

이들 새로운 사상가는 데카르트 이후 지속적으로 추구해온 관념적 완전주의 철학을 뒤로 하고, 철저한 비판에 기반한 자연과학적이며 기술적인 철학을 이끌어낸다. 이러한 변화는 서양 철학사에서 근세적 개념의 종말과 동시에 현대 철학의 시작을 의미했다. 19세기는 이렇듯 현대 철학의 씨앗을 뿌린 시대였다.

1

인생은 고통이라고 주장한 염세주의자

쇼펜하우어

쇼펜하우어Arthur Schopenhauer는 1788년 독일 단치히에서 태어났다. 아버지는 부유한 상인이고, 어머니는 소설가였다. 어머니가 아버지보다 스무 살이나 어렸는데, 세상에 대한 가치관에서도 현격한 차이를 보였다. 아버지는 교양 있고 체면을 아는 부유한 상인의 성품을 유지한 데 비해, 어머니는 활동적이고 경박하며 재기를 앞세우는 이기적인 여자였다. 쇼펜하우어는 아버지 쪽을 선호했다. 어머니를 경멸했고, 어머니를 닮은 누이동생도 무척 싫어했다. 물론 어머니와 누이동생도 그를 싫어해서 마치 원수처럼 서로를 헐뜯었다.

어머니와 누이에 대한 악감정은 모든 여성에게로 확대되었고, 쇼펜하우어는 일종의 여성혐오증 환자처럼 행동하기에 이르렀다. 이 때문에 결혼도 하지 않았다. 공공연히 여자보다는 오랑우

탄이 더 낫다고 소리치고 다녔다. 그에게 여자란 덩치 큰 어린아이에 불과했다. 선견지명도 없고, 어린이와 남자의 중간자이며, 항상 주인을 필요로 하는 동물이라고 말했다.

그는 1820년 베를린대학에서 교수 자격을 획득했다. 하지만 헤겔과의 터무니없는 경쟁에서 참패해 스스로 교수직에서 물러났다. 스스로 헤겔의 수업과 같은 시간에 자기 수업을 배정했는데, 학생들이 모두 헤겔에게만 몰리자 화가 나서 교수직을 던져버린 것이다.

이후 아버지가 남긴 유산으로 여행을 다니며 많은 문제를 연구하고, 그에 관한 글을 썼다. 자유 문필가로 살기 시작한 것이다. 하지만 사람들은 그의 글에 관심을 갖지 않았다. 그는 이런 현실을 비관하고 또 비관했다. 세상 사람들이 진정한 철학자를 알아보지 못한다고 통탄했다.

그러나 이러한 고통 끝에 빛이 보이기 시작했다. 1818년 출간한 《의지와 표상으로서의 세계》에 세인들이 관심을 갖기에 이른 것이다. 그가 끊임없이 부르짖던 염세주의가 마침내 세상의 주목을 받아 어느 순간부터 폭발적 인기를 누리는 저자가 되었다. 19세기 유럽의 귀족층이 염세주의에 귀를 기울일 만큼 부유했던 까닭이다. 하지만 쇼펜하우어는 여전히 세인들과 교류를 끊고 살았다. 그는 사람보다는 동물들과 더 친근했다. 철저하게 사람을 멸시했고, 특히 여자는 아예 상종도 하지 않았다. 그에게 인간은 지옥에서 아귀다툼만 일삼는 악귀였다. 그의 표현대로 말하면 "인간은 모두 결국에는 부서진 돛대로 죽음의 항구에 찾아드는 난파선일 뿐"이었다.

그럼에도 불구하고 그는 인간 세상에 오래도록 살았다. 1831년 베를린에 콜레라가 번졌을 땐 살아남기 위해 프랑크푸르트로 도망가기도 했다. 1858년 고희가 되었을 땐 생일을 축하하는 편지가 쇄도했다. 쇼펜하우어는 분명히 이러한 영광을 행복해했다. 그는 정말 지나칠 정도로 자신에 대한 신문 기사에 민감했다. 그래서 심지어는 친구들에게 우송료를 물기까지 하면서 자신과 관련된 기사들을 모았다. 철저하게 염세주의를 부르짖었지만, 그 역시 명예와 인기를 즐겼던 것이다.

쇼펜하우어는 1860년 9월 21일 침대에서 일어나다가 가슴에 경련이 일어 쓰러졌다. 그리고 이튿날 아침에 냉수욕을 하고, 맛있게 아침을 먹은 다음 소파에 앉은 채로 숨을 거뒀다. 가정부가 의사를 데려왔을 때는 이미 몸이 싸늘하게 식은 뒤였다. 하지만 얼굴은 무척 평온했다고 한다.

생존은 고통이다

쇼펜하우어는 인생을 고통 자체라고 생각했다. 그에게 삶이란 단지 살아남기 위한 노력에 불과했다. 매일같이 먹고 또 먹히는 먹이사슬의 연속이라고 보았다. 이런 가치관을 가진 그에게 비관적이고 염세적인 사상이 싹튼 것은 너무나 당연한 일이었다.

그가 이처럼 비관적인 견해를 가진 것은 자연을 '만인 대 만인의 전쟁터'로 인식했기 때문이다. 이러한 상태는 이미 결정되어 있기 때문에 생존해 있는 모든 것은 여기에서 벗어날 수 없다. 왜 인간은 이런 상황에 처해야만 하는지에 대해 그는 아무런 설명도 하지 않는다. 다만 현실이 이 같은 아귀다툼의 현장이라는 사실만을 강조할 뿐이다.

쇼펜하우어에게 '나'란 존재는 없다. 다만 '나'를 둘러싸고 있는 관계와 사물의 껍데기, 즉 순간적인 현상을 통해 개념으로 남는 표상들만이 존재한다. 하지만 그는 이런 논리를 증명하려 하지 않는다. 그에겐 증명할 필요도 없이 너무나 명백한 사실이기 때문이다. 세계가 이처럼 자신의 머릿속에 존재하는 표상에 지나지 않기 때문에 쇼펜하우어에겐 자연과학도 단순한 '신념'에 불과하다. 단지 그렇게 믿을 뿐인 것이지 사실 자체가 그렇지는 않다는 뜻이다.

이렇게 세계가 오직 표상으로만 존재한다고 주장하면서도 그는 '의지'에 대해 이야기한다. 인간은 표상만이 아니라 의지도 가지고 있다는 것이다. 그에 따르면, 인간은 자신을 의지로 인식한다. 소망, 욕구, 동경, 희망, 반항, 미움, 도피, 괴로움, 인식, 사고, 표상 등은 모두 의지에서 출발한다. 따라서 인간의 몸은 의지가 객관화한 것에 지나지 않는다. 걸어가려는 인간의 의지는 발로써 나타나고, 붙들려는 의지는 손으로, 소화시키려는 의지는 위장으로, 생각하려는 의지는 뇌로써 나타날 뿐이다.

이처럼 쇼펜하우어에게 의지는 모든 것의 근원이다. 자연의 모든 힘, 중력, 구심력과 원심력, 식물의 성장, 빛을 향한 식물의 움직임부터 인간의 자기의식에 이르기까지 모든 것은 의지의 결과다. 그리고 이러한 의지는 맹목적이다. 이유는 없다. 단지 살아남기 위해 움직이고, 그 움직임의 지루함을 해결하기 위해 또 움직인다. 이런 의지는 아무런 의미도 없으며, 단지 괴로움일 뿐이다. 세계 의지는 한마디로 고통 자체인 것이다.

이러한 고통은 자연의 원리에서도 나타난다. 자연 속엔 먹이사슬이 있고, 이에 따라 무한히 죽고 죽이는 경쟁과 싸움이 반복된다. 홉스의 말처럼 쇼펜하우어의 세계는 오직 전쟁터일 뿐이다.

그나마 이런 고통에서 구제받을 수 있는 유일한 방편이 예술이다. 그는 예술만큼은 맹목적인 행위라고 보지 않았다. 예술은 일상생활과 달리 세상을 통찰하는 일이기 때문이다. 특히 예술 중에서도 음악을 최고라고 평가했다. 음악은 단순히 이데아를 모방하는 것이 아니라 세계 의지 자체의 표출이라며, 음악을 가장 완전한 예술이라고 보았다. 그러나 예술에 의해 구제받는 것은 아주 일부에 불과하다. 비록 예술을 통해 괴로움을 조금이나마 해결하더라도 그것은 완전한 구원이 되지 못한다.

그래서 쇼펜하우어는 윤리학을 내세운다. 이른바 '동정의 윤리학'이라 불리는 그의 윤리학에서는 연민, 즉 동정이 최고의 가치로 여겨진다. 오직 동정심 속에서만 모든 인간이 형제임을 확인할 수 있다는 이론을 펼친 것이다. 하지만 이 또한 증명은 없다.

쇼펜하우어는 이처럼 모든 것에 단정적이다. 이유나 설명은 없다. 항상 주장만 앞세울 뿐 증명을 하지는 않았다. 증명할 필요도 없이 명백하다는 뜻일 것이다. 하지만 이런 철학은 많은 사람에게 독단으로 비칠 수밖에 없었다.

2

불안의 늪에 빠진 실존주의의 개척자

키르케고르

1813년 덴마크 코펜하겐에서 태어난 키르케고르Søren Kierkegaard 의 철학은 불안에 뿌리를 두고 있다. 그는 어릴 때부터 우울증을 앓았는데, 두려움에서 비롯된 불안이 그 원인이었다. 따라서 그의 불안을 이해하지 못하고는 그의 철학을 이해할 수 없다.

그는 경건주의에 가까운 기독교 집안에서 태어났다. 아버지는 부유한 상인이었고, 어머니는 그 집의 하녀였다. 아버지는 첫 번째 아내가 죽자 하녀와 불륜을 저질렀는데, 그렇게 태어난 아이가 키르케고르였다.

키르케고르의 첫 번째 불안은 바로 아버지와 어머니의 불륜이었다. 혼외정사는 죄악이고, 죄악은 반드시 심판을 받는다는 것이 기독교의 논리다. 따라서 불륜이라는 죄악의 씨앗인 키르케고르는 심판의 대상이다. 그는 이 심판에 대한 두려움으로 불안에

떨었다.

그리고 소년 시절, 폭풍우가 몰아치던 어느 날 소낙비에 흠뻑 젖은 채로 추위에 덜덜 떤 적이 있었다. 하늘이 자신을 심판하는 것일지도 모른다는 생각에 그는 다짜고짜 신을 향해 저주의 말을 쏟아냈다. 그러곤 비가 그친 다음, 그 행동에 대한 죄책감에 시달렸다. 그리고 성년이 되어서야 비로소 아버지에게 그때의 일을 털어놓고 집을 나갔다. 아마도 하늘에 대고 아버지를 저주했던 것 같다. 아버지의 불륜으로 인해 태어나지 말았어야 할 자신이 태어난 것에 대해 신에게 따졌을 것이다. 그런 행위는 경건주의자들에겐 돌이킬 수 없는 죄가 아닐 수 없었다. 그래서 키르케고르는 아버지와 결별을 선언하고 집을 떠났다.

하지만 죄는 거기서 끝나지 않았다. 청년이 된 그는 호기심에 사창가를 찾았다. 비록 아무 짓도 못 한 채 여성들에게 놀림만 받고 돌아왔지만, 자신의 행동에 큰 죄책감을 느꼈다. 그는 이러한 죄악들을 약혼녀한테 고백할 수 없었다. 심지어 사창가 경험 이후 자신이 남성 구실을 하지 못할 거라고 생각했다. 이는 그가 결혼하지 않으려는 이유 중 하나였다. 물론 결혼하지 않으려 했던 가장 근본적인 원인은 역시 불안이었다.

키르케고르는 이 불안을 근거로 학문을 펼쳐나갔다. 한때 베를린대학에서 셸링의 강의를 듣기도 한 그는 철학적 지식을 바탕으로 자신의 불안을 해부하기 시작했다.

우선 자신의 불안이 원죄적인 것이라고 생각했다. 마치 아담으로 인해 모든 인간이 원죄에 묶여 있듯이 아버지로 인해 자신이 원죄의 사슬에 묶여 있다고 여겼다. 또한 자신의 처지를 아브라함에 의해 제물로 바쳐지는 이삭에 비유했다. 신의 명령을 이행하기 위해 아들을 불 속에 던져 넣으려는 아버지, 그것이 곧 인간의 원초적 한계라고 결론지었다. 이렇게 해서 그는 모든 인간을 불안한 존재로 규정한다.

한편 그는 역으로 불안이 인간을 발전시키는 원동력이라고 역설한다. 불안이 없다면 인간은 스스로를 무엇으로 확인할 수 있을지 반문한다.

불안은 개인적이다. 개인마다 다르다. 불안이 없는 개인이란 있을 수 없다. 즉, 불안은 개인이 살아 있다는 증거다. 불안에서 출발한 그의 철학은 이제 개인에 도달한다. '나' 없이는 세계도 가치를 상실한다는 것이다. 불안과 공포에서 자신의 존재를 비로소 확인했던 그에게는 당연한 결론이었는지도 모른다.

그는 살아 있는 존재, 즉 실존에 대해 피력했다. 실존이 그 어떤 것보다 우선한다는 것이었다. 그리고 개인, 즉 개별적인 것 없이는 전체, 즉 보편적인 것도 존재할 수 없다는 결론을 향해 나아갔다. 이런 이유에서 그는 헤겔의 '보편자'에 반대하며, 헤겔의 절대정신은 한낱 허상에 불과하다고 주장한다. 헤겔에게는 시민과 교회가 하나가 되고, 민중과 권력이 하나가 되고, 국가가 땅 위를 걸어 다니는 신이었다. 하지만 키르케고르는 헤겔의 주장을 통렬하게 비판했다.

그는 합리적으로 이해할 수 있는 것은 신이 아니라고 말한다. 신은 인간의 사고 체계 바깥에 있기 때문에 인간의 관념으로 증명할 수 없는 존재라는 것이다. 그는 신이 불합리하기 때문에 오히려 신을 믿는다고 주장한다. 불합리함 속에 신적인 요소가 있다는 것이다. 즉, 그에게 신은 신앙의 대상이며, 신앙은 비약적인 형태로만 가능하다. 신앙에서 논리를 찾는 것은 산에서 물고기를 찾는 것과 같다는 뜻이다.

그에 따르면 인간의 내면에 이르는 길은 세 가지가 있다. 첫 번째는 자연에 의해 주어진 감각적인 길이고, 두 번째는 행동을 통해 얻어지는 윤리적인 길이며, 세 번째는 신앙에 의해 비약적으로 얻어지는 종교적인 길이다.

이런 이유에서 그는 국가를 성직자가 지배해야 한다고 말한다. 성직자는 아무런 사리사욕도 없고 단지 신의 명령만을 따르기 때문에, 성직자가 다스릴 때 사회는 올바르게 된다고 보았다. 하지만 덴마크의 프로테스탄티즘은 이 주장을 정면으로 반박했다. 합리적이지도 않고, 공익을 위한 것도 아니며, 개인의 주관적인 판단에 따른 주장이기 때문에 인정할 수 없다는 것이었다. 이로 인해 덴마크 기독교 사회와 키르케고르의 싸움은 불가피했다.

신문은 매일같이 삽화를 통해 그를 풍자적으로 비꼬았다. 키르케고르는 이것을 참아낼 수 없었다. 그래서 싸웠다. 많은 글을 써내며 신교도들과 정면으로 대치했다. 그렇게 《이것이냐 저것이냐》《죽음에 이르는 병》《두려움과 떨림》《불안의 개념》《철학적 단편》《기독교의 실천》 등의 책을 출간했다.

키르케고르와 기독교도들의 공방은 계속됐다. 하지만 그리 오래가지는 않았다. 키르케고르가 1855년 42세를 일기로 세상을 떠나고 말았기 때문이다.

그는 민중과 가난에 대해 역설했지만 부유한 아버지가 물려준 유산 덕분에 풍족하게 살았다. 항상 다섯 개 이상의 방이 딸린 집에서 지냈고, 가진 돈을 남김없이 썼다. 그래서 죽었을 땐 오직 장례 비용만 남아 있었다고 한다. 물려받은 유산으로 풍족하게 살다가 돈을 다 탕진하고 나자 죽음의 세계로 가버린 것이다.

3

공산주의 사상을 퍼뜨린 이상주의자

마르크스

마르크스Karl Heinrich Marx는 1818년 유대인 변호사 집안에서 일곱 남매 중 셋째로 태어났다. 그는 아버지를 이어 법률가가 되기위해 17세 때 베를린대학 법학부에 입학했다. 하지만 법학에 싫증을 느끼고 예나대학으로 옮겨 철학을 공부하기 시작했다. 이때만 해도 그는 단순한 철학도였다. 그리고 시인이었다. 열정에 사로잡힌 시를 쏟아내며 문학가를 꿈꾸기도 했다. 결코 혁명가나공산주의자가 아니었다. 적어도 〈라인 신문〉의 편집장 시절까지그는 공산주의를 단호하게 거부했다. 하지만 프로이센 왕이 〈라인 신문〉을 '라인강의 창녀'라고 부르며 폐간시킨 후 무섭게 공산주의자로 변신해갔다.

〈라인 신문〉이 폐간되자 그는 아르놀트 루게와 공산주의 공동체 생활을 시작하며 〈독일 프랑스 연감〉을 발행했다. 하지만 마르크스는 독단적이고 성급한 사람이었다. 이 성격 때문에 루게 가족과 불화를 겪었고, 마침내 독일을 떠나 파리로 갔다.

당시 '사상의 어항'이라고 불리던 파리에 도착한 마르크스는 《로렐라이》의 시인 하인리히 하이네 등 사회주의자들과 교제했다. 하지만 이내 프로이센 정부의 요청으로 프랑스에서 추방당하고 말았다. 이후 잠시 브뤼셀에 머무르며 16명의 회원과 함께 제1차 세계 공산당 창당식을 열고, 곧장 런던으로 떠났다.

런던에 도착한 그는 사업가 프리드리히 엥겔스를 만나 재정적 지원을 받았다. 그리고 1847년 《철학의 빈곤》을 발표하고, 이듬해에는 엥겔스와 함께 《공산당선언》을 출판했다. 이 두 저서에서 그는 확연하게 공산주의자의 면모를 드러낸다.

기존의 자본주의 체제를 붕괴시켜 계급 없는 공산주의 시대를 열자는 그의 이론은 당시 사회에서 엄청난 탄압을 받았다. 국가를 전복해 새로운 체제를 만들자고 공언했으니 탄압은 당연한 결과였다. 그 때문에 그는 처절한 가난 속에서 비참한 삶을 살아야 했다. 자녀 몇몇이 굶어 죽고 빚 때문에 모든 가구와 생필품에 압류 딱지가 붙었다. 심지어는 옷까지 압류당해 외출마저 어려운 지경에 처했다.

그런 고통 속에서도 마르크스는 집필을 중단하지 않았다. 그리고 마침내 《자본론》 1권을 내놓기에 이른다. 하지만 총 세 권으로 기획된 이 책을 채 완성하기도 전에 세상을 떠났다. 1883년 그의 나이 65세 때의 일이다.

지인들에 의하면 그는 거만하고 냉소적이었으며, 금속성의 날

4부 | 19세기와 20세기의 현대 철학

카로운 음성을 지닌 인물이었다. 극단적이고 명령조인 어투로 반대자를 전혀 용납하지 않았고, 항상 신념에 가득 찬 얼굴로 주변의 모든 사람을 압도했다. 마치 스스로가 이념의 화신인 것처럼 프로메테우스를 꿈꾸며 유토피아의 독재자로 군림하고자 했던 것이다.

역사의 주체는 인간

헤겔의 절대정신에 따른 원리주의의 극단적 논리에 반대해서 일어난 사조 중 하나가 물질주의에 기반한 마르크스주의였다. 마르크스가 주창한 이 사상은 19세기 유럽에 공산주의 바람을 일으켰고, 급기야 20세기에 이르러 러시아를 필두로 사회주의 국가들의 탄생을 부추겼다.

마르크스는 처음엔 헤겔 철학에 빠졌지만 이내 헤겔을 강력하게 비판하며 자신만의 철학을 일궈냈다.

헤겔은 우리에게 역사의 주체는 인간이 아니라 절대정신 또는 신이라고 가르쳤습니다. 하지만 단언하건대, 역사의 주체는 인간입니다. 저는 지금부터 역사의 주체가 인간일 수밖에 없다는 사실을 논리적으로 증명하고자 합니다.

모든 현실이 절대정신으로부터 비롯되었다는 헤겔의 사상은 근거를 전혀 제시하지 않은 신비주의에 불과합니다. 왜냐하면 헤겔의 철학엔 현실이 없고, 현실 위에 떠돌아다니는 주인 없는 정신만 가득하기 때문입니다.

　나무 없는 열매가 존재할 수 없듯이 현실 없는 정신은 존재할 수 없습니다. 따라서 이제 우리는 철학을 뒤집어야 합니다. 사유를 신으로부터 시작할 게 아니라 구체적인 현실에서부터 시작해야 한다는 뜻입니다.

　구체적인 현실이란 곧 인간의 현실입니다. 인간의 뿌리는 인간이기 때문에 모든 철학은 반드시 휴머니즘에 기초하지 않으면 안 됩니다. 다시 말해, 철학의 주제는 '신이란 무엇인가?' 하는 문제가 아니라 '인간이란 무엇인가?' 하는 문제여야 한다는 뜻입니다.

　인간이란 무엇인가? 인간은 우선 사회적 존재입니다. 이는 인간이 사회의 구성원으로 존재하고 있다는 뜻입니다. 그리고 사회는 공동의 노동에 의해 형성됩니다. 인간은 근본적으로 노동의 동물이기 때문입니다.

　인간이 노동의 동물이라는 말은 인간이 경제적 존재라는 말과 같습니다. 따라서 인간의 경제적 관계는 인간이 존재하기 위한 가장 기초적인 토대입니다. 그 토대 위에 국가, 법률, 이념, 도덕, 예술, 종교 등의 부수적인 것들, 즉 상부구조가 성립될 수 있습니다. 그 때문에 국가나 법률 같은 상부구조는 노동력에 의해 형성된 경제 관계, 즉 토대를 유지하기 위한 수단에 지나지 않습니다.

　그러나 현실은 그렇지 않습니다. 현실은 오히려 수단에 불과한 상부구조가 본질인 노동을 지배하고 있습니다. 이것은 명백한 모순입니다. 이 같은 모순이 발생하는 근본적 원인은 이 사회의 잘못된 구조에서부터 시작되었습니다. 고대의 노예 시대 이후 인간 사회는 귀족, 영주 그리고 자본가(고용주)의 사회였습니다. 그들의 지배 아래에서 대부분의 프롤레타리아(무산자)는 살아남기 위해 노동을 그들에게 바쳐야 했습니다.

노동의 결과물은 언제나 상품이었습니다. 그러나 그 상품은 항상 자본가의 소유였습니다. 따라서 노동자는 목숨을 유지하기 위해 자기가 만든 상품을 고용주에게 구입해야 했고, 상품의 노예가 되어버렸던 것입니다.

이것은 인간의 가장 본질적 행위인 노동을 소외시키는 일입니다. 이는 자본가와 무산자 모두에게 해당되는 일입니다. 무산자는 상품의 노예로 전락함으로써 소외되고, 자본가는 인간의 본질인 노동을 하지 않고 노동의 결과물인 상품을 소유함으로써 소외되는 것입니다.

노동의 소외란 곧 인간의 소외를 의미하고, 인간의 소외란 인간이 본질을 상실하는 걸 의미합니다. 이제 인간은 노동으로 자기 존재를 유지하는 것이 아니라 상품과 돈에 의해 매매되고 있다는 뜻입니다.

상품과 돈에 의해 팔려 다니는 인간은 인간성을 완전히 상실한 인간입니다. 인간성을 상실한 인간은 정확한 의미에서 인간이라고 할 수 없습니다. 말하자면 이 사회엔 인간이 사는 게 아니라 인간의 껍데기만 살고 있습니다.

우리는 이 사회를 인간성 상실에서 해방시켜야 합니다. 그러기 위해서는 지금의 사회를 전복하지 않으면 안 됩니다. 사회를 전복하는 목적은 인간을 인간으로 되돌려놓기 위함입니다. 인간이 굴

복당하고 노예로 전락하여 멸시받는 모든 관계를 뒤엎지 않고는 아무것도 해결할 수 없습니다.

사회를 전복해 인간성을 회복하고 인간이 역사의 주체로 나설 때, 인간은 비로소 인간의 최고 본질에 도달할 수 있을 것입니다.

위의 글은 마르크스의 저서 《철학의 빈곤》과 《공산당선언》의 핵심을 연설문 형식으로 간추린 것이다. 두 저서는 기존 사회가 인간성을 말살시키는 구조를 가졌으므로 전복해야 한다는 이야기로 시작해, 프롤레타리아혁명을 거쳐 인간성 본질의 최고 단계인 공산국가를 건설해야 한다는 대명제로 끝난다.

공산주의에 이르는 단계는 변증법적으로 서술되어 있다. 요컨대 인간 소외의 절정인 자본주의사회에 대한 반정립적 개념으로 프롤레타리아(무산계급) 독재를 설정하고, 그 둘의 종합으로 계급 없는 공산주의를 이끌어낸다.

이것이 이른바 유물변증법에 의한 역사관이다. 인간으로 대표되는 물질이 주체가 되어 역사를 이끈다. 그 역사는 자본가와 무산자의 계급투쟁의 역사다. 그래서 이런 대치 상황을 해결하기 위해 우선 인간성을 말살하는 자본가 중심의 자본주의를 붕괴시켜 프롤레타리아 시대를 연 다음, 일정 기간 동안의 프롤레타리아독재를 거쳐 계급이 완전히 사라진 공산주의 시대를 연다는 주장이다.

이렇게 해서 마르크스는 역사적 유물론의 아버지가 되었다. 역사적 유물론은 근본적으로 인간 중심의 역사를 전제하는 것이므

로 마르크스의 출발점이 인간주의라는 것을 알 수 있다. 또 그것
이 실천적 유물론이라는 점에서 마르크스는 혁명가로 불렸다.

4

초인을 꿈꾼 광기의 철인

니체

니체Friedrich Nietzsche는 1844년 10월 15일, 지금의 독일 작센 지방 뢰켄이라는 마을에서 목사의 아들로 태어났다. 그의 집안은 대대로 성직자였고, 그도 한때는 목사를 꿈꾸었다. 하지만 곧 기독교를 버리고 새로운 사상을 찾아 방황하기 시작했다. 본대학의 신학부에 등록했다가 한 학기 만에 포기하고, 라이프치히대학으로 가서 언어학을 전공하며 철학에 심취했다.

그가 몰두한 사상가는 쇼펜하우어였다. 그의 염세주의와 비관적 사고 속에서 니체는 세계에 대한 허무의식을 배웠다. 그리고 예술이 그러한 허무에서 벗어날 수 있는 유일한 방도이고, 또한 음악이 예술의 극치라는 쇼펜하우어의 가르침에 따라 음악에 열을 올렸다.

그러던 중 23세 때 군에 징집되었다. 그는 멋진 군 생활을 설계했다. 진정으로 전사다운 기백과 용기를 익히려고 마음먹었다. 하지만 말에서 떨어져 가슴에 상처를 입고 제대해야 했다. 위대한 전사로서의 삶은 싱겁게 막을 내렸고, 대학으로 돌아온 그는 25세의 나이에 바젤대학 문헌학 교수가 되었다.

한편, 바젤에서 멀지 않은 트립셴에 당대 음악의 최고 거장 리하르트 바그너가 살고 있었다. 음악적 열정에 사로잡혀 있던 니체는 바그너를 존경했고, 1869년 크리스마스에 바그너의 집으로 초대받았다. 이렇게 해서 풋내기 학자와 음악의 대가가 교제를 시작했다. 그들은 나이 차이가 크게 났지만 친구처럼 지냈다. 바그너는 니체에게 음악의 스승이었고, 니체는 바그너에게 사상의 인도자였다.

그런데 이듬해 또다시 독일과 프랑스 사이에 전쟁이 발발했다. 니체는 다시 징집되어 의무병으로 복무했다. 그러나 이번에도 중도에 제대하고 말았다. 몸이 지나치게 병약해 귀가 조치를 당한 것이다. 집으로 돌아온 그는 다시 바그너를 찾았다. 하지만 그들의 우정은 곧 깨지고 말았다. 디오니소스적 자유를 추구하던 니체는 바그너의 아폴론적 형식과 예수에 대한 지나친 찬양을 두고 볼 수 없었다. 바그너와 결별을 선언한 니체는 그때부터 바그너의 가장 큰 적이 되었다. 심지어 바그너를 두고 '서양을 몰락시키는 화신'이라고 공격해댔다. 그들의 관계는 그렇게 끝장났다. 더불어 니체의 음악에 대한 열정도 함께 꺼져갔다. 동시에 쇼펜하우어에 대한 도취에서도 깨어나기 시작했다.

이렇게 니체는 생의 두 번째 시기를 맞이했다. 열정과 감흥에 사로잡힌 청년기를 마감하고 과학적 이론을 앞세운 장년기가 열린 것이다. 그동안 거부 반응을 보여온 소크라테스와 프랑스 계몽주의자들에게 눈을 돌렸다. 그래서 《인간적인 너무나 인간적인》《아침노을》《즐거운 학문》 등의 글을 쏟아냈다.

하지만 이 시기는 오래가지 않았다. 병약한 몸은 다시 극도로 쇠약해졌고, 죽음의 공포 앞에서 유언을 남기기까지 했다. 그러나 죽음은 그렇게 쉽게 찾아오지 않았다. 건강이 조금 회복되자 그는 다시 집필을 시작했다. 그리고 한 여자를 사랑하게 되었다. 바로 루 살로메였다. 사랑을 고백했지만 살로메는 그를 받아들이지 않았다. 그러자 그는 "철학자가 결혼하는 것은 코미디에나 어울린다"며 결혼을 완전히 포기했다.

그리고 미친 듯이 집필에 몰두했다. 《차라투스트라는 이렇게 말했다》《도덕의 계보》《선악의 저편》《권력에의 의지》《그리스도인을 반대하다》《이 사람을 보라》 등은 모두 이 시기의 작품이다. 극단적이며 다소 병적인 양상을 띠는 이 글들은 니체의 사상을 명확하게 드러내고 있다. 비록 논리와는 거리가 먼 즉흥적인 내용과 예언 및 상징으로 얼룩져 있지만, 그의 허무의식과 실존, 인간애를 충분히 담아냈다. 그 속에는 정열과 광기, 정신병적 징후와 패배 의식, 그리고 스스로에 대한 과대망상과 도취 등이 산재했고, 그 너머에는 다시 허무주의를 극복하고 초인으로 당당히 서고자 하는 냉철한 이성이 살아 있었다.

그러나 죽음의 그림자 또한 그와 함께 있었다. 니체의 육체는 이미 오래전부터 병들어 있었다. 정신도 온전치 않았다. 1889년

1월 이탈리아 토리노에서 쓰러져 깨어났을 때는 이미 정신착란증에 빠져 있었다. 의사는 그 원인을 매독이라고 했다. 20대 초반에 들락거렸던 사창가에서 옮은 매독균이 어느새 뇌까지 침범해 초인을 꿈꾸던 철학자를 병자로 만든 것이다.

그리고 1900년 8월, 니체는 어머니와 누이동생이 지켜보는 가운데 조용히 생을 마감했다. 그의 나이 56세 때였다. 그가 죽고 난 뒤 히틀러와 무솔리니는 그의 철학을 인용해 스스로 '초인'을 자처하기도 했다. 니체는 인간을 구제하는 초인을 부르짖었는데, 살인마들이 자신을 초인이라고 했으니 참으로 아이러니가 아닐 수 없다.

신은 죽었다!

차라투스트라는 홀로 산을 내려갔다. 도중에 아무도 만나지 않았다. 그러나 그가 숲속에 들어섰을 때, 홀연히 한 노인이 나타났다. 그 노인은 속세를 등진 채 숲에 오두막을 짓고 사는 성자였는데, 풀뿌리를 구하기 위해 숲을 헤매던 중이었다. 노인이 차라투스트라에게 말을 걸었다.

"젊은이는 낯이 익은데, 몇 해 전에도 이 길을 지나갔었지? 이름이 차라투스트라라고 했던가? 얼굴이 많이 변했구먼. 그때 그대는 재앙을 산으로 옮겨갔는데, 이제 그대의 불을 골짜기로 옮기려 하는가? 그렇다면 그대는 방화자가 될 텐데, 형벌이 두렵지 않은가? 그래, 그대는 차라투스트라가 틀림없구먼. 그런데 눈은 맑아지고, 입가에 가득하던 혐오의 기운도 없어졌군. 그래서 발걸음이 그렇게 가볍게 보였나? 마치 춤을 추는 것 같았거든. 차라투스트라는 확실히 딴사람이 되었어. 어린아이가 된 거라고. 이제 눈을 뜬 것이지. 그런데 새삼스레 무엇 때문에 저 잠자는 사람들 곁으로 가려 하는가? 그대는 지금껏 마치 바닷속에서 홀로 사는 것처럼 고독하게 지내왔고, 바다는 그대를 잘 보살펴주지 않았는가? 그런데 왜 그대는 다시금 자신을 이끌고 육지에 오르려 하는가? 이 가련한 친구야!"

차라투스트라가 대답했다.

"인간을 사랑하기 때문입니다."

늙은 성자가 다시 말했다.

"오오, 그대는 내가 어찌하여 숲속에 들어왔으며, 황야에 살고 있는지 모른단 말인가? 그것은 내가 너무나도 인간을 사랑하였기 때문 아닌가? 하지만 지금 내가 사랑하고 있는 것은 신이지, 인간이 아닐세. 인간은 너무나 불완전한 존재이기에 인간에 대한 사랑은 스스로를 멸망으로 인도할 것이네."

차라투스트라가 말했다.

"거창하게 사랑을 운운할 것까지 있겠습니까? 저는 다만 인간들에게 자그마한 선물을 주고자 할 따름입니다."

그러자 늙은 성자가 꾸짖듯이 말했다.

"인간에게는 아무것도 베풀지 말게! 차라리 그들이 걸머진 것들을 덜어주게나. 그리하여 그들과 함께 짐을 나누어지게. 그것이 그대와 그들을 동시에 흐뭇하게 하는 일일 것이네. 만일 그들에게 무엇인가를 주기를 원한다면, 다만 보시하는 정도에서 그쳐야 할 것이야. 그것도 그들이 구걸을 해올 때만 한정해서 말일세."

차라투스트라가 말했다.

"저는 보시 같은 것은 하지 않습니다. 보시만 할 정도로 저는 가난하지 않습니다."

늙은 성자는 차라투스트라의 말을 비웃으며 말했다.

"그렇다면 사람들이 그대의 선물을 받아들이는지 시험해보세. 그들은 아마 우리가 선물을 하려고 해도 의심의 눈초리를 보낼 것이네. 우리의 발소리가 그들에게는 너무나 이상하게 들릴 것이기 때문이지. 그래서 그들은 마치 한밤중이나 새벽의 발소리를 들었을 때처럼 '도둑놈이 어디로 가는 게지?' 하고 속삭일 것이네. 그러니 인간한테 가지 말게. 숲속에 머무르게! 인간한테 가려거든 차라리 짐승한테 가게. 어찌하여 그대는 나처럼 되고자 하는가?"

차라투스트라가 그에게 물었다.

"당신은 도대체 이 숲속에서 무엇을 하려고 그러십니까?"

"노래를 지어 부르면서 즐거워하고, 울고, 하소연하네. 그리하여 신을 찬양하네. 그런데 그대는 도대체 우리에게 무엇을 주려고 여기에 왔는가?"

"내가 당신들에게 무엇을 주겠습니까? 오히려 나는 당신들에게 뭔가를 빼앗아야 할지도 모릅니다. 그러니 어서 나를 보내주시오."

이리하여 늙은 성자와 차라투스트라는 헤어졌다. 웃으면서, 마치 소년들처럼 웃으면서. 노인이 가고, 홀로 남은 차라투스트라는 혼잣말로 이렇게 중얼거렸다.

"저 늙은 성자는 숲속에서 아직 아무것도 듣지 못했단 말인가. '신은 죽었다'는 사실을!"

위 글은《차라투스트라는 이렇게 말했다》제1부의 두 번째 단락이다. 이처럼 니체의 글은 상징으로 가득하다. 그는 모든 것을 뒤집어엎어야 한다고 주장했고, 그래서 더 이상 논리에 얽매이지 않았다. 마치 광야를 떠도는 세례자 요한처럼 예언을 말하고, 새로운 세계와 새로운 인간을 꿈꾸었다.

과거의 모든 사상과 문화, 전통과 체계를 그는 거부했다. 오히려 과거의 모든 것은 처부숴야 할 적이었다. 그래서 기독교와 그것을 떠받치고 있는 철학과 관습, 계층과 계급 등 모든 것을 타파해야 한다고 주장했다.

그의 이러한 주장을 대변하는 말이 바로 "신은 죽었다"이다. 신이 죽었으므로 그동안 신에 의해서 지탱되던 모든 것도 함께 죽었다. 신을 떠받치는 철학과 신을 위한 역사와 신의 문화, 그리고 신에 대한 신앙, 교회, 관습 등 모든 세계가 함께 죽은 것이다.

이것은 카오스, 곧 혼돈을 의미한다. 이러한 혼돈을 두고 볼 수 없어 그는 은둔을 포기하고 사람들에게로 나아간다. 그러면서 자신이 사람들에게 나아가는 이유를 '그들을 사랑하기 때문'이라고 말한다.

그리고《차라투스트라는 이렇게 말했다》제1부의 세 번째 단락에서 이렇게 천명한다.

"나는 그대들에게 초인을 가르치려 하노라."

신이 죽은 세상에 그가 내놓은 대안은 초인이었다. 그는 초인이야말로 이 세계가 원하는 진정한 구세주라고 주장했다. "천상의 희망을 말하는 인간들을 믿지 말라. 그들은 자신이 알든 모르든 독을 섞는 자들이다." 이렇게 말하면서 기독교인과 기독교를 떠받치고 있는 철학자들을 매섭게 비난한다. 심지어《도덕의 계보》에서는 "철학의 명예를 회복하기 위해서는 도덕가들을 교수형에 처하는 수밖에 없다"는 극단적인 말을 쏟아내기도 한다.

이는 세상에 대한 선전포고였다. "신은 죽었다"고 선언함으로써 기존 세계를 무너뜨리고 새로운 질서를 형성해야 한다고 말한 것이다. 신이 죽었으므로 참인 것은 이제 아무것도 없으며, 모든 것이 다 허용된다. 의무는 없어지고 의지만 남는다. '나는 뭔가를 해야만 한다'는 의무 의식을 벗어던지고, '나는 뭔가를 하고자 한다'는 자유의지를 취하는 것이다.

모든 것이 거부되는 현실, 이것이 곧 그의 허무 의식이다. 그러나 이러한 허무주의는 초인을 통해 극복된다.

그렇다면 초인은 어떤 자인가? 대지의 참뜻을 아는 자다. 인간의 한계를 극복한 존재다. 니체는 "인간이란 짐승과 초인 사이에 놓여 있는 밧줄이다. 하나의 심연을 건너가는 밧줄이다"라고 표현한다. 따라서 인간은 언제든 짐승이 될 수 있고, 초인도 될 수 있다. 초인으로 안내하는 길잡이는 정신이다. 그러므로 정신의 변화가 곧 초인을 인식하게끔 하는 근본이다.

그에게 정신이란 인간을 가장 인간답게 하는 요체다. 인간의 정신만이 대지의 참뜻을 알아낼 수 있는 유일한 것이기 때문이다. 여기에 그의 실존 의식이 숨어 있다. 살아 있는 인간이 그 어떤 것보다 가치 있다는 그의 인간 사랑이 꿈틀거린다.

《차라투스트라는 이렇게 말했다》를 비롯해《권력에의 의지》《도덕의 계보》《선악의 저편》《비극의 탄생》등은 바로 인간에 대한 그의 사랑을 표현한 저작이다. 그리고 이 사랑을 실천하기 위해 그는 "신은 죽었다"는 말로 서양 정신에 선전포고를 감행하고, 철학의 망치로 종래의 모든 철학을 깨부쉈던 것이다.

2장

객관·존재·
실존으로의
전환을 모색한
20세기 철학

✳✳✳

19세기까지의 철학이 인간·세계·신 등 모든 것을 포괄하는 절대적 진리를 추구한 데 비해, 20세기 철학은 과학적 사고에 기반한 현실적 문제에 집중한다. 따라서 20세기 철학은 매우 개인적이고 분석적이며 미시적이라는 특징을 지닌다. 그런 까닭에 객관으로의 전환, 존재로의 전환, 실존으로의 전환 등 세 가지 양상을 띤다. 이러한 세 가지 양상은 삶의 철학, 프래그머티즘, 현상학, 기호논리학, 실존철학 등의 이름으로 등장한다.

삶의 철학은 베르그송이 주창한 후 블롱델 등으로 이어지면서 20세기 초반기를 장식하다 사라졌고, 프래그머티즘은 퍼스로부터 시작해 제임스를 거쳐 듀이에서 절정에 이르렀다.

현상학은 후설이 기초를 쌓고 셸러가 완성해 20세기 전반全般의 학문에 영향을 끼쳤으며, 기호논리학은 무어·러셀 등이 정립해 비트겐슈타인·카르나프·화이트헤드 등에 이르러 새롭게 해석되었다. 특히 비트겐슈타인은 철학의 목적을 언어 비판이라고 정의하면서 20세기 철학의 극점인 언어철학을 태동시킨다.

실존철학은 19세기의 반헤겔적이고 니체적인 사상에 영향을 받은 독일의 야스퍼스와 하이데거가 정립하고 프랑스의 사르트르가 그 전통을 이음으로써, 인간 실존의 문제를 20세기 철학의 중심으로 끌어들이는 데 성공한다.

1

창조적 진화론으로 삶의 철학을 주창한

베르그송

베르그송Henri Bergson은 1859년 10월 18일, 프랑스 파리에서 태어났다. 아버지는 폴란드계 유대인으로 음악 교사이자 작곡가였고, 어머니는 북잉글랜드계 유대인으로 아들에게 영어를 가르쳤다.

그가 태어난 1859년은 다윈의 《종의 기원》이 출판된 해이며, 동시대의 거장인 후설과 듀이도 그해에 태어났다. 그러나 베르그송은 《종의 기원》을 신랄하게 비판했으며, 현상학자 후설과 실용주의자 듀이와도 완전히 다른 길을 선택했다.

처음에 그는 수학과 물리학을 공부했다. 이 과정에서 근대 과학의 실상과 한계를 맛보았고, 결국 과학의 배후에 숨어 있는 형이상학에 접근했다. 아주 자연스레 철학도의 길로 접어든 것이다.

대학을 졸업한 후에는 클레르몽페랑고등학교에서 철학 교사를 지냈고, 여기에서 최초의 저작《의식에 직접 주어진 것에 대한 시론》을 썼다. 그리고 7년 후 두 번째 저서《물질과 기억》을 발표하면서 세인들의 주목을 받기 시작해 파리고등사범학교 교수가 되었고, 이어 프랑스의 여러 대학으로 자리를 옮길 수 있었다.

그의 가장 대표적인 저서는 1907년에 내놓은《창조적 진화》다. 이 책은 인기 있는 소설에 버금갈 정도로 많이 팔렸고, 그에게 세계적 명성을 안겨주었다. 이러한 인기에 힘입어 1911년 옥스퍼드와 버밍햄의 강연에 연사로 참여했고, 1913년에는 뉴욕에서 강연을 하기도 했다.

그런데 1914년 가톨릭 교황청이 그의 책들을 금서 목록에 올렸다. 가톨릭 신자가 아닌 사람의 저작을 교황청이 금서로 지정한 것은 이례적인 일이었다. 교황청으로선 가톨릭 혁신주의자들 사이에서 베르그송의 사상이 지대한 영향을 끼치고 있는 걸 구경만 할 수는 없었던 것이다.

그러나 교황청의 이러한 결정은 오히려《창조적 진화》의 인기를 높이는 역효과를 낳았다. 명성을 쌓은 그는 제1차 세계대전 동안 시사적인 논문들을 발표해 대중의 관심을 끌었고, 1917년 2월에는 미국으로 외교 여행을 떠나기도 했다. 그의 임무는 미국이 전제주의(특정한 개인이나 소수 집단이 국가의 절대 권력을 행사하는 정부 형태)에 대항해 참전해야 한다고 미 행정부와 대통령을 설득하는 일이었다. 그의 이 같은 노력이 어떤 영향을 끼쳤는지 평가하기 어렵지만, 1918년 미국은 전쟁 개입을 선언했다.

전쟁이 끝난 후에는 '지적 협력에 관한 국제협의회' 의장으로 활동했고, 1919년에는 그동안 쓴 정신과 육체에 관한 논문들을 모아《정신적 에너지》를 출판했다. 1922년에는 아인슈타인과 상대성이론의 의미와 결과에 대해 논한《지속과 동시성》을 출간했다. 1927년엔 노벨문학상을 받았으며, 1932년에는《도덕과 종교의 두 원천》을, 그로부터 2년 뒤에는《사유와 운동》을 내놓았다.

제2차 세계대전이 발발해 나치가 프랑스를 점령하자 베르그송은 유대인으로 등록하기 위해 오랫동안 줄을 서 있다가 그만 폐렴에 감염되었다. 그리고 결국 1941년 1월, 나치 치하의 파리에서 82세를 일기로 생을 마감했다.

삶의 철학을 베르그송이 독자적으로 일으킨 것은 아니다. 비록 그의《창조적 진화》에서처럼 우주적 생명을 철학의 과제로 삼지는 않았지만, 프랑스의 블롱델은 행동을 중심으로 한 삶의 철학을 제기했고, 독일의 딜타이·지멜·오이켄·트뢸치 등은 삶을 삶 자체로 이해하려는 정신과학적 삶의 철학을 주창했다. 또 슈펭글러·클라게스 등은 자연과학적 삶의 철학을 내세우기도 했다.

그러나 이 같은 삶의 철학은 이제 실존주의에서나 일부 찾아볼 수 있을 뿐 현대 철학에선 그다지 주목받지 않고 있다.

생명이 곧 신이다

1907년 베르그송은《창조적 진화》를 출간해 일약 세계적 유명 인사가 되었다. 그가 재직하던 프랑스 대학의 강의실엔 학생뿐만 아니라 지방 유지와 관료 그리고 명망 있는 지식인이 자리를 가득 메웠다. 철학자인 그가 대중 작가보다 더 대중적인 인물이 되었다.

베르그송의 관심사는 생명이었다. 그는 생명을 설명할 수 있는 학문을 하고 싶었다. 그것은 곧 기계적 유물론과 헤겔의 절대적 관념론을 부정하는 길이기도 했다. 그 결과 지성보다는 의식을 앞세우고, 의식의 근원에 생명이 독자적으로 존재함으로써 무한한 창조적 발전을 이룰 수 있다는, 이른바 '생명(삶)의 철학'을 주창하게 된다.

생명의 철학에서 가장 중요한 두 가지 개념은 '생의 약동'과 '멈추지 않는 시간'이다. 모든 물질은 영원히 비약하는 생명의 운동에 의해 추진되며, 물리적 시간은 단지 추상적인 고안을 통한 획일적 약속일 뿐이고 실재 시간은 끝없이 지속된다는 개념이다. 따라서 그의 철학에선 추상적 논리에 의존하는 관념론과 물질세계에만 의존하는 기계론을 당연히 거부한다.

이러한 주장을 담고 있는 책이 《창조적 진화》다. 제목에서 알 수 있듯 그는 모든 생물은 자기 생명의 힘을 통해 창조적으로 진화한다고 생각했다. 그리고 이러한 진화 자체가 바로 시간이다. 그리하여 그의 논리에서 생명은 절대적이다. 헤겔에게 세계정신이 신이었다면, 그에게는 생명이 신이었던 것이다.

이 같은 《창조적 진화》는 19세기를 군림했던 헤겔의 절대정신, 그리고 반헤겔주의로부터 본격화한 현상주의와 유물론적 기계론이 판을 치고 있던 서구 세계에 엄청난 충격을 던졌다. 프랑스 대중문학계는 이 책에 격찬을 아끼지 않았고, 노벨위원회는 그에게 노벨상을 수여했다. 책 제목에 걸맞게 서구 사상계에 '창조적 진화'의 계기를 마련해주었던 것이다. 적어도 1910년부터 약 20년 동안 서구인들은 그렇게 믿었고, 서구 전역에 생명의 바람이 몰아쳤다.

하지만 이런 분위기는 제2차 세계대전을 기점으로 완전히 사라졌다. 수백만 명이 죽어간 전쟁의 공포를 겪으면서 서구인들은 더 이상 '창조적 진화'를 믿지 않게 되었다. 인간의 진화를 통한 물질문명의 발달이 얼마나 무서운 결과를 초래하는지 체험으로 깨달았기 때문이다. 그 깨달음은 베르그송의 긍정적 생명론에 대한 무관심으로 나타났다. 그로 인해 《창조적 진화》는 프랑스인조차 외면하는 먼지 덮인 고전으로 전락하고 말았다. 그렇다고 해서 한때 서구 전역에 구호처럼 떠돌았던 베르그송이란 이름이 완전히 잊힌 것은 아니었다.

2

새로운 방법론을 제시한 현상학의 선구자

후설

후설Edmund Husserl은 1859년 합스부르크 왕조 오스트리아 제국의 한 지방이던 메렌(지금의 체코 동부)에서 유대인 부부의 아들로 태어났다. 어린 시절을 메렌에서 보낸 후, 1876년 독일 라이프치히대학에 입학해 자연과학을 공부했다. 1878년에는 베를린대학으로 옮겨가 수학, 물리학, 천문학, 철학 등에 열중했다. 그리고 1882년부터 1886년까지 빈대학에서 프란츠 브렌타노 교수의 지도 아래 본격적으로 철학을 공부했다. 동시에 수학 공부에도 열중해 1883년에는 수학과에서 〈편차 계산론에 관한 연구〉로 박사학위를 받았다.

1887년 할레대학에서 처음으로 전임강사 자리를 맡고 결혼도 했다. 이 시기부터 1901년까지는《수 개념에 관하여》《산술의 철학》《논리 연구: 순수논리학》《논리 연구: 현상학과 인식 이론의 연구》 등 다분히 수학적인 글들을 내놓았다.

하지만 괴팅겐대학으로 옮긴 1901년 이후에는 《논리 연구: 인식의 현상학적 해명의 기본》《내적 시간 의식의 현상학 강의》《현상학의 이념》《엄밀한 학문으로서의 철학》《순수 현상학과 현상학적 철학의 이념들》 등 현상학적인 내용을 담은 책을 연이어 출간했다.

이후 현상학에 더욱 집중해 1916년부터 이어진 프라이부르크대학 시절에는 《이념들》《형식 논리와 선험 논리: 논리적 이성의 비판 시론》《데카르트적 성찰》《유럽 학문의 위기와 선험적 현상학》 등을 통해 칸트적인(선험적인) 현상학을 시도했다. 그리고 1938년 79세를 일기로 세상을 뜰 때까지 현상학을 계속 연구해 마침내 현상학을 체계화시키는 데 성공했다.

사실, 현상학phenomenology이라는 용어는 후설이 창안한 게 아니다. 18세기 독일의 수학자이자 철학자인 요한 하인리히 람베르트가 처음 그 용어를 사용했다. 하지만 람베르트는 현상학을 본격적으로 연구하지는 않았다. 단지 자신의 인식론을 설파하기 위해 현상학이란 용어를 사용했을 뿐이다.

람베르트 다음으로 현상학이란 용어를 자주 쓴 인물은 헤겔이다. 헤겔은 《정신현상학》이란 책에서 인간의 감각 경험부터 절대지知까지 인간의 정신 발달을 추적했다. 하지만 헤겔 역시 현상학의 체계를 세운 것은 아니다.

즉, 람베르트와 헤겔은 현상학을 본격적으로 연구한 게 아니라 자신의 학문을 설명하기 위한 도구 또는 표제어로써 현상학을 사용했다. 하지만 후설은 달랐다. 그는 현상에 대한 아주 새로운 접근법을 제시했을 뿐만 아니라 현상학에 대한 치밀하고 구체적인 체계를 주창했다. 이후 현상학은 서양 철학에서 가장 중요한 연구 과제이자 실존주의와 포스트구조주의 등 여타 철학 사조를 탄생시키는 데 주된 역할을 했다. 이런 이유로 후설을 현상학의 선구자로 일컫는다.

사태, 그 자체로 돌아가라!

현상학이란 말 그대로 현상을 연구하는 학문이다. 여기서 현상이란 사물에 의해 일어나는 사건 또는 사태가 의식에 나타나는 것 그 자체를 말한다. 이를테면 의식이라는 하얀 도화지에 사물의 움직임 또는 사물들의 만남을 그대로 옮겨놓은 것을 의미한다. 따라서 현상은 자연 속에서 벌어지는 게 아니라 의식 위에서 벌어지는 것이다. 자연 속 사물의 운동, 접속, 만남, 소통이 의식에 어떻게 그려지는지를 연구하는 학문이 곧 현상학인 셈이다.

후설의 현상학을 이해하기 위해서는 반드시 직관의 개념을 알아야 한다. 직관이란 사물의 사태를 보고 즉각적으로 아는 것을 의미한다. 사물이 일으키는 일련의 사태를 의식에 그대로 그려낸 것, 즉 현상을 깨달을 수 있는 것은 직관뿐이다. 그런 까닭에 후설은 인간에게 직관 능력이 있다는 걸 증명해야만 했다. 또 직관 능력을 가진 자신 역시 객관적인 세계 속에서 하나의 대상으로 존재하고 있음을 확인해야 했다. 그래야만 의식에 그려지는 현상을 인간이 직관을 통해 스스로 파악할 수 있다는 자신의 논리를 증명할 수 있었기 때문이다.

사람에게 직관 능력이 있고, 또 그 사람이 세계 속에 객관적 대상으로 존재한다는 사실을 증명하려는 것은 후설 철학의 중심인 본질 개념에 도달하기 위함이다. 즉, 직관을 통해서 사물의 본질에 도달할 수 있음을 증명함으로써 직관의 객관성을 확보하고자 했던 것이다.

그의 이러한 시도는 우선 심리주의에 대한 반대로부터 시작된다. 심리주의에서는 학문과 진리를 논할 때 순전히 경험에만 의존하는 주관적 심리에서 출발하기 때문에 객관, 즉 보편성이 결여된다.

후설은 이러한 심리주의에 반기를 들었다. 그는 수학적 판단을 바탕으로 개인의 심리적 사고 행위와 객관적 사고 내용을 구별해야 한다고 주장한다. 만약 객관적 사고 내용이 받아들여지지 않는다면 '2 + 2 = 4'라는 수학적 사실 역시 주관적 판단으로 봐야 하기 때문이다. 그는 이런 생각을 바탕으로 이렇게 말한다.

"경험에 바탕을 둔 사고의 습관은 분명히 심리학, 인간학 및 사회학의 대상이 될 수 있다. 그러나 이러한 사고의 습관이 원래부터 논리적인 것은 아니며, 따라서 진리와 학문의 기반일 수는 없다."

그는 학문적 영역에서 경험의 소산인 주관을 걷어내려 했다. 순수한 현상만을 인정함으로써 명확하고 분명한 객관적 현실만을 받아들이자는 논리였다. 즉, 모든 철학의 영역에서 "사태 그 자체로 돌아가야 한다"는 뜻이다. 이것이 흔히 말하는 '객관과 본질로의 전환'이며, 곧 현상학의 과제다.

"사태, 그 자체로 돌아가라!" 이것이 현상학의 구호였다. 여기서 사태事態란 사물들의 만남 또는 운동을 의미한다. 따라서 사태 그 자체로 돌아가라는 것은 아무런 선입관도 없이 사물들의 만남 또는 운동, 더 나아가서는 사물들의 접속이나 표현 그 자체가 의식에 그대로 그려지도록 내버려두라는 뜻이다. 보다 직접적으로 말하면, 현상 그 자체를 받아들이라는 것이다.

사물들 자체의 표현, 즉 본질에 접근하는 유일한 길은 직관이다. 본질에 이를 수 있는 이 직관을 그는 본질직관이라고 했다. 이러한 본질직관은 경험과 무관해야 하므로 당연히 선험적이어야 하며, 인간의 내부에 있다.

따라서 현상학은 모든 사태를 순수한 내적 직관으로만 파악할 것을 요구하는 셈이다. 이러한 견해는 기본적으로 칸트의 선험철학과 연관되어 있다. 어떠한 경험적인 것들의 영향도 받지 않는 순수한 직관, 그것은 선험적 관념과 다르지 않기 때문이다.

후설의 현상학에서 가장 중요한 것은 주관적인 의식이 아니라 무엇보다도 객관적인 직관이다. 이는 곧 아무것도 섞이지 않은 순수한 자아로 돌아가야 한다는 뜻이기도 하다. 즉, 무엇을 판단하든 인간의 선입관을 바탕으로 한 간섭을 배제하고, 본질직관을 통해 현상 자체만으로 객관성을 확보하는 것이 현상학의 목표다. 이러한 목표를 달성하기 위한 전제로서 후설은 "사태, 그 자체로 돌아가라"고 부르짖은 것이다.

이러한 현상학적 개념은 펜더, 가이거, 라이나흐, 힐데브란트, 베커 등의 학자에 의해 계승·발전되었고, 일부 이론이 하이데거의 실존주의로 흡수되면서 20세기 철학의 토대를 이루었다.

3

실용과 실천을 최고의 가치로 여긴 철학자

듀이

듀이John Dewey는 1859년 10월 20일 미국 버몬트주의 벌링턴에서 태어났다. 그의 조상은 영국계 이주민으로 아버지는 농사를 짓다가 벌링턴으로 이사하면서부터 가게를 운영하기 시작했다. 그래서 듀이는 학교 공부보다는 일에 익숙했다. 경제적으로 풍족하지 못했던 그는 책을 구입하기 위해 신문을 배달하고, 목재상에서 종업원으로 일하고, 친척 집 농장에서 나무를 심기도 했다. 소년 시절의 이런 경험이 그의 가치관에 많은 영향을 끼친 것으로 보인다. 아주 어릴 때부터 일과 학문이 유기적으로 연계된 상황 속에서 생활했고, 그것이 그의 학문적 밑거름이 된 것이다.

15세에 고등학교를 마치고 버몬트대학에 입학한 그는 그리스어, 라틴어, 고대사, 기하학, 해석학, 수학, 지질학, 생물학 등을 배웠다. 당시 미국에는 대학에서 진화론자인 헉슬리의 책을 교과서로 채택할 정도로 진화론적 사고가 팽배했는데, 그 역시 콩트의 실증주의와 더불어 다윈주의에 매료되었다. 대학을 마친 후에는 2년 동안 고등학교 교사를 지냈으며, 얼마간 초등학교에서 교편을 잡기도 했다. 하지만 결국 철학을 공부하기 위해 대학으로 돌아갔다.

그리고 1882년, 당시 미국에서 유일하게 대학원 과정을 개설한 존스홉킨스대학에 입학했다. 그곳에서 그는 헤겔의 관념론을 배우고 철학에 눈을 떴다. 대학원을 마친 후에는 미시간대학의 강사로 출강했다. 1894년 출판된 윌리엄 제임스의《윤리학 연구》와《심리학의 원리》를 읽기 전까지 그는 그저 일반 철학 강사와 다를 바 없었다. 하지만 제임스의 실용주의 철학을 대하고부터 달라지기 시작했다.

당시 제임스는 찰스 퍼스가 주창한 프래그머티즘(미국식 실용주의) 이론에 실천성을 부과하고, 프래그머티즘적인 종교와 진리를 이끌어내고 있었다. 듀이는 제임스의 이런 실용주의 사상을 접한 후 곧 그를 추종해 자신의 표현대로 '정신적 조상'으로 삼았다.

제임스에 대한 몰입은 1910년 출간한《사고의 방법》으로 이어졌다. 이 책은 논리학적이고 심리학적인 내용을 담은 교육 방법에 대한 저술이었다. 그리고 1916년에 내놓은《민주주의와 교육》에서 본격적으로 교육 문제에 접근했다. 실천적인 교육의 실현을 역설해 미국인들에게 듀이의 이름을 각인시킨 책이다.

그리고 1922년에는《인간 본성과 행위》, 1925년에는《경험과 자연》, 그로부터 4년 뒤에는《확실성의 탐구》등을 통해 진화

론적 사고에 바탕을 둔 도구주의적 도덕철학을 확립하기에 이르
렀다. 또한 1934년에 내놓은《경험으로서의 예술》과《공통의 신
앙》에서는 그간 관심을 별로 보이지 않았던 예술과 신앙에 관한
이론을 전개했다. 그리고 1938년에는 79세의 노익장을 과시하며
출간한《논리학: 탐구의 이론》에서 자신의 가치철학을 종합적으
로 체계화했다.

그는 명예나 명성에는 별로 관심을 보이지 않았다. 하지만 그
의 명성은 동양에까지 알려졌다. 베이징대학에서 명예 학위를 주
며 '제2의 공자'라고 칭송할 정도였고, 일본에서도 훈장을 보냈
다. 하지만 일본 정부가 비민주적이라는 이유로 그 훈장을 사양
했다. 그는 검소하고 성실했다. 그래서 대학에서 정년퇴직한 이
후에는 손수 닭을 키우며 달걀을 팔러 다니기도 했다.

듀이는 실천과 실용성을 최고의 가치로 내세운 자신의 사상을
현실에서 실행하는 데 주력했다. 그래서 시카고대학에 재직할 때
는 실험학교를 운영해 새로운 학교상을 정립하려 했고, 교육자의
권익을 위해 교원 조합을 조직했으며, 81세에는 '세계문화자유회
의 미국 본부'를 조직해 지도하기도 했다. 1952년 93세의 나이로
생을 마감할 때까지 이러한 사회 참여를 계속했다.

그는 자유민주주의를 좋아하지 않았지만 결코 사회주의를 옹
호하거나 공산국가의 계급적 혁명을 찬성하지는 않았다. 또 어
떤 정당이나 단체에도 매이지 않았다. 자신의 이론에 따라 현실
에 가장 필요한 정당을 지지했다. 그래서 어떤 때는 민주당을 지
지하고, 또 어떤 때는 사회당을 지지했다. 루스벨트의 지지 기반

이던 노동당이 분열되어 자유당을 창립했을 때 가담했는가 하면, 민주당과 공화당 이외에 새로운 진보 정당이 있어야 한다고 꾸준히 역설하기도 했다.

이러한 그의 입장 변화는 마치 동물이 환경 적응을 위해 끊임없이 진화의 과정을 거치는 것에 비교할 수 있다. 그는 정당조차 진화하고 있다고 믿었다. 그에게 정당은 사회의 실용성을 구현하기 위한 도구에 불과했기 때문이다.

20세기가 계약과 약속을 통한 실리적인 국가를 지향했다면, 이에 가장 근접한 국가는 미국일 것이다. 그러한 미국의 행동 방향을 제시해준 대표적인 사상이 프래그머티즘에 기반한 도구주의였다. 이런 의미에서 그의 철학은 가장 미국적인 철학이라고 말할 수 있다.

철학은 사회적 투쟁을 처리하는 도구

듀이 철학의 출발은 윌리엄 제임스의 실용주의와 찰스 다윈의 진화론이다. 철학의 가치는 단순히 주어진 대상을 파악하는 데 있는 게 아니라 실용성에 있다는 프래그머티즘의 구호에다 생물학적 진화 원리를 응용한 것이다.

그는 다윈주의에 기반해 인간의 육체는 물론이고 정신까지도 생존 경쟁을 통해 진화해온 기관의 하나로 보았다. 따라서 그에게는 초자연적 인과관계나 신은 중요하지 않았다. 오직 자연환경이 모든 것을 결정하는 요체였다. 그리고 인간과 인간 사회도 자연환경의 일부에 지나지 않았다.

그에게 형이상학은 신학의 다른 이름에 불과했고, 그래서 형이상학을 그대로 유지하는 한 중세가 여전히 지속되는 것과 같다고 생각했다. 그는 이러한 중세적 경향을 철저히 배제하며 자연주의적 관점에 따라 자신의 사상을 정립해나갔다. 자연주의적 관점을 모든 분야에서 채택할 때 비로소 현대가 시작된다는 게 그의 지론이었다.

이것은 단순히 정신을 물질로 환원하려는 주장이 아니다. 다만, 정신과 생명은 신학적 개념으로 설명할 수 없고, 생물학적 개념으로 설명해야 한다는 뜻이다. 예를 들면, 뇌는 세계를 인식하는 기관이 아니라 단지 행동 기관의 하나이다. 따라서 생각은 팔이나 다리 또는 치아와 마찬가지로 하나의 기관에 지나지 않는 뇌의 소산물일 뿐이다. 그리하여 뇌의 소산물인 사고(정신)를 하나의 기관으로 보고, 그것에 다윈의 진화론을 대입했다. 환경의 변화에 적응하기 위해 사고 역시 손이나 다리 또는 척추나 치아처럼 진화해왔다는 의미다.

생물이 환경에 적응하기 위해 진화를 지속하는 것은 살아남기 위함이며, 살아남으려는 노력은 생물이 취할 수 있는 가장 현실적인 행위다. 듀이는 이 가장 현실적인 행위를 인간에게 대입해, 가장 현실적인 인간과 가장 현실적인 사회를 이룩하려 했다. 따라서 그에게 철학이 가장 현실적인 인간 사회를 건설하기 위한 도구로 쓰이는 것은 당연한 일이다. 이것이 그의 도구주의다.

듀이의 도구주의에선 모든 것이 진화 과정에 있다. 도덕과 윤리, 정치와 학문 등도 예외일 수 없다. 진화론에서 모든 생물은 진행 과정에 있기 때문에 완전한 상태가 있을 수 없다. 마찬가지로 도구주의에서도 완전성은 없고, 다만 완성·성숙·세련을 향한 영속적인 과정만이 있을 뿐이다.

도덕적 가치관에도 동일한 논리가 적용된다. 즉, 항상 선한 사람도 없고, 항상 악한 사람도 없다. 비록 과거에는 착했다 하더라도 현재 악한 모습을 보이면 그는 점차 악해지고 있는 것이다. 반대로 과거에 아무리 악한이었다 하더라도 현재 착한 모습을 보이면 그는 점점 착해지고 있는 것이다. 이데올로기도 마찬가지다. 사회주의가 한때 좋았다 하더라도 현재 좋지 않다면 그것은 좋지 않은 사상이다. 예술, 종교, 노동, 무역 등에도 이런 논리는 그대로 적용된다.

그렇다면 무엇이 좋은 것이고, 무엇이 나쁜 것인가? 이 물음에 듀이는 분명하게 답한다. 현재 상태에서 인간(자신)을 이롭게 하는 것은 좋은 것이고, 인간(자신)을 이롭게 하지 않는 것은 좋지 않은 것이다. 또 인간은 실용적인 것을 이롭다고 생각하기 때문에 현실에서 인간에게 실용적인 것은 좋은 것이고, 비실용적인 것은 좋지 않은 것이다.

이처럼 그에게 모든 것은 단지 진화하는 과정에 있다. 진화란 달라지는 환경에 적응하기 위해 스스로를 변화시키는, 살아남기 위한 노력이기에 언제나 올바른 절대적인 선택은 없다. 단지 지금의 현실에서 무엇이 더 실용적인지가 관건이다. 모든 생물은 반드시 실용성을 향해 움직이기 때문이다.

철학도 마찬가지다. 철학이 현실과 무관하게 과거의 진리에만 집착한다면, 또 인간 사회와 거리가 먼 신의 문제에만 집착한다면, 그것은 쓸모없는 철학이다. 듀이에 따르면 철학은 철저하게 세속화되어야 하며, 지상에서 벌어지는 모든 일을 해명하고, 그 일을 실용적인 방향으로 이끌어가는 걸 유일한 소임으로 삼아야 한다. 법적·도덕적·상업적 문제로 인해 벌어지는 싸움을 해결하지 못하고 더 나은 방향을 제시하지 못하는 철학은 무익하다. 철학은 오직 사회의 제반 문제를 해결하기 위한 도구로 쓰일 때만 진정한 가치가 있기 때문이다.

이렇게 해서 철학은 인간의 사회적·도덕적 문제에서 발생하는 투쟁을 조정하고 처리하기 위한 도구임이 명확해진다. 생물의 육체가 실용적인 이유로 진화해온 것과 같은 이치로 철학도 살아남기 위해 무한히 진화하고 있다는 것이다.

4

언어철학을 일군 분석의 천재

비트겐슈타인

비트겐슈타인과 기호논리학자들

비트겐슈타인Ludwig Wittgenstein은 1889년 오스트리아 빈의 유대인 집안에서 8남매 중 막내로 태어났다. 그의 집은 부유했고, 브람스 같은 음악가들이 수시로 드나들 만큼 예술적 분위기가 넘쳐나는 곳이었다. 부친은 오스트리아의 철강 산업을 주도했으며, 그를 포함한 형제자매 모두 뛰어난 음악적 재능을 가지고 있었다. 특히 그의 형 파울 비트겐슈타인은 세계적 피아니스트였는데, 제1차 세계대전 중에 팔 하나를 잃었음에도 국제적인 명성을 잃지 않을 정도였다.

비트겐슈타인은 이런 분위기 속에서 14세 때까지 집에서 교육을 받았다. 그리고 린츠에서 3년 동안 고등학교 과정을 공부하고,

베를린으로 유학해 공학을 전공했다. 1908년에는 맨체스터대학에 연구 학생으로 등록했고, 이때 비행기의 분사반동 엔진을 설계하기도 했다. 이어 프로펠러를 연구하면서 그의 관심은 공학에서 수학으로 옮겨갔다. 수학을 공부하기로 마음을 굳힌 후에는 1911년 예나대학의 고틀로프 프레게를 찾아갔다.

프레게는 논리학을 철학의 기초로 생각하고, 논리학에서 수학이 도출된다는 주장을 폈다(이러한 주장은 1920년대에 이르러 기하학을 수학의 근본 이론으로 생각하는 것으로 바뀐다). 1884년 《산수의 기초》를 출간한 그는 수를 통해 철학의 본질에 접근하려 했다. 프레게는 수라는 것이 완전한 상태로 세상과 동떨어져 있는 게 아니라 단지 개념에 속하는 것이라고 설명한다. 예를 들어 '0'이라는 수는 '자기 자신과 같지 않은'이라는 개념에 속하는 것이지 따로 떨어져 있는 완전한 영역이 아니라는 얘기다.

비트겐슈타인은 프레게의 이런 분석적 수리철학에 관심을 갖고 그를 방문한 터였다. 프레게는 비트겐슈타인과 대화를 나눈 후, 영국 케임브리지대학에 있는 버트런드 러셀을 추천하며 그에게 가서 공부해보라고 조언했다.

러셀은 영국에서 누구나 인정하는 귀족 가문 출신의 철학자였다. 4세 때 부모를 여의고 엄격한 할머니 슬하에서 자랐으며, 대학에 들어갈 때까지 가정교사에게 교육을 받았다. 그리고 뛰어난 수학 실력 덕분에 케임브리지대학에 장학생으로 입학했다. 학문에 몰두하는 동안 그의 관심은 수학에서 철학으로 옮겨갔고, 점차 수학을 철학의 근본 원리로 삼게 되었다. 그는 가장 분명하고 정확한 학문만이 진짜 학문이라고 생각했는데, 그게 바로 수학이었다. 그래서 관심을 철학으로 옮겨간 이후에도 수학적 원리를 고수했고, 수학은 그의 분석적 언어철학의 모태가 되었다.

비트겐슈타인은 프레게의 조언에 따라 러셀을 만나기 위해 케임브리지로 떠났다. 그즈음 러셀은 화이트헤드와 함께《수학의 원리》를 출간한 참이었다.《수학의 원리》는 기호논리학의 고전이다. 러셀은 이 책을 쓰기 위해 하루 10시간씩 8개월을 책상과 씨름했다고 한다. 그리고 이 책으로 비로소 유명 인사로 떠올랐다.

비트겐슈타인은 케임브리지에서 한 학기 동안 강의를 들은 다음 러셀을 찾아가 다짜고짜 자신이 바보인지 아닌지 대답해달라고 말했다. 러셀이 의아한 표정으로 왜 그런 것을 묻느냐고 하자, 비트겐슈타인은 만일 자신이 바보라면 비행사가 되고, 아니라면 철학자가 되겠다고 대답했다. 이에 러셀은 그에게 과제를 내주면서 방학 동안 작성한 리포트를 보고 대답해주겠다고 했다. 그리고 다음 학기가 시작되었을 때, 비트겐슈타인이 리포트를 가지고 러셀을 찾아왔다. 러셀은 단지 리포트의 첫 문장만 읽고 그에게 철학을 권유했다고 한다.

케임브리지에서 비트겐슈타인은 철학자 조지 무어와 경제학자 케인스와도 사귈 수 있었다. 무어는 러셀과 더불어 케임브리지에 있으면서 영국 철학계를 이끌고 있었다. 무어는 관념철학을 과감하게 비판하며 세 가지 주요 영역을 철학적 관심사로 설정했다. 첫 번째는 우주 전체를 일반적으로 묘사해내는 것으로, 사물을 언급하는 일이었다. 두 번째는 우리가 사물에 대한 지식을 언는 방식을 검토하는 것이었으며, 세 번째는 윤리학이었다.

이러한 세 가지 관심사를 세운 다음 무어는 《윤리학 원리》를 내놓았다. 이 책의 중심 내용은 선善의 개념을 정의하는 것이었는데, 선이란 정의하기 불가능하고, 더 이상 분석도 불가능하며, 따라서 증명도 반증도 불가능한 것이라고 주장했다. 그는 선의 개념을 정리하기 위해 언어의 명료화를 추구했고, 그 과정에서 철저하게 분석적인 방법을 사용했다.

비트겐슈타인은 무어와 러셀, 이 두 사람의 스승에게서 다섯 학기 동안 수학했다. 그리고 노르웨이의 시골에 오두막을 짓고, 그곳에서 철학적 탐구에 몰두했다(이 시기에 자신의 생각을 노트에 정리하곤 했는데, 그가 죽은 후 이 노트들이 한 권의 책으로 묶여 《논리학 노트》라는 제목으로 출간되었다).

하지만 1914년에 발발한 제1차 세계대전이 그를 오두막집에서 끌어냈다. 오스트리아 포병 부대에 지원한 그는 동부전선에 배치되었다. 그리고 전쟁 와중인 1918년 8월 첫 번째 저작인 《논리 철학 논고》를 탈고했다. 하지만 그해 11월 남부 티롤 전선에서 이탈리아군에 포로로 붙잡히고 말았다.

포로 신분임에도 그는 《논리 철학 논고》의 출판을 위해 노력했고, 마침 케인스를 만나 그의 도움으로 이 원고를 러셀에게 전달할 수 있었다. 그리고 이듬해 전쟁이 끝나자 포로수용소에서 풀려나 고향으로 돌아왔다. 고향으로 돌아온 그는 자신이 상속받은 재산을 주위 사람들에게 나눠주고 빈의 사범대학에 입학했다. 그리고 그해에 네덜란드에서 러셀을 만났다.

러셀은 전쟁을 겪는 동안 완전히 다른 사람이 되어 있었다. 창백한 얼굴로 수학의 원리를 논하던 그가 자본주의에 대한 비판을 거침없이 쏟아내는 정치사상가로 변해 있었던 것이다. 하지만 프롤레타리아독재를 옹호하지는 않았다. 그는 단지 평화주의자였고, 인간평등주의자였다. 그런 원칙에 입각해 평화와 인간주의를 거부하는 모든 세력과 대치하는 사상가로 완전히 변모했다. 러셀의 평화주의적 사회 활동은 1970년 98세를 일기로 세상을 떠날 때까지 계속되었다.

그렇지만 러셀은 결코 학문적 열정을 포기하지 않았다. 자신을 찾아온 비트겐슈타인과 함께 며칠 동안 머리를 맞대고 《논리 철학 논고》의 원고를 검토했다. 그렇게 해서 1921년 《논리 철학 논고》가 독일어판으로 출간되었고, 얼마 후에는 러셀이 서문을 단 영어판도 선을 보였다. 이것이 비트겐슈타인이 생전에 출판한 유일한 책이다. 《논리 철학 논고》는 짧고 간단하지만 난해했다. 그럼에도 이 책으로 비트겐슈타인은 박사 학위와 명성을 동시에 얻었다.

빈에서 사범대학을 졸업한 비트겐슈타인은 1920년부터 6년 동안 산골 초등학교에서 교사로 지냈다. 교사 생활은 일종의 도피였는지도 몰랐다. 친구 파울 엥겔만에게 보낸 편지에 따르면, 그는 이 시기에 몇 번이나 자살을 생각하기도 했다. 철학적 과제를 안고 있으면서도 도피하기만 하는 자신이 미웠던 모양이다. 그래서 결국 1926년 교사 생활을 청산하고 수도원에서 잠시 정원사 노릇을 하다가 누이의 집에서 2년 정도 지냈다. 이 시기에 그는 주로 누이를 위한 집을 설계하며 시간을 보냈다.

그러다 빈대학의 철학 교수 모리츠 슐리크와 그의 동료 루돌프 카르나프, 헤르베르트 파이글, 프리드리히 바이스만 등을 사귀어 그들과 다시 철학 문제를 토의하게 되었다. 이 과정에서 그는 자신의《논리 철학 논고》에 문제가 있음을 발견했다.

1929년 비트겐슈타인은 다시 케임브리지로 돌아갔다. 그리고 《논리 철학 논고》로 박사 학위를 받았다. 이때 심사위원이 러셀과 무어였는데, 그들은 특별히 그에게 구술시험만 보게 해서 합격시켰다. 그 덕택에 비트겐슈타인은 케임브리지의 연구원이 되었고, 이듬해부터 강의를 할 수 있었다.

그의 강의 방법은 독특했다. 별다른 강의록도 없이 즉석에서 학생들을 대상으로 자신의 말을 이어나가는 게 전부였다. 그러다가 말이 막히면 한참 생각에 잠기기도 했다. 그는 학생들의 질문을 용납하지 않았다. 수업에 들어가기 전에 항상 학생들에게 자신의 말을 인내심을 가지고 끝까지 들어주길 당부했고, 학생들은 그의 요구에 따라 아무런 질문도 하지 않았다. 무려 5년 동안 이런 형태의 강의를 계속했다. 그것은 강의라기보다 어쩌면 탐구라고 하는 편이 옳을지도 몰랐다. 강의를 하면서 정리한 자신의 생각을 꾸준히 기록하고 있었기 때문이다.

그 결과 1930년대는 비트겐슈타인이 가장 활발하게 철학에 몰두하며 저술 활동을 한 시기가 되었다.《철학적 진술》《철학적 문법》등의 원고도 이때 썼다. 이 책들이 비트겐슈타인 생전에 출판된 것은 아니지만, 이 원고들에서 그는《논리 철학 논고》의 몇

몇 이론을 철회했다. 아마도 빈에서 만난 논리실증주의자들의 영향 때문이었을 것이다.

1935년에는 케임브리지를 떠나 소련을 방문했다. 그러나 스탈린 독재를 목격하고는 다시 노르웨이로 갔다. 그곳에서 오두막을 짓고 1년 동안 머무르며 그의 가장 원숙한 철학서로 평가받는 《철학적 탐구》를 집필하기 시작했다. 이 작업은 이후 10년 넘게 이어졌다.

1937년 그는 다시 케임브리지로 돌아왔다. 얼마 후 오스트리아가 독일에 합병되자 그는 영국 국적을 취득했다. 그리고 2년 뒤, 무어의 후계자로 케임브리지대학의 철학 정교수로 임명되었다. 하지만 그해에 제2차 세계대전이 발발했고, 그는 런던의 한 병원에서 보조간호병으로 활동했다.

1945년 전쟁이 끝나자 다시 케임브리지대학의 정교수로 돌아갔다. 하지만 그는 학사 업무를 못마땅하게 생각했고, 교수 생활도 좋아하지 않았다. 그래서 2년 뒤 교수직을 사임하고 아일랜드로 갔다. 그곳에서 철학에 몰두한 그는 집필을 시작한 지 13년 만인 1948년 마침내 역작 《철학적 탐구》를 완성했다.

이듬해 미국을 방문한 그는 코넬대학의 교수로 있던 노먼 맬컴을 만났다. 이때의 인연을 계기로 맬컴은 훗날 비트겐슈타인에 대한 회고록을 출판하기도 했다. 1949년 비트겐슈타인은 다시 영국으로 돌아왔다. 그리고 그해 가을, 이미 말기에 접어든 암을 발견했다. 그럼에도 케임브리지와 옥스퍼드의 친구들과 철학 토론을 즐기면서 여생을 보냈다. 이때 그가 쓴 글들은 1969년 《확실성에 관하여》라는 제목의 책으로 출간되었다.

그리고 1951년 4월 29일, 케임브리지에 있는 그의 주치의 집에서 62세를 일기로 생을 마감했다. 그의 주저《철학적 탐구》가 세상에 나온 것은 그로부터 2년 후인 1953년이다. 이어서 그의 강의 노트에서 간추린《수학의 기초》가 1956년에 나왔고, 다시 그 나머지 부분이《제텔》이란 제목으로 1967년에 나왔다. 이 모든 책은《논리 철학 논고》와 함께 언어철학의 고전으로 남아 있다. 분석의 천재가 자신과 싸우며 일궈낸 성과 덕분에 20세기는 이렇게 언어철학의 진수를 맛볼 수 있었다.

철학은 언어에 대한 비판

비트겐슈타인이《논리 철학 논고》에서 보여주는 것은 언어의 그림 이론이다. 그림 이론의 핵심은 화가가 그림을 그릴 때 세계를 화폭 속에 옮겨놓듯이 언어도 세계를 사실 속에 옮겨놓는다는 것이다. 그래서 세계가 언어 전체라면 그 세계 속에서 벌어지는 사실들은 명제로 표현되고, 각각의 대상은 이름으로 표현된다는 것이다. 말하자면, 그는 하나의 명제는 상황을 언어로 묘사해놓은 하나의 그림과 같다고 단정하며, 결국 모든 명제는 실재에 대한 그림이라고 결론짓는다. 이런 결론은 곧 인간이 실재의 상황을 담아내는 유일한 도구가 언어이며, 그 언어에 대한 비판이 곧 철학이라는 논리로 이어진다.

철학이 철학적 본질에 대한 물음이라고 전제했을 때, 이 물음과 그에 대한 답은 반드시 언어로, 더 정확한 의미에선 단어로 표현되어야 한다. 따라서 어떤 철학적 물음에 대한 답을 단어로 담아낼 수 없을 때, 그 물음은 무용한 것이다. 다시 말해, 대답을 단어로 담아낼 수 없다면 물음 역시 단어로 담아낼 수 없다. 설사 우리가 마구잡이로 어떤 물음을 던졌다 하더라도 그 대답을 단어로 담아낼 수 없다면, 그 물음은 아무런 가치가 없는 것이란 뜻이다.

이렇게 그는 모든 철학적 문제를 언어에 한정시킨다. 하지만 언어가 모든 것을 담아낼 수 있다고 생각하지는 않는다. 특히 인생과 종교 문제는 언어 밖의 문제일 수 있다고 말한다. 언어는 철저하게 논리와 기호로 이뤄진 데 반해, 인생과 종교는 논리와 기호로 설명할 수 없는 것이 너무나 많기 때문이다.

이렇게 해서 그는 철학의 과제에 분명한 선을 그었다. 세계는 사실들의 총체이지만 인간은 그 사실들을 모두 언어로 담아낼 수 없다. 즉, 세계에는 인간이 언어로 담아낼 수 있는 것이 있고, 담아낼 수 없는 것이 있다. 이 가운데 언어로 담아낼 수 있는 것을 묻는 것이 철학이며, 언어로 담아낼 수 없는 사실에는 침묵하는 것이 철학자의 올바른 태도라고 했다.

또 그는 언어가 실재의 상황에 대한 하나의 그림과 같다고 정의함으로써 인간이 언어를 통해 단지 언어의 내용을 이해하는 것이 아니라 상황을 이해한다는 점을 강조했다. 말하자면 언어는 모든 사실과 경험의 총화, 즉 총합인 것이다. 따라서 어떤 사실을 표현하는 명제 속에는 단순히 그 사실만이 아니라 사실과 관련된 경험을 포함한다.

비트겐슈타인의 주장은 복잡해 보이지만 사실 알고 보면 단순한 이론이다. 우선 철학의 대상을 자연과학적 명제에 한정시켜야 하며, 자연과학으로 알 수 없는 종교나 원리, 인생에 대해서는 논하지 말자는 것이다. 또 철학의 과제는 자연과학적 명제를 담고 있는 언어에 대한 비판이며, 그 언어는 단순히 평면적인 기호가 아니라 상황을 담고 있는 그림과 같다. 그래서 언어를 이해할 땐 단어의 기호적 의미뿐만 아니라 그 언어가 쓰인 상황을 함께 이해해야 한다.

언어는 현상을 완벽하게 담아낼 수 없다

그의 철학적 탐구는 여기서 끝나지 않는다. 《논리 철학 논고》와 함께 언어철학의 고전이 된 《철학적 탐구》의 핵심 개념인 '가족 유사성'에 대해 살펴보자.

가족 유사성 이론은 단어들이 하나의 개념에 묶일 때 유사성을 기반으로 한다는 것이다. 이를테면 '가족'이라고 했을 때, 그 개념에 묶일 수 있는 것은 부모의 결혼을 기반으로 형성된 관계 전체를 일컫는다. 하지만 그 가족의 공통점은 명확하지 않다. 부분적으로 서로 유사성은 있지만, 전체의 공통점을 찾을 순 없는 것이다. 비트겐슈타인은 단어들도 가족과 마찬가지로 유사성을 통해 하나의 개념으로 만들어진다고 주장했는데, 이것이 언어의 가족 유사성이다.

이는 무슨 대단한 발견 같지만, 그렇지도 않다. 사실, 언어가 현상계에서 가족 유사성을 띠는 것은 너무도 당연한 일이다. 현상계의 모든 물체에는 완전히 동일한 것이 존재하지 않는다. 단지 유사한 것들만 존재할 뿐이다. 그런데 우리는 유사한 것을 동일한 것이라고 여기며 산다. 이것이 바로 물질에 대한 개념화의 오류다. 예컨대 초등학교 1학년 수학 교과서의 다음 문제를 생각해보자.

- 사과 한 개와 사과 한 개를 합치면 몇 개의 사과가 될까요?

답은 물론 두 개다. 이것을 수식으로 바꾸면 '1 + 1 = 2'가 된다. 하지만 이런 수학적 결과는 현상계에선 성립하지 않는다. 물질세계인 현상계에서 '1 + 1 = 2'가 성립하기 위해서는 앞의 1과 뒤의 1이 완전히 동일해야 하기 때문이다. 그런데 물질세계엔 완전히 동일한 물질이 존재하지 않는다. 물질은 시시각각으로 변하는 상태에 있기 때문이다. 이는 앞에서 "만물은 흐른다"고 말한 헤라클레이토스의 철학에서도 확인했다.

물질세계에서 완전히 동일한 것이 존재하지 않기 때문에 언어의 개념도 완전할 수 없다. 예컨대 '사과'라는 개념을 살펴보자. 사과는 사과나무에서 열리는 모든 열매를 지칭한다. 하지만 사과나무도 종류가 다양하다. 그 나무의 종류에 따라 열리는 사과도 다양하다. 같은 나무에서 열리는 열매라고 해도 모두 똑같지는 않다. 그래서 모든 종류의 사과를 전부 나열해놓으면 똑같은 사과를 찾을 수 없다. 동일하다고 생각한 사과도 자세히 보면 완벽하게 동일하지는 않기 때문이다. 완벽하게 동일하지 않다면, 동일함이 아니라 유사함이라고 해야 한다. 따라서 사과라는 범주에 들어가는 사과들은 동일성이 아니라 유사성을 통해 하나의 개념으로 묶인다.

이렇듯 물질의 세계인 현상계에서 쓰이는 모든 단어의 개념은 동일성이 아닌 유사성을 기반으로 할 수밖에 없다. 이것이 곧 비트겐슈타인이 말하는 가족 유사성의 핵심이다. 현상계의 그 어느 것도 동일하지 않기 때문에 현상계의 물질과 현상, 사건을 지칭한 모든 단어의 개념 또한 동일성을 기반으로 만들어진 것이 아니라 유사성을 기반으로 만들어졌다. 따라서 철학을 비롯해 언어에 기반을 둔 모든 학문은 완전할 수 없다.

흔히 이런 논리는 비트겐슈타인이 《논리 철학 논고》에서 주장한 것과 배치된다는 해석이 있다. 그는 이 책에서 단어로 담아낼 수 있는 세계만이 철학의 대상이 될 수 있다고 주장했다. 그런데 알고 보니, 현상의 세계는 단어에 완전히 담길 수 없는 것이었다. 단어는 그저 유사한 것을 모아서 개념화한 것에 지나지 않기 때문이다.

하지만 언어는 근본적으로 개념이지 현상 자체는 아니다. 그러니 처음부터 비트겐슈타인이 언어가 현상의 결과물이라고 생각한 것 자체가 오류였다. 언어가 현상 자체가 될 수 없는 것은 그 본질이 다르기 때문이다. 현상의 뿌리는 물질인데, 언어에는 물질이 없고 개념만 있기 때문이다. 따라서 언어가 현상을 완벽하게 담을 수 있다고 생각한 것부터가 착각이었다. 말하자면 세계는 언어 전체와 대응하고, 사실은 명제와 대응하고, 대상은 이름과 대응한다는 설정이 잘못되었던 것이다.

비트겐슈타인의 가족 유사성은 이에 대한 새로운 깨달음이다. 언어가 물질 자체를 담는 그릇이 아니라 물질의 유사성을 얼기설기 얽은 개념의 덩어리에 지나지 않기 때문에 철학이 언어에 대한 비판이어야 한다는 자신의 주장이 틀렸다는 점을 인정한 셈이다. 결국 물질의 대립과 조화의 결과인 현상계는 유사성을 기반으로 한 개념 덩어리인 언어에 완벽하게 담길 수 없다. 이것이 언어의 본질적 한계다.

이렇게 비트겐슈타인은 다시 혼란과 회의에 빠졌다. 처음엔 오직 언어에 대한 비판이 철학의 전부라고 생각했지만, 막상 그 언어가 현상을 제대로 담아낼 수 없음을 발견하자 가족 유사성이란 이론으로 자신의 잘못을 시인한 것이다.

사실, 인간의 모든 행동과 사물의 현상을 언어로 담아낼 수 있다는 전제 자체가 처음부터 무리였다. 알고 보면 언어도 인간이 생존을 위해 고안해낸 도구에 지나지 않기 때문이다. 비트겐슈타인의 오류는 인간이 고안해낸 한낱 생존 도구인 언어를 완벽하다고 믿은 데서 비롯되었다. 인간을 지나치게 위대하다고 생각했던 것이다.

5

한계상황에 놓인 고독한 실존주의자

야스퍼스

야스퍼스Karl Jaspers는 1883년 2월 23일 독일 올덴부르크에서 태어났다. 아버지는 젊은 시절 법률가로 활동했고, 그 뒤에는 은행장으로 성공했다. 그 덕분에 야스퍼스는 경제적 풍요 속에서 어린 시절을 보낼 수 있었다.

고등학교를 졸업한 그는 법학을 전공하기 위해 프라이부르크로 갔다가 폐결핵에 걸려 고향으로 돌아왔다. 병을 앓은 뒤 그의 관심은 법학에서 의학으로 옮겨갔고, 정신의학과 심리학 공부에 몰두했다. 그 결과 1905년 괴팅겐대학에서 의사 예비시험에 합격하고, 3년 뒤에는 하이델베르크에서 국가고시에 합격해 정식 의사가 되었다. 1913년에는 정부로부터 정신병리학 교과서를 집필해달라는 요청을 받아《정신병리학 총론》을 내놓기도 했다. 하지만 그의 의학적 성과는 이 책으로 끝을 맺었다. 건강이 악화해 의사직을 포기해야 했기 때문이다.

　이후 철학으로 눈길을 돌렸다. 단 한 번도 누군가로부터 집중적으로 철학을 배운 적이 없던 그는 스스로 플로티노스, 스피노자, 칸트, 헤겔, 쇼펜하우어, 키르케고르, 니체 등을 읽었다. 그중에서도 특히 키르케고르와 니체의 철학에 큰 감동을 받았다. 이 두 철학자가 그에게 안겨준 감동은 실존에 대한 확신으로 이어졌다. 그는 칸트가 경험주의와 합리주의를 선험적 관념론으로 종합했듯이 키르케고르와 니체를 종합해 자신의 실존주의를 이끌어내는 데 성공했다.

　인간으로 대표되는 그의 실존은 삶과 이성을 포괄하는 존재이며, 또한 언제나 상황의 벽에 부딪치는 존재다. 하지만 신앙과 신의 계시를 통해 실존적 한계를 극복하고, 절대적 진리에 이를 수 있는 존재이기도 하다. 실존이 절대적 진리에 도달하기 위해서는 반드시 넘어야 할 산이 있다. 그것은 바로 실존 자체의 한계상황에서 비롯되는 허무 의식이다. 인간은 끝없이 이 허무 의식과 싸우며 자신의 실존을 완성해가야 하는 것이다.

　야스퍼스는 자신의 이런 주장을 펴기 위해 《철학》《이성과 실존》《현대의 정신적 상황》《계시에 직면한 철학적 신앙》 등의 저서를 내놓았다.

　쌀쌀맞고, 냉철하고, 차가운 성격의 그는 스스로 철학에 대한 맹세를 할 만큼 철학 자체에 일종의 신앙심을 가지고 있었다. 그래서 철학적 신앙을 바탕으로 모든 사람에게 거리감을 유지했고, 스스로 고독한 인간임을 자처하며 살았다. 이런 고고한 태도를 보고 카를 바르트는 '야스퍼스의 연극'이라 빈정거렸고, 아인슈타인은 그의 사상을 '주정뱅이의 허튼소리'라고 욕했다. 하지만 야스퍼스는 그런 비난에 개의치 않고 '나의 분야는 인간'이라면서 심각함과 진지함을 잃지 않았다. 그는 마치 고독이 천성인 것처럼 살았는데, 인간에 대한 문제는 인간으로부터 일정한 거리를 두지 않으면 보이지 않는다고 생각했기 때문이다.

1969년 86세를 일기로 세상을 뜰 때까지 지속된 이러한 고독의 뿌리에는 어린 시절부터 앓은 폐결핵이 도사리고 있었다. 그는 이 병 때문에 친구들과 어울릴 수도 없었고, 승마나 수영 등의 운동도 즐길 수 없었다. 그러나 이러한 고독으로부터 인간의 한계상황을 찾아냈고, 철학적 주제를 이끌어냈다. 말하자면 고독은 그의 철학을 유지하는 힘이었다.

이성과 실존은 불가분의 관계

키르케고르의 유신론적 실존주의와 니체의 실존적 허무주의는 실존과 이성이 대립적 위치에 있다고 주장했다. 하지만 야스퍼스의 생각은 다르다. 오히려 그는 이성과 실존이 현존재Dasein(거기에 있는 것)를 구성하는 양극이라고 말한다. 야스퍼스는 기본적으로 실존을 어떻게 해명할 것인가에 몰두했다. 그리고 이를 위해 먼저 현존재에 대한 이해를 요구한다.

현존재란 앞서 후설의 현상학에서 언급한 것처럼 '손 앞에 있는 것' 즉 '거기에 있는 것'이다. 말하자면 그것은 (인간을 포함한)

모든 사물이다. 이러한 현존재는 개별적으론 실존적 존재이고, 전체적으론 보편적 존재다. 그러므로 현존재는 개별성과 보편성을 동시에 지닌 포괄자로 이해된다.

야스퍼스는 개별성은 실존으로 대표되고, 보편성은 이성으로 대표된다고 보았다. 따라서 존재에 대한 그의 설명은 실존과 이성에 대한 설명으로 대체될 수 있다.

야스퍼스는 근본적으로 실존과 이성이 대립하는 게 아니라 상호 보완적인 관계라고 설명한다. 실존이 없는 이성은 소리만 있고, 소리의 주체가 없어 공허하다. 이성이 없는 실존은 소리를 내는 주체는 있으나, 그 소리를 알아들을 수 없으므로 무가치하다. 따라서 이성을 지닌 실존이 진짜 실존이며, 실존에 근거한 이성이 진짜 이성이다. 말하자면 이성과 실존은 함께할 때에만 진정한 존재로서 의미가 있다.

이렇게 볼 때 야스퍼스의 실존은 삶과 정신이 결합된 형태임을 알 수 있다. 즉, 역사적이고 일회적인 것 속에서 개인이 획득한 것과 정신·논리 등으로 보편화된 것이 하나로 합쳐져 실존을 이룬다는 뜻이다. 이를 플라톤이나 아리스토텔레스의 이론에 적용하면, 실존은 보편자와 개별자가 공유하고 있는 방이다. 이러한 포괄자로서 실존 속에서 실존(삶)과 이성은 서로 관계하면서 포괄자를 유지하게 된다.

그의 실존을 곤충에 비유하면 실존적인 것은 몸체요, 이성적인 것은 더듬이라고 할 수 있다. 더듬이만 있고 몸체가 없는 곤충은 있을 수 없고, 몸체만 있고 더듬이가 없는 곤충은 살아남을 수 없다. 이렇듯 이성과 실존은 더듬이와 몸체처럼 하나로 존재할 때 그 기능을 다 할 수 있다.

야스퍼스는 인간이 이성과 실존, 이 두 가지를 가지고서 초월적인 것과 신에게로 나아간다고 믿었다. 하지만 실존은 항상 초월적이고 신적인 것을 향해 나아가고 있을 뿐, 초월 자체이거나 신 자체가 될 수는 없다. 실존은 항상 일정한 상황 속에 존재하기 때문이다. 실존은 언제나 상황 속에 한정되어 있는 것이다. 이것이 실존의 한계상황이다.

이러한 한계상황은 인간의 비애이자 희망이다. 항상 상황 속에 갇혀 있다는 것에 비애감을 맛보지만, 동시에 한계상황 속에서 스스로가 실존적 존재임을 자각할 수 있기 때문이다.

그렇다면 인간은 이러한 한계상황을 어떻게 초월할 수 있는가? 그 수단은 바로 신앙이다. 언제나 상황 속에 갇힐 수밖에 없는 인간은 근본적으로 신앙의 속성을 타고 태어나기 때문이다. 끝없이 닥치는 한계상황은 인간이 초월을 꿈꾸게끔 하고, 그 꿈을 통해서 절대자를 만날 수 있다. 이 신앙은 물론 틀에 박힌 기독교, 불교, 이슬람교 등의 교조적인 신앙이 아니다. 이것은 한계상황에 놓인 모든 실존이 지니고 있는 본성에서 기인하는 철학적 신앙이다.

이런 신앙은 허무주의에 의해 가차 없이 파괴될 수 있다. 허무주의 역시 한계상황에 놓인 실존이 가진 또 하나의 본성이기에, 인간은 허무주의를 극복하지 않고는 결코 신앙을 지켜낼 수 없다. 따라서 모든 인간의 공통된 적은 자신의 내부에 근본적으로 자리 잡고 있는 허무주의다.

야스퍼스는 키르케고르에게서 신앙을 찾아냈고, 니체에게서 허무주의를 찾아냈다. 그리고 신앙과 허무주의를 종합해 자신의 실존주의를 엮었다. 이러한 종합은 칸트가 코페르니쿠스적 전환을 통한 종합판단으로 경험주의와 합리주의를 극복한 것과 흡사하다. 그는 칸트의 비판철학에서 자신의 실존주의적 방법론을 찾아낸 것이다. 비판이성에서는 이성을, 실천이성에서는 실존을 발견했다.

이처럼 야스퍼스의 실존에는 키르케고르의 신앙과 니체의 허무주의가 공생하며 끝없이 투쟁을 벌인다. 신앙과 허무주의는 끝없는 투쟁을 계속하고, 이러한 실존적 투쟁은 좌절과 희망을 동시에 안겨준다. 그러나 키르케고르의 신앙으로 니체의 허무주의를 극복해야만 그의 실존은 절대적인 진리, 즉 초월과 신에게로 나아갈 수 있다. 따라서 인간은 항상 자신의 내부에 꿈틀대는 허무주의를 쳐부수지 않으면 안 된다.

6

존재의 집을 짓는 철학계의 거미

하이데거

하이데거Martin Heidegger는 1889년 9월 26일 독일 바덴에서 태어났다. 부친은 성당의 종지기였으며, 물통이나 술통 따위를 팔러 다니기도 했다. 하지만 부지런하고 성실한 아버지 덕분에 하이데거는 별다른 어려움 없이 어린 시절을 보낼 수 있었다.

그는 고등학교 때부터 어려운 철학서를 끼고 다니며 철학에 몰두했다. 특히 고등학교 졸업반 때 접한 카를 브라이크의 《존재에 관하여: 존재론 개요》가 그에게 많은 영향을 끼쳤다. 하지만 그는 철학과로 진학하지 않고, 1909년 프라이부르크대학 신학부에 입학했다. 성당 종지기의 아들로 자란 까닭에 성직자가 되기 위해 예수회 수련사로 들어갔던 것이다. 그는 신학을 공부하면서 틈틈이 철학을 접했다. 대학 첫 학기부터 후설의 《논리 연구》를 읽으며 철학에 대한 열정을 키워나갔다. 그리고 마침내 철학적 열정에 이끌려 신학을 포기하고 철학을 전공하기에 이르렀다.

철학부로 옮긴 그는 하인리히 리케르트의 지도 아래 신칸트주의 철학을 공부했다. 그리고 1913년 〈심리주의에 있어서의 비판문: 논리학에 대한 비판적인 적극적 기여〉라는 논문을 썼다. 심리주의적 판단을 문제 삼음으로써 인식론에 접근하는 내용이었다. 3년 뒤인 1916년에는 인식론을 지나 철학의 근본 문제인 형이상학을 다루기 시작했다. 형이상학에 대한 관심은 그를 존재론으로 이끌었고, 이때부터 존재론과의 싸움이 시작되었다.

그는 존재의 본질에 접근하기 위해 우선 실존적인 문제에 몰두했다. 그리고 10여 년 만에 비로소 《존재와 시간》을 내놓았다. 이 책으로 철학계의 시선을 단번에 끌었는데, 중심 내용은 존재가 시간에 한정되어 있다는 것이었다. 여기서 그가 말한 존재는 실존이다. 말하자면, 인간의 실존 구조를 시간이라고 보았던 것이다.

하지만 그는 시간 문제에 매달리지 않았다. 그의 숙제는 실존의 토대인 존재의 본질에 접근하는 것이었기 때문이다. 그래서 칸트를 파기 시작했다. 그리고 곧 《칸트와 형이상학의 문제》를 통해 형이상학의 토대가 존재론임을 밝혔다. 존재론에 대한 천착은 1928년에 발표한 《형이상학이란 무엇인가》와 이듬해에 발표한 《근거의 본질에 관하여》로 결실을 맺었다. 이 두 책에서 그는 실존이 존재의 본질에 닿아 있음을 어렴풋이 밝혀냈다.

이 두 책을 끝으로 그는 실존주의자의 길을 마감했다. 실존주의의 한계를 발견하고 다시 존재론에 몰입한 것이다. 그 결과 1930년 이후에 출판한 저작물에선 실존보다는 존재 자체를 중시하는 경향이 뚜렷이 드러났다. 그 스스로 실존주의자로 불리길 원하지 않는다고 말하기도 했다.

존재의 본질을 추적하는 연구는 《휴머니즘에 관하여》《철학이란 무엇인가》《신은 죽었다는 니체의 말에 관하여》《무엇을 위한 시인인가》 등의 책으로 이어졌다. 그는 이 책들에서 존재의 본질을 언어와 연관시키는 작업을 했다. 말하자면 인간에게서 나와 인간과 독립적으로 존재할 수 있는 유일한 것이 언어이고, 따라서 언어는 인간 존재의 유일한 집이라는 게 그의 결론이다.

'언어는 존재의 집'이라는 결론에 도달함으로써 그는 스스로 실존주의적 한계를 극복하고 형이상학의 새로운 지평을 열었다고 확신했다. 이를 바탕으로 수많은 강연을 하고, 많은 제자를 길러냈다. 마치 거미가 집을 짓듯 그는 존재론으로 철학의 집을 지었다.

이렇듯 학문 분야에서 명석함을 드러낸 그였지만, 평소 생활은 소박하고 검소했다. 항상 농부 같은 차림으로 거리를 누볐고, 실제로 농사를 지으며 지냈다. 그래서 어느 강연장에 앉아 자신의 철학에 대한 다른 사람의 강연을 듣고 있을 때 강사가 그를 평범한 농부로 알았다는 이야기도 있다. 또 스키를 아주 좋아해서 스키 강사 노릇도 훌륭하게 해냈다. 철학자라는 이름과는 너무도 거리가 멀지만, 스키 강사로서 하이데거를 좋아하는 사람이 더 많을 만큼 그 일에 열정을 아끼지 않았다.

그는 이처럼 철학뿐 아니라 모든 생활에서 성실성과 열정을 드러내며 지냈다. 1976년 87세를 일기로 세상을 뜰 때까지 그의 이러한 소박하면서도 열정적인 태도는 변하지 않았다.

언어는 존재의 집

하이데거 철학의 출발점은 "형이상학이 없는 철학은 있을 수
없다"는 명제다. 이 명제는 경험주의자와 기호논리학자의 "형이
상학은 철학의 영역이 아니다"라는 주장을 정면으로 거부한다.
그가 이 명제를 증명한 것은 아니다. 다만 "형이상학이란 무엇인
가?"라는 물음을 통해 형이상학의 중요성을 인식시켰을 따름이
다. 또한 그는 이 물음에도 단정적인 답을 내리지 않았다. 그저
하나의 형이상학적 물음을 지속하면서 형이상학에 대한 이해를
돕는 데만 열중했을 뿐이다. 그리고 형이상학의 문제를 이해하기
위해서는 기초 존재론을 알아야 한다고 말했다. 존재론이 곧 형
이상학의 기초이기 때문이다.

이렇게 해서 하이데거는 형이상학의 문제를 존재론의 문제로
옮겨놓았다. 그리고 존재에 대한 올바른 접근을 위해 존재의 진리
를 언급한다. 아울러 존재의 진리에 대한 연구에서, 존재의 진리를
존재적 진리와 존재론적 진리로 구분한다. 존재적 진리는 존재 전
체에 해당하는 보편적 진리이며, 존재론적 진리는 개별적인 현존
재(인간)에 해당하는 진리로서 개별적 진리라고 할 수 있다.

말하자면 존재적 진리란 존재의 근원적 진리에 해당하고, 존재
론적 진리란 드러난 현상적 진리를 말한다. 그리고 인간은 현상
적 진리에 의해 비로소 근원적 진리에 도달하게 된다. 따라서 존

재론적 진리는 존재적 진리를 가능케 한다. 이것을 하이데거는 초월이라고 불렀다. 즉, 초월은 현존재인 인간이 진리의 본질에 도달하는 것이다.

나아가 그는 초월의 본질을 밝혀내는 것이 존재론과 형이상학의 이념을 밝혀내는 것이라면서 다시 초월의 본질로 파고들었다. 그리고 초월의 본질, 즉 존재의 본질에 도달하는 수단을 언어라고 규정했다. 따라서 존재의 언어를 듣고 있는 인간만이 참다운 현존재인 것이다.

언어는 말하는 순간 스스로에게서 떨어져나간다. 그때부터 언어는 독자적인 영역과 힘을 갖는다. 그는 이렇게 자신으로부터 이탈한 언어 속에 존재가 있다고 주장했다. 이미 자신으로부터 이탈해 독자적으로 존재하는 언어는 어떤 감정에도 구애받지 않는 진정한 존재로 자리하는데, 이러한 상태를 그는 탈존Eksistenz이라고 불렀다.

탈존의 상태는 존재가 이미 무無의 경지에 달했을 때, 즉 자기 자신으로부터 완전히 떨어져나왔을 때 가능하다. 이런 무의 경지 속에 있는 존재야말로 참된 존재다. 스스로에게 전혀 구애받지 않고 독립적으로 존재해야 그 존재의 본질과 합쳐질 수 있기 때문이다. 이처럼 존재의 본질과 합쳐져 존재에 응답하는 것이 철학이다.

존재의 본질과 합쳐진 이 무의 경지는 바로 언어다. 언어만이 유일하게 인간의 존재를 독립적으로 담고 있다. 인간의 실존은 행동으로 드러나고, 행동은 어떤 것이 '있음'으로 현실화될 수 있다. 따라서 행동은 존재를 전제한 것이다.

존재를 존재의 본질과 관계하도록 하는 것은 사유다. 하지만 사유는 결코 관계 자체를 만들어내지 못한다. 사유로 하여금 관계를 만들 수 있게 하는 것은 언어(언어 체계)뿐이다. 즉, 존재는 언어에 의해서만 본질을 드러낼 수 있다. 따라서 언어는 존재의 집이다.

또한 존재 속의 현실적 존재인 현존재, 즉 인간이 자신으로부터 이탈해 무의 경지에 빠지는 것도 언어를 통해서만 가능하다. 그러므로 언어는 인간이 탈존적으로 존재하는 유일한 집이며, 인간이 자기를 벗어나 무의 경지에서 인간 본질에 도달할 수 있는 유일한 길인 셈이다.

그러나 언어가 모든 인간의 운동과 사유를 그대로 담아낼 수 없다는 점에 그의 철학적 한계가 있다. 인간의 본질은 생명이고, 생명은 물질적 한계에 갇혀 있으며, 원하지 않아도 경험을 지속할 수밖에 없는 존재다. 하지만 언어는 그 경험을 재현하거나 완전히 객관적으로 담아낼 수 없다. 그리고 언어에는 주관이 개입할 여지가 충분하다. 그러므로 언어는 인간 존재를 완전히 객관적으로 담아낼 수 없다. 이는 언어가 인간 존재로부터 완전히 분리되어 독자적으로 존재할 수 없다는 뜻이며, 곧 탈존의 상태가 실제로는 불가능하다는 걸 의미하므로, 언어만이 인간의 존재를 독립적으로 담을 수 있다는 그의 논리를 무너뜨린다. 그의 철학적 한계는 바로 여기에 있다.

7

휴머니스트를 자처한 자유의 전도사

사르트르

사르트르Jean Paul Sartre는 1905년 6월 21일 프랑스 파리에서 태어났다. 아버지는 파리대학 출신으로 해군 장교였으나 베트남에서 열병에 걸려 죽었다. 어린 시절에 아버지를 잃은 사르트르는 어머니가 재가해 양부 밑에서 자랐다. 양부가 라로셸의 조선소 소장이었기 때문에 소년 시절을 그곳에서 보냈다.

사르트르는 1924년 파리고등사범학교에 입학하면서 독립적인 생활을 시작했다. 대학에서는 철학에 열중했다. 어릴 때부터 사색적이고 시적인 경향이 짙었던 그로서는 철학을 선택한 것이 행운이었는지도 모른다. 후설의 존재론에서 시작된 그의 철학적 탐구는 키르케고르, 니체, 야스퍼스, 하이데거 등의 실존철학으로 이어졌다. 마침내 그는 실존주의자가 되기로 마음먹었다.

그는 동기들 가운데 단연 두각을 나타냈다. 1929년 학사 학위를 취득하고, 또 교수 자격시험에도 수석으로 합격했다. 그리고 루 아브르에서 고등학교 철학 교사로 취직했고, 교사 생활이 10년째 접어들던 때쯤 대표작《구토》를 발표했다.

《구토》는 철학적 소설이었다. 얼핏 보면 소설이라는 생각이 들지 않을 정도로 사색적인 이 글은 그다지 큰 호응을 얻지 못했다. 그는 이듬해 단편집《벽》을 발표해 다시 한번 자신의 철학 소설을 시험받았다. 이 두 책의 주인공들은 음산하고 어둡다. 그리고 절망적이다. 40대에 이르러 생의 권태를 느끼며 실존적 구토를 해대는《구토》의 로캉탱이나《벽》에 등장하는 사형수들은 모두 철저하게 절망을 겪고 있다. 이러한 절망 속에서 그는 실존 의식을 불러일으키려 했다.

하지만 그는 창작 활동을 일시 중단해야만 했다. 징집영장이 날아온 것이다. 그리고 1939년 34세의 나이로 군에 입대했다. 학위 문제로 오랫동안 국방의 의무를 미룬 탓이었다. 불행하게도 그해에 제2차 세계대전이 발발해 전쟁에 참전했다. 그는 위생병이었다. 하지만 위생병 생활은 오래가지 않았다. 이듬해 6월 독일군에 포로로 붙잡혔기 때문이다. 독일로 끌려간 그는 그곳 포로수용소에서 9개월을 지낸 후 겨우 풀려났다. 프랑스가 독일에 항복했던 것이다.

파리로 돌아온 후에는 다시 교사 생활을 시작했다. 교사로 지내면서 키르케고르와 하이데거의 철학서들을 숙독했다. 그 결정체가 1943년에 출판한 철학서《존재와 무》와 희곡《파리 떼》였다.《존재와 무》에서 그는 자신만의 독특한 실존 사상을 피력했고, 그 사상을 《파리 떼》에 녹여 현실감 있게 보여주었다. 그 결과 독일에서는 이미 시들고 있던 실존주의가 프랑스에서 다시 꽃피기 시작했다. 사람들은 환호했고, 실존주의는 마치 유행처럼 프랑스 전역으로 번져나갔다.

사르트르는 레지스탕스 그룹에도 가담했다. 한때 자신을 포로로 잡았던 독일의 나치당에 대항하기 위해서였다. 레지스탕스 조직원으로 4년을 보낼 즈음 독일이 연합군에 항복했다. 그는 전쟁이 끝나자 교사직을 그만두고 본격적으로 창작에만 매달려 희곡, 수필, 철학서를 쏟아내기 시작했다. 1945년엔 《철날 무렵》《유예》등을 출간했고, 이듬해엔 미국·아프리카·스칸디나비아·소련 등지를 여행하며 《실존주의는 휴머니즘이다》《무덤 없는 사자》《공손한 창부》등을 내놓았다.

이후에는 《보들레르론》《내기는 끝났다》《상황》《더러운 손》《닫힌 문》《영혼의 죽음》《정치에 관한 좌담》《악마와 신》《성자 주네》《킨》《네크라소프》등의 작품을 발표하며 자신의 실존주의를 휴머니즘으로 이끌었다.

그는 정치적인 문제에도 적극적으로 의견을 표명했다. 베트남 참전을 반대하는가 하면, 강국들의 제3세계 침탈을 비판하고, 1957년의 헝가리 자유혁명을 지지하기도 했다. 또 한국 정부가 김지하를 반공법으로 투옥한 것에 대해서도 비판을 쏟아냈다. 그래서 일본을 방문했을 땐 김지하 석방을 위해 노력을 아끼지 않겠다고 공식적으로 선언하기도 했다.

자본가가 빈민의 노동을 값싸게 착취하는 것도 비판했다. 자본주의 자체에 문제가 있다며 스스로 공산주의자를 자처하기도 했다. 하지만 스탈린의 독재에는 찬성하지 않았다. 인간의 자유를 억압하는 것은 그 어떤 명분으로도 정당화할 수 없다는 게 그의 주장이었다.

그에게는 인간의 자유를 침해하는 것은 모두 적이었다. 국가, 관습, 법, 도덕도 예외일 수 없었다. 그래서 결혼이라는 관습에 얽매이지 않기 위해 평생을 계약결혼 상태로 살았다. 그의 아내 시몬 드 보부아르는 대학 시절부터 그의 추종자였고, 자신 또한 철저한 실존주의자였다.

사르트르의 사상은 프랑스를 비롯한 유럽 전역에 엄청난 반향을 불러일으켰다. 수많은 사람이 그의 열렬한 팬이 되었다. 그는 여성 평등 옹호론을 폈기 때문에 팬들 가운데는 여자가 절대다수로 많았다. 또한 평화주의자였기 때문에 제3세계 국민들 역시 그를 선호했다. 하지만 비판의 화살을 보내는 사람도 적지 않았다. 그를 비판하는 사람들은 스캔들을 일삼는 자, 제3세계의 선동가, 역겨운 냄새를 풍기는 작가, 반사회주의자, 철저한 이기주의자 등의 욕설을 쏟아부었다.

이 같은 비난에도 불구하고 그는 결코 자신의 사상을 굽히지 않았다. 오히려 70세가 넘는 나이에 《권력과 자유》를 출간했다. 무정부주의자였으며, 철저한 휴머니스트이자 뛰어난 선동가였고, 무신론자이자 공산주의자였고, 무엇보다도 '자유의 전도사'였던 그는 1980년 75세를 일기로 찬란했던 실존주의자의 삶을 마감했다.

인간의 본질은 자유

사르트르 철학의 핵심은 인간의 자유, 더 정확히 말해서 '개인의 자유'다. 그는 개인의 자유를 최우선으로 하는 학문을 추구했다. 이러한 사상은 물론 키르케고르·니체·하이데거 등 실존주의의 영향 아래 형성된 것이지만, 나중에는 인간의 자유가 오히려 모든 실존 사상을 포용해버린다. 즉, 실존주의에서 개인의 자유를 이끌어냈지만, 나중에는 개인의 자유를 지키기 위해 실존주의를 도구로 사용하게 되었다는 뜻이다.

인간의 자유는 평등을 추구한다. 그 때문에 사르트르의 실존주의는 궁극적으론 휴머니즘이다. 말하자면 '자기 사랑'이고 동시에 '인간 사랑'인 것이다.

그가 이런 휴머니스트의 길로 접어드는 길목엔 니체와 키르케고르 그리고 하이데거와 야스퍼스가 있었다. 특히 하이데거의 실존은 그에게 막대한 영향을 끼쳤다. 하이데거와 마찬가지로 사르트르도 존재는 자신에게서 빠져나와 무의 경지로 들어갔을 때 본질에 도달할 수 있다고 생각했다. 하지만 그는 하이데거처럼 '언어는 존재의 집'이라고 생각하지는 않았다. 하이데거를 배우고 나서 곧바로 그를 빠져나와 자신만의 독자적인 영역을 개척하기 시작했다.

모든 실존주의자와 마찬가지로 사르트르 역시 '인간이란 무엇인가?'를 철학의 첫 번째 과제로 삼았다. 이 문제를 풀기 위해 우선 '존재'의 본질에 접근했다. 존재의 본질에 접근함에 있어 유일한 단초는 현상적인 존재뿐이다. 인간이 접할 수 있는 유일한 것은 사물의 현상뿐이기 때문이다. 이 현상적인 존재를 그는 '즉자卽自'라고 표현했다.

그러나 이러한 즉자만으로 인간을 설명할 수는 없다. 인간은 현상적 존재인 즉자를 의식하는 존재이기도 하기 때문이다. 이렇게 즉자를 의식하는 존재로서 인간을 그는 '대자對自'라고 이름 붙였다. 이렇게 해서 인간은 즉자인 동시에 대자인, 이중적인 존재로 규명된다.

한편, 이 세계는 존재와 무(없음)로 분열되어 있다. 말하자면, 무는 존재의 객지客地인 셈이다. 무는 항상 즉자와 대자 사이에 끼어 있다. 따라서 무는 즉자와 대자의 분기점이기도 하다. 객지 생활을 해보지 않은 사람은 결코 고향의 실체를 알 수 없듯이 즉자와 대자는 무의 경지에 들어가보지 않고는 결코 자신의 실체를 알 수 없다. 존재는 무의 경지 속에서만 비로소 본모습을 드러내기 때문이다.

이렇게 해서 즉자와 대자의 관계는 정립된 듯이 보인다. 하지만 인간은 자유로운 동물이다. 행동과 의식이 자유롭다는 뜻이다. 즉, 인간은 고정되거나 머물러 있는 존재가 아니다. 따라서 인간에게 즉자와 대자의 관계는 일방적으로 형성될 수 없다.

여기서 인간의 혼란이 시작된다. 한 인간을 단순히 정지된 물체로 바라본다면 그는 그저 하나의 즉자에 지나지 않는다. 하지만 즉자였던 그가 보는 이의 의식에 영향을 끼친다면 이미 그는 즉자가 아니다. 그 역시 하나의 대자가 되는 것이다.

여기서 자기기만이 일어난다. 상대방을 위해 행동하고, 그렇게 행동하는 자신을 참된 자기로 인식하는 것, 이것이 바로 자기기만이다. 진실, 성실, 충실, 준법, 애무 등 모든 행동은 자기기만적인 행동이다. 또 타인의 관심과 시선에 의해 자기의 행동과 의식이 달라지기도 한다. 이것은 곧 타인이 내 속으로 들어오는 것과 같다. 또한 나 역시 타인 속으로 들어가는 것과 같다. 이런 상태를 하이데거는 '공동존재'라고 했다. 사르트르 역시 이 점을 수용한다.

이렇게 해서 인간은 자기기만적인 존재임과 동시에 공동존재다. 그리고 모든 것을 상대주의화한다. 절대적인 것은 모두 사라진다. 그에게 절대적 가치는 오직 자유뿐이다. 자유만이 인간의 본질로 남게 된 것이다.

또 인간, 즉 실존은 모든 일반성과 전체성 그리고 보편성보다 중요해진다. 모든 것의 가치는 개인에 따라 달라지는 것이다. 그 때문에 사르트르에게 전체와 보편과 일반은 중요하지 않다. 그에게 중요한 것은 개인이지 전체가 아니다. 이는 "실존은 언제나 본질보다 앞선다"는 그의 믿음에 기초한 것이다.

절대적인 것이 없어진 그에게는 신도 무의미했다. 신이 있다면 인간의 자유는 침해받는다. 신의 논리에 따라 행동하면 인간의 본성이 상실되는 셈이기 때문이다. 그러한 강제성 아래에선 결코 자유를 찾을 수 없다. 그래서 그는 종교를 거부한다. 그의 신과 종교는 '자유'뿐이었다. 말하자면 그는 '자유의 전도사'였다.

3장

프랑스의
구조주의와
포스트구조주의
철학

✳✳✳

20세기 철학의 한 축이 객관과 존재 그리고 실존으로의 전환을 모색한 프래그머티즘과 존재론 및 실존철학이었다면, 또 다른 한 축은 구조주의와 포스트구조주의 철학이었다. 특히 실존주의와 구조주의는 동시대에 가장 대립적인 양상을 띤 철학이라고 할 수 있다.

구조주의는 언어학자 페르디낭 드 소쉬르의 언어 연구로부터 비롯되었는데, 인간의 행위와 사유·인식·느낌 등의 바탕에는 사회에서 이미 만들어진 언어 구조나 무의식적인 구조가 존재한다고 보았다. 구조주의는 그 구조를 파악하는 학문에 대한 총칭이다. 이러한 구조주의적 방법론을 차용해 철학적 사유를 전개하는 것을 구조주의 철학이라고 한다.

구조주의 철학은 인간 개별자 중심의 실존철학에 대한 대항마 개념으로 형성되었으며, 주로 클로드 레비스트로스, 자크 라캉, 루이 알튀세르, 미셸 푸코 등의 프랑스 철학자들이 주축을 이루었다.

구조주의에 의하면 한 사물의 의미는 그 사물 자체가 지니는 특성에 의해 결정되는 것이 아니라, 다른 사물들과의 관계에 따라 결정된다. 즉, 사물의 의미가 전체의 체계와 관계에 의해 결정되므로 체계의 변화에 따라 사물의 의미 역시 변화한다고 보았다. 이는 사물에 대한 개체 중심의 시각을 형성한 실존주의에 대

* * *

한 정면 반박인 셈이다.

하지만 구조주의는 모든 인간의 행위와 사유를 이미 만들어진 구조를 통해 해석하려는 한계를 보였다. 이러한 한계를 극복하고 문제점을 보완하려는 움직임이 탈구조주의 철학 또는 포스트구조주의 철학이다. 포스트구조주의 철학은 구조주의 철학자로 분류되었던 미셸 푸코를 비롯해 구조주의의 한계를 지적하며 새로운 시각을 제공한 질 들뢰즈와 자크 데리다 등이 앞장섰다.

하지만 우습게도 대다수 구조주의 및 포스트구조주의 철학자들은 자신이 구조주의를 추구하거나 탈구조주의를 지향하지 않는다고 말했다. 그럼에도 후학들은 그들이 구조주의자이거나 탈구조주의자라고 규정한다.

구조주의나 포스트구조주의는 철학적 개념을 기호학에서 주로 끌어와 다소 어렵고 낯선 언어학 용어를 중심으로 사상을 전개한다. 이는 결과적으로 철학을 매우 난해한 개념 속에 가둬버렸고, 대중이 철학으로부터 멀어지게 만들었다.

1

구조주의 언어학과 현대 기호학의 창시자

소쉬르

소쉬르Ferdinand de Saussure는 철학자라기보다는 언어학자이자 기호학자로 평가받는다. 하지만 구조주의 언어학과 현대 기호학의 창시자로서 구조주의 및 포스트구조주의 철학에 지대한 영향을 끼친 인물이다. 그런 까닭에 구조주의 및 포스트구조주의 철학을 이해하기 위해서는 소쉬르의 삶과 언어학·기호학 이론을 살펴볼 필요가 있다.

소쉬르는 1857년 스위스 서부 제네바에서 생물학자이자 탐험가인 아버지와 이름난 백작 가문의 딸로 음악적 조예가 깊은 어머니 사이에서 9남 3녀 중 장남으로 태어났다. 그는 매우 귀족적이고 지적인 성향의 가풍 아래서 어린 시절부터 언어학에 남다른 능력을 보였다. 14세라는 어린 나이에 인도유럽어에 대한 비교 논문을 발표할 정도로 천재성을 드러냈다.

아버지는 아들을 독일의 라이프치히대학으로 유학을 보냈고, 그곳에서 소쉬르는 1878년 〈인도유럽어 원시 모음 체계에 관한 논고〉라는 논문으로 석사 학위를 받았다. 이어 베를린대학에서 켈트어와 산스크리트어를 배운 뒤, 다시 라이프치히대학으로 돌아가 〈산스크리트어 절대 속격의 용법〉이라는 논문으로 박사 학위를 받았다.

박사 학위를 취득한 그는 이번에는 프랑스로 건너가 파리고등연구실습원에서 10년 동안 언어학을 강의했고, 프랑스 정부로부터 레지옹 도뇌르 훈장까지 받았다. 이후 자신의 고향 제네바로 돌아가 1911년까지 세 차례에 걸쳐 일반언어학 강의를 진행한 그는 1913년 폐 질환으로 생을 마감했다.

소쉬르의 저작 중 가장 유명한 것은 제네바대학에서 강의한 내용을 기초로 출간한 《일반언어학 강의》다. 하지만 이 책을 낸 것은 그가 아니다. 사실, 그는 책을 남기는 걸 극도로 싫어했고, 심지어 강의록을 직접 태워버리기까지 했다. 그래서 학위 논문 두 편을 제외하고는 생전에 남긴 글이 없었다. 《일반언어학 강의》는 소쉬르가 죽고 3년 뒤인 1916년에 출판되었는데, 그의 제자 샤를 바이와 알베르 세슈에가 그나마 남아 있던 그의 강의록과 학생들의 필기 노트를 간추려서 낸 책이다. 두 제자는 원래 소쉬르가 남긴 강의록만으로 책을 출간하려 했으나 그 분량이 너무 적어서 수강생들의 필기 내용까지 곁들여 전체를 재구성한 끝에 가까스로 《일반언어학 강의》를 출간할 수 있었다고 한다.

《일반언어학 강의》는 전통적인 언어학에 일대 변혁을 가져왔다. 소쉬르 이전의 전통적인 언어학에서는 언어를 어떤 사물을 지칭하거나 사람의 의도를 대신하는 수단이라고 생각했다. 그 때문에 언어는 사물이나 사람의 의도와 필연적인 관계를 맺는다고 보았다. 예컨대 사자는 실제 사자라는 물체의 이름이고, 사랑은 다른 사람을 애틋하게 그리워하고 강렬하게 좋아하는 마음을 의미한다고 보는 식이다. 이렇듯 전통적인 언어학에서 언어는 그 언어가 지시하는 지시체, 즉 실제 사물의 이름이거나 사람들이 만들어낸 의도와 일치하거나 유사하다고 판단했다.

하지만 소쉬르는 이런 시각을 전면 부정했다. 그러면서 자신만의 독특한 이론을 세웠으니, 이것이 곧 《일반언어학 강의》로부터 촉발된 구조주의 언어학이다. 그의 구조주의 언어학과 기호학은 사회학, 철학, 심리학, 인류학, 예술 등 다양한 분야에서 구조주의 및 포스트구조주의 그리고 포스트모더니즘의 단초를 제공했다. 그런데 재미있는 사실은 소쉬르 자신은 구조주의라는 말을 사용한 적이 없다는 것이다.

기표와 기의 그리고 기호의 자의성

소쉬르의 구조주의 언어학을 대표하는 핵심 내용은 '기호의 자의성'에서 출발하는데, 이를 원활하게 이해하기 위해서는 우선 그가 정의한 기표記標와 기의記意라는 언어학 용어를 알아야 한다. 소쉬르에 따르면, 기호는 기표와 기의로 구분된다. 즉, 기표와 기의를 하나로 묶어 기호라고 한다.

기표는 프랑스어 시니피앙signifiant을 번역한 것으로, 어떤 물체 또는 사람이 만든 의미를 표기한 문자와 음성을 말한다. 예컨대 '바다'라는 문자와 'bada'라는 음성이 기표, 즉 시니피앙에 해당한다.

기의는 프랑스어 시니피에signifié를 번역한 것으로, 기표의 이미지와 개념 또는 의미를 말한다. 예로 들어, '바다'의 기의는 '아득하고 끝이 보이지 않을 정도로 넓은 공간' 같은 이미지 또는 '지구상에 육지를 제외한, 짠물이 고여 하나로 이어진 넓고 큰 공간' 같은 개념이다.

전통적인 언어학에서는 기표와 기의가 보편성과 고정성을 지닌다고 믿었다. 즉, 어떤 기호로 표시된 단어는 같은 표기를 하면 항상 같은 의미를 지닌다고 보았고, 그 단어가 지시하는 물체나 의미 또한 고정되어 있다고 여겼다. 그래서 기표와 기의는 시대나 환경 또는 공간에 관계없이 보편적이고 필연적인 관계를 이룬다고 생각했다.

하지만 소쉬르는 기표와 기의는 보편성도 고정성도 없고 늘 바뀔 수 있다고 보았으며, 이를 기호의 자의성이란 개념으로 표현했다. 이는 기호인 언어와 그 언어가 가리키는 지시체 사이에 어떤 유사 관계나 일치 관계도 없다는 뜻이다. 예컨대 영어에서는 개를 가리켜 dog라고 표기한다. 하지만 개를 tot 또는 gag라고 표기하기로 약속하고 다들 이에 동의한다면, tot나 gag도 개를 지시하는 데 아무런 무리가 없다. 따라서 사물 또는 사람의 의도를 표기하는 기호는 사회적 약속에 따라 얼마든지 임의로 만들어질 수 있다. 이렇게 기호, 즉 언어는 언제든지 임의로 만들어질 수 있기 때문에 사물 또는 사람의 의도와 언어 사이에는 필연적인 관계도, 일치되는 관계도, 유사한 관계도, 절대적인 관계도 성립하지 않는다. 이것을 기호의 자의성이라고 한다.

랑그와 파롤

소쉬르는 기호의 자의성 외에도 자신의 언어학에 새로운 개념 몇 가지를 더 도입했다. 그중 하나가 랑그langue와 파롤parole이다. 소쉬르는 언어language를 랑그와 파롤로 구분해서 설명했다. 언어 활동에서 문법처럼 체계적이고 구조적인 것을 랑그라 하고, 그 랑그에 따라 내는 소리를 파롤이라고 정의했다. 그래서 랑그는 일정한 법칙을 갖고 있으며 그 법칙에서 벗어날 수 없다. 하지만 파롤은 그 법칙의 범주에서 내는 다양한 소리이기 때문에 하나의 법칙에 한정되지 않는다.

예컨대 "나는 점심을 먹었다"는 일정한 규칙에 따라 정해진 순서로 말해야 정확한 의미를 전달할 수 있다. 순서를 마구 바꿔서 "먹었다 점심을 나는"이라고 말하지 않도록 규정한 것이 랑그다. 그런데 "나는 점심을 먹었다"는 개인, 지방, 국가에 따라 모두 다른 소리로 말한다. 이 다른 소리들이 전부 파롤이다.

이런 의미에서 볼 때, 랑그는 그 문자를 쓰는 사람들한테는 보편적으로 누구에게나 동일하게 적용되는 구조적 법칙을 의미하고, 파롤은 개별적으로 다르게 내는 소리를 의미한다. 그런 점에서 랑그는 전체적·보편적인 것이고, 파롤은 개별적·상대적인 것이다.

랑그와 파롤로 구분한 언어의 사회적 의미는 매우 혁명적이라고 할 수 있다. 랑그는 개인에 의해 좌우되는 것이 아니라 사회 전체의 규칙이자 체계다. 개인이 말을 하기 위해서는 사회가 정해놓은 이 규칙을 따라야만 한다. 따라서 개인이 사용하는 언어의 의미는 그 개인 스스로 만들어내는 것이 아니라 사회적 체계가 만들어낸다. 이는 개인이 언어를 사용해 옳고 그름을 판단할 때도 마찬가지다. 따라서 인간의 판단 또는 사고의 주체는 개인이 아니라 사회의 체계인 셈이다.

서구에서는 근대의 시작과 함께 개인이 주체라는 사상이 널리 퍼졌고, 근대 철학 역시 개인이 주체로서 모든 걸 판단한다는 게 핵심이었다. 그런데 소쉬르의 언어철학은 이러한 주체 중심의 사상을 객관적 사회 체계 중심의 사상으로 전환시켜버렸다. 소쉬르 자신이 의도했든 하지 않았든 엄청난 사상적 혁명을 일으킨 것이다. 그야말로 칸트의 말처럼 코페르니쿠스적 전환이 또 한 번 일어난 셈이다. 소쉬르 스스로는 단 한 번도 구조주의라는 말을 사용한 적이 없음에도, 구조주의는 이렇게 20세기 사상 혁명의 중심에 섰다.

하지만 언어는 보편적인 체계인 랑그만 있는 것이 아니라 개별적 성향의 파롤도 있다. 파롤은 비록 랑그의 범주에서 쓰이는 언어의 일부이지만 지극히 개별적이다. 이처럼 랑그는 사회적 체계에 한정되지만 파롤은 개별적이라는 점에서, 소쉬르의 시각에는

구조주의뿐 아니라 구조주의를 넘어서는 포스트구조주의 요소
도 내재해 있다.

공시태와 통시태

공시태共時態, synchrony와 통시태通時態, diachrony는 소쉬르 언어학
에서 또 하나의 중요한 개념이다. 기표와 기의, 랑그와 파롤처럼
공시태와 통시태도 서로 쌍을 이루며 상호 보완적인 관계에 있
다. 공시태가 어떤 언어의 특정한 시기의 상태를 일컫는 것이라
면, 통시태는 시간의 흐름에 따른 언어의 상태를 일컫는다. 이 두
개념에서 나온 개념이 공시언어학과 통시언어학이다.

소쉬르가 활동하던 19세기에 언어학은 대개 언어의 역사적 변
천을 추적하는 역사언어학과 여러 언어를 비교하는 비교언어학
위주로 전개되었다. 그리고 문헌에 남아 있는 언어와 당시 대중
이 사용하는 현실의 언어, 즉 대중 언어의 현실태現實態를 엄격히
구별하지 않았다. 하지만 소쉬르는 이를 공시태와 통시태라는 개
념으로 나누어 파악했다.

통시언어학에서는 언어를 역사가 흐르는 동안 축적된 변화의
결과물로 본다. 그래서 언어의 본질을 파헤치는 과정에서 어원과
계통, 음운 등의 추이를 중시한다. 반면, 공시언어학에서는 언어
를 그 시대 대중 언어의 지식 총체로 본다. 그래서 주로 당대 일
반 대중의 언어에 주목하기 때문에 어원과 계통, 음운 등은 크게
중시하지 않는다. 대신 당대에 쓰이는 언어의 체계와 규칙 등에

관심을 쏟는다. 예컨대 "주어는 동사와 함께 쓰인다" "타동사는 목적어를 갖는다" 등의 규칙에서 주어는 동사와, 타동사는 목적어와 공시적 관계에 있다고 표현한다. 즉, 공시성이란 어떤 기호를 사용할 때 동시적으로 갖추어야 할 조건을 뜻한다.

이렇듯 소쉬르 등장 이후 통시언어학과 공시언어학을 엄격하게 구분하면서 언어학은 구조주의적 성향을 강화하게 되었다. 언어는 통시적으로 볼 때는 역사의 축적된 결과물이고, 공시적으로 볼 때는 당대 지식의 총체다. 따라서 하나의 단어에 역사성과 사회성 그리고 환경적 요소가 모두 반영된다. 이것이 곧 구조주의의 핵심이다.

이러한 구조주의 언어학의 관점이 심리학, 인류학, 철학, 사회과학, 예술 전반으로 확장되면서 이른바 구조주의 사상 또는 더 나아가 포스트구조주의와 포스트모더니즘을 형성하기에 이르렀다.

언어는 차이의 체계

소쉬르는 이렇게 선언한다.

"언어는 차이의 체계이며, 모든 언어 요소는 서로 변별된다."

소쉬르의 이 말은 구조주의와 포스트구조주의에 엄청난 영향을 끼쳤다. 특히 질 들뢰즈에게 가장 중요한 개념이 차이와 반복이었다. 들뢰즈는 차이는 반복이라고 주장했다. 이때 반복은 동일해지는 반복이 아니라 차이를 생성하는 행위로서 반복이다. 예컨대 어떤 음식을 처음 먹었을 때는 그 고유한 맛을 제대로 느낄 수 없다. 하지만 반복해서 먹으면 그 맛의 고유한 차이를 발견할 수 있다.

이렇듯 반복은 동일한 행위를 통해 차이를 발견해나가는 과정이다. 따라서 차이는 반복의 결과이고, 반복은 차이의 반복인 것이다. 들뢰즈가 소쉬르의 차이를 이런 식으로 수용함으로써 그 개념은 포스트구조주의에서 매우 중요한 요소로 등장한다.

사실, 포스트구조주의 철학은 '차이의 철학'이라고 해도 과언이 아니다. 포스트구조주의를 대표하는 질 들뢰즈와 자크 데리다의 철학에서 차이 개념을 빼버리면 거의 아무것도 남지 않기 때문이다(이에 대해서는 들뢰즈와 데리다를 다룰 때 더 상세히 설명할 것이다). 이렇듯 소쉬르의 언어학은 포스트구조주의에 '차이'라는 엄청난 철학적 탐구의 발단을 제공했다.

2

구조주의의 창시자가 된 사회인류학자
레비스트로스

레비스트로스Claude Lévi-Strauss는 사회인류학자로, 소쉬르의 언어학 이론을 인류학에 도입함으로써 인류학의 영역을 사회학과 철학으로까지 넓힌 인물이다. 그는 로만 야콥슨에게서 소쉬르의 언어학을 접한 후 구조주의적 연구 방법을 익혔고, 이를 바탕으로 《구조인류학》을 저술해 명실공히 구조주의의 창시자로 거듭났다.

레비스트로스는 1908년 벨기에 브뤼셀에서 태어나 유대계 프랑스인 부모 아래서 자랐다. 아버지는 인상파 화가였다. 벨기에에서 태어나긴 했으나 유년기 이후에는 프랑스에서 성장했다. 그의 부모는 파리 베르사유 근처로 이사해 포목과 가구 공예를 하며 생계를 유지했다.

레비스트로스는 1927년 파리대학 법학부에 진학했으며, 이후 소르본대학에서 법학과 철학을 공부했다. 전공 외에도 심리학·정신분석학 등에 매료되었고, 사회학에도 관심을 보여 루소·생시몽·콩트·모스 등의 저서를 탐독했다.

대학 졸업 후에는 1934년 파리고등사범학교 교장이던 셀레스탱 부글레의 주선으로 브라질 상파울루대학의 사회학 교수 자리를 얻었다. 이때 처음으로 인류학을 접했는데, 로버트 로이의 저작인《원시사회》를 읽은 것이 그 계기였다. 이후 인류학에 매진해 1936년 보로로Bororó 인디언의 사회조직에 관한 논문을 발표했다. 그리고 1938년 교수직을 사임하고 프랑스 정부의 지원을 받아 브라질 중부 지역을 답사했다. 이때의 경험을 바탕으로 브라질 원주민인 남비크와라Nambikwara 부족과 투피카와이브Tupi-Kawahib 부족에 대한 글을 쓰기도 했다.

브라질 중부 답사를 끝낸 후에는 1939년 프랑스로 귀국해 군복무를 하고, 1941년 미국 뉴욕으로 건너가 신사회연구원에 취직했다. 여기서 동료이던 로만 야콥슨을 통해 소쉬르의 언어학을 접하고, 출세작이라고 할 수 있는 논문〈언어학과 인류의 구조 분석〉을 발표했다. 이 논문을 실은 곳은 야콥슨과 그의 동료들이 조직한 뉴욕언어학회 기관지〈워드Word〉였다.

본격적으로 사회인류학자로 발돋움한 후에는《남비크와라 인디언의 가족생활과 사회생활》《친족의 기본 구조》등을 출간했다. 그 덕분에 1950년 파리대학 고등실업학교 학과장이 되었고, 1955년에는《신화의 구조 연구》《슬픈 열대》, 1958년에는 대표작《구조인류학》을 출간했다. 그리고 1959년 콜레주 드 프랑스의 사회인류학 교수로 취임했다.

이어《오늘날의 토테미즘》《야생의 사고》《신화학》(1권 '날것과 익힌 것', 2권 '꿀에서 재까지', 3권 '식사 예절의 기원')을 발표해 1968년 프랑스 과학자에게 수여하는 최고상인 국립중앙과학연구원 금메달을 수상했다. 1971년에는《신화학》의 마지막 4권 '벌거벗은 인간'을 발표해 국가훈장을 받고, 1973년에는 학술원 회원이 되었다. 이후에도 예순을 훌쩍 넘긴 나이로《가면을 쓰는 법》《먼 시선》《주어진 말》《질투심 많은 도공》《스라소니의 역사》《보라, 들으라, 읽으라》등을 계속 집필했다.

이렇듯 그는 수많은 저작을 통해 인간의 사회와 문화를 이해하는 방법의 일환으로 구조주의를 개척하는 한편, 문화상대주의를 발전시키는 데 공헌하며 2009년 101세로 사망할 때까지 학구적인 노력을 멈추지 않았다.

레비스트로스는 소쉬르의 언어학에서 착안한 구조주의 이론을 사회인류학에 대입해 인류학은 물론 사회학과 문화학, 철학과 심리학 등 다양한 분야에 막대한 영향력을 끼쳤다. 그런 까닭에 그를 구조주의의 창시자라고 부른다.

인류학은 기호학의 한 분야에 불과하다

레비스트로스는 콜레주 드 프랑스의 교수 취임 연설에서 이렇게 단언했다.

"인류학은 기호학의 한 분야에 불과합니다."

이어 기호학의 중요성을 역설하며 이렇게 덧붙였다.

"이렇듯 인류학의 고유 개념을 설정하는 데 바탕을 일군 페르디낭 소쉬르에게 경의를 표합니다."

이 말은 소쉬르 언어학이 자신의 학문인 구조주의 인류학의 뿌리임을 강조한 것이다. 그는 언어학의 기초인 음운론이 사회과학 전반에 개혁을 일으킬 거라며, 이러한 개혁은 핵물리학이 순수과학에 미친 영향에 필적하는 수준이 될 것이라고 주장했다.

음운론이란 근본적으로 관계의 체계를 연구하는 것인데, 레비스트로스는 인류학자들이 음운론의 관계 체계 연구에서 인류학적 방법론을 배워야 한다며, 구조주의의 틀로 인류학에 접근할 것을 강조했다. 단순히 개별적으로 떨어진 인류를 연구할 것이 아니라 관계에 내재된 체계를 먼저 파악해야 한다는 것이다. 이것이 곧 구조주의 인류학의 핵심이다.

레비스트로스는 이러한 구조주의를 인류학뿐 아니라 모든 사회과학에 적용할 수 있다고 주장했다. 구조주의는 언어학에서 사용하는 기호학 이론을 바탕으로 이뤄진다. 기호학에서 음운학자들이 소리의 어떤 차이가 어떤 의미를 만들어내고 또 만들어내지 못하는가에 관심을 가지듯이, 인류학이나 인문과학·사회과학은 특정 생활 물품이나 행동에 대해 어떤 차이가 어떤 의미를 만들어내고 또 만들어내지 못하는지 관심을 가져야 한다는 것이다.

이렇듯 그는 기호학을 인문과학과 사회과학 대부분에 적용할 수 있다고 주장했다. 음악, 건축, 요리, 예절, 광고, 패션, 문학, 미술 등 모든 인간 행동이 기호학의 대상일 수 있고, 이에 기호학적 방법으로 접근 가능하다는 논리다. "인류학은 기호학의 한 분야에 불과하다"는 말은 바로 이런 뜻이다. 따라서 기호학을 바탕으로 한 구조주의에 따라 모든 학문의 혁명을 주문한 것이다.

철학의 목적은 보편적 질서를 찾는 것

레비스트로스의 사상은 야콥슨을 통해 배운 소쉬르의 기호학에 기반하고 있지만, 그에게 지대한 영향을 끼친 또 한 명의 인물이 있으니 바로 러시아 언어학자 니콜라이 트루베츠코이였다. 트루베츠코이의 《음운학 원론》을 읽고 레비스트로스는 자신의 연구 방법을 확정했다. 레비스트로스가 《음운학 원론》을 통해 깨달은 연구 방법론은 음운론의 특징 네 가지로 요약된다.

- 음운론의 연구 대상은 언어 현상이 아니라 그 현상 뒤에 숨어 있는 무의식적인 구조다.
- 음운론은 음소로 이뤄진 각각의 항을 중시하는 것이 아니라 그 음소, 즉 항들의 관계를 중시한다.
- 음운론은 음소 하나하나를 이해하는 것이 아니라 기호 체계의 개념에서 이해해야 한다. 그 체계는 곧 무의식적 구조다.
- 음운론의 목적은 일반적 법칙, 즉 보편적 법칙을 발견하는 데 있다.

이 네 가지 음운론은 보편성·동질성·과학성 등 세 가지 특징을 지니고 있다. 즉, 어떠한 인간 집단에서도 예외일 수 없는 보편성, 그 집단이 야만인이든 문명인이든 또는 현대인이든 고대인이든 동일하게 적용되는 동질성, 그에 대한 접근 방법은 철저히 객관적이고 분석적이라는 과학성을 말한다.

이 세 가지 특징, 즉 보편성·동질성·과학성이 구조주의 사상의 요체다. 이는 인문과학이든 사회과학이든 어디에나 적용 가능하며, 이를 통해 어떤 분야에서든 현상 너머에 있는 보편적인 질서를 찾아낼 수 있다는 것이 구조주의 사상이다. 요컨대 구조주의는 어떤 현상 뒤에 숨어 있는 무의식적 구조, 즉 보편적 질서를 찾아내는 것을 목적으로 삼는다.

인간 사회에서 보편적 질서의 뿌리는 곧 보편적 사고 구조일 것이다. 레비스트로스는 보편적 사고 구조는 의식적으로 만들어낸 것이 아니라 무의식적으로 구조화한 것이라고 판단한다. 따라서 자신의 철학적 연구 대상을 보편적 사고를 이루고 있는 구조적 무의식을 찾는 것으로 설정한다. 말하자면 생각 자체보다는 생각하게끔 하는 무의식적 구조를 찾아내는 것이 철학의 연구 대상인 것이다.

이는 칸트가 경험을 관념으로 만들어내는 것은 선험적인 마음의 틀이라고 주장한 것과 흡사하다. 다만, 칸트가 주체 또는 인간을 출발점으로 삼은 것에 비해 레비스트로스는 기호를 출발점으로 삼고 인간의 해체를 주장했다는 차이가 있다. 여기서 '해체'는 기존 질서에 길들여진 인간의 해체를 의미한다. 하지만 궁극적으로 보편적 질서, 즉 의식 뒤에 숨어 있는 무의식적 구조를 찾는다는 점에서 칸트의 선험적 사고와 매우 유사하다.

　레비스트로스를 비롯한 구조주의자들은 기호학적 방법으로 칸트가 도달한 선험적 양식에 다가가려 애썼다. 그리고 이 과정에서 기호학의 난해하고 낯선 개념을 도입했다. 이러한 구조주의와 포스트구조주의 또는 해체주의 철학은 사람들이 접근하기 어려웠고, 이로써 스스로 대중과 괴리되는 결과를 낳았다. 이는 지나치게 기호학적 도구에 의존한 결과였다. 마치 의사가 전문 의학 용어로만 병증을 설명해 정작 환자는 무슨 말인지 알아듣지 못하고, 결국 환자의 병을 치유하는 데 별 도움이 되지 않는 것과 유사하다. 쉽고 익숙한 용어를 버리고 전문적인 용어를 사용한 것이 구조주의와 포스트구조주의 철학이 대중으로부터 외면받고 그들만의 리그로 전락한 원인으로 작용하고 말았다.

3

구조주의 철학의 새 영역을 개척한 정신분석학자

라캉

라캉Jacques Lacan은 정신의학자로서 심리학을 통해 구조주의 철학에 기여한 인물이다. 프로이트의 이론에 소쉬르의 언어학적 방법론을 결합해 구조주의 심리학을 전개함으로써, 정신분석학의 새로운 길을 개척했을 뿐 아니라 구조주의 철학에 영향을 끼쳤다고 평가할 수 있다.

1901년 프랑스 파리에서 태어난 라캉은 파리고등사범학교에서 본격적으로 철학을 공부하기 시작했고, 이후 파리대학 의학부에 입학해 정신병리학을 전공했다. 1931년에 정신과 전문의가 되었고, 이듬해에는 정신병리학 학위를 취득했다.

라캉은 정신병리학을 전공하면서 문학과 예술에도 관심을 쏟았다. 그런 까닭에 정신병리학자로 활동하면서 동시에 초현실주의 예술운동에도 참여했다. 그 과정에서 앙드레 브르통, 조르주 바타유, 살바도르 달리, 파블로 피카소 같은 예술가와 인연을 맺었고, 한때는 피카소를 개인적으로 치료하기도 했다.

한편, 라캉은 정신분석학과 관련해서는 열렬한 프로이트 추종자였다. 그래서 학위 논문인 〈편집증과 성격 사이의 관계에 대하여〉를 프로이트에게 보내기도 했다. 당시 라캉은 31세, 프로이트는 76세였다.

이후에도 라캉은 몇 편의 논문을 발표했지만, 반응은 신통치 않았다. 사실, 라캉은 글 쓰는 재주가 별로 없었다. 또 청중에 대한 설득력도 떨어졌다. 그 때문에 그의 논문은 정신과 의사들에게 크게 호응을 받지 못했다. 심지어 국제정신분석학회에서 처음 논문을 발표할 때는 할당된 시간을 초과해 사회자가 발표를 중단시키는 망신을 당하기도 했다.

라캉의 논문이 대중의 호응을 얻기 시작한 것은 그가 노년으로 접어든 뒤였다. 1966년에 간행한 논문집 《에크리Ecrits》가 순식간에 그를 유명 인사로 만들었는데, 이때 이른바 '라캉철학'이라는 새로운 영역을 개척했다는 평까지 얻었다. 이후 1981년 사망할 때까지 15년 동안 자신의 이름을 건 세미나를 여러 번 개최하며 구조주의 철학을 대중에게 전파하는 데 전력을 다했다.

프로이트로 돌아가자!

프로이트의 심리학 이론은 기본적으로 생물학에 기반한다. 하지만 라캉은 그의 이론에서 생물학적인 부분을 걷어내고 철학적인 부분에 주력해 이른바 '라캉철학'을 만들어냈다. 이때 그가 수단으로 삼은 것이 바로 소쉬르의 구조언어학이었다. 즉, 라캉의 사상은 프로이트의 정신분석학에 소쉬르의 언어학적 방법론을 대입한 결과물이라고 할 수 있다. 따라서 그의 철학은 프로이트의 심리학 이론을 구조주의적으로 해석하는 데 주력한다. 그는 구조언어학의 이론과 방법을 프로이트 심리학에 적용하며 이렇게 외쳤다.

"프로이트로 돌아가자!"

프로이트와 구조주의의 공통분모는 무의식 개념이다. 정신분석학에서 무의식의 개념을 처음 도입한 인물은 프로이트이고, 소쉬르의 언어학에서 가장 중요한 개념이 무의식적 구조다. 즉, 프로이트와 소쉬르는 '무의식'이라는 개념에서 접점을 이룬다. 그래서 라캉이 프로이트와 소쉬르의 이론을 결합하는 데 무의식만큼 중요한 것은 없었다.

라캉의 정신분석학은 프로이트와 소쉬르를 결합한 것이기에 프로이트나 기존 프로이트 추종자들의 정신분석학과는 달랐다. 그럼에도 그는 여전히 "프로이트로 돌아가자!"는 슬로건을 내걸었다. 왜냐하면 그 역시 프로이트의 열렬한 추종자였기 때문이다.

무의식은 타자의 욕망

라캉의 정신분석학에서 가장 기초적인 것은 다음과 같은 명제다.

"무의식은 언어처럼 구조화되어 있다."

이 말은 무의식도 언어처럼 나(개인)로부터 독립된 질서와 체계를 가지고 있다는 의미다. 즉, 개인의 언어가 그 언어 뒤에 형성되어 있는 무의식적 구조의 산물이듯 개인의 무의식도 그 무의식을 떠받치고 있는 구조적 질서와 체계의 산물이라는 것이다.

그렇다면 무의식을 떠받치고 있는 구조적 질서와 체계란 무엇인가? 그것은 곧 사회적 규범이다. 이는 프로이트의 초자아와 유사한 개념이다. 프로이트 이론대로 하자면 개인의 자아는 사회적 규범에 해당하는 초자아의 지배를 받는다는 뜻이다.

이런 의미에서 보자면, 개인의 무의식이란 그 개인의 지배를 받는 것이 아니라 사회 또는 사회를 이루고 있는 다른 사람, 즉 타자의 지배를 받는다. 이를 좀 더 직접적으로 표현하면, 개인의 무의식은 타자의 욕망에 다름 아닌 셈이다. 그래서 라캉은 '무의식은 타자의 욕망'이라고 단언한다.

그는 이 말을 증명하기 위해 욕망이라는 용어를 새롭게 분석한다. 그에 의하면 욕망에는 이런 등식이 성립한다.

욕망 = 욕구 + 요구

여기서 욕구란 식욕, 수면욕 등 인간의 본능적 충동을 의미한다. 하지만 요구는 그 본능적 충동을 사회적 규범에 따라 절제한 결과물이다. 따라서 요구는 항상 욕구를 충족할 수 없다. 사회적 규범에 한정된 욕구만이 요구의 범주에 있을 수 있기 때문이다.

이렇듯 욕망은 항상 사회 속에서 요구에 한정되는 까닭에 결핍에 놓일 수밖에 없다. 이 결핍을 채우기 위한 수단으로 인간은 인정받고 싶어 하는 욕망을 강화한다. 누구로부터? 타자로부터. 어떤 타자로부터? 자신이 사랑하는 대상, 또는 사회, 또는 대중으로부터. 그 때문에 무의식은 이런 타자의 욕망으로 가득 찰 수밖에 없다. 그래서 라캉은 이런 결론에 도달한다.

무의식은 타자의 욕망이다.

이 말은 개인의 무의식은 타자에 대한 '인정 욕망'으로 가득 차 있다는 의미다. 개인 각자는 항상 타자로부터 인정받기를 원하며, 타자가 욕망하는 것을 자신도 갖길 원하며, 자신이 타자의 욕망의 대상이기를 갈구한다. 누군가를 사랑하고, 누군가에게 사랑받기를 원하는 것도 역시 이러한 무의식의 작용 때문이다. 그런 의미에서 보자면, 모든 개인은 항상 타인이라는 거울 앞에 선 존재이며, 모든 개인의 행동은 무의식으로 표현되는 타인의 욕망에 대한 반작용인 셈이다.

개인의 인식은 타자들의 인식 결정체

라캉은 자신의 욕망 이론을 좀 더 체계화하는 작업을 지속한다. 이를 위해 인간의 인식을 다음의 등식으로 정리한다.

인간의 인식 = 상상계 + 상징계 + 실재계

　여기서 상상계란 개인이 사건을 받아들이는 첫 번째 영역이다. 상상계는 완전히 개인적인 인식 체계다. 예컨대 사회에서 어떤 사건이 발생하면 모든 개인은 자신의 상상 영역에서 이를 받아들인다. 따라서 상상계에선 사건을 바라보는 입장이 제각각이다. 순전히 자기 상상에 기반해 인식하기 때문이다.

　이러한 개인들의 인식은 곧 상징계에 부딪친다. 상징계란 상상계와 달리 사회적인 영역이며, 사회적 규범과 현실적인 기준 같은 것을 말한다. 지극히 현실적인 영역인 셈이다. 따라서 개인의 인식은 상징계에 한정된다. 그래서 상상계는 늘 상징계에 이르면 결핍을 경험하게 된다. 상징계는 상상계를 다 담을 수 없기 때문이다. 이는 앞에서 설명한 욕구와 요구의 관계와 마찬가지다. 요구가 욕구를 다 담을 수 없기 때문에 항상 개인이 욕망의 결핍을 겪는 것과 같은 논리다.

　실재계는 바로 상징계에 갇힌 상상계의 인식 상태를 가리킨다. 개인의 욕망은 사회적 요구에 갇힌 욕구 상태와 일치한다. 따라서 실재계는 늘 결핍 상태에 놓일 수밖에 없고, 그 결핍을 벗어나기 위해 사랑하는 타자로부터 인정받고 싶은 욕망을 갖게 된다. 결국 개인의 실재 인식은 항상 이른바 '인정 욕망'으로 가득 차고, 그것이 무의식으로 구조화된다. 그렇게 인간의 무의식적 인식 또한 타인의 인식으로 가득 차고, 그 무의식적 인식이 인간의 인식을 지배한다. 이것이 곧 인간 인식의 실재계라 할 수 있다.

쉽게 표현하자면, 인간의 인식에는 개인만의 고유 인식에 해당하는 상상계가 있는데, 그것이 사회적 인식 체계인 상징계에 한정된 나머지 자신의 인식을 제대로 드러내지 못하고 결핍된 상태에 놓인다는 것이다. 이 결핍된 상태의 인식이 곧 실재계다.

하지만 실재계의 인식은 여기서 머무르지 않고 한발 더 나아간다. 실재계는 결핍으로 가득 찬 인식 상태를 채우기 위해 타자로부터 인정받고자 하는 무의식적 인식을 갖게 되고, 그 무의식적 인식에 의해 인식하게 된다. 따라서 실재계의 인식은 타자의 인식으로 가득 찬다. 결국 인간이 현실적으로 드러내는 인식은 자기 고유의 상상계의 인식이 아니라 타자의 인식으로 가득 찬 실재계의 인식이라는 것이다. 한마디로 라캉은 다음과 같이 정의하고 싶었을 것이다.

개인의 인식은 타자들의 인식 결정체다.

물론 이 말은 옳다. 하지만 완전히 옳은 말은 아니다. 개인의 인식이 오로지 타자들의 인식으로만 이뤄진 것은 아니기 때문이다. 그의 말대로 자신만의 영역인 상상계가 존재하므로 개인의 인식엔 반드시 개인의 상상계 영역이 포함될 수밖에 없다.

사실, 라캉이 설정한 인식 세계에는 근본적인 모순이 있다. 우선 상상계를 순수한 자신만의 인식 체계라고 주장하지만, 인간의 인식 중에 순수한 자기 것이 존재하기란 불가능하다. 설사 순수한 자기만의 인식이 존재한다고 하더라도 그것을 분리해낼 수는 없다. 인간은 태어나면서부터 교육받는다. 그 교육은 사회적 요소, 즉 상징계의 요소이고, 따라서 상상계의 인식 역시 상징계인 사회적 인식에 의해 만들어진다. 물론 타고난 영역도 존재한다. 유전적이고 생물학적인 영역을 상상계라고 할 수 있을 것이다. 그러나 어떻게 그것을 개인의 인식에서 분리해낼 수 있겠는가? 그저 수학적이고 기호적인, 도식적인 세계에서만 가능한 일이다.

인간의 인식을 상상계·상징계·실재계로 구분한 것은 인식에 대한 이해를 돕기 위한 수단으로는 요긴하나, 그 자체를 완전한 이론으로 받아들이기는 어렵다. 그럼에도 기호학에 빠진 구조주의자들은 어떻게든 인간의 인식 또는 관념, 행위 등을 마치 소리와 글자를 랑그나 파롤 또는 각각의 음소로 분리하는 소쉬르식 접근법으로 설명하려 한다.

라캉 역시 이러한 한계에서 벗어나지 못했다. 또한 라캉 스스로도 자신의 이론에 한계가 있다는 사실을 알고 있었다. 그 때문에 종종 스스로가 모순에 빠지거나 중언부언하는 행태를 드러내곤 했던 것이다.

4

20세기를 풍미한 담론의 철학자

푸코

푸코Michel Foucault는 1926년 프랑스 푸아티에에서 태어났으며 원래 이름은 폴 미셸 푸코였으나, 아버지와 관계가 나빠지면서 아버지의 이름에서 딴 '폴'을 빼버렸다. 아버지 폴 푸코는 외과 의사이자 해부학 교수였고, 어머니 안 말라페르는 외과 의사의 딸이었다. 이렇듯 의사 집안에서 태어났기 때문에 어린 시절부터 의사가 되라는 강압 속에서 자라야 했고, 이것이 아버지와의 관계를 악화시킨 주요인이었다.

미셸 푸코는 의학보다는 역사와 철학에 관심이 많았다. 그래서 아버지의 뜻을 어기고 1946년 파리고등사범학교에 진학했는데, 그곳에서 루이 알튀세르를 스승으로 만나 철학에 눈을 떴다. 루이 알튀세르는 마르크스주의 철학자이면서 구조주의 철학자이기도 했다. 그 때문에 한때 푸코도 마르크스주의에 관심을 보이는 한편, 구조주의를 접할 기회도 얻었다. 하지만 푸코는 이내 마르크스주의와 결별했고, 알튀세르와도 거리가 멀어졌다.

졸업 후에는 파리고등사범학교에서 심리학과 조교로 강의를 시작했고, 이때 파리심리학연구원에서 정신병리학 석사 학위를 취득했다. 그 덕분에 릴대학 심리학과 조교로 자리를 옮길 수 있었는데, 이 시기에 니체와 조르주 바타유의 사상에 몰입했다.

그는 릴대학 조교 시절인 1954년 첫 저서《정신병과 인격》을 출간했다. 하지만 큰 호응을 얻지는 못했고, 그 때문에 프랑스 사회를 갑갑하게 느끼기 시작했다. 그래서 1955년에는 스웨덴의 웁살라대학에서 프랑스어를 강의하는 한편 스웨덴 프랑스문화원장에 취임했다.

그렇게 스칸디나비아반도 생활을 시작했지만, 이곳에서도 크게 만족하지는 못했다. 특히 이 지역의 겨울 추위가 그를 몹시 괴롭혔다. 그나마 스웨덴 생활 중 그를 만족시킨 거의 유일한 사건이 있다면 1957년 노벨문학상을 받기 위해 스웨덴에 온 카뮈를 만난 일 정도였다.

푸코는 결국 1959년 스웨덴을 떠나 폴란드로 갔다. 바르샤바대학과 로망스제어연구소에서 강의를 맡게 된 것이다. 하지만 이내 폴란드 생활을 종결해야 했다. 바르샤바에서 한 청년을 알고 지냈는데, 그가 실은 폴란드 경찰의 프락치였다. 그 청년이 푸코에게 접근한 것은 서방 세계의 정보를 캐내기 위해서였고, 그 사실이 밝혀지자 프랑스 대사관은 푸코를 폴란드에서 내쫓아버렸다.

푸코는 황당했지만 별수 없이 폴란드를 떠나 함부르크대학으로 갔다. 거기서 프랑스문화원을 운영하며 철학과에서 프랑스 문학을 강의하고, 웁살라대학 강사 시절부터 준비해온 박사 논문을 거의 완성했다.

이 시기까지만 하더라도 푸코는 철학자로서 명성이 거의 없었다. 그러다 1960년 프랑스로 돌아와 클레르몽페랑대학에서 강의하고 연구를 지속하면서 조금씩 뛰어난 면모를 드러내기 시작했다. 특히 35세 때인 1961년에 출간한《광기의 역사》는 그를 일약 스타로 만들었다.

《광기의 역사》는 그의 박사 논문〈광기와 비이성〉을 제목만 바꾼 것이다. 중세부터 18세기까지 유럽의 법률·정치·철학·의학에서 광기의 의미가 어떻게 변했는지 조사한 책으로, 역사 개념과 역사 연구 방법에 대한 비판을 곁들였다.

이후로도《임상의학의 탄생》《레몽 루셀》《말과 사물》《지식의 고고학》등의 책을 출간해 명성을 더 높였다. 특히 1966년에 출간한《말과 사물》은 철학서로서는 드물게 밀리언셀러가 되었다.

《말과 사물》에서 그가 제시한 담론épistémè(에피스테메)의 중요성에 대한 새로운 시각은 대중의 뜨거운 반응을 불러일으켰다. 초판 3,500부가 순식간에 품절됐다. 신문 기사에서 "푸코의 책이 모닝 빵처럼 팔려나간다"고 표현할 정도로 인기가 좋았다. 심지어 프랑스인들은 과시용으로 휴가 때도《말과 사물》을 가지고 다닐 정도였다. 이 책에 대한 지식인 사회의 비판도 만만치 않았지만, 그럼에도 그의 작가적 명성은 날로 높아졌다.

푸코는 작가로서 명성 못지않게 교수로서 명성도 대단했다. 1970년 이후 콜레주 드 프랑스의 사상사 교수로 재직했는데, 이때 '사유 체계의 역사'라는 과목을 개설해 강의 때마다 학생들의 열렬한 박수를 받을 정도로 인기를 누렸다.

푸코의 저서와 논문·강의는 대개 사회 제도 비판이 중심이었다. 특히 정신의학, 의학, 감옥 제도, 성性의 역사 등에 초점을 맞춘 내용이 많았다. 또 권력과 지식의 관계에 대한 예리한 통찰을 바탕으로 권력과 지식이 사회통제를 위한 수단으로 활용되는 사례와 과정, 그 결과에 대한 문제를 매우 심도 깊게 다루었다.

그는 자신의 가치관과 연구 성과를 현실에서 증명하고 실천하기 위해 사회문제에도 적극 뛰어들었으며, 사회운동 차원에서 죄수들의 감옥 생활 조건을 개선하기 위해 감옥정보그룹GIP을 창립하기도 했다. 이 과정에서 또 하나의 명저 《감시와 처벌》을 출간했다. 푸코는 자신의 저서 중 이 책을 가장 만족스럽게 여겼다고 한다. 물론 대중의 호응도 뜨거웠고, 〈르몽드〉가 신문의 양면을 모두 채우는 특집 기사를 낼 정도로 언론의 반응도 좋았다.

그 무렵, 푸코는 이미 세계적 유명 인사가 되어 있었다. 그 유명세와 함께 국제 활동도 크게 늘었다. 스페인의 프랑코 독재정부에 대항하기 위해 스페인으로 직접 가서 활동하는가 하면, 폴란드에서 쿠데타가 발생했을 땐 이에 반대하는 성명서를 발표하기도 했다. 푸코는 미국에서도 대단한 인기를 누려 버클리·스탠퍼드 등의 대학에 초청받아 특별 강연을 하기도 했다. 특히 1980년 10월에 있었던 버클리대학 강연에는 너무 많은 사람이 모이는 바람에 경찰이 동원되기도 했다. 물론 미국 내에서도 보수주의자들을 중심으로 그의 급진적인 시각을 비난하는 무리가 많았다.

이렇듯 푸코는 20세기 프랑스는 물론 영미 사회에서도 인문학, 사회과학, 정신의학 등에 큰 영향력을 행사했다. 또 스스로는 부정하지만《담론의 질서》《지식의 의지에 관한 강의》《형벌 이론과 기관》《감시와 처벌》《정신의학의 권력》《생명 관리 정치의 탄생》《진리와 주체성》《주체의 해석학》등의 저서를 통해 구조주의 또는 포스트구조주의에 관한 다양한 철학적 업적을 쌓았다.

그의 철학에서 핵심어로 쓰인 대표적 용어는 '담론'과 '주체'였다. 그는 담론과 주체를 사회구조 또는 권력과 연계시켜 해석했는데, 예컨대 모든 개인의 정체성을 권력관계의 산물로 인식했다. 이런 의미에서 그는 본질적으로 구조주의자였음을 알 수 있다. 하지만 구조주의의 한계를 인식하고 그 한계를 극복하는 데 많은 노력을 기울였다는 점에서 탈구조주의자 또는 포스트모더니스트라고도 할 수 있다.

그는 구조주의에서 자신의 학문적 기반을 형성한 후, 그 구조주의의 한계를 극복하고 대안을 제시하는 학자적 면모를 보였을 뿐 아니라 사회운동가로서도 열렬히 투쟁하며 치열한 삶을 살았다. 하지만 58세 되던 1984년 6월에 갑자기 쓰러졌다. 놀랍게도 그는 에이즈AIDS 합병증을 앓고 있었다. 당시 푸코는 총 네 권으로 구상한《성의 역사》집필을 마무리하던 중이었다. 급작스럽게 쓰러진 그는 항생제를 맞으며 버텼지만 육체는 호전될 기미가 없었다. 결국 죽음을 예감한 그는 질 들뢰즈, 조르주 캉길렘 등 평소 막역지우로 지내던 학자들을 보고 싶어 했다. 하지만 그들이 방문하기도 전에 숨을 거두고 말았다. 20세기의 가장 열정적이고 전방위적 지식인이었던 미셸 푸코는 그렇듯 허무하게 사람들 곁을 떠났다.

《광기의 역사》가 던지는 메시지

미셸 푸코라는 이름을 처음으로 대중에게 알린 첫 책은 《광기의 역사》다. 이 책에서 푸코는 중세부터 18세기 말까지 유럽의 법률, 정치, 철학, 의학에서 광기의 의미를 면밀하게 분석한다. 그러면서 시대마다 광기 또는 광인에 대한 의미가 사회구조의 영향 아래 변화했음을 지적하고, 광기 또는 광인에 대한 개념이 변화함에 따라 거리와 병원 그리고 감옥에서 어떤 현상이 일어났는지 들춰낸다.

그에 따르면 중세와 르네상스 시기에는 광인으로 불릴 만한 사람들이 일반인과 뒤섞여 살았다고 한다. 다만, 이 시절의 광인은 이른바 정상인 범주의 사람들에게 이용당하거나 업신여김을 당하는 정도였다. 그럼에도 광인과 범인이 공존했다는 사실을 강조한다.

하지만 '이성의 시대'가 시작된 16세기부터 광인은 수용소에 감금당하기에 이른다. 즉, 비이성적 인간으로 여겨지는 사람들을 사회의 해악으로 규정하고, 그들을 수용소로 몰아넣었다. 당시 수용소에 감금된 사람들은 광인만이 아니었다. 거리를 헤매는 자들, 즉 부랑자들도 함께 수용했다. 말하자면 광인을 부랑자로 취급하며 사회에서 격리해야 할 존재로 여겼던 것이다.

그런데 18세기 이후 산업이 발달하면서 노동자가 부족해지자 부랑자 중에 노동력 활용이 가능한 자들, 즉 거지나 가난뱅이는 모두 수용소에서 풀려났다. 그러자 수용소엔 범죄자와 광인만이 남았다. 또 그 이후에는 범죄자를 별도의 시설인 감옥에 가두어 수용소엔 광인들만 남게 되었다. 그리고 그 수용소는 어느덧 정신병원이라는 이름으로 바뀐다.

광인들은 이제 사회에서 격리되어야 할 대상에서 불행하게 병에 걸려 치료받아야 할 대상으로 변했다. 이로써 한때 동물처럼 여겨지던 광인들은 인간 대접을 받기에 이르지만, 갇혀 있다는 사실엔 변함이 없다.

이처럼 광인의 역사를 살펴보면 그저 좀 유별나고 특별한 사고 방식을 가진 사람에서 위험을 방지하기 위해 사회와 격리시켜야 할 대상으로, 그리고 다시 치료받아야 할 환자로 인식이 변화되어왔음을 알 수 있다. 푸코는 이런 결과가 정상인과 비정상인, 이성적 인간과 비이성적 인간, 건강한 사람과 병든 사람 등 이분법적 사고 구조에서 발생했다고 파악한다. 즉, 양자대립 개념의 사회구조가 만들어낸 병폐의 일환으로 본 것이다.

사실, 16세기에 시작된 이른바 이성 중심의 철학 또는 학문의 특징은 양자대립 구조의 사고방식과 개념에 갇혀 있었다. 즉, 모든 세계를 흑과 백, 남자와 여자, 이성과 감성, 선과 악, 유신론자와 무신론자 등 이분법적 개념으로 이해했다. 푸코는 《광기의 역사》를 통해 이런 이분법적 사회구조의 문제점을 들춰낸 것이다.

이러한 양자대립 구조를 좀 더 세밀하게 표현한 것이 이항대립이다. 이항대립은 두 가지 요소를 서로 대립시킴으로써 어떤 것을 정의하거나 거기에 규칙성을 부여하는 사고방식을 일컫는다. 푸코는 직접 이항대립이라는 용어를 사용하지 않았지만, 그런 이항대립이 일상화되어 있는 사회구조를 비판하고자 했다.

정상인과 비정상인(광인), 선인과 악인 같은 이항대립 구조는 세상을 철저히 하나의 선으로 구분 짓는다. 그 경계선은 광인, 범법자, 노숙자뿐 아니라 누구에게나 위해를 가하는 요소로 작용할 수 있다.

경계선의 구분이 명확한 사회에는 그 경계선 이쪽과 저쪽밖에 존재하지 않는다. 그러나 실제로는 경계선 양 끝에 있는 사람들 사이에도 동일한 부분이 있고, 경계선 안쪽에 있는 사람들 사이에도 차이가 있게 마련이다. 그런데 이항대립의 경계선이 존재하는 한 이런 차이와 동일성은 제대로 규명될 수 없다. 따라서 경계선을 허물어야 양자대립 구조에서 비롯된 이항대립의 상황에서 벗어날 수 있고, 이항대립의 구조에서 벗어나야 차이와 동일성을 인식해 세계를 제대로 볼 수 있다.

그렇다면 이항대립의 경계선은 어떻게 허물어야 하는가? 한 사회를 지배하는 이항대립적 경계선은 그 경계선을 통해 이득을 얻는 기득권자, 즉 권력에 의해 형성된다. 따라서 경계선을 무너뜨리기 위해서는 권력을 허물어야 한다. 그 권력엔 지식도 포함된다. 사실, 지식이란 권력과 불가분의 관계에 있다. 지식이 권력의 행사를 정당화하는 수단으로 사용되고, 권력은 지식의 정당성을 유지하기 위한 힘으로 사용되는 까닭이다. 따라서 이항대립의 경계선을 무너뜨리기 위해서는 기존의 권력과 지식을 허물어버리지 않으면 안 된다.

이것이 푸코가 《광기의 역사》를 통해 전하고자 하는 메시지다. 이 메시지는 한편으론 구조주의의 한계를 뛰어넘어 포스트구조주의로 나아가려는 시도로 볼 수 있다. 그런 의미에서 《광기의 역사》는 구조주의에서 시작해 그 구조주의를 뛰어넘으려는 시도에서 끝났다고 볼 수 있다.

담론과 주체로 설파하려는 것은?

《말과 사물》은 푸코를 일거에 밀리언셀러 저자로 만든 책이다. 이 책에서 푸코는 담론을 모토로 삼아 구조주의적 시각을 강하게 드러낸다. 여기서 강조하는 가장 핵심적인 요소는 담론과 주체인데, 우선 담론에 대해 살펴보기로 하자.

담론의 사전적 정의는 '어떤 주제에 대해 체계적으로 논의하는 것'이다. 푸코는 모든 시대는 지식을 통해 담론을 형성하고, 그 시대에 속한 모든 사람이 그 담론의 시각으로 세상을 바라본다고 주장한다. 이는 곧 사람의 시각은 시대의 담론에 따라 결정되는 것이지, 개개인의 인식에 따라 결정되지 않는다는 의미다. 이를 달리 표현하면, 사람의 인식 또는 사고는 개인의 주체적 사유의 산물이 아니라 사회구조의 산물이라는 말이다. 이런 의미에서 푸코는 지극히 구조주의적인 시각을 지니고 있었던 것이 분명하다.

그는 시대마다 다른 담론이 있었고, 이에 따라 시대마다 사람들의 사고방식이 다를 수밖에 없었다고 주장한다. 요컨대 담론은 시대에 한정되기 때문에 그 시대를 뛰어넘어 연속적으로 이어질 수 없으며, 이 불연속적이고 단절된 담론이 시대의 사고방식을 결정한다는 것이다.

그런데 각 시대의 담론은 권력과 불가분의 관계에 있다. 권력은 지식을 통해 담론을 형성하고, 담론은 권력을 통해 지식을 무기로 시대의 사고방식을 지배하는 까닭이다. 그리고 결과적으로 그 사고방식이 개인에게 위해를 가한다. 사고방식이라는 정신세계뿐 아니라 신체에까지 이러한 위해가 일어난다. 학교에서, 병원에서, 감옥에서, 경찰서에서, 법원에서, 심지어 거리에서, 사회를 구성하는 모든 체계와 질서에서, 이러한 모든 사회구조에서 담론은 권력을 통해 개인을 위협하고 강제하고 지배한다.

이런 관점을 토대로 푸코는 사회의 주체에 대해 고민해나갔다. 일반적으로 이성 중심 사회에서는 모든 개개인이 사회의 주체라고 생각한다. 그러나 푸코의 견해는 달랐다. 권력은 담론을 통해 개인의 사고·자아·행동을 지배하므로, 결국 사회의 주체는 개개인이 아니라 권력이 될 수밖에 없다고 보았다.

그런데 만약 푸코의 주장대로 사회의 주체가 권력이라면 권력은 영원히 변하지 않을 테고, 그러니 혁명이라는 것도 성립할 수 없다. 하지만 역사 속에서 엄연히 혁명이 일어나고, 혁명을 통해 권력이 교체되고, 권력의 교체를 통해 담론이 변화하고, 담론의 변화를 통해 개인의 사고방식도 변화해왔다. 이 엄연한 현실을 어떻게 설명할 것인가? 권력이 사회의 주체이고 개인은 권력의 꼭두각시에 불과한데, 어떻게 혁명이 가능한가? 어떻게 개인들이 결합해 권력을 무너뜨리고 새로운 권력을 일으킬 수 있는가?

푸코는 이런 고민에 빠질 수밖에 없었다. 그래서 생각해낸 것이 권력의 이분화였다. 지식을 통해 담론을 지배하고 그 담론을 통해 개인의 사고방식을 지배하는 권력과, 개인의 신체에 고통을 가하고 그 고통을 통해 개인의 몸을 지배하는 권력을 구분한 것이다. 그래서 사고방식을 지배하는 권력을 '규율 권력(지식 권력)', 몸을 지배하는 권력을 '생체 권력'이라고 규정했다. 그리고 권력을 교체하는 힘은 생체 권력의 약화에서 비롯된다고 보았다.

생체 권력은 곧 개인의 신체를 지배하는 권력이다. 개인의 신체는 규율 권력만으로 완전히 지배할 수 없다. 따라서 신체를 완전히 지배하지 못하면 생체 권력이 약화하고, 혁명이 일어나 권력이 교체될 수 있다. 이는 곧 권력이 지식을 통해 개인의 사고방식은 완전히 지배할 수 있을지언정 개인의 신체까지는 완전히 지배할 수 없다는 의미다. 이런 이유로 푸코는 신체를 개인의 진정한 주체라고 설정한다.

하지만 이렇게 설정하고 보니, 결국 이분법적 구조로 되돌아가고 말았다. 용어만 다르지 개인을 이성과 감성, 정신과 육체로 이분화한 것과 다를 바 없었다. 감성을 배격하는 이성 중심의 계몽주의를 비판하던 그가 다시 계몽주의로 돌아간 격이었다. 다만, 이성이 아니라 감성을 선택했다는 것이 달랐을 뿐이다. 어렵고 복잡하게 설명한 그의 논리를 과거 계몽주의자들의 어법으로 말하자면, 이성이 아니라 감성이 진정한 개인의 주체이고, 정신이 아니라 육체가 개인의 진정한 주체라는 말이었다. 이렇듯 푸코는 스스로 모순을 드러내고 있다. 푸코뿐 아니라 모든 구조주의자와 포스트구조주의자 또는 해체주의자와 포스트모더니스트도 대부분 이런 모순에 빠졌다.

하지만 이성 중심에서 감성 중심으로, 정신 중심에서 육체 중심으로 시각을 바꾼 것은 서구 로고스, 즉 질서 또는 이성 중심의 철학을 완전히 해체하려는 시도라고 할 수 있다. 그런 이유로 연구자들은 푸코에게서 포스트구조주의와 해체주의를 발견한다.

5

차이의 철학을 창안한 사상적 유목민

들뢰즈

들뢰즈Gilles Louis René Deleuze는 1925년 프랑스 파리에서 태어났다. 그의 집은 생계에 큰 어려움이 없던 중산층으로, 아버지는 엔지니어, 어머니는 평범한 주부였다. 단란한 그의 가정은 1940년 독일군이 프랑스를 침공하면서 한바탕 시련을 겪는다. 들뢰즈와 그의 부모는 노르망디로 피신하고, 파리에 남아 있던 들뢰즈의 형은 레지스탕스 활동을 하다가 체포되었다. 이후 그의 형은 아우슈비츠 수용소로 끌려가던 중 열차에서 사망하고 말았다.

들뢰즈는 피난지인 노르망디에서 카르노고등학교에 진학했고, 이곳에서 훗날 평생 친구로 지낸 미셸 투르니에를 만났다. 하지만 들뢰즈는 카르노고등학교를 졸업하지는 않았다. 1943년 프랑스가 독일로부터 해방되자 파리로 돌아왔고, 파리의 명문 앙리4세고등학교로 전학했다. 이 무렵 들뢰즈는 사르트르의 작품에 심취했다. 심지어 사르트르의 《존재와 무》를 외우고 다닐 정도였다.

　1944년 고등학교를 졸업한 들뢰즈는 소르본대학에 장학생으로 입학한다. 목표로 한 대학은 파리고등사범학교였으나 떨어지는 바람에 차선책으로 소르본대학에 진학한 것이었다. 대학에서는 철학을 전공했는데, 특히 헤겔 철학에 관심이 많았다. 이는 헤겔 철학의 권위자였던 장 이폴리트 교수의 영향이 컸다. 당시 프랑스 철학계는 헤겔·후설·하이데거 등 이른바 독일의 3H 철학에 경도되어 있었고, 들뢰즈 역시 마찬가지였다. 하지만 이러한 관심은 오래가지 않았다. 그는 점차 영국의 경험주의에 매료되었고, 1947년의 졸업 논문은 〈경험론과 주체성: 흄에 따른 인간 본성에 관한 시론〉이었다.

　대학 졸업 후에는 고등학교 교사 생활을 하며 철학적 탐구를 지속했다. 지독한 독서광이었던 그는 이 시기에 수많은 책을 섭렵해 다방면으로 지식을 쌓았다. 그리고 1957년에는 모교인 소르본대학에서 철학사학 조교로 일하며 강의를 했다. 3년 동안의 대학 조교 시절 그의 강의는 학생들 사이에서 제법 인기가 좋았다. 이후 1960년에는 국립과학연구센터CNRS 연구원이 되었는데, 이때부터 본격적으로 책을 출간하기 시작했다.

　대학 졸업 논문을 책으로 낸 적은 있지만, 본격적인 첫 저작은 1962년에 출간한 《니체와 철학》이라고 할 수 있다. 이 책은 니체를 독특하게 해석했다는 평가를 받으며 철학계에 들뢰즈의 이름을 각인시켰다. 또한 이 책으로 미셸 푸코와 인연을 맺고 오랜 시간 친구로 지냈다.

들뢰즈는 계속해서《칸트의 비판철학》《니체》《베르그송주의》 등의 저서를 출간했다. 이 무렵에는 리옹대학의 강사로 있었는 데, 1968년 마침내 박사 학위 논문이자 출세작인《차이와 반복》 을 발표했다.《차이와 반복》은 들뢰즈를 단숨에 프랑스를 대표하 는 철학자 반열에 올려놓았다. 이때부터 그의 철학을 '차이의 철 학'이라고 부르게 되었다.

《차이와 반복》으로 일약 스타가 된 그는 1969년 파리제8대학 의 주임교수로 자리를 옮겼다. 당시 파리제8대학은 교육 개혁을 위한 지적 실험의 장으로 여겨지는 곳이었다. 여기에서 들뢰즈는 미셸 푸코, 자크 데리다, 알랭 바디우 등과 협력하며 교육 개혁에 앞장섰다.

이 시기에 그는 정신분석학자인 펠릭스 가타리와 친분을 쌓고, 1972년부터 그와 함께 공동 저서를 출간하기 시작했다. 가타리 와 함께 쓴 첫 번째 책은《안티 오이디푸스》였다. 이 책은 지그문 트 프로이트의 정신분석학을 신랄하게 비판하는 내용이었는데, 출간 즉시 베스트셀러가 되었다. 1975년에는 두 번째 공저《카프 카: 소수 문학을 위하여》를 출간해 또 한 번 각광을 받았다. 반면, 1980년에 출간한 세 번째 공저《천 개의 고원》은 전작들에 비해 대중의 호응이 크지 않았다.

이후 들뢰즈와 가타리는 얼마간 공저를 중단하고 각자의 저술 에 주력했다. 들뢰즈는 이 무렵부터 한동안 화가 프랜시스 베이 컨에 관한 책을 쓰는 등 미학에 몰두하다가 1986년《푸코》를 출 간했다. 한때 절친했던 푸코는 2년 전인 1984년 사망한 터였다.

들뢰즈는 1962년 푸코를 처음 만난 후로 매우 가깝게 지내며 동지 관계를 형성했다. 하지만 두 사람은 1978년에 결별했다. 결별 사유는 테러리즘에 대한 정치적 견해 차이 때문이었다. 그들은 결별 후 한 번도 만나지 않았다. 에이즈로 급작스럽게 쓰러진 푸코가 투병 생활을 하면서 만나길 원했지만 둘의 해후는 이뤄지지 않았다. 푸코의 장례식에 참석한 들뢰즈는 그의 저서《성의 역사》 2권 '쾌락의 활용'의 한 구절을 추도사로 읽으며 만나지 못한 아쉬움을 대신했다. 하지만 그 추도사로 아쉬움을 완전히 달래지 못해 그의 철학과 학문을 탐구하는 내용인《푸코》를 저술했다. 그는 푸코의 학문과 철학을 탐구하는 것 이상의 존경심으로 이 책을 썼다고 밝히기도 했다.

《푸코》를 출간한 이듬해인 1987년, 들뢰즈는 교수직을 은퇴했다. 그리고 저술에 주력해《주름: 라이프니츠와 바로크》《페리클레스와 베르디: 프랑수아 샤틀레의 철학》을 발표하고, 가타리와 네 번째 공저《철학이란 무엇인가》를 출간했다. 이 책을 끝으로 가타리와의 공저는 더 이상 이뤄지지 못했다. 건강이 악화된 가타리가 1992년에 사망했고, 들뢰즈 역시 폐암으로 투병 생활을 했기 때문이다. 그는 이미 젊은 시절에 폐 수술을 받은 적이 있는데, 지독한 골초여서 담배를 끊지 못해 결국 폐암 선고를 받고 말았다.

들뢰즈는 암 투병 중에도 저술 작업을 멈추지 않았다. 1995년에는 '마르크스의 위대함'이라는 제목의 책을 쓰겠다는 포부를 밝히기도 했고, '내재성, 하나의 삶'이라는 제목의 책을 집필하는 중이기도 했다. 하지만 그해 11월, 들뢰즈는 자신의 아파트에서 떨어져 죽고 말았다. 세간에는 스스로 호흡기를 떼고 자살한 것으로 알려졌다. 하지만 그의 친구 미셸 세르는 자살한 것이 아니라 신선한 공기를 마시기 위해 호흡기를 떼고 창문을 열다가 숨이 끊어지는 바람에 의식을 잃고 추락한 것이라고 주장했다.

차이의 철학이란?

흔히 들뢰즈의 철학을 일컬어 '차이의 철학'이라고 한다. 물론 이외에도 그가 중시한 용어들을 앞세워 사건의 철학, 탈주의 철학, 유목의 철학, 생성의 철학 등으로 부르기도 하지만, 역시 들뢰즈의 철학을 특징짓는 명칭으론 차이의 철학이 가장 적절할 것이다. 그가 차이difference라는 단어를 철학 탐구의 요체로 삼았기 때문이다.

그가 강조하는 차이는 동일성에 대한 비판에서 시작되고, 그 동일성 비판의 종착점은 헤겔이었다. 헤겔을 비판한다는 것은 플라톤으로부터 아리스토텔레스를 거쳐 데카르트와 로크, 칸트와 헤겔에 이르는 모든 로고스주의(원리주의) 철학자들을 비판한다는 의미였다. 왜냐하면 헤겔은 플라톤과 아리스토텔레스 이후의 모든 로고스주의자들의 종착역이자 더 이상 흐르지 않는 거대한 댐이기 때문이었다.

플라톤은 세계를 이데아계와 현상계로 이분화하고, 이데아계는 보편적인 진리의 세계이자 관념의 세계로, 현상계는 개별적인 감각의 세계이자 물질의 세계로 규정했다. 또한 진리의 세계인 이데아계만이 진정한 세계이고 감각의 세계인 현상계는 허상에 불과하다고 주장했다. 아리스토텔레스는 이에 반발해 이데아계는 한낱 개념에 불과하고 현상계만이 현실적으로 존재하는 진짜 세계라고 규정했다. 또한 현상계를 다시 이분화해 질료와 형상으로 구분하고, 이것이 모든 세계의 실체라고 주장했다.

플라톤과 아리스토텔레스는 이 이분법적 시각을 모든 학문과 사회, 종교와 인간에 대입했다. 이런 전통은 중세 기독교 철학을 거쳐 관념주의의 대표자 데카르트에게 이어졌다. 그는 인간을 무한 실체인 정신과 유한 실체인 육체로 이분화하고, 그와 반대 쪽에 선 경험주의의 대표자 로크는 관념을 단순관념과 복합관념으로 이분화했다. 또 선험론으로 관념주의와 경험주의를 모두 수용한 칸트 역시 관념을 경험과 순수관념으로 구분해 이원화했다. 그리고 마침내 헤겔에 이르렀다. 그 또한 관념을 절대화하고 모든 것을 변증법의 정명제와 반명제로 이분화해 역시 이분법적 틀에 갇혔다.

들뢰즈는 이러한 이분법적 시각을 이항대립의 동일성에 따른 시각이라고 주장하며, 플라톤과 아리스토텔레스 이후 그들의 이항대립적 인식을 물려받은 데카르트·로크·칸트·헤겔 등의 철학을 '동일성의 철학'으로 규정한다.

이러한 이원론에 따른 양자대립 구도의 이항대립적 시각, 즉 동일성의 철학은 세계를 단지 둘로만 나누고, 그 나누어진 둘 안에 존재하는 것은 모두 동일하다고 판단한다. 물체는 생물과 무생물, 생물은 동물과 식물, 동물은 인간과 짐승, 인간은 남자와 여자, 남녀는 기혼자와 미혼자 등 모든 것은 단지 둘로 나뉘어 이항대립 상황에 놓인다. 그리고 두 개의 항으로 나뉜 가운데 같은 항에 있는 것은 모두 동일하다고 인식된다.

그래서 생물적인 요소를 지닌 무생물은 비정상적이고, 식물적인 요소를 지닌 동물이나 동물적인 요소를 지닌 식물은 이상하게 취급받는다. 인간이 가진 짐승적인 요소는 제거해야 하며, 남자이면서 여자이거나 여자이면서 남자인 사람, 남자도 여자도 아니거나 남자와 여자로 구분할 수 없는 사람은 비정상적이고 불순하며 제거해야 할 대상이 되는 것이다.

동일성의 철학은 사람의 행위에 대해서도 윤리적인 것과 비윤리적인 것, 남성적인 행위와 여성적인 행위, 합법적인 것과 불법적인 것, 합리적인 것과 비합리적인 것 등 모두 이항대립의 틀 속에 가둬버린다. 이러한 상황은 세계의 모든 것에서 똑같이 재현된다. 학문, 관념, 색상, 옷, 걸음걸이, 식사 예절, 심지어 자연 속 사물에 이르기까지 어느 것 하나 동일성에 갇히지 않은 것이 없다.

이렇다 보니 동일성의 철학에서 개별성이란 무시되기 십상이다. 아니, 개별성은 완전히 상실된다. 개별성의 상실은 개별자, 즉 개인의 상실로 이어진다. 두 개의 항은 서로 대립하고, 그 두 개의 항 내부의 모든 것은 동일하게 취급된다. 이것이 바로 이항대립에 따른 동일성의 문제점이다.

사실, 세상의 모든 사물과 인간은 개별적으로 차이가 있기 때문에 가치가 있고 의미를 지닌다. 모든 것이 두 개의 항 안에서 동일하다면 모든 남자는 같고, 모든 여자도 같고, 모든 사과는 같고, 모든 파인애플은 같아야 한다. 그 안에선 부드러운 남자와 당찬 여자, 맛있는 사과와 새콤한 파인애플은 성립될 수 없다. 부드러움, 당참, 맛있음, 새콤함이 성립되기 위해서는 개별적인 것들의 차이가 필수적이다.

차이가 없는 세계는 개별성이 없는 세계이고, 개별성이 없는 세계는 개인이 없는 세계이고, 개인이 없는 세계는 죽은 세계이다. 이항대립의 동일성 안에서는 같지 않으면서 같아야 하고, 의견이 다르면서 같아야 하고, 맛이 있거나 없거나 그저 사과여야 하는 것이다.

이렇듯 동일성의 철학은 차이라는 것을 인정하지 않음으로써 개별성을 완전히 상실하는 결과를 낳는다. 개별성은 개별자의 차이의 결과에 의해 유지되는데, 이항대립의 동일성으로 모든 것을 인식하면 개별자의 차이는 상실되고, 결과적으로 개별성도 사라지게 된다. 아니, 사라져야만 한다. 이항대립의 동일성 중심의 인식에서는 개별성의 본질인 차이가 존중받기는 고사하고 제거 대상이 될 수밖에 없는 것이다. 이는 사회에서 다양성을 제거하는 결과로 나타날 뿐 아니라, 소수 또는 약자의 입장과 시각은 항상 제거해야 할 악으로 간주되는 결과로 이어진다.

인간이 만든 것 중에 이항대립의 동일성이 가장 극렬한 곳이 바로 종교다. 종교에서는 모든 것을 신적인 것과 악마적인 것으로 구분한다. 교리에 합당한 것은 신적인 것이요, 교리에 어긋나는 것은 모두 악마적인 것이 된다. 그래서 기독교인들에게는 동성애자·양성애자 같은 것은 악마적인 것이 되고, 악마는 제거해야 하니 그들은 사라져야 할 대상이 될 수밖에 없다. 다양성, 중립적인 것, 혼재하는 것은 동일성주의자들에게 모두 불온하고 비정상적인 것으로 여겨져 제거해야 할 대상이 되는 것이다. 이렇듯 이항대립의 동일성 중심 시각에서 차이는 부정적 요소로, 제거해야 할 대상으로, 처단해야 할 악으로 인식될 수밖에 없다.

하지만 모든 개별자의 가치는 차이를 통해 생겨나며, 차이는 개별자끼리 서로를 발전 및 변화시키는 원동력이다. 만약 사람들 사이에 차이가 전혀 없다면 어떻게 서로에게 본받을 것이 생기며, 본받을 것이 없다면 어떻게 인간이 발전을 이룰 수 있겠는가? 차이는 변화와 발전, 탄생과 창조를 가능케 하는 힘인 것이다.

심지어 따지고 보면 동일성이라는 것도 차이에 의해 창출된다. 동일성은 어느 순간에 갑자기 정해지는 것이 아니기 때문이다. 동일성의 범주는 차이 없이 형성될 수 없다. 차이가 계속적으로 반복되는 가운데 비로소 동일성을 확인할 수 있는 것이다. 차이 없는 동일성이란 가능하지 않고, 반복되지 않으면 동일성과 차이를 확연히 구분할 수도 없다. 그런 의미에서 보자면, 동일성은 차이의 반복에 의해 확인된 결과일 뿐이다. 따라서 동일성은 차이의 반복에 의해 창출되는 것이다.

반복이란 차이의 반복을 의미하고, 동일성이란 차이의 반복에서 차이를 제거한 것을 의미한다. 즉, 동일성이란 차이의 반복을 차이 없는 반복으로 변형시킨 것을 뜻한다. 따라서 동일성은 차이에 대한 이차적 결과물이며, 차이는 동일성의 뿌리다. 반복도 차이가 없다면 이뤄질 수 없기에 차이의 결과물이다. 차이가 없다면 반복은 필요가 없으며, 가치도 없다. 그런 까닭에 반복이란 차이의 반복일 수밖에 없다. 차이가 없다면 반복도 없다는 뜻이다. 이것이 바로 들뢰즈가 《차이와 반복》에서 주장하는 이른바 '차이의 철학'의 요체다.

의미, 생성, 사건, 유목의 철학

들뢰즈는 이러한 차이의 개념을 '의미' '사건' '생성' '유목' 등으로 뻗쳐간다. 의미는 그저 멈춰진 상태에서 생겨나는 것이 아니라 사물의 만남이 있어야만 생성될 수 있고, 이는 자연스럽게 생성이 있어야 의미가 생긴다는 논리로 이어진다. 즉, 사물이 만나 의미를 생성하고 의미를 가지는 현상이 사건이다. 따라서 우리 앞에 펼쳐지는 현상이라는 것은 그저 사물의 나열이 아니라 사물의 만남을 통해 의미를 생성하는 사건의 연속이라 할 수 있다. 이는 의미라는 것이 주관 속에서 만들어진다는 현상학적 사고를 비판한 것이며, 동시에 사물의 의미가 기호에 한정되어 있다는 구조주의적 사고도 비판한 것이다.

현상학에서 의미란 개인의 의식에 의한 주관 속에서 형성된다. 그리고 구조주의에서는 의미가 기호에 갇힌다. 하지만 들뢰즈에게 의미는 사물들의 만남 또는 접속을 통해서 생성된다. 즉, 사건에 의해 의미가 생성된다. 들뢰즈는 이렇듯 의미에 대한 개념 정리를 통해 현상학과 구조주의를 단숨에 뛰어넘은 셈이다.

이러한 의미, 생성, 사건 등의 개념 정리는 차이의 개념 정리에서 비롯되었다. 차이가 없다면 접속은 필요 없고, 접속이 없다면 생성은 이뤄지지 않으며, 생성이 이뤄지지 않으면 사건은 성립될 수 없는 까닭이다. 또한 접속과 생성, 사건은 반복으로 전개될 때 유지된다. 그러므로 차이는 반복을 낳고, 차이의 반복은 의미와 생성·사건을 낳는 셈이다. 그러니 차이의 철학 없이는 의미의 철학, 생성의 철학, 사건의 철학도 형성되지 않는 것이다. 들뢰즈의 사상을 '차이의 철학'으로 표현하는 것이 가장 적절한 이유가 바로 여기에 있다.

들뢰즈의 차이의 철학은 여기서 그치지 않는다. 차이가 반복을 낳고, 반복이 생성을 낳고, 생성이 의미를 낳고, 의미가 사건을 낳는다면, 이 모든 과정을 발전적으로 유지하기 위해서는 현재의 사건을 지속적으로 부정하며 새로운 사건으로 전개하는 것이 필요하다.

사실, 우리의 삶과 자아도 사건을 통해서 형성된다. 하지만 사건이 고정되어 있고 한쪽 방향으로만 나아간다면, 우리의 삶과 자아도 고정되거나 한쪽 방향으로만 형성될 수밖에 없다. 그것은 궁극적으로 동일성에 갇히는 결과를 낳는다. 동일성에 갇히면 차이는 사라지고 개별성은 무너진다. 따라서 우리는 동일성에 갇히지 않기 위해 지속적으로 사건을 변형, 발전, 생성해야만 한다. 이를 위한 가장 현실적인 방법은 현재의 사건을 부정하고 새로운 사건으로 나아가는 것뿐이다. 우리의 삶에 대입하자면 끊임없이 자기를 부정하고 새로운 자아를 찾아가는 것이 필요한 셈이다.

이는 마치 유목민이 끊임없이 새로운 목초지를 찾아 장소를 옮겨 다니는 것과 유사하다.

들뢰즈는 유목민의 삶에서 사건의 변화와 생성, 새로운 자아로 나아가는 방법을 발견한다. 그는 유목민의 세계를 '시각이 떠도는 세계'라고 표현한다. 들뢰즈는 이런 유목민, 즉 노마드nomad의 시각이 떠도는 세계를 지향해야 우리의 삶과 자아가 하나의 방식에 얽매이지 않을 수 있다고 주장한다. 노마드는 단지 여러 공간을 이동하기만 하는 것이 아니라 불모지를 목초지로 개척하기도 한다. 그런 의미에서 보자면, 노마드는 생성의 땅을 만드는 존재이기도 하다. 생성의 땅을 만든다는 것은 반드시 창조적인 행위를 수반한다. 들뢰즈는 얽매이지 않고 끊임없이 새로운 곳을 찾아다니며 생성하고 창조하는 노마드의 삶이 우리가 추구해야 할 삶이며 사유의 방향이라고 주장한다. 들뢰즈의 철학을 '유목의 철학' 또는 노마디즘nomadism, 즉 유목주의라고도 부르는 이유가 바로 여기에 있다.

6

세상에서 가장 많은 논란을 일으킨 철학자
데리다

데리다Jacques Derrida는 들뢰즈, 푸코와 함께 프랑스의 포스트구조주의를 대표하는 철학자이며, 흔히 해체주의의 창시자로 알려져 있다. 해체주의는 일반적이고 전형적인 사회와 문화의 구조를 해체하자는 것이 핵심이다. 이러한 기존 구조의 해체를 통해 기존의 사회·문화적 구조에 얽매이지 않고 새로운 사고방식으로 나아갈 수 있다는 것이 그의 지론이다.

데리다는 1930년 알제리의 프랑스령 엘비아르에서 태어났다. 아버지는 유대인으로 양조 회사를 다니던 평범한 인물이었다. 소년 시절을 알제리에서 보낸 그는 프랑스 파리에 있는 루이르그랑 고등학교에 진학했다. 그가 파리의 고등학교에 진학한 것은 파리 고등사범학교에 들어가기 위함이었는데, 삼수 끝에 가까스로 고등사범학교에 합격했다. 파리고등사범학교에서 당시 그곳 조교였던 미셸 푸코와 교수였던 알튀세르를 만나 철학을 배웠다. 그리고 재학 중에 교환학생으로 미국 하버드대학에 가서 1년 동안 공부했다.

미국에서 돌아온 이후에는 알제리에서 잠시 교편을 잡았고, 다시 프랑스로 건너가 르망고등학교에서 교사 생활을 했다. 그리고 1960년 소르본대학의 교육 조교가 됨으로써 대학에서 강의할 수 있는 발판을 마련했다.

이 시기에 그는 후설의 《기하학의 기원》을 프랑스어로 번역해 출간했다. 이 책은 번역서이긴 했지만, 실제로는 데리다의 저서라고 해도 무방했다. 왜냐면 213쪽으로 이뤄진 전체 내용 중 후설의 《기하학의 기원》은 불과 43쪽에 불과했고, 나머지 170쪽은 데리다의 서문으로 채워졌기 때문이다. 그런 까닭에 흔히 이 책을 데리다의 첫 저서라고 평가한다. 어쨌든 이 책을 통해 데리다는 일약 후설 전문가로 이름을 얻었고, 덕분에 국립과학연구센터에서 근무할 기회를 잡았으며, 모교인 파리고등사범학교의 조교수로 채용되었다. 이때 그의 임무는 알튀세르의 교수 자격시험 업무를 도와주는 역할이었다.

이즈음 데리다는 여러 저작을 쏟아냈다. 대표작이라고 할 수 있는 《글쓰기와 차이》《그라마톨로지에 관하여》《목소리와 현상》 등도 이때 출간됐다. 사실, 이 세 권 중 《글쓰기와 차이》《그라마톨로지에 관하여》는 박사 학위 논문으로 쓴 것이었으나 학위를 얻는 데는 실패했던 책이다. 그런데 뜻밖에도 미국에서 《그라마톨로지에 관하여》가 좋은 반응을 얻었고, 데리다는 무려 수

십 차례나 미국에 초청을 받는 등 유명 작가 반열에 올랐다.

미국에서 데리다의 작품을 극찬한 인물은 존스홉킨스대학의 교수 폴 드 만이었다. 데리다는 폴 드 만의 도움으로 1975년 예일대학 객원교수로 초빙되었고, 이후 프랑스보다는 미국에서 더 유명한 인물이 되었다. 1976년 미국에서 번역 출판된 《그라마톨로지에 관하여》는 10만 부의 판매고를 올렸다. 사실, 《그라마톨로지에 관하여》는 매우 어려운 책이었다. 그래서 이 책을 번역한 가야트리 스피박은 번역을 제대로 못 했다는 비판을 받아야 했다. 그럼에도 무려 10만 부가 팔려나가자 미국에서는 순식간에 데리다의 해체주의가 유행했다.

이후 그의 책들은 전 세계로 퍼져나갔고, 그는 유럽 각국은 물론이고 캐나다와 일본까지 날아가 강연했다. 이에 따라 그의 해체주의는 철학을 비롯해 문학, 법학, 인류학, 역사학, 건축, 음악, 예술 등 거의 모든 분야로 번져갔다.

하지만 그를 시기하고 질투하는 사람도 많았다. 그의 사상에 반기를 들며 무차별적으로 공격하는 무리도 늘어났다. 심지어 그의 글쓰기를 난잡한 속임수에 불과한 잡설이라고 몰아세우는 이들도 있었다. 특히 영미 철학계에선 그에 대한 비난이 매우 거세게 일어났다. 그야말로 20세기 철학자 중에서 가장 큰 논란의 중심에 선 인물이 된 것이다.

그의 사상을 시기하고 공격하는 무리는 대부분 교수들이었다. 그들은 집단적으로 데리다를 따돌리기 일쑤였고, 교수 채용 면접에서 노골적으로 야유와 비난을 쏟아부었다. 거기다 그를 극찬하며 해체주의를 적극적으로 지지했던 폴 드 만의 과거까지 문제 삼았다. 원래 벨기에에서 성장한 폴 드 만은 반유대주의적인 글을 쓴 적이 있는데, 데리다는 자신과 친분이 깊었던 폴 드 만을 옹호하는 태도를 보였다. 데리다를 공격하던 무리들은 이 기회를 놓치지 않고 해체주의가 파시즘과 연관되어 있다고 비난했다.

이렇듯 수많은 적에게 포위된 데리다는 박사 학위를 제대로 받지 못했고, 교수 자리도 쉽게 얻지 못했다. 그런 상황에서 영국의 케임브리지대학에서 데리다에게 명예박사 학위를 수여하겠다고 발표하자, 전 세계 철학자들이 들고 일어나 데리다의 학위 수여를 반대했다. 그들은 데리다의 해체주의와 그의 책들이 대학 내 모든 학과의 근거를 무너뜨릴 위험이 있다고 말했다. 그 결과, 케임브리지대학 교수들이 데리다의 명예박사 학위 수여에 대한 찬반 투표를 벌이는 사태가 일어나기도 했다. 투표 결과, 찬성 336표에 반대 204표로 데리다는 학위를 받았다.

이런 공격들은 되레 데리다의 유명세를 더욱 강화했다. 특히 미국에서는 '해체'가 일종의 시대적 슬로건이 되어버렸다. 데리다는 1993년 《마르크스의 유령들》을 출간했다. 이 책은 철학보다는 정치와 윤리에 관한 내용을 더 많이 다루었는데, 그 결과 해체주의는 정치와 윤리에도 큰 영향을 주며 해가 갈수록 더욱 강력하게 퍼져나갔다.

이렇듯 데리다는 해체라는 단어 하나로 1990년대를 풍미한 가장 유명한 철학자로 우뚝 섰다. 그가 책을 내면 언제나 독자가 몰려들었고, 한편으론 그를 저주하는 비난이 난무했다. 이런 현상은 강연장에서도 똑같이 벌어졌다.

그렇게 20세기가 저물자 어느덧 데리다는 일흔의 노구가 되었고, 육신에도 병마가 찾아들었다. 2003년 어느 날, 그는 참을 수 없는 복통으로 쓰러졌는데, 검사 결과 췌장암이었다. 의사들은 입원해 치료하기를 강력하게 권했으나 데리다는 예정된 세미나 참석이 우선이라며 치료를 뒤로 미뤘다. 그리고 세미나 이후 수술과 항암 치료를 병행했지만, 이미 늦은 상태였다. 그는 결국 췌장암을 이기지 못하고 2004년 10월 74세의 나이로 세상을 떠남으로써 논란으로 점철된 철학자로서의 일생을 마감했다.

해체주의의 핵심 용어, 이항대립의 탈구축

데리다의 철학은 매우 난해하고 모호하기로 유명하다. 하지만 사실은 매우 단순하고 명확하다. 다만, 그의 설명과 논리가 난해하고 모호할 뿐이다. 그 이유는 그가 제대로 자신의 이론을 정확하게 설명하지 못했기 때문이다.

데리다 철학의 핵심어는 '해체'다. 무엇을 해체한다는 것인가? 기존의 질서와 규정, 선입견과 개념을 해체하자는 것이다. 이를 다른 말로 '구조의 해체'라고 할 수 있다.

건축을 예로 들면, 건축물에서 가장 중요한 것은 안정성이다. 안정성이 느낌으로 다가오는 것을 안정감이라고 한다. 안정감은 조화와 균형에서 온다. 이러한 조화와 균형의 생명은 대칭이다. 즉, 건축물에서 가장 중요한 요소는 대칭인 셈이다. 그래서 우리는 대칭적 구조에서 안정감을 느낀다. 하지만 이런 안정감도 알고 보면 교육된 것이다. 즉, 사회에 의해 우리는 대칭적 구조에서 안정감을 느끼도록 지속적으로 강요받았고, 그 결과 대칭적 구조에서 안정감을 느끼는 것이다. 이러한 사회구조, 즉 교육된 개념에 얽매이지 않으면 굳이 대칭적 구조가 아니라도 안정감을 느낄수 있다. 더 나아가 건축물은 무조건 안정감을 주어야 한다는 생각 자체도 일종의 교육의 결과일 수 있으므로 건축물을 만들 때 안정감에 연연하지 않는다면 전혀 다른 새로운 건축물이 탄생할 것이다.

이런 생각을 이해한다면 해체주의를 이해한 것이고, 데리다를 이해한 것이다. 그래서 해체주의적인 건축물을 보면 우리가 흔히 접하는 안정감 중심의 건축물과는 많이 다르다. 어딘가 기형적이고, 불균형하고, 비대칭적이며, 부조화스러운 느낌을 준다. 해체주의적 그림도 마찬가지다. 귀가 있을 곳에 눈이 붙어 있기도 하고, 손가락과 발가락이 뒤섞여 있기도 하고, 코가 두 개일 수도 있고, 얼굴이 무릎에 달려 있기도 해서 해괴망측한 불균형과 부조화, 비대칭, 기형의 연속이다.

해체주의 음악도, 과학도, 사회학도 모두 기존 구조의 틀에 얽매이지 않고 새로운 시도를 감행한다. 불균형, 부조화, 비대칭, 기형적이라는 느낌은 물론 무질서, 전통 파괴, 규정 무시, 법률 위반 등의 불온한 말들이 여러 분야에서 난무하게 된다.

물론 무언가를 불온하다고 표현하고 느끼는 것조차 구조적인 사고의 결과다. 사실, 해체주의에서는 불균형, 부조화, 비대칭, 기형적이라는 표현조차 모두 구조적인 사고의 결과로 받아들인다. 해체주의의 본질은 고정된 개념에 묶이지 않는 것이기 때문이다. 무언가를 개념화하면 고정된 사고에 빠지기 마련이고, 고정된 사고에 빠지면 사회구조의 지배를 받기 때문에, 해체주의는 개념화를 거부한다. 그래서 데리다는 하나의 단어로 어떤 현상이나 상황을 개념화하는 것을 거부한다.

이러한 데리다의 해체주의를 대표하는 표현이 '이항대립의 탈구축'이다. 이항대립은 이분법적으로 반대 개념을 대립시키는 양자대립과 유사한 것으로, 흑과 백, 선과 악, 이성과 감성, 남자와 여자, 오른쪽과 왼쪽, 자본주의와 공산주의 등 양쪽 항을 대립시키는 것을 말한다. 플라톤부터 헤겔에 이르기까지 서양 철학 전반이 이 이항대립의 철학, 즉 동일성의 철학으로 일궈졌음을 앞서 자세히 설명했다. 이러한 이항대립의 탈구축은 기존의 이분법적 시각에 따라 무언가를 만들거나 파악하는 것에 얽매이지 않는다는 것이다.

앞에서 예로 든 것처럼, 건축에 있어 대칭적 구조나 안정감에 얽매이지 않고, 인물화를 그리는 데 있어 이목구비의 위치나 손발의 모양에 얽매이지 않고, 과학에 있어 미적분 같은 수학적 틀이나 뉴턴의 사고방식 같은 근대적 과학 체계에 얽매이지 않고, 음악의 작곡에 있어 단조나 장조의 특징에 얽매이지 않는 것 등이 모두 이항대립의 탈구축에 의한 결과다.

데리다의 신조어, 차연이란?

현대 철학이 대중에게 어렵게 느껴지는 가장 큰 이유는 신조어에 의한 신개념들 때문이다. 실존철학만 하더라도 실존·현존재·즉자·대자 같은 신조어가 등장했고, 언어철학이나 구조주의·탈구조주의 등에서도 여러 신조어가 등장했다. 데리다 역시예외가 아니었다. 그도 여러 신조어를 만들었는데, 그중에 대표적인 것이 '차연差延'이라는 단어다. 차연은 '차이'를 변형한 단어로, 차이를 의미하는 프랑스어 différence를 철자 하나만 바꿔서 différance로 변형한 신조어다.

그렇다면 '차연'이라고 번역되는 이 단어는 어떤 뜻일까? 사실, 차연을 이해하기 위해서는 데리다가 말하는 차이를 먼저 이해해야 하고, 차이를 이해하기 위해서는 차이와 동일성을 이해해야한다. 차이와 동일성에 대해서는 앞서 들뢰즈 편에서 충분히 설명했으니, 바로 차연에 대해 알아보도록 하겠다.

예컨대 'A와 B의 차이는 C'라고 해보자. 이때 시시각각으로 A도 변하고 B도 변하고 C도 변하며, 차이라는 개념과 차이의 현상도 변한다. 따라서 이 문장의 내용은 찰나의 순간에만 성립될 뿐늘 성립될 수는 없다. 사실, A와 B의 차이는 C 외에도 무수히 많을 수 있다.

보다 직접적인 사례를 보자. "남자와 여자의 차이는 염색체의 차이다"라는 문장이 있다면, 이것은 성립될 수 있는 내용일까? 물론 일부 성립될 수 있지만, 성립되지 않을 수도 있다. 남자와 여자의 차이는 염색체 말고도 무수히 많기 때문이다. 그뿐만 아니라 그 차이라는 개념도 지속적으로 변하고, 차이라는 현상도 변하며, 차이에 대한 어감도 변한다. 따라서 명확하게 어떤 지점을 차이라고 지정할 수 없게 된다.

이런 면을 데리다는 "차이가 지연된다"고 표현하며, 여기서 '차이'와 '지연'을 하나로 합쳐서 '차연'이라는 단어를 만들어냈다. 하지만 데리다는 근본적으로 개념화하는 것을 거부하기 때문에 이런 것을 '차연'이라고 꼭 집어서 표현할 수 없다고 생각했다. 그래서 어떤 상황 또는 사건 또는 순간을 표현할 때 다른 단어로 계속해서 바꿔 표현한다. 그것을 영원히 어떤 단어에도 가둬둘 수 없기 때문이다. 가령 같은 내용을 두고도 차이라고 표현했다가 때론 변화라고 표현했다가 또 때론 전혀 다른 단어로 표현하기도 했다. 그 때문에 그를 비난하는 사람들은 말장난으로 사람을 기만하는 사기 행각을 벌인다고 공격했다.

하지만 데리다가 그렇게 한 것은 말장난이나 사람들을 기만하기 위한 것이 아니라 스스로도 모순에 빠졌기 때문이다. 어떤 상황이나 사건을 설명하려면 반드시 말이나 문자로 해야 하는데, 그 상황이나 사건을 어떤 문자나 말로 개념화하는 것을 거부하기 때문에, 말이나 문자로 상황이나 사건을 설명하는 것 자체가 자기모순이 되었던 것이다.

그는 사건이나 상황만 시시각각 변하는 것이 아니라 문자도 말도 시시각각 변한다고 보았다. 이런 관점은 고대 그리스의 헤라클레이토스에게서 배운 듯하다. 헤라클레이토스는 "만물은 흐른다"는 개념으로 모든 것을 설명하려 했다. 즉, 만물은 시시각각으로 변하기 때문에 같은 사건은 찰나의 순간에만 있을 뿐 절대 반복될 수 없다고 주장했다.

이를 데리다에게 적용하면 "말은 흐른다"로 대치할 수 있다. 말은 찰나의 순간에만 하나의 개념을 가질 뿐 시시각각으로 변한다. 또한 문자도 흐른다. 개념도 흐른다. 개념을 받아들이는 사람도 흐르고, 그 사람을 바라보는 시각도 흐르고, 모든 것이 흐른다.

이런 측면에서 데리다의 생각을 바라보면 그의 주장과 행동을 쉽게 이해할 수 있다. 데리다는 그 어떤 상황이나 사건 또는 사물도 그 어떤 개념이나 문자 또는 말로 가둬둘 수 없다고 본 것이다. 이것이 그가 말하는 차연의 진정한 의미다.

이렇게 볼 때, 차연은 어떤 의미에 고정된 개념이 아니다. 아니, 차연이라는 단어뿐 아니라 모든 말과 글이 어떤 의미에 고정될 수 없다. 차연은 그런 현상을 설명하기 위해 그가 대표적으로 사용한 용어일 뿐이다.

해체주의적 또는 탈구축적 사고

그렇다면 구체적으로 해체주의적 사고, 즉 탈구축적 사고는 어떤 것일까? 보다 현실적인 예시로 이 의미를 파악해보자.

접시란 음식을 담아놓는 도구일 뿐이기 때문에 음식이 중요하지 접시가 중요한 것은 아니다.

예컨대 이런 말을 한 번 생각해보자. 정말 그럴까? 같은 음식이
라도 어디에 담아놓느냐에 따라 음식에 대한 느낌이 달라질 수
있는 것 아닐까? 아니, 더 나아가 접시를 돋보이게 하기 위해 그
접시에 걸맞은 음식을 담는 일은 없을까?

그림과 액자의 관계도 마찬가지다. 액자는 그림을 보여주기 위
한 도구로 인식되기 십상이다. 그래서 어떤 액자라도 그림만 좋
으면 상관없다고 생각할 수 있다. 하지만 액자에 따라 그림이 완
전히 달라 보일 수는 없는 것일까? 되레 액자를 위해 그림이 필
요할 때는 없을까?

또 이런 말을 한 번 보자.

악법도 법이다.

이 말엔 법은 반드시 지켜야 한다는 강요가 들어 있다. 그리고
법은 다수에게 이익이 되며 그에 대한 약속이니 지켜야 한다는 의
미도 포함되어 있다. 이는 곧 법이 다수와 소수, 지배자와 피지배
자라는 이항대립적 상황에 놓여 있다는 뜻이기도 하다. 그런데 내
게 해로운 악법도 반드시 지켜야 하는 것일까? 다수에게 이익이
되지 않아도 지켜야 하는 것일까? 다수에게만 이익이 되고 소수
에게는 이익이 되지 않아도 지켜야 하는 것일까? 법은 오히려 법
을 지키지 않는 것으로부터 발전하는 것 아닐까? 아니, 기득권의
이익으로부터 벗어나는 게 발전하는 것 아닐까? 소수까지도 보호
하는 것이 법의 발전은 아닐까? 법을 지키기만 한다면, 즉 법을 거

스르는 행동을 아무도 하지 않는다면 법은 발전할 수 있을까? 더욱 유익한 법으로 거듭날 수 있을까? 그런 의미에서 보자면, 누군가는 법을 어겨야 악법이 개선된다는 뜻이기도 하다. 이를 더 비약시키면 범법자가 법을 발전시키는 주역이 될 수도 있다.

다음의 말을 살펴보자.

> 그는 법 없이도 살 사람이다.

이 말은 그가 선량해서 법을 어길 만한 행동을 전혀 하지 않는다는 뜻이다. 또 한편으론 너무 선하고 도덕적이라 굳이 법이 없어도 선함을 유지할 사람이라는 의미로도 읽힌다. 물론 선인과 악인이 있다는 전제를 깔고 있는 말이다. 그런데 현실 세계에서 이런 사람은 법의 보호가 없다면 무참히 짓밟힐 사람이다. 즉, 법 없이도 살 사람은 사실 법이 없으면 살 수 없는 사람이다. 그럼에도 왜 사람들은 아주 선한 사람을 법 없이도 살 사람이라고 할까? 정작 법이 없으면 가장 먼저 죽을 사람이 그런 사람인데 말이다.

이런 생각을 하고 있다면 탈구축적인 것이다. 그리고 앞에 든 사례를 통해 탈구축적인 사고가 반드시 이항대립에서만 필요한 것이 아니라는 걸 알 수 있다. 음식과 접시, 또는 그림과 액자는 이항대립적 관계일 수도 있다. 하지만 법에 관한 예들은 이항대립적 구조는 아니었다. 즉, 대립적 구조가 아닌 상황에서도 탈구축적 사고가 필요하다는 뜻이다. 탈구축적 사고, 즉 해체주의적 사고는 꼭 이항대립적 구조가 아니더라도 기존 틀을 뒤집거나 깨거나 아예 제외시킨 상태에서 생각해보는 것을 의미한다는 걸 알 수 있다.

데리다 해체주의의 요체가 바로 이것이다. 그의 사상이 어렵다고는 하지만, 그것은 그의 신조어가 어렵고, 그의 설명이 어려울 뿐이다. 중요한 점은 기존의 질서와 규칙, 관습과 법, 관계와 인식, 역사와 기득권 등 현실을 지배하는 것들에 얽매이지 않는 것이다.

찾아보기